权威·前沿·原创

皮书系列为
"十二五""十三五"国家重点图书出版规划项目

伴随着今冬的第一场雪，2017年很快就要到了。世界每天都在发生着让人眼花缭乱的变化，而唯一不变的，是面向未来无数的可能性。作为个体，如何获取专业信息以备不时之需？作为行政主体或企事业主体，如何提高决策的科学性让这个世界变得更好而不是更糟？原创、实证、专业、前沿、及时、持续，这是1997年"皮书系列"品牌创立的初衷。

1997～2017，从最初一个出版社的学术产品名称到媒体和公众使用频率极高的热点词语，从专业术语到大众话语，从官方文件到独特的出版型态，作为重要的智库成果，"皮书"始终致力于成为海量信息时代的信息过滤器，成为经济社会发展的记录仪，成为政策制定、评估、调整的智力源，社会科学研究的资料集成库。"皮书"的概念不断延展，"皮书"的种类更加丰富，"皮书"的功能日渐完善。

1997～2017，皮书及皮书数据库已成为中国新型智库建设不可或缺的抓手与平台，成为政府、企业和各类社会组织决策的利器，成为人文社科研究最基本的资料库，成为世界系统完整及时认知当代中国的窗口和通道！"皮书"所具有的凝聚力正在形成一种无形的力量，吸引着社会各界关注中国的发展，参与中国的发展。

二十年的"皮书"正值青春，愿每一位皮书人付出的年华与智慧不辜负这个时代！

社会科学文献出版社社长
中国社会学会秘书长

2016年11月

社会科学文献出版社简介

社会科学文献出版社成立于1985年，是直属于中国社会科学院的人文社会科学专业学术出版机构。

成立以来，社科文献依托于中国社会科学院丰厚的学术出版和专家学者资源，坚持"创社科经典，出传世文献"的出版理念和"权威、前沿、原创"的产品定位，逐步走上了智库产品与专业学术成果系列化、规模化、数字化、国际化、市场化发展的经营道路，取得了令人瞩目的成绩。

学术出版 社科文献先后策划出版了"皮书"系列、"列国志"、"社科文献精品译库"、"全球化译丛"、"全面深化改革研究书系"、"近世中国"、"甲骨文"、"中国史话"等一大批既有学术影响又有市场价值的图书品牌和学术品牌，形成了较强的学术出版能力和资源整合能力。2016年社科文献发稿5.5亿字，出版图书2000余种，承印发行中国社会科学院院属期刊72种。

数字出版 凭借着雄厚的出版资源整合能力，社科文献长期以来一直致力于从内容资源和数字平台两个方面实现传统出版的再造，并先后推出了皮书数据库、列国志数据库、中国田野调查数据库等一系列数字产品。2016年数字化加工图书近4000种，文字处理量达10亿字。数字出版已经初步形成了产品设计、内容开发、编辑标引、产品运营、技术支持、营销推广等全流程体系。

国际出版 社科文献通过学术交流和国际书展等方式积极参与国际学术和国际出版的交流合作，努力将中国优秀的人文社会科学研究成果推向世界，从构建国际话语体系的角度推动学术出版国际化。目前已与英、荷、法、德、美、日、韩等国及港澳台地区近 40家出版和学术文化机构建立了长期稳定的合作关系。

融合发展 紧紧围绕融合发展战略，社科文献全面布局融合发展和数字化转型升级，成效显著。以核心资源和重点项目为主的社科文献数据库产品群和数字出版体系日臻成熟，"一带一路"系列研究成果与专题数据库、阿拉伯问题研究国别基础库及中阿文化交流数据库平台等项目开启了社科文献向专业知识服务商转型的新篇章，成为行业领先。

此外，社科文献充分利用网络媒体平台，积极与各类媒体合作，并联合大型书店、学术书店、机场书店、网络书店、图书馆，构建起强大的学术图书内容传播平台，学术图书的媒体曝光率居全国之首，图书馆藏率居于全国出版机构前十位。

有温度，有情怀，有视野，更有梦想。未来社科文献将继续坚持专业化学术出版之路不动摇，着力搭建最具影响力的智库产品整合及传播平台、学术资源共享平台，为实现"社科文献梦"奠定坚实基础。

经 济 类

经济类皮书涵盖宏观经济、城市经济、大区域经济，
提供权威、前沿的分析与预测

经济蓝皮书

2017年中国经济形势分析与预测

李扬 / 主编　2016年12月出版　定价：89.00元

◆　本书为总理基金项目，由著名经济学家李扬领衔，联合中国社会科学院等数十家科研机构、国家部委和高等院校的专家共同撰写，系统分析了2016年的中国经济形势并预测2017年我国经济运行情况。

中国省域竞争力蓝皮书

中国省域经济综合竞争力发展报告（2015～2016）

李建平　李闽榕　高燕京 / 主编　2017年2月出版　估价：198.00元

◆　本书融多学科的理论为一体，深入追踪研究了省域经济发展与中国国家竞争力的内在关系，为提升中国省域经济综合竞争力提供有价值的决策依据。

城市蓝皮书

中国城市发展报告 No.10

潘家华　单菁菁 / 主编　2017年9月出版　估价：89.00元

◆　本书是由中国社会科学院城市发展与环境研究中心编著的，多角度、全方位地立体展示了中国城市的发展状况，并对中国城市的未来发展提出了许多建议。该书有强烈的时代感，对中国城市发展实践有重要的参考价值。

人口与劳动绿皮书

中国人口与劳动问题报告 No.18

蔡昉　张车伟 / 主编　2017 年 10 月出版　估价：89.00 元

◆　本书为中国社科院人口与劳动经济研究所主编的年度报告，对当前中国人口与劳动形势做了比较全面和系统的深入讨论，为研究我国人口与劳动问题提供了一个专业性的视角。

世界经济黄皮书

2017 年世界经济形势分析与预测

张宇燕 / 主编　2016 年 12 月出版　定价：89.00 元

◆　本书由中国社会科学院世界经济与政治研究所的研究团队撰写，2016 年世界经济增速进一步放缓，就业增长放慢。世界经济面临许多重大挑战同时，地缘政治风险、难民危机、大国政治周期、恐怖主义等问题也仍然在影响世界经济的稳定与发展。预计 2017 年按 PPP 计算的世界 GDP 增长率约为 3.0%。

国际城市蓝皮书

国际城市发展报告（2017）

屠启宇 / 主编　2017 年 2 月出版　估价：89.00 元

◆　本书作者以上海社会科学院从事国际城市研究的学者团队为核心，汇集同济大学、华东师范大学、复旦大学、上海交通大学、南京大学、浙江大学相关城市研究专业学者。立足动态跟踪介绍国际城市发展时间中，最新出现的重大战略、重大理念、重大项目、重大报告和最佳案例。

金融蓝皮书

中国金融发展报告（2017）

李扬　王国刚 / 主编　2017 年 1 月出版　估价：89.00 元

◆　本书由中国社会科学院金融研究所组织编写，概括和分析了 2016 年中国金融发展和运行中的各方面情况，研讨和评论了 2016 年发生的主要金融事件，有利于读者了解掌握 2016 年中国的金融状况，把握 2017 年中国金融的走势。

农村绿皮书

中国农村经济形势分析与预测（2016 ～ 2017）

魏后凯　杜志雄　黄秉信 / 著　2017 年 4 月出版　估价：89.00 元

◆　本书描述了 2016 年中国农业农村经济发展的一些主要指标和变化，并对 2017 年中国农业农村经济形势的一些展望和预测，提出相应的政策建议。

西部蓝皮书

中国西部发展报告（2017）

姚慧琴　徐璋勇 / 主编　2017 年 9 月出版　估价：89.00 元

◆　本书由西北大学中国西部经济发展研究中心主编，汇集了源自西部本土以及国内研究西部问题的权威专家的第一手资料，对国家实施西部大开发战略进行年度动态跟踪，并对 2017 年西部经济、社会发展态势进行预测和展望。

经济蓝皮书·夏季号

中国经济增长报告（2016 ～ 2017）

李扬 / 主编　2017 年 9 月出版　估价：98.00 元

◆　中国经济增长报告主要探讨 2016~2017 年中国经济增长问题，以专业视角解读中国经济增长，力求将其打造成一个研究中国经济增长、服务宏微观各级决策的周期性、权威性读物。

就业蓝皮书

2017 年中国本科生就业报告

麦可思研究院 / 编著　2017 年 6 月出版　估价：98.00 元

◆　本书基于大量的数据和调研，内容翔实，调查独到，分析到位，用数据说话，对我国大学生教育与发展起到了很好的建言献策作用。

社 会 政 法 类

社会政法类皮书聚焦社会发展领域的热点、难点问题，
提供权威、原创的资讯与视点

社会蓝皮书

2017 年中国社会形势分析与预测

李培林　陈光金　张翼 / 主编　2016 年 12 月出版　定价：89.00 元

◆　本书由中国社会科学院社会学研究所组织研究机构专家、高校学者和政府研究人员撰写，聚焦当下社会热点，对 2016 年中国社会发展的各个方面内容进行了权威解读，同时对 2017 年社会形势发展趋势进行了预测。

法治蓝皮书

中国法治发展报告 No.15（2017）

李林　田禾 / 主编　2017 年 3 月出版　估价：118.00 元

◆　本年度法治蓝皮书回顾总结了 2016 年度中国法治发展取得的成就和存在的不足，并对 2017 年中国法治发展形势进行了预测和展望。

社会体制蓝皮书

中国社会体制改革报告 No.5（2017）

龚维斌 / 主编　2017 年 4 月出版　估价：89.00 元

◆　本书由国家行政学院社会治理研究中心和北京师范大学中国社会管理研究院共同组织编写，主要对 2016 年社会体制改革情况进行回顾和总结，对 2017 年的改革走向进行分析，提出相关政策建议。

社会心态蓝皮书
中国社会心态研究报告（2017）

王俊秀　杨宜音 / 主编　2017 年 12 月出版　估价：89.00 元

◆　本书是中国社会科学院社会学研究所社会心理研究中心"社会心态蓝皮书课题组"的年度研究成果，运用社会心理学、社会学、经济学、传播学等多种学科的方法进行了调查和研究，对于目前我国社会心态状况有较广泛和深入的揭示。

生态城市绿皮书
中国生态城市建设发展报告（2017）

刘举科　孙伟平　胡文臻 / 主编　2017 年 7 月出版　估价：118.00 元

◆　报告以绿色发展、循环经济、低碳生活、民生宜居为理念，以更新民众观念、提供决策咨询、指导工程实践、引领绿色发展为宗旨，试图探索一条具有中国特色的城市生态文明建设新路。

城市生活质量蓝皮书
中国城市生活质量报告（2017）

中国经济实验研究院 / 主编　2017 年 7 月出版　估价：89.00 元

◆　本书对全国 35 个城市居民的生活质量主观满意度进行了电话调查，同时对 35 个城市居民的客观生活质量指数进行了计算，为我国城市居民生活质量的提升，提出了针对性的政策建议。

公共服务蓝皮书
中国城市基本公共服务力评价（2017）

钟君　吴正杲 / 主编　2017 年 12 月出版　估价：89.00 元

◆　中国社会科学院经济与社会建设研究室与华图政信调查组成联合课题组，从 2010 年开始对基本公共服务力进行研究，研创了基本公共服务力评价指标体系，为政府考核公共服务与社会管理工作提供了理论工具。

行 业 报 告 类

行业报告类皮书立足重点行业、新兴行业领域，
提供及时、前瞻的数据与信息

企业社会责任蓝皮书

中国企业社会责任研究报告（2017）

黄群慧　钟宏武　张蒽　翟利峰／著　2017 年 10 月出版　估价：89.00 元

◆　本书剖析了中国企业社会责任在 2016～2017 年度的最新
发展特征，详细解读了省域国有企业在社会责任方面的阶段性
特征，生动呈现了国内外优秀企业的社会责任实践。对了解
中国企业社会责任履行现状、未来发展，以及推动社会责任建
设有重要的参考价值。

新能源汽车蓝皮书

中国新能源汽车产业发展报告（2017）

黄中国汽车技术研究中心　日产（中国）投资有限公司

东风汽车有限公司／编著　2017 年 7 月出版　估价：98.00 元

◆　本书对我国 2016 年新能源汽车产业发展进行了全面系统
的分析，并介绍了国外的发展经验。有助于相关机构、行业和
社会公众等了解中国新能源汽车产业发展的最新动态，为政府
部门出台新能源汽车产业相关政策法规、企业制定相关战略规
划，提供必要的借鉴和参考。

杜仲产业绿皮书

中国杜仲橡胶资源与产业发展报告（2016～2017）

杜红岩　胡文臻　俞锐／主编　2017 年 1 月出版　估价：85.00 元

◆　本书对 2016 年来的杜仲产业的发展情况、研究团队在杜
仲研究方面取得的重要成果、部分地区杜仲产业发展的具体情
况、杜仲新标准的制定情况等进行了较为详细的分析与介绍，
使广大关心杜仲产业发展的读者能够及时跟踪产业最新进展。

企业蓝皮书

中国企业绿色发展报告 No.2（2017）

李红玉　朱光辉 / 主编　　2017 年 8 月出版　　估价：89.00 元

◆　本书深入分析中国企业能源消费、资源利用、绿色金融、绿色产品、绿色管理、信息化、绿色发展政策及绿色文化方面的现状，并对目前存在的问题进行研究，剖析因果，谋划对策。为企业绿色发展提供借鉴，为我国生态文明建设提供支撑。

中国上市公司蓝皮书

中国上市公司发展报告（2017）

张平　王宏淼 / 主编　　2017 年 10 月出版　　估价：98.00 元

◆　本书由中国社会科学院上市公司研究中心组织编写的，着力于全面、真实、客观反映当前中国上市公司财务状况和价值评估的综合性年度报告。本书详尽分析了 2016 年中国上市公司情况，特别是现实中暴露出的制度性、基础性问题，并对资本市场改革进行了探讨。

资产管理蓝皮书

中国资产管理行业发展报告（2017）

智信资产管理研究院 / 编著　　2017 年 6 月出版　　估价：89.00 元

◆　中国资产管理行业刚刚兴起，未来将中国金融市场最有看点的行业。本书主要分析了 2016 年度资产管理行业的发展情况，同时对资产管理行业的未来发展做出科学的预测。

体育蓝皮书

中国体育产业发展报告（2017）

阮伟　钟秉枢 / 主编　　2017 年 12 月出版　　估价：89.00 元

◆　本书运用多种研究方法，在对于体育竞赛业、体育用品业、体育场馆业、体育传媒业等传统产业研究的基础上，紧紧围绕 2016 年体育领域内的各种热点事件进行研究和梳理，进一步拓宽了研究的广度、提升了研究的高度、挖掘了研究的深度。

国别与地区类

国别与地区类皮书关注全球重点国家与地区，提供全面、独特的解读与研究

美国蓝皮书

美国研究报告（2017）

郑秉文　黄平／主编　2017年6月出版　估价：89.00元

◆　本书是由中国社会科学院美国所主持完成的研究成果，它回顾了美国2016年的经济、政治形势与外交战略，对2017年以来美国内政外交发生的重大事件及重要政策进行了较为全面的回顾和梳理。

日本蓝皮书

日本研究报告（2017）

杨伯江／主编　2017年5月出版　估价：89.00元

◆　本书对2016年拉丁美洲和加勒比地区诸国的政治、经济、社会、外交等方面的发展情况做了系统介绍，对该地区相关国家的热点及焦点问题进行了总结和分析，并在此基础上对该地区各国2017年的发展前景做出预测。

亚太蓝皮书

亚太地区发展报告（2017）

李向阳／主编　2017年3月出版　估价：89.00元

◆　本书是中国社会科学院亚太与全球战略研究院的集体研究成果。2016年的"亚太蓝皮书"继续关注中国周边环境的变化。该书盘点了2016年亚太地区的焦点和热点问题，为深入了解2016年及未来中国与周边环境的复杂形势提供了重要参考。

德国蓝皮书

德国发展报告（2017）

郑春荣／主编　2017年6月出版　估价：89.00元

◆　本报告由同济大学德国研究所组织编撰，由该领域的专家学者对德国的政治、经济、社会文化、外交等方面的形势发展情况，进行全面的阐述与分析。

日本经济蓝皮书

日本经济与中日经贸关系研究报告（2017）

王洛林　张季风／编著　2017年5月出版　估价：89.00元

◆　本书系统、详细地介绍了2016年日本经济以及中日经贸关系发展情况，在进行了大量数据分析的基础上，对2017年日本经济以及中日经贸关系的大致发展趋势进行了分析与预测。

俄罗斯黄皮书

俄罗斯发展报告（2017）

李永全／编著　2017年7月出版　估价：89.00元

◆　本书系统介绍了2016年俄罗斯经济政治情况，并对2016年该地区发生的焦点、热点问题进行了分析与回顾；在此基础上，对该地区2017年的发展前景进行了预测。

非洲黄皮书

非洲发展报告No.19（2016～2017）

张宏明／主编　2017年8月出版　估价：89.00元

◆　本书是由中国社会科学院西亚非洲研究所组织编撰的非洲形势年度报告，比较全面、系统地分析了2016年非洲政治形势和热点问题，探讨了非洲经济形势和市场走向，剖析了大国对非洲关系的新动向；此外，还介绍了国内非洲研究的新成果。

地方发展类

 地方发展类皮书关注中国各省份、经济区域，
提供科学、多元的预判与资政信息

北京蓝皮书

北京公共服务发展报告（2016~2017）

施昌奎 / 主编　2017 年 2 月出版　估价：89.00 元

◆　本书是由北京市政府职能部门的领导、首都著名高校的教授、知名研究机构的专家共同完成的关于北京市公共服务发展与创新的研究成果。

河南蓝皮书

河南经济发展报告（2017）

张占仓 / 编著　2017 年 3 月出版　估价：89.00 元

◆　本书以国内外经济发展环境和走向为背景，主要分析当前河南经济形势，预测未来发展趋势，全面反映河南经济发展的最新动态、热点和问题，为地方经济发展和领导决策提供参考。

广州蓝皮书

2017 年中国广州经济形势分析与预测

庾建设　陈浩钿　谢博能 / 主编　2017 年 7 月出版　估价：85.00 元

◆　本书由广州大学与广州市委政策研究室、广州市统计局联合主编，汇集了广州科研团体、高等院校和政府部门诸多经济问题研究专家、学者和实际部门工作者的最新研究成果，是关于广州经济运行情况和相关专题分析、预测的重要参考资料。

文 化 传 媒 类

文化传媒类皮书透视文化领域、文化产业，
探索文化大繁荣、大发展的路径

新媒体蓝皮书

中国新媒体发展报告 No.8（2017）

唐绪军 / 主编　2017 年 6 月出版　估价：89.00 元

◆　本书是由中国社会科学院新闻与传播研究所组织编写的关
于新媒体发展的最新年度报告，旨在全面分析中国新媒体的发
展现状，解读新媒体的发展趋势，探析新媒体的深刻影响。

移动互联网蓝皮书

中国移动互联网发展报告（2017）

官建文 / 编著　　2017 年 6 月出版　　估价：89.00 元

◆　本书着眼于对中国移动互联网 2016 年度的发展情况做深
入解析，对未来发展趋势进行预测，力求从不同视角、不同层
面全面剖析中国移动互联网发展的现状、年度突破及热点趋势
等。

传媒蓝皮书

中国传媒产业发展报告（2017）

崔保国 / 主编　2017 年 5 月出版　估价：98.00 元

◆　"传媒蓝皮书"连续十多年跟踪观察和系统研究中国传媒
产业发展。本报告在对传媒产业总体以及各细分行业发展状况
与趋势进行深入分析基础上，对年度发展热点进行跟踪，剖析
新技术引领下的商业模式，对传媒各领域发展趋势、内体经营、
传媒投资进行解析，为中国传媒产业正在发生的变革提供前瞻
行参考。

经济类

"三农"互联网金融蓝皮书
中国"三农"互联网金融发展报告（2017）
著(编)者：李勇坚 王弢　2017年8月出版 / 估价：98.00元
PSN B-2016-561-1/1

G20国家创新竞争力黄皮书
二十国集团（G20）国家创新竞争力发展报告（2016~2017）
著(编)者：李建平 李闽榕 赵新力　周天勇
2017年8月出版　估价：158.00元
PSN Y-2011-229-1/1

产业蓝皮书
中国产业竞争力报告（2017）No.7
著(编)者：张其仔　2017年12月出版 / 估价：98.00元
PSN B-2010-175-1/1

城市创新蓝皮书
中国城市创新报告（2017）
著(编)者：周天勇 旷建伟　2017年11月出版 / 估价：89.00元
PSN B-2013-340-1/1

城市蓝皮书
中国城市发展报告 No.10
著(编)者：潘家华 单菁菁　2017年9月出版 / 估价：89.00元
PSN B-2007-091-1/1

城乡一体化蓝皮书
中国城乡一体化发展报告（2016～2017）
著(编)者：汝信 付崇兰　2017年7月出版 / 估价：85.00元
PSN B-2011-226-1/2

城镇化蓝皮书
中国新型城镇化健康发展报告（2017）
著(编)者：张占斌　2017年8月出版 / 估价：89.00元
PSN B-2014-396-1/1

创新蓝皮书
创新型国家建设报告（2016～2017）
著(编)者：詹正茂　2017年12月出版 / 估价：89.00元
PSN B-2009-140-1/1

创业蓝皮书
中国创业发展报告（2016～2017）
著(编)者：黄群慧 赵卫星 钟宏武等
2017年11月出版　估价：89.00元
PSN B-2016-578-1/1

低碳发展蓝皮书
中国低碳发展报告（2016~2017）
著(编)者：齐晔 张希良　2017年3月出版 / 估价：98.00元
PSN B-2011-223-1/1

低碳经济蓝皮书
中国低碳经济发展报告（2017）
著(编)者：薛进军 赵忠秀　2017年6月出版 / 估价：85.00元
PSN B-2011-194-1/1

东北蓝皮书
中国东北地区发展报告（2017）
著(编)者：朱宇 张新颖　2017年12月出版 / 估价：89.00元
PSN B-2006-067-1/1

发展与改革蓝皮书
中国经济发展和体制改革报告No.8
著(编)者：邹东涛 王再文　2017年1月出版 / 估价：98.00元
PSN B-2008-122-1/1

工业化蓝皮书
中国工业化进程报告（2017）
著(编)者：黄群慧　2017年12月出版 / 估价：158.00元
PSN B-2007-095-1/1

管理蓝皮书
中国管理发展报告（2017）
著(编)者：张晓东　2017年10月出版 / 估价：98.00元
PSN B-2014-416-1/1

国际城市蓝皮书
国际城市发展报告（2017）
著(编)者：屠启宇　2017年2月出版 / 估价：89.00元
PSN B-2012-260-1/1

国家创新蓝皮书
中国创新发展报告（2017）
著(编)者：陈劲　2017年12月出版 / 估价：89.00元
PSN B-2014-370-1/1

金融蓝皮书
中国金融发展报告（2017）
著(编)者：李扬　王国刚　2017年12月出版 / 估价：89.00元
PSN B-2004-031-1/6

京津冀金融蓝皮书
京津冀金融发展报告（2017）
著(编)者：王爱俭 李向前
2017年3月出版　估价：89.00元
PSN B-2016-528-1/1

京津冀蓝皮书
京津冀发展报告（2017）
著(编)者：文魁 祝尔娟　2017年4月出版 / 估价：89.00元
PSN B-2012-262-1/1

经济蓝皮书
2017年中国经济形势分析与预测
著(编)者：李扬　2016年12月出版 / 定价：89.00元
PSN B-1996-001-1/1

经济蓝皮书·春季号
2017年中国经济前景分析
著(编)者：李扬　2017年6月出版 / 估价：89.00元
PSN B-1999-008-1/1

经济蓝皮书·夏季号
中国经济增长报告（2016～2017）
著(编)者：李扬　2017年9月出版 / 估价：98.00元
PSN B-2010-176-1/1

经济信息绿皮书
中国与世界经济发展报告（2017）
著(编)者：杜平　2017年12月出版 / 估价：89.00元
PSN G-2003-023-1/1

就业蓝皮书
2017年中国本科生就业报告
著(编)者：麦可思研究院　2017年6月出版 / 估价：98.00元
PSN B-2009-146-1/2

就业蓝皮书
2017年中国高职高专生就业报告
著(编)者: 麦可思研究院　2017年6月出版 / 估价: 98.00元
PSN B-2015-472-2/2

科普能力蓝皮书
中国科普能力评价报告 (2017)
著(编)者: 李富 强李群　2017年8月出版 / 估价: 89.00元
PSN B-2016-556-1/1

临空经济蓝皮书
中国临空经济发展报告 (2017)
著(编)者: 连玉明　2017年9月出版 / 估价: 89.00元
PSN B-2014-421-1/1

农村绿皮书
中国农村经济形势分析与预测 (2016~2017)
著(编)者: 魏后凯 杜志雄 黄秉信
2017年4月出版 / 估价: 89.00元
PSN G-1998-003-1/1

农业应对气候变化蓝皮书
气候变化对中国农业影响评估报告 No.3
著(编)者: 矫梅燕　2017年8月出版 / 估价: 98.00元
PSN B-2014-413-1/1

气候变化绿皮书
应对气候变化报告 (2017)
著(编)者: 王伟光 郑国光　2017年6月出版 / 估价: 89.00元
PSN G-2009-144-1/1

区域蓝皮书
中国区域经济发展报告 (2016~2017)
著(编)者: 赵弘　2017年6月出版 / 估价: 89.00元
PSN B-2004-034-1/1

全球环境竞争力绿皮书
全球环境竞争力报告 (2017)
著(编)者: 李建平 李闽榕 王金南
2017年12月出版 / 估价: 198.00元
PSN G-2013-363-1/1

人口与劳动绿皮书
中国人口与劳动问题报告 No.18
著(编)者: 蔡昉 张车伟　2017年11月出版 / 估价: 89.00元
PSN G-2000-012-1/1

商务中心区蓝皮书
中国商务中心区发展报告 No.3 (2016)
著(编)者: 李国红 单菁菁　2017年1月出版 / 估价: 89.00元
PSN B-2015-444-1/1

世界经济黄皮书
2017年世界经济形势分析与预测
著(编)者: 张宇燕　2016年12月出版 / 定价: 89.00元
PSN Y-1999-006-1/1

世界旅游城市绿皮书
世界旅游城市发展报告 (2017)
著(编)者: 宋宇　2017年1月出版 / 估价: 128.00元
PSN G-2014-400-1/1

土地市场蓝皮书
中国农村土地市场发展报告 (2016~2017)
著(编)者: 李光荣　2017年3月出版 / 估价: 89.00元
PSN B-2016-527-1/1

西北蓝皮书
中国西北发展报告 (2017)
著(编)者: 高建龙　2017年3月出版 / 估价: 89.00元
PSN B-2012-261-1/1

西部蓝皮书
中国西部发展报告 (2017)
著(编)者: 姚慧琴 徐璋勇　2017年9月出版 / 估价: 89.00元
PSN B-2005-039-1/1

新型城镇化蓝皮书
新型城镇化发展报告 (2017)
著(编)者: 李伟 宋敏 沈体雁　2017年3月出版 / 估价: 98.00元
PSN B-2014-431-1/1

新兴经济体蓝皮书
金砖国家发展报告 (2017)
著(编)者: 林跃勤 周文　2017年12月出版 / 估价: 89.00元
PSN B-2011-195-1/1

长三角蓝皮书
2017年新常态下深化一体化的长三角
著(编)者: 王庆五　2017年12月出版 / 估价: 88.00元
PSN B-2005-038-1/1

中部竞争力蓝皮书
中国中部经济社会竞争力报告 (2017)
著(编)者: 教育部人文社会科学重点研究基地
南昌大学中国中部经济社会发展研究中心
2017年12月出版 / 估价: 89.00元
PSN B-2012-276-1/1

中部蓝皮书
中国中部地区发展报告 (2017)
著(编)者: 宋亚平　2017年12月出版 / 估价: 88.00元
PSN B-2007-089-1/1

中国省域竞争力蓝皮书
中国省域经济综合竞争力发展报告 (2017)
著(编)者: 李建平 李闽榕 高燕京
2017年2月出版 / 估价: 198.00元
PSN B-2007-088-1/1

中三角蓝皮书
长江中游城市群发展报告 (2017)
著(编)者: 秦尊文　2017年9月出版 / 估价: 89.00元
PSN B-2014-417-1/1

中小城市绿皮书
中国中小城市发展报告 (2017)
著(编)者: 中国城市经济学会中小城市经济发展委员会
中国城镇化促进会中小城市发展委员会
《中国中小城市发展报告》编纂委员会
中小城市发展战略研究院
2017年11月出版 / 估价: 128.00元
PSN G-2010-161-1/1

中原蓝皮书
中原经济区发展报告 (2017)
著(编)者: 李英杰　2017年6月出版 / 估价: 88.00元
PSN B-2011-192-1/1

自贸区蓝皮书
中国自贸区发展报告 (2017)
著(编)者: 王力　2017年7月出版 / 估价: 89.00元
PSN B-2016-559-1/1

社会政法类

北京蓝皮书
中国社区发展报告（2017）
著(编)者：于燕燕　2017年2月出版 / 估价：89.00元
PSN B-2007-083-5/8

殡葬绿皮书
中国殡葬事业发展报告（2017）
著(编)者：李伯森　2017年4月出版 / 估价：158.00元
PSN G-2010-180-1/1

城市管理蓝皮书
中国城市管理报告（2016~2017）
著(编)者：刘林　刘承水　2017年5月出版 / 估价：158.00元
PSN B-2013-336-1/1

城市生活质量蓝皮书
中国城市生活质量报告（2017）
著(编)者：中国经济实验研究院
2017年7月出版 / 估价：89.00元
PSN B-2013-326-1/1

城市政府能力蓝皮书
中国城市政府公共服务能力评估报告（2017）
著(编)者：何艳玲　2017年4月出版 / 估价：89.00元
PSN B-2013-338-1/1

慈善蓝皮书
中国慈善发展报告（2017）
著(编)者：杨团　2017年6月出版 / 估价：89.00元
PSN B-2009-142-1/1

党建蓝皮书
党的建设研究报告No.2（2017）
著(编)者：崔建民　陈东平　2017年2月出版 / 估价：89.00元
PSN B-2016-524-1/1

地方法治蓝皮书
中国地方法治发展报告No.3（2017）
著(编)者：李林　田禾　2017年3出版 / 估价：108.00元
PSN B-2015-442-1/1

法治蓝皮书
中国法治发展报告No.15（2017）
著(编)者：李林　田禾　2017年3月出版 / 估价：118.00元
PSN B-2004-027-1/1

法治政府蓝皮书
中国法治政府发展报告（2017）
著(编)者：中国政法大学法治政府研究院
2017年2月出版 / 估价：98.00元
PSN B-2015-502-1/2

法治政府蓝皮书
中国法治政府评估报告（2017）
著(编)者：中国政法大学法治政府研究院
2016年11月出版 / 估价：98.00元
PSN B-2016-577-2/2

反腐倡廉蓝皮书
中国反腐倡廉建设报告No.7
著(编)者：张英伟　2017年12月出版 / 估价：89.00元
PSN B-2012-259-1/1

非传统安全蓝皮书
中国非传统安全研究报告（2016~2017）
著(编)者：余潇枫　魏志江　2017年6月出版 / 估价：89.00元
PSN B-2012-273-1/1

妇女发展蓝皮书
中国妇女发展报告No.7
著(编)者：王金玲　2017年9月出版 / 估价：148.00元
PSN B-2006-069-1/1

妇女教育蓝皮书
中国妇女教育发展报告No.4
著(编)者：张李玺　2017年10月出版 / 估价：78.00元
PSN B-2008-121-1/1

妇女绿皮书
中国性别平等与妇女发展报告（2017）
著(编)者：谭琳　2017年12月出版 / 估价：99.00元
PSN G-2006-073-1/1

公共服务蓝皮书
中国城市基本公共服务力评价（2017）
著(编)者：钟君　吴正杲　2017年12月出版 / 估价：89.00元
PSN B-2011-214-1/1

公民科学素质蓝皮书
中国公民科学素质报告（2016~2017）
著(编)者：李群　陈雄　马宗文
2017年1月出版 / 估价：89.00元
PSN B-2014-379-1/1

公共关系蓝皮书
中国公共关系发展报告（2017）
著(编)者：柳斌杰　2017年11月出版 / 估价：89.00元
PSN B-2016-580-1/1

公益蓝皮书
中国公益慈善发展报告（2017）
著(编)者：朱健刚　2017年4月出版 / 估价：118.00元
PSN B-2012-283-1/1

国际人才蓝皮书
海外华侨华人专业人士报告（2017）
著(编)者：王辉耀　苗绿　2017年8月出版 / 估价：89.00元
PSN B-2014-409-4/4

国际人才蓝皮书
中国国际移民报告（2017）
著(编)者：王辉耀　2017年2月出版 / 估价：89.00元
PSN B-2012-304-3/4

国际人才蓝皮书
中国留学发展报告（2017）No.5
著(编)者：王辉耀　苗绿　2017年10月出版 / 估价：89.00元
PSN B-2012-244-2/4

海洋社会蓝皮书
中国海洋社会发展报告（2017）
著(编)者：崔凤　宋宁而　2017年7月出版 / 估价：89.00元
PSN B-2015-478-1/1

行政改革蓝皮书
中国行政体制改革报告（2017）No.6
著(编)者：魏礼群　2017年5月出版 / 估价：98.00元
PSN B-2011-231-1/1

华侨华人蓝皮书
华侨华人研究报告（2017）
著(编)者：贾益民　2017年12月出版 / 估价：128.00元
PSN B-2011-204-1/1

环境竞争力绿皮书
中国省域环境竞争力发展报告（2017）
著(编)者：李建平 李闽榕 王金南
2017年11月出版 / 估价：198.00元
PSN G-2010-165-1/1

环境绿皮书
中国环境发展报告（2017）
著(编)者：刘鉴强　2017年11月出版 / 估价：89.00元
PSN G-2006-048-1/1

基金会蓝皮书
中国基金会发展报告（2016~2017）
著(编)者：中国基金会发展报告课题组
2017年4月出版 / 估价：85.00元
PSN B-2013-368-1/1

基金会绿皮书
中国基金会发展独立研究报告（2017）
著(编)者：基金会中心网 中央民族大学基金会研究中心
2017年6月出版 / 估价：88.00元
PSN B-2011-213-1/1

基金会透明度蓝皮书
中国基金会透明度发展研究报告（2017）
著(编)者：基金会中心网 清华大学廉政与治理研究中心
2017年12月出版 / 估价：89.00元
PSN B-2015-509-1/1

家庭蓝皮书
中国"创建幸福家庭活动"评估报告（2017）
国务院发展研究中心"创建幸福家庭活动评估"课题组著
2017年8月出版 / 估价：89.00元
PSN B-2012-261-1/1

健康城市蓝皮书
中国健康城市建设研究报告（2017）
著(编)者：王鸿春 解树江 盛继洪
2017年9月出版 / 估价：89.00元
PSN B-2016-565-2/2

教师蓝皮书
中国中小学教师发展报告（2017）
著(编)者：曾晓东 鱼霞　2017年6月出版 / 估价：89.00元
PSN B-2012-289-1/1

教育蓝皮书
中国教育发展报告（2017）
著(编)者：杨东平　2017年4月出版 / 估价：89.00元
PSN B-2006-047-1/1

科普蓝皮书
中国基层科普发展报告（2016～2017）
著(编)者：赵立 新陈玲　2017年9月出版 / 估价：89.00元
PSN B-2016-569-3/3

科普蓝皮书
中国科普基础设施发展报告（2017）
著(编)者：任福君　2017年6月出版 / 估价：89.00元
PSN B-2010-174-1/3

科普蓝皮书
中国科普人才发展报告（2017）
著(编)者：郑念 任嵘嵘　2017年4月出版 / 估价：98.00元
PSN B-2015-513-2/3

科学教育蓝皮书
中国科学教育发展报告（2017）
著(编)者：罗晖 王康友　2017年10月出版 / 估价：89.00元
PSN B-2015-487-1/1

劳动保障蓝皮书
中国劳动保障发展报告（2017）
著(编)者：刘燕斌　2017年9月出版 / 估价：188.00元
PSN B-2014-415-1/1

老龄蓝皮书
中国老年宜居环境发展报告（2017）
著(编)者：党俊武 周燕珉　2017年1月出版 / 估价：89.00元
PSN B-2013-320-1/1

连片特困区蓝皮书
中国连片特困区发展报告（2017）
著(编)者：游俊 冷志明 丁建军
2017年3月出版 / 估价：98.00元
PSN B-2013-321-1/1

民间组织蓝皮书
中国民间组织报告（2017）
著(编)者：黄晓勇　2017年12月出版 / 估价：89.00元
PSN B-2008-118-1/1

民调蓝皮书
中国民生调查报告（2017）
著(编)者：谢耘耕　2017年12月出版 / 估价：98.00元
PSN B-2014-398-1/1

民族发展蓝皮书
中国民族发展报告（2017）
著(编)者：郝时远 王延中 王希恩
2017年4月出版 / 估价：98.00元
PSN B-2006-070-1/1

女性生活蓝皮书
中国女性生活状况报告 No.11（2017）
著(编)者：韩湘景　2017年10月出版 / 估价：98.00元
PSN B-2006-071-1/1

汽车社会蓝皮书
中国汽车社会发展报告（2017）
著(编)者：王俊秀　2017年1月出版 / 估价：89.00元
PSN B-2011-224-1/1

青年蓝皮书
中国青年发展报告（2017）No.3
著（编）者：廉思 等　2017年4月出版 / 估价：89.00元
PSN B-2013-333-1/1

青少年蓝皮书
中国未成年人互联网运用报告（2017）
著（编）者：李文革 沈杰 季为民
2017年11月出版 / 估价：89.00元
PSN B-2010-156-1/1

青少年体育蓝皮书
中国青少年体育发展报告（2017）
著（编）者：郭建军 杨桦　2017年9月出版 / 估价：89.00元
PSN B-2015-482-1/1

群众体育蓝皮书
中国群众体育发展报告（2017）
著（编）者：刘国永 杨桦　2017年12月出版 / 估价：89.00元
PSN B-2016-519-2/3

人权蓝皮书
中国人权事业发展报告 No.7（2017）
著（编）者：李君如　2017年9月出版 / 估价：98.00元
PSN B-2011-215-1/1

社会保障绿皮书
中国社会保障发展报告（2017）No.9
著（编）者：王延中　2017年4月出版 / 估价：89.00元
PSN G-2001-014-1/1

社会风险评估蓝皮书
风险评估与危机预警评估报告（2017）
著（编）者：唐钧　2017年8月出版 / 估价：85.00元
PSN B-2016-521-1/1

社会工作蓝皮书
中国社会工作发展报告（2017）
著（编）者：民政部社会工作研究中心
2017年8月出版 / 估价：89.00元
PSN B-2009-141-1/1

社会管理蓝皮书
中国社会管理创新报告 No.5
著（编）者：连玉明　2017年11月出版 / 估价：89.00元
PSN B-2012-300-1/1

社会蓝皮书
2017年中国社会形势分析与预测
著（编）者：李培林 陈光金 张翼
2016年12月出版 / 定价：89.00元
PSN B-1998-002-1/1

社会体制蓝皮书
中国社会体制改革报告No.5（2017）
著（编）者：龚维斌　2017年4月出版 / 估价：89.00元
PSN B-2013-330-1/1

社会心态蓝皮书
中国社会心态研究报告（2017）
著（编）者：王俊秀 杨宜音　2017年12月出版 / 估价：89.00元
PSN B-2011-199-1/1

社会组织蓝皮书
中国社会组织评估发展报告（2017）
著（编）者：徐家良 廖鸿　2017年12月出版 / 估价：89.00元
PSN B-2013-366-1/1

生态城市绿皮书
中国生态城市建设发展报告（2017）
著（编）者：刘举科 孙伟平 胡文臻
2017年9月出版 / 估价：118.00元
PSN G-2012-269-1/1

生态文明绿皮书
中国省域生态文明建设评价报告（ECI 2017）
著（编）者：严耕　2017年12月出版 / 估价：98.00元
PSN G-2010-170-1/1

体育蓝皮书
中国公共体育服务发展报告（2017）
著（编）者：戴健　2017年12月出版 / 估价：89.00元
PSN B-2013-367-2/4

土地整治蓝皮书
中国土地整治发展研究报告 No.4
著（编）者：国土资源部土地整治中心
2017年7月出版 / 估价：89.00元
PSN B-2014-401-1/1

土地政策蓝皮书
中国土地政策研究报告（2017）
著（编）者：高延利 李宪文
2017年12月出版 / 估价：89.00元
PSN B-2015-506-1/1

医改蓝皮书
中国医药卫生体制改革报告（2017）
著（编）者：文学国 房志武　2017年11月出版 / 估价：98.00元
PSN B-2014-432-1/1

医疗卫生绿皮书
中国医疗卫生发展报告 No.7（2017）
著（编）者：申宝忠 韩玉珍　2017年4月出版 / 估价：85.00元
PSN G-2004-033-1/1

应急管理蓝皮书
中国应急管理报告（2017）
著（编）者：宋英华　2017年9月出版 / 估价：98.00元
PSN B-2016-563-1/1

政治参与蓝皮书
中国政治参与报告（2017）
著（编）者：房宁　2017年9月出版 / 估价：118.00元
PSN B-2011-200-1/1

中国农村妇女发展蓝皮书
农村流动女性城市生活发展报告（2017）
著（编）者：谢丽华　2017年12月出版 / 估价：89.00元
PSN B-2014-434-1/1

宗教蓝皮书
中国宗教报告（2017）
著（编）者：邱永辉　2017年4月出版 / 估价：89.00元
PSN B-2008-117-1/1

行业报告类

SUV蓝皮书
中国SUV市场发展报告 （2016~2017）
著(编)者：靳军　2017年9月出版 / 估价：89.00元
PSN B-2016-572-1/1

保健蓝皮书
中国保健服务产业发展报告 No.2
著(编)者：中国保健协会 中共中央党校
2017年7月出版 / 估价：198.00元
PSN B-2012-272-3/3

保健蓝皮书
中国保健食品产业发展报告 No.2
著(编)者：中国保健协会
　　　　中国社会科学院食品药品产业发展与监管研究中心
2017年7月出版 / 估价：198.00元
PSN B-2012-271-2/3

保健蓝皮书
中国保健用品产业发展报告 No.2
著(编)者：中国保健协会
　　　　国务院国有资产监督管理委员会研究中心
2017年3月出版 / 估价：198.00元
PSN B-2012-270-1/3

保险蓝皮书
中国保险业竞争力报告 （2017）
著(编)者：项俊波　2017年12月出版 / 估价：99.00元
PSN B-2013-311-1/1

冰雪蓝皮书
中国滑雪产业发展报告 （2017）
著(编)者：孙承华 伍斌 魏庆华 张鸿俊
　　　　2017年8月出版 / 估价：89.00元
PSN B-2016-560-1/1

彩票蓝皮书
中国彩票发展报告 （2017）
著(编)者：益彩基金　2017年4月出版 / 估价：98.00元
PSN B-2015-462-1/1

餐饮产业蓝皮书
中国餐饮产业发展报告 （2017）
著(编)者：邢颖　2017年6月出版 / 估价：98.00元
PSN B-2009-151-1/1

测绘地理信息蓝皮书
新常态下的测绘地理信息研究报告 （2017）
著(编)者：库热西·买合苏提
2017年12月出版 / 估价：118.00元
PSN B-2009-145-1/1

茶业蓝皮书
中国茶产业发展报告 （2017）
著(编)者：杨江帆 李闽榕　2017年10月出版 / 估价：88.00元
PSN B-2010-164-1/1

产权市场蓝皮书
中国产权市场发展报告 （2016~2017）
著(编)者：曹和平　2017年5月出版 / 估价：89.00元
PSN B-2009-147-1/1

产业安全蓝皮书
中国出版传媒产业安全报告 （2016~2017）
著(编)者：北京印刷学院文化产业安全研究院
2017年3月出版 / 估价：89.00元
PSN B-2014-384-13/14

产业安全蓝皮书
中国文化产业安全报告 （2017）
著(编)者：北京印刷学院文化产业安全研究院
2017年12月出版 / 估价：89.00元
PSN B-2014-378-12/14

产业安全蓝皮书
中国新媒体产业安全报告 （2017）
著(编)者：北京印刷学院文化产业安全研究院
2017年12月出版 / 估价：89.00元
PSN B-2015-500-14/14

城投蓝皮书
中国城投行业发展报告 （2017）
著(编)者：王晨艳 丁伯康　2017年11月出版 / 估价：300.00元
PSN B-2016-514-1/1

电子政务蓝皮书
中国电子政务发展报告 （2016~2017）
著(编)者：李季 杜平　2017年7月出版 / 估价：89.00元
PSN B-2003-022-1/1

杜仲产业绿皮书
中国杜仲橡胶资源与产业发展报告 （2016~2017）
著(编)者：杜红岩 胡文臻 俞锐
2017年1月出版 / 估价：85.00元
PSN G-2013-350-1/1

房地产蓝皮书
中国房地产发展报告 No.14 （2017）
著(编)者：李春华 王业强　2017年5月出版 / 估价：89.00元
PSN B-2004-028-1/1

服务外包蓝皮书
中国服务外包产业发展报告 （2017）
著(编)者：王晓红 刘德军
2017年6月出版 / 估价：89.00元
PSN B-2013-331-2/2

服务外包蓝皮书
中国服务外包竞争力报告 （2017）
著(编)者：王力 刘春生 黄育华
2017年11月出版 / 估价：85.00元
PSN B-2011-216-1/2

工业和信息化蓝皮书
世界网络安全发展报告 （2016~2017）
著(编)者：洪京一　2017年4月出版 / 估价：89.00元
PSN B-2015-452-5/5

工业和信息化蓝皮书
世界信息化发展报告 （2016~2017）
著(编)者：洪京一　2017年4月出版 / 估价：89.00元
PSN B-2015-451-4/5

工业和信息化蓝皮书
世界信息技术产业发展报告（2016~2017）
著(编)者：洪京一　2017年4月出版 / 估价：89.00元
PSN B-2015-449-2/5

工业和信息化蓝皮书
移动互联网产业发展报告（2016~2017）
著(编)者：洪京一　2017年4月出版 / 估价：89.00元
PSN B-2015-448-1/5

工业和信息化蓝皮书
战略性新兴产业发展报告（2016~2017）
著(编)者：洪京一　2017年4月出版 / 估价：89.00元
PSN B-2015-450-3/5

工业设计蓝皮书
中国工业设计发展报告（2017）
著(编)者：王晓红 于炜 张立群
2017年9月出版 / 估价：138.00元
PSN B-2014-420-1/1

黄金市场蓝皮书
中国商业银行黄金业务发展报告（2016~2017）
著(编)者：平安银行　2017年3月出版 / 估价：98.00元
PSN B-2016-525-1/1

互联网金融蓝皮书
中国互联网金融发展报告（2017）
著(编)者：李东荣　2017年9月出版 / 估价：128.00元
PSN B-2014-374-1/1

互联网医疗蓝皮书
中国互联网医疗发展报告（2017）
著(编)者：宫晓东　2017年9月出版 / 估价：89.00元
PSN B-2016-568-1/1

会展蓝皮书
中外会展业动态评估年度报告（2017）
著(编)者：张敏　2017年1月出版 / 估价：88.00元
PSN B-2013-327-1/1

金融监管蓝皮书
中国金融监管报告（2017）
著(编)者：胡滨　2017年6月出版 / 估价：89.00元
PSN B-2012-281-1/1

金融蓝皮书
中国金融中心发展报告（2017）
著(编)者：王力 黄育华　2017年11月出版 / 估价：85.00元
PSN B-2011-186-6/6

建筑装饰蓝皮书
中国建筑装饰行业发展报告（2017）
著(编)者：刘晓一 葛顺道　2017年7月出版 / 估价：198.00元
PSN B-2016-554-1/1

客车蓝皮书
中国客车产业发展报告（2016~2017）
著(编)者：姚蔚　2017年10月出版 / 估价：85.00元
PSN B-2013-361-1/1

旅游安全蓝皮书
中国旅游安全报告（2017）
著(编)者：郑向敏 谢朝武　2017年5月出版 / 估价：128.00元
PSN B-2012-280-1/1

旅游绿皮书
2016~2017年中国旅游发展分析与预测
著(编)者：张广瑞 刘德谦　2017年4月出版 / 估价：89.00元
PSN G-2002-018-1/1

煤炭蓝皮书
中国煤炭工业发展报告（2017）
著(编)者：岳福斌　2017年12月出版 / 估价：85.00元
PSN B-2008-123-1/1

民营企业社会责任蓝皮书
中国民营企业社会责任报告（2017）
著(编)者：中华全国工商业联合会
2017年12月出版 / 估价：89.00元
PSN B-2015-511-1/1

民营医院蓝皮书
中国民营医院发展报告（2017）
著(编)者：庄一强　2017年10月出版 / 估价：85.00元
PSN B-2012-299-1/1

闽商蓝皮书
闽商发展报告（2017）
著(编)者：李闽榕 王日根 林琛
2017年12月出版 / 估价：89.00元
PSN B-2012-298-1/1

能源蓝皮书
中国能源发展报告（2017）
著(编)者：崔民选 王军生 陈义和
2017年10月出版 / 估价：98.00元
PSN B-2006-049-1/1

农产品流通蓝皮书
中国农产品流通产业发展报告（2017）
著(编)者：贾敬敦 张东科 张玉玺 张鹏毅 周伟
2017年1月出版 / 估价：89.00元
PSN B-2012-288-1/1

企业公益蓝皮书
中国企业公益研究报告（2017）
著(编)者：钟宏武 汪杰 顾一 黄晓娟 等
2017年12月出版 / 估价：89.00元
PSN B-2015-501-1/1

企业国际化蓝皮书
中国企业国际化报告（2017）
著(编)者：王辉耀　2017年11月出版 / 估价：98.00元
PSN B-2014-427-1/1

企业蓝皮书
中国企业绿色发展报告 No.2（2017）
著(编)者：李红玉 朱光辉　2017年8月出版 / 估价：89.00元
PSN B-2015-481-2/2

企业社会责任蓝皮书
中国企业社会责任研究报告（2017）
著(编)者：黄群慧 钟宏武 张蒽 翟利峰
2017年11月出版 / 估价：89.00元
PSN B-2009-149-1/1

汽车安全蓝皮书
中国汽车安全发展报告（2017）
著(编)者：中国汽车技术研究中心
2017年7月出版 / 估价：89.00元
PSN B-2014-385-1/1

汽车电子商务蓝皮书
中国汽车电子商务发展报告（2017）
著(编)者：中华全国工商业联合会汽车经销商商会
　　　　　北京易观智库网络科技有限公司
2017年10月出版 / 估价：128.00元
PSN B-2015-485-1/1

汽车工业蓝皮书
中国汽车工业发展年度报告（2017）
著(编)者：中国汽车工业协会 中国汽车技术研究中心
　　　　　丰田汽车（中国）投资有限公司
2017年4月出版 / 估价：128.00元
PSN B-2015-463-1/2

汽车工业蓝皮书
中国汽车零部件产业发展报告（2017）
著(编)者：中国汽车工业协会 中国汽车工程研究院
2017年10月出版 / 估价：98.00元
PSN B-2016-515-2/2

汽车蓝皮书
中国汽车产业发展报告（2017）
著(编)者：国务院发展研究中心产业经济研究部
　　　　　中国汽车工程学会 大众汽车集团（中国）
2017年8月出版 / 估价：98.00元
PSN B-2008-124-1/1

人力资源蓝皮书
中国人力资源发展报告（2017）
著(编)者：余兴安　2017年11月出版 / 估价：89.00元
PSN B-2012-287-1/1

融资租赁蓝皮书
中国融资租赁业发展报告（2016~2017）
著(编)者：李光荣 王力　2017年8月出版 / 估价：89.00元
PSN B-2015-443-1/1

商会蓝皮书
中国商会发展报告No.5（2017）
著(编)者：王钦敏　2017年7月出版 / 估价：89.00元
PSN B-2008-125-1/1

输血服务蓝皮书
中国输血行业发展报告（2017）
著(编)者：朱永明 耿鸿武　2016年8月出版 / 估价：89.00元
PSN B-2016-583-1/1

上市公司蓝皮书
中国上市公司社会责任信息披露报告（2017）
著(编)者：张旺 张杨　2017年11月出版 / 估价：89.00元
PSN B-2011-234-1/2

社会责任管理蓝皮书
中国上市公司社会责任能力成熟度报告（2017）No.2
著(编)者：肖红军 王晓光 李伟阳
2017年12月出版 / 估价：98.00元
PSN B-2015-507-2/2

社会责任管理蓝皮书
中国企业公众透明度报告（2017）No.3
著(编)者：黄速建 熊梦 王晓光 肖红军
2017年1月出版 / 估价：98.00元
PSN B-2015-440-1/2

食品药品蓝皮书
食品药品安全与监管政策研究报告（2016~2017）
著(编)者：唐民皓　2017年6月出版 / 估价：89.00元
PSN B-2009-129-1/1

世界能源蓝皮书
世界能源发展报告（2017）
著(编)者：黄晓勇　2017年6月出版 / 估价：99.00元
PSN B-2013-349-1/1

水利风景区蓝皮书
中国水利风景区发展报告（2017）
著(编)者：谢婵才 兰思仁　2017年5月出版 / 估价：89.00元
PSN B-2015-480-1/1

私募市场蓝皮书
中国私募股权市场发展报告（2017）
著(编)者：曹和平　2017年12月出版 / 估价：89.00元
PSN B-2010-162-1/1

碳市场蓝皮书
中国碳市场报告（2017）
著(编)者：定金彪　2017年11月出版 / 估价：89.00元
PSN B-2014-430-1/1

体育蓝皮书
中国体育产业发展报告（2017）
著(编)者：阮伟 钟秉枢　2017年12月出版 / 估价：89.00元
PSN B-2010-179-1/4

网络空间安全蓝皮书
中国网络空间安全发展报告（2017）
著(编)者：惠志斌 唐涛　2017年4月出版 / 估价：89.00元
PSN B-2015-466-1/1

西部金融蓝皮书
中国西部金融发展报告（2017）
著(编)者：李忠民　2017年8月出版 / 估价：85.00元
PSN B-2010-160-1/1

协会商会蓝皮书
中国行业协会商会发展报告（2017）
著(编)者：景朝阳 李勇　2017年4月出版 / 估价：99.00元
PSN B-2015-461-1/1

新能源汽车蓝皮书
中国新能源汽车产业发展报告（2017）
著(编)者：中国汽车技术研究中心
　　　　　日产（中国）投资有限公司 东风汽车有限公司
2017年7月出版 / 估价：98.00元
PSN B-2013-347-1/1

新三板蓝皮书
中国新三板市场发展报告（2017）
著(编)者：王力　2017年6月出版 / 估价：89.00元
PSN B-2016-534-1/1

信托市场蓝皮书
中国信托业市场报告（2016~2017）
著(编)者：用益信托工作室
2017年1月出版 / 估价：198.00元
PSN B-2014-371-1/1

信息化蓝皮书
中国信息化形势分析与预测（2016~2017）
著(编)者：周宏仁　2017年8月出版 / 估价：98.00元
PSN B-2010-168-1/1

信用蓝皮书
中国信用发展报告（2017）
著(编)者：章政 田侃　2017年4月出版 / 估价：99.00元
PSN B-2013-328-1/1

休闲绿皮书
2017年中国休闲发展报告
著(编)者：宋瑞　2017年10月出版 / 估价：89.00元
PSN G-2010-158-1/1

休闲体育蓝皮书
中国休闲体育发展报告（2016~2017）
著(编)者：李相如 钟炳枢　2017年10月出版 / 估价：89.00元
PSN G-2016-516-1/1

养老金融蓝皮书
中国养老金融发展报告（2017）
著(编)者：董克用 姚余栋
2017年6月出版 / 估价：89.00元
PSN B-2016-584-1/1

药品流通蓝皮书
中国药品流通行业发展报告（2017）
著(编)者：佘鲁林 温再兴　2017年8月出版 / 估价：158.00元
PSN B-2014-429-1/1

医院蓝皮书
中国医院竞争力报告（2017）
著(编)者：庄一强 曾益新　2017年3月出版 / 估价：128.00元
PSN B-2016-529-1/1

医药蓝皮书
中国中医药产业园战略发展报告（2017）
著(编)者：裴长洪 房书亭 吴滌心
2017年8月出版 / 估价：89.00元
PSN B-2012-305-1/1

邮轮绿皮书
中国邮轮产业发展报告（2017）
著(编)者：汪泓　2017年10月出版 / 估价：89.00元
PSN G-2014-419-1/1

智能养老蓝皮书
中国智能养老产业发展报告（2017）
著(编)者：朱勇　2017年10月出版 / 估价：89.00元
PSN B-2015-488-1/1

债券市场蓝皮书
中国债券市场发展报告（2016~2017）
著(编)者：杨农　2017年10月出版 / 估价：89.00元
PSN B-2016-573-1/1

中国节能汽车蓝皮书
中国节能汽车发展报告（2016~2017）
著(编)者：中国汽车工程研究院股份有限公司
2017年9月出版 / 估价：98.00元
PSN B-2016-566-1/1

中国上市公司蓝皮书
中国上市公司发展报告（2017）
著(编)者：张平 王宏淼
2017年10月出版 / 估价：98.00元
PSN B-2014-414-1/1

中国陶瓷产业蓝皮书
中国陶瓷产业发展报告（2017）
著(编)者：左和平 黄速建　2017年10月出版 / 估价：98.00元
PSN B-2016-574-1/1

中国总部经济蓝皮书
中国总部经济发展报告（2016~2017）
著(编)者：赵弘　2017年9月出版 / 估价：89.00元
PSN B-2005-036-1/1

中医文化蓝皮书
中国中医药文化传播发展报告（2017）
著(编)者：毛嘉陵　2017年7月出版 / 估价：89.00元
PSN B-2015-468-1/1

装备制造业蓝皮书
中国装备制造业发展报告（2017）
著(编)者：徐东华　2017年12月出版 / 估价：148.00元
PSN B-2015-505-1/1

资本市场蓝皮书
中国场外交易市场发展报告（2016~2017）
著(编)者：高峦　2017年3月出版 / 估价：89.00元
PSN B-2009-153-1/1

资产管理蓝皮书
中国资产管理行业发展报告（2017）
著(编)者：智信资产管理研究院
2017年6月出版 / 估价：89.00元
PSN B-2014-407-2/2

文化传媒类

传媒竞争力蓝皮书
中国传媒国际竞争力研究报告（2017）
著(编)者：李本乾 刘强
2017年11月出版 / 估价：148.00元
PSN B-2013-356-1/1

传媒蓝皮书
中国传媒产业发展报告（2017）
著(编)者：崔保国 2017年5月出版 / 估价：98.00元
PSN B-2005-035-1/1

传媒投资蓝皮书
中国传媒投资发展报告（2017）
著(编)者：张向东 谭云明
2017年6月出版 / 估价：128.00元
PSN B-2015-474-1/1

动漫蓝皮书
中国动漫产业发展报告（2017）
著(编)者：卢斌 郑玉明 牛兴侦
2017年9月出版 / 估价：89.00元
PSN B-2011-198-1/1

非物质文化遗产蓝皮书
中国非物质文化遗产发展报告（2017）
著(编)者：陈平 2017年5月出版 / 估价：98.00元
PSN B-2015-469-1/1

广电蓝皮书
中国广播电影电视发展报告（2017）
著(编)者：国家新闻出版广电总局发展研究中心
2017年7月出版 / 估价：98.00元
PSN B-2006-072-1/1

广告主蓝皮书
中国广告主营销传播趋势报告 No.9
著(编)者：黄升民 杜国清 邵华冬 等
2017年10月出版 / 估价：148.00元
PSN B-2005-041-1/1

国际传播蓝皮书
中国国际传播发展报告（2017）
著(编)者：胡正荣 李继东 姬德强
2017年11月出版 / 估价：89.00元
PSN B-2014-408-1/1

纪录片蓝皮书
中国纪录片发展报告（2017）
著(编)者：何苏六 2017年9月出版 / 估价：89.00元
PSN B-2011-222-1/1

科学传播蓝皮书
中国科学传播报告（2017）
著(编)者：詹正茂 2017年7月出版 / 估价：89.00元
PSN B-2008-120-1/1

两岸创意经济蓝皮书
两岸创意经济研究报告（2017）
著(编)者：罗昌智 林咏能
2017年10月出版 / 估价：98.00元
PSN B-2014-437-1/1

两岸文化蓝皮书
两岸文化产业合作发展报告（2017）
著(编)者：胡惠林 李保宗 2017年7月出版 / 估价：89.00元
PSN B-2012-285-1/1

媒介与女性蓝皮书
中国媒介与女性发展报告(2016~2017)
著(编)者：刘利群 2017年9月出版 / 估价：118.00元
PSN B-2013-345-1/1

媒体融合蓝皮书
中国媒体融合发展报告（2017）
著(编)者：梅宁华 宋建武 2017年7月出版 / 估价：89.00元
PSN B-2015-479-1/1

全球传媒蓝皮书
全球传媒发展报告（2017）
著(编)者：胡正荣 李继东 唐晓芬
2017年11月出版 / 估价：89.00元
PSN B-2012-237-1/1

少数民族非遗蓝皮书
中国少数民族非物质文化遗产发展报告（2017）
著(编)者：肖远平（彝） 柴立（满）
2017年8月出版 / 估价：98.00元
PSN B-2015-467-1/1

视听新媒体蓝皮书
中国视听新媒体发展报告（2017）
著(编)者：国家新闻出版广电总局发展研究中心
2017年7月出版 / 估价：98.00元
PSN B-2011-184-1/1

文化创新蓝皮书
中国文化创新报告（2017）No.7
著(编)者：于平 傅才武 2017年7月出版 / 估价：98.00元
PSN B-2009-143-1/1

文化建设蓝皮书
中国文化发展报告（2016~2017）
著(编)者：江畅 孙伟平 戴茂堂
2017年6月出版 / 估价：116.00元
PSN B-2014-392-1/1

文化科技蓝皮书
文化科技创新发展报告（2017）
著(编)者：于平 李凤亮 2017年11月出版 / 估价：89.00元
PSN B-2013-342-1/1

文化蓝皮书
中国公共文化服务发展报告（2017）
著(编)者：刘新成 张永新 张旭
2017年12月出版 / 估价：98.00元
PSN B-2007-093-2/10

文化蓝皮书
中国公共文化投入增长测评报告（2017）
著(编)者：王亚南 2017年4月出版 / 估价：89.00元
PSN B-2014-435-10/10

文化蓝皮书
中国少数民族文化发展报告（2016~2017）
著(编)者：武翠英 张晓明 任乌晶
2017年9月出版 / 估价：89.00元
PSN B-2013-369-9/10

文化蓝皮书
中国文化产业发展报告（2016~2017）
著(编)者：张晓明 王家新 章建刚
2017年2月出版 / 估价：89.00元
PSN B-2002-019-1/10

文化蓝皮书
中国文化产业供需协调检测报告（2017）
著(编)者：王亚南 2017年2月出版 / 估价：89.00元
PSN B-2013-323-8/10

文化蓝皮书
中国文化消费需求景气评价报告（2017）
著(编)者：王亚南 2017年4月出版 / 估价：89.00元
PSN B-2011-236-4/10

文化品牌蓝皮书
中国文化品牌发展报告（2017）
著(编)者：欧阳友权 2017年5月出版 / 估价：98.00元
PSN B-2012-277-1/1

文化遗产蓝皮书
中国文化遗产事业发展报告（2017）
著(编)者：苏杨 张颖岚 王宇飞
2017年8月出版 / 估价：98.00元
PSN B-2008-119-1/1

文学蓝皮书
中国文情报告（2016~2017）
著(编)者：白烨 2017年5月出版 / 估价：49.00元
PSN B-2011-221-1/1

新媒体蓝皮书
中国新媒体发展报告No.8（2017）
著(编)者：唐绪军 2017年6月出版 / 估价：89.00元
PSN B-2010-169-1/1

新媒体社会责任蓝皮书
中国新媒体社会责任研究报告（2017）
著(编)者：钟瑛 2017年11月出版 / 估价：89.00元
PSN B-2014-423-1/1

移动互联网蓝皮书
中国移动互联网发展报告（2017）
著(编)者：官建文 2017年6月出版 / 估价：89.00元
PSN B-2012-282-1/1

舆情蓝皮书
中国社会舆情与危机管理报告（2017）
著(编)者：谢耘耕 2017年9月出版 / 估价：128.00元
PSN B-2011-235-1/1

影视风控蓝皮书
中国影视舆情与风控报告（2017）
著(编)者：司若 2017年4月出版 / 估价：138.00元
PSN B-2016-530-1/1

地方发展类

安徽经济蓝皮书
合芜蚌国家自主创新综合示范区研究报告（2016~2017）
著(编)者：王开玉 2017年11月出版 / 估价：89.00元
PSN B-2014-383-1/1

安徽蓝皮书
安徽社会发展报告（2017）
著(编)者：程桦 2017年4月出版 / 估价：89.00元
PSN B-2013-325-1/1

安徽社会建设蓝皮书
安徽社会建设分析报告（2016~2017）
著(编)者：黄家海 王开玉 蔡宪
2016年4月出版 / 估价：89.00元
PSN B-2013-322-1/1

澳门蓝皮书
澳门经济社会发展报告（2016~2017）
著(编)者：吴志良 郝雨凡 2017年6月出版 / 估价：98.00元
PSN B-2009-138-1/1

北京蓝皮书
北京公共服务发展报告（2016~2017）
著(编)者：施昌奎 2017年2月出版 / 估价：89.00元
PSN B-2008-103-7/8

北京蓝皮书
北京经济发展报告（2016~2017）
著(编)者：杨松 2017年6月出版 / 估价：89.00元
PSN B-2006-054-2/8

北京蓝皮书
北京社会发展报告（2016~2017）
著(编)者：李伟东 2017年6月出版 / 估价：89.00元
PSN B-2006-055-3/8

北京蓝皮书
北京社会治理发展报告（2016~2017）
著(编)者：殷星辰 2017年5月出版 / 估价：89.00元
PSN B-2014-391-8/8

北京蓝皮书
北京文化发展报告（2016~2017）
著(编)者：李建盛 2017年4月出版 / 估价：89.00元
PSN B-2007-082-4/8

北京律师绿皮书
北京律师发展报告No.3（2017）
著(编)者：王隽 2017年7月出版 / 估价：88.00元
PSN G-2012-301-1/1

北京旅游蓝皮书
北京旅游发展报告（2017）
著(编)者：北京旅游学会　2017年1月出版 / 估价：88.00元
PSN B-2011-217-1/1

北京人才蓝皮书
北京人才发展报告（2017）
著(编)者：于淼　2017年12月出版 / 估价：128.00元
PSN B-2011-201-1/1

北京社会心态蓝皮书
北京社会心态分析报告（2016～2017）
著(编)者：北京社会心理研究所
2017年8月出版 / 估价：89.00元
PSN B-2014-422-1/1

北京社会组织管理蓝皮书
北京社会组织发展与管理（2016～2017）
著(编)者：黄江松　2017年4月出版 / 估价：88.00元
PSN B-2015-446-1/1

北京体育蓝皮书
北京体育产业发展报告（2016～2017）
著(编)者：钟秉枢 陈杰 杨铁黎
2017年9月出版 / 估价：89.00元
PSN B-2015-475-1/1

北京养老产业蓝皮书
北京养老产业发展报告（2017）
著(编)者：周明明 冯喜良　2017年8月出版 / 估价：89.00元
PSN B-2015-465-1/1

滨海金融蓝皮书
滨海新区金融发展报告（2017）
著(编)者：王爱俭 张锐钢　2017年12月出版 / 估价：89.00元
PSN B-2014-424-1/1

城乡一体化蓝皮书
中国城乡一体化发展报告·北京卷（2016～2017）
著(编)者：张宝秀 黄序　2017年5月出版 / 估价：89.00元
PSN B-2012-258-2/2

创意城市蓝皮书
北京文化创意产业发展报告（2017）
著(编)者：张京成 王国华　2017年10月出版 / 估价：89.00元
PSN B-2012-263-1/7

创意城市蓝皮书
青岛文化创意产业发展报告（2017）
著(编)者：马达 张丹妮　2017年8月出版 / 估价：89.00元
PSN B-2011-235-1/1

创意城市蓝皮书
天津文化创意产业发展报告（2016～2017）
著(编)者：谢思全　2017年6月出版 / 估价：89.00元
PSN B-2016-537-7/7

创意城市蓝皮书
无锡文化创意产业发展报告（2017）
著(编)者：谭军 张鸣年　2017年10月出版 / 估价：89.00元
PSN B-2013-346-3/7

创意城市蓝皮书
武汉文化创意产业发展报告（2017）
著(编)者：黄永林 陈汉桥　2017年9月出版 / 估价：99.00元
PSN B-2013-354-4/7

创意上海蓝皮书
上海文化创意产业发展报告（2016～2017）
著(编)者：王慧敏 王兴全　2017年8月出版 / 估价：89.00元
PSN B-2016-562-1/1

福建妇女发展蓝皮书
福建省妇女发展报告（2017）
著(编)者：刘群英　2017年11月出版 / 估价：88.00元
PSN B-2011-220-1/1

福建自贸区蓝皮书
中国（福建）自由贸易实验区发展报告（2016～2017）
著(编)者：黄茂兴　2017年4月出版 / 估价：108.00元
PSN B-2017-532-1/1

甘肃蓝皮书
甘肃经济发展分析与预测（2017）
著(编)者：朱智文 罗哲　2017年1月出版 / 估价：89.00元
PSN B-2013-312-1/6

甘肃蓝皮书
甘肃社会发展分析与预测（2017）
著(编)者：安文华 包晓霞 谢增虎
2017年1月出版 / 估价：89.00元
PSN B-2013-313-2/6

甘肃蓝皮书
甘肃文化发展分析与预测（2017）
著(编)者：安文华 周小华　2017年1月出版 / 估价：89.00元
PSN B-2013-314-3/6

甘肃蓝皮书
甘肃县域和农村发展报告（2017）
著(编)者：刘进军 柳民 王建兵
2017年1月出版 / 估价：89.00元
PSN B-2013-316-5/6

甘肃蓝皮书
甘肃舆情分析与预测（2017）
著(编)者：陈双梅 郝树声　2017年1月出版 / 估价：89.00元
PSN B-2013-315-4/6

甘肃蓝皮书
甘肃商贸流通发展报告（2017）
著(编)者：杨志武 王福生 王晓芳
2017年1月出版 / 估价：89.00元
PSN B-2016-523-6/6

广东蓝皮书
广东全面深化改革发展报告（2017）
著(编)者：周林生 涂成林　2017年12月出版 / 估价：89.00元
PSN B-2015-504-3/3

广东蓝皮书
广东社会工作发展报告（2017）
著(编)者：罗观翠　2017年6月出版 / 估价：89.00元
PSN B-2014-402-2/3

广东蓝皮书
广东省电子商务发展报告（2017）
著(编)者：程晓 邓顺国　2017年7月出版 / 估价：89.00元
PSN B-2013-360-1/3

广东社会建设蓝皮书
广东省社会建设发展报告（2017）
著(编)者：广东省社会工作委员会
2017年12月出版 / 估价：99.00元
PSN B-2014-436-1/1

广东外经贸蓝皮书
广东对外经济贸易发展研究报告（2016~2017）
著(编)者：陈万灵 2017年8月出版 / 估价：98.00元
PSN B-2012-286-1/1

广西北部湾经济区蓝皮书
广西北部湾经济区开放开发报告（2017）
著(编)者：广西北部湾经济区规划建设管理委员会办公室
广西社会科学院广西北部湾发展研究院
2017年2月出版 / 估价：89.00元
PSN B-2010-181-1/1

巩义蓝皮书
巩义经济社会发展报告（2017）
著(编)者：丁同民 朱军 2017年4月出版 / 估价：58.00元
PSN B-2016-533-1/1

广州蓝皮书
2017年中国广州经济形势分析与预测
著(编)者：庾建设 陈浩钿 谢博能
2017年7月出版 / 估价：85.00元
PSN B-2011-185-9/14

广州蓝皮书
2017年中国广州社会形势分析与预测
著(编)者：张强 陈怡霓 杨秦 2017年6月出版 / 估价：85.00元
PSN B-2008-110-5/14

广州蓝皮书
广州城市国际化发展报告（2017）
著(编)者：朱名宏 2017年8月出版 / 估价：79.00元
PSN B-2012-246-11/14

广州蓝皮书
广州创新型城市发展报告（2017）
著(编)者：尹涛 2017年7月出版 / 估价：79.00元
PSN B-2012-247-12/14

广州蓝皮书
广州经济发展报告（2017）
著(编)者：朱名宏 2017年7月出版 / 估价：79.00元
PSN B-2005-040-1/14

广州蓝皮书
广州农村发展报告（2017）
著(编)者：朱名宏 2017年8月出版 / 估价：79.00元
PSN B-2010-167-8/14

广州蓝皮书
广州汽车产业发展报告（2017）
著(编)者：杨再高 冯兴亚 2017年7月出版 / 估价：79.00元
PSN B-2006-066-3/14

广州蓝皮书
广州青年发展报告（2016～2017）
著(编)者：徐柳 张强 2017年9月出版 / 估价：79.00元
PSN B-2013-352-13/14

广州蓝皮书
广州商贸业发展报告（2017）
著(编)者：李江涛 肖振宇 荀振英
2017年7月出版 / 估价：79.00元
PSN B-2012-245-10/14

广州蓝皮书
广州社会保障发展报告（2017）
著(编)者：蔡国萱 2017年8月出版 / 估价：79.00元
PSN B-2014-425-14/14

广州蓝皮书
广州文化创意产业发展报告（2017）
著(编)者：徐咏虹 2017年7月出版 / 估价：79.00元
PSN B-2008-111-6/14

广州蓝皮书
中国广州城市建设与管理发展报告（2017）
著(编)者：董皞 陈小钢 李江涛
2017年7月出版 / 估价：85.00元
PSN B-2007-087-4/14

广州蓝皮书
中国广州科技创新发展报告（2017）
著(编)者：邹采荣 马正勇 陈爽
2017年7月出版 / 估价：79.00元
PSN B-2006-065-2/14

广州蓝皮书
中国广州文化发展报告（2017）
著(编)者：徐俊忠 陆志强 顾涧清
2017年7月出版 / 估价：79.00元
PSN B-2009-134-7/14

贵阳蓝皮书
贵阳城市创新发展报告No.2（白云篇）
著(编)者：连玉明 2017年10月出版 / 估价：89.00元
PSN B-2015-491-3/10

贵阳蓝皮书
贵阳城市创新发展报告No.2（观山湖篇）
著(编)者：连玉明 2017年10月出版 / 估价：89.00元
PSN B-2011-235-1/1

贵阳蓝皮书
贵阳城市创新发展报告No.2（花溪篇）
著(编)者：连玉明 2017年10月出版 / 估价：89.00元
PSN B-2015-490-2/10

贵阳蓝皮书
贵阳城市创新发展报告No.2（开阳篇）
著(编)者：连玉明 2017年10月出版 / 估价：89.00元
PSN B-2015-492-4/10

贵阳蓝皮书
贵阳城市创新发展报告No.2（南明篇）
著(编)者：连玉明 2017年10月出版 / 估价：89.00元
PSN B-2015-496-8/10

贵阳蓝皮书
贵阳城市创新发展报告No.2（清镇篇）
著(编)者：连玉明 2017年10月出版 / 估价：89.00元
PSN B-2015-489-1/10

贵阳蓝皮书
贵阳城市创新发展报告No.2（乌当篇）
著(编)者：连玉明　2017年10月出版 / 估价：89.00元
PSN B-2015-495-7/10

贵阳蓝皮书
贵阳城市创新发展报告No.2（息烽篇）
著(编)者：连玉明　2017年10月出版 / 估价：89.00元
PSN B-2015-493-5/10

贵阳蓝皮书
贵阳城市创新发展报告No.2（修文篇）
著(编)者：连玉明　2017年10月出版 / 估价：89.00元
PSN B-2015-494-6/10

贵阳蓝皮书
贵阳城市创新发展报告No.2（云岩篇）
著(编)者：连玉明　2017年10月出版 / 估价：89.00元
PSN B-2015-498-10/10

贵州房地产蓝皮书
贵州房地产发展报告No.4（2017）
著(编)者：武廷方　2017年7月出版 / 估价：89.00元
PSN B-2014-426-1/1

贵州蓝皮书
贵州册亨经济社会发展报告 (2017)
著(编)者：黄德林　2017年3月出版 / 估价：89.00元
PSN B-2016-526-8/9

贵州蓝皮书
贵安新区发展报告（2016~2017）
著(编)者：马长青 吴大华　2017年6月出版 / 估价：89.00元
PSN B-2015-459-4/9

贵州蓝皮书
贵州法治发展报告（2017）
著(编)者：吴大华　2017年5月出版 / 估价：89.00元
PSN B-2012-254-2/9

贵州蓝皮书
贵州国有企业社会责任发展报告（2016～2017）
著(编)者：郭丽 周航 万强
2017年12月出版 / 估价：89.00元
PSN B-2015-512-6/9

贵州蓝皮书
贵州民航业发展报告（2017）
著(编)者：申振东 吴大华　2017年10月出版 / 估价：89.00元
PSN B-2015-471-5/9

贵州蓝皮书
贵州民营经济发展报告（2017）
著(编)者：杨静 吴大华　2017年3月出版 / 估价：89.00元
PSN B-2016-531-9/9

贵州蓝皮书
贵州人才发展报告（2017）
著(编)者：于杰 吴大华　2017年9月出版 / 估价：89.00元
PSN B-2014-382-3/9

贵州蓝皮书
贵州社会发展报告（2017）
著(编)者：王兴骥　2017年6月出版 / 估价：89.00元
PSN B-2010-166-1/9

贵州蓝皮书
贵州国家级开放创新平台发展报告（2017）
著(编)者：申晓庆 吴大华 李泓
2017年6月出版 / 估价：89.00元
PSN B-2016-518-1/9

海淀蓝皮书
海淀区文化和科技融合发展报告（2017）
著(编)者：陈名杰 孟景伟　2017年5月出版 / 估价：85.00元
PSN B-2013-329-1/1

杭州都市圈蓝皮书
杭州都市圈发展报告（2017）
著(编)者：沈翔 戚建国　2017年5月出版 / 估价：128.00元
PSN B-2012-302-1/1

杭州蓝皮书
杭州妇女发展报告（2017）
著(编)者：魏颖　2017年6月出版 / 估价：89.00元
PSN B-2014-403-1/1

河北经济蓝皮书
河北省经济发展报告（2017）
著(编)者：马树强 金浩 张贵
2017年4月出版 / 估价：89.00元
PSN B-2014-380-1/1

河北蓝皮书
河北经济社会发展报告（2017）
著(编)者：郭金平　2017年1月出版 / 估价：89.00元
PSN B-2014-372-1/1

河北食品药品安全蓝皮书
河北食品药品安全研究报告（2017）
著(编)者：丁锦霞　2017年6月出版 / 估价：89.00元
PSN B-2015-473-1/1

河南经济蓝皮书
2017年河南经济形势分析与预测
著(编)者：胡五岳　2017年2月出版 / 估价：89.00元
PSN B-2007-086-1/1

河南蓝皮书
2017年河南社会形势分析与预测
著(编)者：刘道兴 牛苏林　2017年4月出版 / 估价89.00元
PSN B-2005-043-1/8

河南蓝皮书
河南城市发展报告（2017）
著(编)者：张占仓 王建国　2017年5月出版 / 估价：89.00元
PSN B-2009-131-3/8

河南蓝皮书
河南法治发展报告（2017）
著(编)者：丁同民 张林海　2017年5月出版 / 估价：89.00元
PSN B-2014-376-6/8

河南蓝皮书
河南工业发展报告（2017）
著(编)者：张占仓 丁同民　2017年5月出版 / 估价：89.00元
PSN B-2013-317-5/8

河南蓝皮书
河南金融发展报告（2017）
著(编)者：河南省社会科学院
2017年6月出版 / 估价：89.00元
PSN B-2014-390-7/8

河南蓝皮书
河南经济发展报告（2017）
著(编)者：张占仓　2017年3月出版 / 估价：89.00元
PSN B-2010-157-4/8

河南蓝皮书
河南农业农村发展报告（2017）
著(编)者：吴海峰　2017年4月出版 / 估价：89.00元
PSN B-2015-445-8/8

河南蓝皮书
河南文化发展报告（2017）
著(编)者：卫绍生　2017年3月出版 / 估价：88.00元
PSN B-2008-106-2/8

河南商务蓝皮书
河南商务发展报告（2017）
著(编)者：焦锦淼 穆荣国　2017年6月出版 / 估价：88.00元
PSN B-2014-399-1/1

黑龙江蓝皮书
黑龙江经济发展报告（2017）
著(编)者：朱宇　2017年1月出版 / 估价：89.00元
PSN B-2011-190-2/2

黑龙江蓝皮书
黑龙江社会发展报告（2017）
著(编)者：谢宝禄　2017年1月出版 / 估价：89.00元
PSN B-2011-189-1/2

湖北文化蓝皮书
湖北文化发展报告（2017）
著(编)者：吴成国　2017年10月出版 / 估价：95.00元
PSN B-2016-567-1/1

湖南城市蓝皮书
区域城市群整合
著(编)者：童中贤 韩未名
2017年12月出版 / 估价：89.00元
PSN B-2006-064-1/1

湖南蓝皮书
2017年湖南产业发展报告
著(编)者：梁志峰　2017年5月出版 / 估价：128.00元
PSN B-2011-207-2/8

湖南蓝皮书
2017年湖南电子政务发展报告
著(编)者：梁志峰　2017年5月出版 / 估价：128.00元
PSN B-2014-394-6/8

湖南蓝皮书
2017年湖南经济展望
著(编)者：梁志峰　2017年5月出版 / 估价：128.00元
PSN B-2011-206-1/8

湖南蓝皮书
2017年湖南两型社会与生态文明发展报告
著(编)者：梁志峰　2017年5月出版 / 估价：128.00元
PSN B-2011-208-3/8

湖南蓝皮书
2017年湖南社会发展报告
著(编)者：梁志峰　2017年5月出版 / 估价：128.00元
PSN B-2014-393-5/8

湖南蓝皮书
2017年湖南县域经济社会发展报告
著(编)者：梁志峰　2017年5月出版 / 估价：128.00元
PSN B-2014-395-7/8

湖南蓝皮书
湖南城乡一体化发展报告（2017）
著(编)者：陈文胜 王文强 陆福兴 邝奕轩
2017年6月出版 / 估价：89.00元
PSN B-2015-477-8/8

湖南县域绿皮书
湖南县域发展报告 No.3
著(编)者：袁准 周小毛　2017年9月出版 / 估价：89.00元
PSN G-2012-274-1/1

沪港蓝皮书
沪港发展报告（2017）
著(编)者：尤安山　2017年9月出版 / 估价：89.00元
PSN B-2013-362-1/1

吉林蓝皮书
2017年吉林经济社会形势分析与预测
著(编)者：马克　2015年12月出版 / 估价：89.00元
PSN B-2013-319-1/1

吉林省城市竞争力蓝皮书
吉林省城市竞争力报告（2017）
著(编)者：崔岳春 张磊　2017年3月出版 / 估价：89.00元
PSN B-2015-508-1/1

济源蓝皮书
济源经济社会发展报告（2017）
著(编)者：喻新安　2017年4月出版 / 估价：89.00元
PSN B-2014-387-1/1

健康城市蓝皮书
北京健康城市建设研究报告（2017）
著(编)者：王鸿春　2017年8月出版 / 估价：89.00元
PSN B-2015-460-1/2

江苏法治蓝皮书
江苏法治发展报告 No.6（2017）
著(编)者：蔡道通 龚廷泰　2017年8月出版 / 估价：98.00元
PSN B-2012-290-1/1

江西蓝皮书
江西经济社会发展报告（2017）
著(编)者：张勇 姜玮 梁勇　2017年10月出版 / 估价：89.00元
PSN B-2015-484-1/2

江西蓝皮书
江西设区市发展报告（2017）
著(编)者：姜玮 梁勇　2017年10月出版 / 估价：79.00元
PSN B-2016-517-2/2

江西文化蓝皮书
江西文化产业发展报告（2017）
著(编)者：张圣才 汪春翔
2017年10月出版 / 估价：128.00元
PSN B-2015-499-1/1

街道蓝皮书
北京街道发展报告No.2（白纸坊篇）
著(编)者：连玉明　2017年8月出版 / 估价：98.00元
PSN B-2016-544-7/15

街道蓝皮书
北京街道发展报告No.2（椿树篇）
著(编)者：连玉明　2017年8月出版 / 估价：98.00元
PSN B-2016-548-11/15

街道蓝皮书
北京街道发展报告No.2（大栅栏篇）
著(编)者：连玉明　2017年8月出版 / 估价：98.00元
PSN B-2016-552-15/15

街道蓝皮书
北京街道发展报告No.2（德胜篇）
著(编)者：连玉明　2017年8月出版 / 估价：98.00元
PSN B-2016-551-14/15

街道蓝皮书
北京街道发展报告No.2（广安门内篇）
著(编)者：连玉明　2017年8月出版 / 估价：98.00元
PSN B-2016-540-3/15

街道蓝皮书
北京街道发展报告No.2（广安门外篇）
著(编)者：连玉明　2017年8月出版 / 估价：98.00元
PSN B-2016-547-10/15

街道蓝皮书
北京街道发展报告No.2（金融街篇）
著(编)者：连玉明　2017年8月出版 / 估价：98.00元
PSN B-2016-538-1/15

街道蓝皮书
北京街道发展报告No.2（牛街篇）
著(编)者：连玉明　2017年8月出版 / 估价：98.00元
PSN B-2016-545-8/15

街道蓝皮书
北京街道发展报告No.2（什刹海篇）
著(编)者：连玉明　2017年8月出版 / 估价：98.00元
PSN B-2016-546-9/15

街道蓝皮书
北京街道发展报告No.2（陶然亭篇）
著(编)者：连玉明　2017年8月出版 / 估价：98.00元
PSN B-2016-542-5/15

街道蓝皮书
北京街道发展报告No.2（天桥篇）
著(编)者：连玉明　2017年8月出版 / 估价：98.00元
PSN B-2016-549-12/15

街道蓝皮书
北京街道发展报告No.2（西长安街篇）
著(编)者：连玉明　2017年8月出版 / 估价：98.00元
PSN B-2016-543-6/15

街道蓝皮书
北京街道发展报告No.2（新街口篇）
著(编)者：连玉明　2017年8月出版 / 估价：98.00元
PSN B-2016-541-4/15

街道蓝皮书
北京街道发展报告No.2（月坛篇）
著(编)者：连玉明　2017年8月出版 / 估价：98.00元
PSN B-2016-539-2/15

街道蓝皮书
北京街道发展报告No.2（展览路篇）
著(编)者：连玉明　2017年8月出版 / 估价：98.00元
PSN B-2016-550-13/15

经济特区蓝皮书
中国经济特区发展报告（2017）
著(编)者：陶一桃　2017年12月出版 / 估价：98.00元
PSN B-2009-139-1/1

辽宁蓝皮书
2017年辽宁经济社会形势分析与预测
著(编)者：曹晓峰 梁启东
2017年1月出版 / 估价：79.00元
PSN B-2006-053-1/1

洛阳蓝皮书
洛阳文化发展报告（2017）
著(编)者：刘福兴 陈启明　2017年7月出版 / 估价：89.00元
PSN B-2015-476-1/1

南京蓝皮书
南京文化发展报告（2017）
著(编)者：徐宁　2017年10月出版 / 估价：89.00元
PSN B-2014-439-1/1

南宁蓝皮书
南宁经济发展报告（2017）
著(编)者：胡建华　2017年9月出版 / 估价：79.00元
PSN B-2016-570-2/3

南宁蓝皮书
南宁社会发展报告（2017）
著(编)者：胡建华　2017年9月出版 / 估价：79.00元
PSN B-2016-571-3/3

内蒙古蓝皮书
内蒙古反腐倡廉建设报告 No.2
著(编)者：张志华 无极　2017年12月出版 / 估价：79.00元
PSN B-2013-365-1/1

浦东新区蓝皮书
上海浦东经济发展报告（2017）
著(编)者：沈开艳 周奇　2017年1月出版 / 估价：89.00元
PSN B-2011-225-1/1

青海蓝皮书
2017年青海经济社会形势分析与预测
著(编)者：陈玮　2015年12月出版 / 估价：79.00元
PSN B-2012-275-1/1

人口与健康蓝皮书
深圳人口与健康发展报告（2017）
著(编)者：陆杰华 罗乐宣 苏杨
2017年11月出版 / 估价：89.00元
PSN B-2011-228-1/1

山东蓝皮书
山东经济形势分析与预测（2017）
著(编)者：李广杰　　2017年7月出版 / 估价：89.00元
PSN B-2014-404-1/4

山东蓝皮书
山东社会形势分析与预测（2017）
著(编)者：张华 唐洲雁　　2017年6月出版 / 估价：89.00元
PSN B-2014-405-2/4

山东蓝皮书
山东文化发展报告（2017）
著(编)者：涂可国　　2017年11月出版 / 估价：98.00元
PSN B-2014-406-3/4

山西蓝皮书
山西资源型经济转型发展报告（2017）
著(编)者：李志强　　2017年7月出版 / 估价：89.00元
PSN B-2011-197-1/1

陕西蓝皮书
陕西经济发展报告（2017）
著(编)者：任宗哲 白宽犁 裴成荣
2015年12月出版 / 估价：89.00元
PSN B-2009-135-1/5

陕西蓝皮书
陕西社会发展报告（2017）
著(编)者：任宗哲 白宽犁 牛昉
2015年12月出版 / 估价：89.00元
PSN B-2009-136-2/5

陕西蓝皮书
陕西文化发展报告（2017）
著(编)者：任宗哲 白宽犁 王长寿
2015年12月出版 / 估价：89.00元
PSN B-2009-137-3/5

上海蓝皮书
上海传媒发展报告（2017）
著(编)者：强荧 焦雨虹　　2017年1月出版 / 估价：89.00元
PSN B-2012-295-5/7

上海蓝皮书
上海法治发展报告（2017）
著(编)者：叶青　　2017年6月出版 / 估价：89.00元
PSN B-2012-296-6/7

上海蓝皮书
上海经济发展报告（2017）
著(编)者：沈开艳　　2017年1月出版 / 估价：89.00元
PSN B-2006-057-1/7

上海蓝皮书
上海社会发展报告（2017）
著(编)者：杨雄 周海旺　　2017年1月出版 / 估价：89.00元
PSN B-2006-058-2/7

上海蓝皮书
上海文化发展报告（2017）
著(编)者：荣跃明　　2017年1月出版 / 估价：89.00元
PSN B-2006-059-3/7

上海蓝皮书
上海文学发展报告（2017）
著(编)者：陈圣来　　2017年6月出版 / 估价：89.00元
PSN B-2012-297-7/7

上海蓝皮书
上海资源环境发展报告（2017）
著(编)者：周冯琦 汤庆合 任文伟
2017年1月出版 / 估价：89.00元
PSN B-2006-060-4/7

社会建设蓝皮书
2017年北京社会建设分析报告
著(编)者：宋贵伦 冯虹　　2017年10月出版 / 估价：89.00元
PSN B-2010-173-1/1

深圳蓝皮书
深圳法治发展报告（2017）
著(编)者：张骁儒　　2017年6月出版 / 估价：89.00元
PSN B-2015-470-6/7

深圳蓝皮书
深圳经济发展报告（2017）
著(编)者：张骁儒　　2017年7月出版 / 估价：89.00元
PSN B-2008-112-3/7

深圳蓝皮书
深圳劳动关系发展报告（2017）
著(编)者：汤庭芬　　2017年6月出版 / 估价：89.00元
PSN B-2007-097-2/7

深圳蓝皮书
深圳社会建设与发展报告（2017）
著(编)者：张骁儒 陈东平　　2017年7月出版 / 估价：89.00元
PSN B-2008-113-4/7

深圳蓝皮书
深圳文化发展报告(2017)
著(编)者：张骁儒　　2017年7月出版 / 估价：89.00元
PSN B-2016-555-7/7

四川法治蓝皮书
丝绸之路经济带发展报告（2016～2017）
著(编)者：任宗哲 白宽犁 谷孟宾
2017年12月出版 / 估价：85.00元
PSN B-2014-410-1/1

四川法治蓝皮书
四川依法治省年度报告 No.3（2017）
著(编)者：李林 杨天宗 田禾
2017年3月出版 / 估价：108.00元
PSN B-2015-447-1/1

四川蓝皮书
2017年四川经济形势分析与预测
著(编)者：杨钢　　2017年1月出版 / 估价：98.00元
PSN B-2007-098-2/7

四川蓝皮书
四川城镇化发展报告（2017）
著(编)者：侯水平 陈炜　　2017年4月出版 / 估价：85.00元
PSN B-2015-456-7/7

四川蓝皮书
四川法治发展报告（2017）
著(编)者：郑泰安　2017年1月出版 / 估价：89.00元
PSN B-2015-441-5/7

四川蓝皮书
四川企业社会责任研究报告（2016~2017）
著(编)者：侯水平 盛毅 翟刚
2017年4月出版 / 估价：89.00元
PSN B-2014-386-4/7

四川蓝皮书
四川社会发展报告（2017）
著(编)者：李羚　2017年5月出版 / 估价：89.00元
PSN B-2008-127-3/7

四川蓝皮书
四川生态建设报告（2017）
著(编)者：李晟之　2017年4月出版 / 估价：85.00元
PSN B-2015-455-6/7

四川蓝皮书
四川文化产业发展报告（2017）
著(编)者：向宝云 张立伟
2017年4月出版 / 估价：89.00元
PSN B-2006-074-1/7

体育蓝皮书
上海体育产业发展报告（2016~2017）
著(编)者：张林 黄海燕
2017年10月出版 / 估价：89.00元
PSN B-2015-454-4/4

体育蓝皮书
长三角地区体育产业发展报告（2016~2017）
著(编)者：张林　2017年4月出版 / 估价：89.00元
PSN B-2015-453-3/4

天津金融蓝皮书
天津金融发展报告（2017）
著(编)者：王爱俭 孔德昌
2017年12月出版 / 估价：98.00元
PSN B-2014-418-1/1

图们江区域合作蓝皮书
图们江区域合作发展报告（2017）
著(编)者：李铁　2017年6月出版 / 估价：98.00元
PSN B-2015-464-1/1

温州蓝皮书
2017年温州经济社会形势分析与预测
著(编)者：潘忠强 王春光 金浩
2017年4月出版 / 估价：89.00元
PSN B-2008-105-1/1

西咸新区蓝皮书
西咸新区发展报告（2016~2017）
著(编)者：李扬 王军　2017年6月出版 / 估价：89.00元
PSN B-2016-535-1/1

扬州蓝皮书
扬州经济社会发展报告（2017）
著(编)者：丁纯　2017年12月出版 / 估价：98.00元
PSN B-2011-191-1/1

长株潭城市群蓝皮书
长株潭城市群发展报告（2017）
著(编)者：张萍　2017年12月出版 / 估价：89.00元
PSN B-2008-109-1/1

中医文化蓝皮书
北京中医文化传播发展报告（2017）
著(编)者：毛嘉陵　2017年5月出版 / 估价：79.00元
PSN B-2015-468-1/2

珠三角流通蓝皮书
珠三角商圈发展研究报告（2017）
著(编)者：王先庆 林至颖
2017年7月出版 / 估价：98.00元
PSN B-2012-292-1/1

遵义蓝皮书
遵义发展报告（2017）
著(编)者：曾征 龚永育 雍思强
2017年12月出版 / 估价：89.00元
PSN B-2014-433-1/1

国际问题类

"一带一路"跨境通道蓝皮书
"一带一路"跨境通道建设研究报告（2017）
著(编)者：郭业洲　2017年8月出版 / 估价：89.00元
PSN B-2016-558-1/1

"一带一路"蓝皮书
"一带一路"建设发展报告（2017）
著(编)者：孔丹 李永全　2017年7月出版 / 估价：89.00元
PSN B-2015-553-1/1

阿拉伯黄皮书
阿拉伯发展报告（2016~2017）
著(编)者：罗林　2017年11月出版 / 估价：89.00元
PSN Y-2014-381-1/1

北部湾蓝皮书
泛北部湾合作发展报告（2017）
著(编)者：吕余生　2017年12月出版 / 估价：85.00元
PSN B-2008-114-1/1

大湄公河次区域蓝皮书
大湄公河次区域合作发展报告（2017）
著(编)者：刘稚　2017年8月出版 / 估价：89.00元
PSN B-2011-196-1/1

大洋洲蓝皮书
大洋洲发展报告（2017）
著(编)者：喻常森　2017年10月出版 / 估价：89.00元
PSN B-2013-341-1/1

德国蓝皮书
德国发展报告（2017）
著（编）者：郑春荣　　2017年6月出版 / 估价：89.00元
PSN B-2012-278-1/1

东盟黄皮书
东盟发展报告（2017）
著（编）者：杨晓强　庄国土
2017年3月出版 / 估价：89.00元
PSN Y-2012-303-1/1

东南亚蓝皮书
东南亚地区发展报告（2016～2017）
著（编）者：厦门大学东南亚研究中心　王勤
2017年12月出版 / 估价：89.00元
PSN B-2012-240-1/1

俄罗斯黄皮书
俄罗斯发展报告（2017）
著（编）者：李永全　　2017年7月出版 / 估价：89.00元
PSN Y-2006-061-1/1

非洲黄皮书
非洲发展报告 No.19（2016～2017）
著（编）者：张宏明　　2017年8月出版 / 估价：89.00元
PSN Y-2012-239-1/1

公共外交蓝皮书
中国公共外交发展报告（2017）
著（编）者：赵启正 雷蔚真
2017年4月出版 / 估价：89.00元
PSN B-2015-457-1/1

国际安全蓝皮书
中国国际安全研究报告(2017)
著（编）者：刘慧　　2017年7月出版 / 估价：98.00元
PSN B-2016-522-1/1

国际形势黄皮书
全球政治与安全报告（2017）
著（编）者：李慎明　张宇燕
2016年12月出版 / 估价：89.00元
PSN Y-2001-016-1/1

韩国蓝皮书
韩国发展报告（2017）
著（编）者：牛林杰 刘宝全
2017年11月出版 / 估价：89.00元
PSN B-2010-155-1/1

加拿大蓝皮书
加拿大发展报告（2017）
著（编）者：仲伟合　　2017年9月出版 / 估价：89.00元
PSN B-2014-389-1/1

拉美黄皮书
拉丁美洲和加勒比发展报告（2016～2017）
著（编）者：吴白乙　　2017年6月出版 / 估价：89.00元
PSN Y-1999-007-1/1

美国蓝皮书
美国研究报告（2017）
著（编）者：郑秉文 黄平　　2017年6月出版 / 估价：89.00元
PSN B-2011-210-1/1

缅甸蓝皮书
缅甸国情报告（2017）
著（编）者：李晨阳　　2017年12月出版 / 估价：86.00元
PSN B-2013-343-1/1

欧洲蓝皮书
欧洲发展报告（2016～2017）
著（编）者：黄平　周弘 江时学
2017年6月出版 / 估价：89.00元
PSN B-1999-009-1/1

葡语国家蓝皮书
葡语国家发展报告（2017）
著（编）者：王成安 张敏　　2017年12月出版 / 估价：89.00元
PSN B-2015-503-1/2

葡语国家蓝皮书
中国与葡语国家关系发展报告·巴西（2017）
著（编）者：张曙光　　2017年8月出版 / 估价：89.00元
PSN B-2016-564-2/2

日本经济蓝皮书
日本经济与中日经贸关系研究报告（2017）
著（编）者：张季风　　2017年5月出版 / 估价：89.00元
PSN B-2008-102-1/1

日本蓝皮书
日本研究报告（2017）
著（编）者：杨伯江　　2017年5月出版 / 估价：89.00元
PSN B-2002-020-1/1

上海合作组织黄皮书
上海合作组织发展报告（2017）
著（编）者：李进峰 吴宏伟 李少捷
2017年6月出版 / 估价：89.00元
PSN Y-2009-130-1/1

世界创新竞争力黄皮书
世界创新竞争力发展报告（2017）
著（编）者：李闽榕 李建平 赵新力
2017年1月出版 / 估价：148.00元
PSN Y-2013-318-1/1

泰国蓝皮书
泰国研究报告（2017）
著（编）者：庄国土 张禹东
2017年8月出版 / 估价：118.00元
PSN B-2016-557-1/1

土耳其蓝皮书
土耳其发展报告（2017）
著（编）者：郭长刚 刘义　　2017年9月出版 / 估价：89.00元
PSN B-2014-412-1/1

亚太蓝皮书
亚太地区发展报告（2017）
著（编）者：李向阳　　2017年3月出版 / 估价：89.00元
PSN B-2001-015-1/1

印度蓝皮书
印度国情报告（2017）
著（编）者：吕昭义　　2017年12月出版 / 估价：89.00元
PSN B-2012-241-1/1

印度洋地区蓝皮书
印度洋地区发展报告（2017）
著(编)者：汪戎　　2017年6月出版 / 估价：89.00元
PSN B-2013-334-1/1

英国蓝皮书
英国发展报告（2016～2017）
著(编)者：王展鹏　　2017年11月出版 / 估价：89.00元
PSN B-2015-486-1/1

越南蓝皮书
越南国情报告（2017）
著(编)者：广西社会科学院 罗梅 李碧华
2017年12月出版 / 估价：89.00元
PSN B-2006-056-1/1

以色列蓝皮书
以色列发展报告（2017）
著(编)者：张倩红　　2017年8月出版 / 估价：89.00元
PSN B-2015-483-1/1

伊朗蓝皮书
伊朗发展报告（2017）
著(编)者：冀开远　　2017年10月出版 / 估价：89.00元
PSN B-2016-575-1/1

中东黄皮书
中东发展报告 No.19（2016～2017）
著(编)者：杨光　　2017年10月出版 / 估价：89.00元
PSN Y-1998-004-1/1

中亚黄皮书
中亚国家发展报告（2017）
著(编)者：孙力 吴宏伟　　2017年7月出版 / 估价：98.00元
PSN Y-2012-238-1/1

　　皮书序列号是社会科学文献出版社专门为识别皮书、管理皮书而设计的编号。皮书序列号是出版皮书的许可证号，是区别皮书与其他图书的重要标志。

　　它由一个前缀和四部分构成。这四部分之间用连字符"-"连接。前缀和这四部分之间空半个汉字（见示例）。

《国际人才蓝皮书：中国留学发展报告》序列号示例

该品种皮书首次出版年份
"皮书序列号"英文简称　　本书在该丛书名中的排序

PSN B-2012-244-2/4

皮书封面颜色　　该丛书名包含的皮书品种数
本书在所有皮书品种中的序列

　　从示例中可以看出，《国际人才蓝皮书：中国留学发展报告》的首次出版年份是2012年，是社科文献出版社出版的第244个皮书品种，是"国际人才蓝皮书"系列的第2个品种（共4个品种）。

❖ 皮书起源 ❖

"皮书"起源于十七、十八世纪的英国，主要指官方或社会组织正式发表的重要文件或报告，多以"白皮书"命名。在中国，"皮书"这一概念被社会广泛接受，并被成功运作、发展成为一种全新的出版形态，则源于中国社会科学院社会科学文献出版社。

❖ 皮书定义 ❖

皮书是对中国与世界发展状况和热点问题进行年度监测，以专业的角度、专家的视野和实证研究方法，针对某一领域或区域现状与发展态势展开分析和预测，具备原创性、实证性、专业性、连续性、前沿性、时效性等特点的公开出版物，由一系列权威研究报告组成。

❖ 皮书作者 ❖

皮书系列的作者以中国社会科学院、著名高校、地方社会科学院的研究人员为主，多为国内一流研究机构的权威专家学者，他们的看法和观点代表了学界对中国与世界的现实和未来最高水平的解读与分析。

❖ 皮书荣誉 ❖

皮书系列已成为社会科学文献出版社的著名图书品牌和中国社会科学院的知名学术品牌。2016年，皮书系列正式列入"十三五"国家重点出版规划项目；2012~2016年，重点皮书列入中国社会科学院承担的国家哲学社会科学创新工程项目；2017年，55种院外皮书使用"中国社会科学院创新工程学术出版项目"标识。

中国皮书网

www.pishu.cn

发布皮书研创资讯，传播皮书精彩内容
引领皮书出版潮流，打造皮书服务平台

栏目设置

关于皮书：何谓皮书、皮书分类、皮书大事记、皮书荣誉、
皮书出版第一人、皮书编辑部

最新资讯：通知公告、新闻动态、媒体聚焦、网站专题、视频直播、下载专区

皮书研创：皮书规范、皮书选题、皮书出版、皮书研究、研创团队

皮书评奖评价：指标体系、皮书评价、皮书评奖

互动专区：皮书说、皮书智库、皮书微博、数据库微博

所获荣誉

2008 年、2011 年，中国皮书网均在全
国新闻出版业网站荣誉评选中获得"最具商
业价值网站"称号；

2012 年，获得"出版业网站百强"称号。

网库合一

2014 年，中国皮书网与皮书数据库端
口合一，实现资源共享。更多详情请登录
www.pishu.cn。

权威报告·热点资讯·特色资源

皮书数据库
ANNUAL REPORT(YEARBOOK)
DATABASE

当代中国与世界发展高端智库平台

所获荣誉

- 2016年，入选"国家'十三五'电子出版物出版规划骨干工程"
- 2015年，荣获"搜索中国正能量 点赞2015""创新中国科技创新奖"
- 2013年，荣获"中国出版政府奖·网络出版物奖"提名奖
- 连续多年荣获中国数字出版博览会"数字出版·优秀品牌"奖

成为会员

通过网址www.pishu.com.cn或使用手机扫描二维码进入皮书数据库网站，进行手机号码验证或邮箱验证即可成为皮书数据库会员（建议通过手机号码快速验证注册）。

会员福利

- 使用手机号码首次注册会员可直接获得100元体验金，不需充值即可购买和查看数据库内容（仅限使用手机号码快速注册）。
- 已注册用户购书后可免费获赠100元皮书数据库充值卡。刮开充值卡涂层获取充值密码，登录并进入"会员中心"—"在线充值"—"充值卡充值"，充值成功后即可购买和查看数据库内容。

数据库服务热线：400-008-6695
数据库服务QQ：2475522410
数据库服务邮箱：database@ssap.cn

图书销售热线：010-59367070/7028
图书服务QQ：1265056568
图书服务邮箱：duzhe@ssap.cn

中医药蓝皮书
BLUE BOOK OF
TRADITIONAL CHINESE MEDICINE

北京中医药知识产权发展报告
No.1

REPORT ON TCM INTELLECTUAL PROPERTY DEVELOPMENT
OF BEIJING No.1

主　编／汪　洪　屠志涛
副 主 编／王淑贤　罗增刚　周立权
执行主编／黄建军　马秋娟　丽　娜

社会科学文献出版社
SOCIAL SCIENCES ACADEMIC PRESS（CHINA）

图书在版编目（CIP）数据

北京中医药知识产权发展报告. No. 1 / 汪洪，屠志涛主编. -- 北京：社会科学文献出版社，2017.4
（中医药蓝皮书）
ISBN 978 - 7 - 5201 - 0214 - 8

Ⅰ.①北… Ⅱ.①汪… ②屠… Ⅲ.①中国医药学 - 知识产权保护 - 研究报告 - 中国 Ⅳ.①D923.404

中国版本图书馆 CIP 数据核字（2017）第 005590 号

中医药蓝皮书
北京中医药知识产权发展报告 No. 1

主　　编/汪　洪　屠志涛
副 主 编/王淑贤　罗增刚　周立权
执行主编/黄建军　马秋娟　丽　娜

出 版 人/谢寿光
项目统筹/陈　颖
责任编辑/陈　颖　薛铭洁

出　　版/社会科学文献出版社·皮书出版分社（010）59367127
　　　　　　地址：北京市北三环中路甲 29 号院华龙大厦　邮编：100029
　　　　　　网址：www.ssap.com.cn
发　　行/市场营销中心（010）59367081　59367018
印　　装/北京季蜂印刷有限公司

规　　格/开　本：787mm × 1092mm　1/16
　　　　　　印　张：25.25　字　数：383 千字
版　　次/2017 年 4 月第 1 版　2017 年 4 月第 1 次印刷
书　　号/ISBN 978 - 7 - 5201 - 0214 - 8
定　　价/158.00 元

皮书序列号/PSN B - 2017 - 602 - 1/1

摘　要

　　知识产权制度在促进科技创新、文化繁荣和经济进步中发挥重要作用，是我国建设创新型社会的重要基础。北京地区中医药研发能力较强，产业经济总量提升较快，工业效益发展速度高于全国平均水平。本报告介绍了北京中医药知识产权的法律、政策环境，分析了中医药知识产权保护和药品行政保护制度关系，展示了北京中医药产业知识产权发展现状、创新现状以及保护和运用能力。

　　本报告重点关注中医药知识产权研究热点，如当前的热点青蒿素、中医药国际化。本报告梳理了青蒿素类药物的科学研发及产业之路，展示了青蒿素类药物的知识产权现状和特点，并从中药材、中成药、针灸等不同角度探究了中医药国际化和知识产权保护的关系，讨论了国际中医药传统知识保护的现状和存在的问题，分析了国内外成功的知识产权保护制度和战略，并提出了完善中医药产业知识产权保护的建议。

　　本报告介绍了传统中医药企业北京同仁堂的品牌文化和知识产权保护策略，分析了北京院内中药制剂的知识产权保护现状和困境，探讨了新形势下保持院内中药制剂可持续发展的知识产权保护策略。

　　本报告从宏观角度展现了我国中医药司法保护的现状，以"黑骨藤"专利侵权案和"乳腺增生"专利无效案为切入点，探讨了侵权、无效在中医药知识产权保护中的重要性。从血脂康的研发过程、产业成就和专利保护情况出发探讨中药二次创新中的专利保护策略。通过知母皂苷 BII 的专利价值评估展示中医药专利的商业价值和实现方式。

　　本报告还分析了中医药大数据对中医药知识产权的保护和驱动，总结了

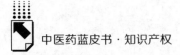

大数据时代下中医药知识产权保护面临的挑战和应对策略。同时对北京中医药知识产权人才状况、主要问题、贯标对人才培养的作用进行了分析，并对北京中医药知识产权人才建设提出了建议。

关键词：　北京　中医药　知识产权　专利

目 录

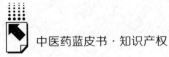

总 报 告

General Report

B.1

"十二五"以来的北京中医药知识
产权发展状况

赵 良 孔 越 高 超 沈小春 吕茂平*

摘　要：　本文介绍了北京中医药产业和知识产权发展现状，并进一步
梳理中医药产业和知识产权保护的规划、法律和政策环境，
以及中医药知识产权保护和药品行政保护制度的关系。介绍
和分析了北京中医药产业知识产权创新现状以及北京中医药
知识产权保护和运用能力。

关键词：　北京　中医药　知识产权

* 国家知识产权局专利局专利审查协作北京中心，赵良，助理研究员；孔越，助理研究员；高
超，助理研究员；沈小春，助理研究员；吕茂平，副研究员。赵良执笔第一、二部分，孔越、
高超、沈小春执笔第三部分，吕茂平执笔第四部分。

一 北京中医药知识产权发展概况

（一）北京中医药产业现状

1. 中医药产业类别

"中医药"是中医和中药的统称，是我国卫生事业的重要组成部分，党和政府十分重视中医药事业发展。2015 年 12 月 22 日，习近平主席强调"把中医药这一宝贵财富继承好、发展好、利用好"。当前我国在工业化、信息化、城镇化、农业现代化等方面取得了世界瞩目的成就，但随着人口老龄化进程加快，人民群众对医疗健康服务的需求越来越突出，迫切需要我们利用好中医药这一特色的优势科技资源，充分发挥其在深化医药卫生体制改革中的作用，促进人类健康水平的提高。

中医药产业可分为中医产业和中药产业两类。根据国民经济行业分类（GB/T 4754 – 2011）①，中医药产业细分行业的分类如表 1 所示。中医药产业是融第一、第二和第三产业为一体的综合产业，是传统产业与现代产业的结合，涉及中药材种植业、医药制造业、专用设备制造业、批发零售业、卫生服务业等。2016 年 2 月 14 日，经国务院第 123 次常务会议研究讨论，印发了《中医药发展战略规划纲要（2016～2030 年）》[简称"规划纲要（2016～2030 年）"]，制定了中医药产业发展的目标和方向，即力争到 2020年，中药工业总产值占医药工业总产值 30% 以上，中医药产业将成为国民经济重要支柱之一②。

---

① 国家统计局：《国民经济行业分类（GB/T 4754 – 2011）》，http：//www. stats. gov. cn/tjsj/
tjbz/hyflbz/。
② 中国政府网：《国务院关于印发〈中医药发展战略规划纲要（2016～2030 年）〉的通
知》，2016 年 2 月 3 日，http：//www. gov. cn/zhengce/content/2016 – 02/26/content _
5046678. htm。

表1　我国中医药产业的国民经济分类

代码	类别名称	定义
01	农业	对各种农作物的种植
0170	中药材种植	主要用于中药配制以及中成药加工的药材作物的种植
27	医药制造业	
2730	中药饮片加工	对采集的天然或人工种植、养殖的动物及植物的药材部位进行加工和炮制,使其符合中药处方调剂或中成药生产使用的活动
2740	中成药生产	直接用于人体疾病防治的传统药的加工生产活动
35	专用设备制造业	
3544	制药专用设备制造	化学原料药和药剂、中药饮片及中成药专用生产设备的制造
3581	医疗诊断、监护及治疗设备制造	用于内科、外科、眼科、妇产科、中医等医疗专用诊断、监护、治疗方面的设备制造
51	批发业	
515	医药及医疗器材批发	各种化学药品、生物药品、中药及医疗器材的批发和进出口活动,包括兽用药的批发和进出口活动
5152	中药批发	中成药、中药材的批发和进出口活动
52	零售业	
525	医药及医疗器材专门零售	专门经营各种化学药品、生物药品、中药、医疗用品及器材的店铺零售活动
83	卫生	
831~837	医院、社区医疗与卫生院、门诊部(所)等	中医医疗服务体系

2. 中医产业现状

(1)中医产业概况

根据表1的分类可知,中医产业主要组成部分是中医医疗服务体系,同时涉及中医诊疗设备、器械及其制造、批发、零售、贸易等。中医医疗服务体系是我国医疗服务体系的重要组成部分,包括城市的中医医院、中医专科医院、综合医院的中医科、社区卫生服务机构及中医门诊部和中医诊所构成的中医药服务网络;也包括其他城镇或农村地区的县属中医医院、乡镇卫生院和村卫生室等构成的中医药服务网络。

截至 2014 年底，全国各类中医医院达到 3732 所，床位 75.5 万张，执业（助理）医师 39.8 万人。2014 年的中医医院总诊疗人次达到 5.3 亿人次，比"十一五"末增加 1.7 亿人次，占到当年全部医院诊疗人次的 17.9%。门诊次均费、住院人均费两项指标分别比综合性医院低 12% 和 24%。而且，在常见病、多发病、慢性病及疑难病症、重大传染病防治中，中医药的作用得到社会广泛认可。按照"规划纲要（2016～2030 年）"提出的两个阶段性目标，到 2020 年将实现人人基本享有中医服务，公立中医院床位达到 0.55 张/千人，卫生机构中医职业类（助理）医师达到 0.4 人/千人；到 2030 年实现中医药服务全覆盖，对经济社会发展和人民群众健康保障的贡献率更加突出。

2016 年全国中医药工作会议进一步指出[①]，"十二五"期间，全国中医医院中医门诊部、诊所继续快速增长，91.2% 的社区卫生服务中心、80.2% 的乡镇卫生院、70.7% 的社区卫生服务站和 64.9% 的村卫生室能够提供中医药服务。在我国基本医疗体系中，中医医疗服务体系的作用将越发重要，今后的努力方向是着力实施"规划纲要（2016～2030 年）"，推进中医药立法及各项医疗改革，加快中医药人才队伍建设和传承创新，全力推动中医药海外发展等。

中医产业另一个重要组成部分是中医诊疗设备，即诊断设备和治疗仪器。中医诊断设备包括脉象仪、面诊仪、耳诊仪、舌象仪、腹诊仪、闻诊仪、经穴探测仪、呼吸动度检测仪等诊断仪器。中医治疗仪器包括电针仪、灸疗仪和经络导平仪等。随着计算机技术、信息处理技术、网络技术等的不断发展，智能化、精准化、微型化等中医诊疗设备发展迅速，诊疗设备的研制成为中医药事业发展的重要课题。国务院办公厅 2016 年 3 月 4 日发布的《关于促进医药产业健康发展的指导意见》（国办发〔2016〕11 号）指出[②]，加快医疗器械转型升级，积极探索基于中医学理论的医疗器械研发。国家中

---

① 中国政府新闻网：2016 年 1 月 15 日，http://cppcc.people.com.cn/n1/2016/0115/c34948 - 28054918.html。

② 中国政府网：《国务院办公厅关于促进医药产业健康发展的指导意见》，2016 年 3 月 11 日，http://www.gov.cn/zhengce/content/2016 - 03/11/content_5052267.htm。

医药管理局近年来根据《中医诊疗设备促进工程实施方案》，先后发布了两批中医诊疗设备评估选型推荐品目，促进中医诊疗设备的提升、改造及开发项目申报和评审工作。

（2）北京中医产业现状

新中国成立前，北京中医主要有三大流派。一是名医派，即当时的名医及其门生。四大名医中，除汪逢春之外，萧龙友、孔伯华、施今墨还创办过国医学院，学术上造诣颇深，故也称之为"学院派"。二是太医派，即清太医院御医及其后裔、门人。颇具声望的是袁鹤侪、瞿文楼、金书田。三是世医派，即师承家传的中医和一些自学成才的"儒医"。新中国成立后，北京开办了中医联合诊所，之后是全民所有制和集体所有制针灸门诊部、中医门诊部、中医医院，并形成了目前的多形式、多层次的中医医疗体系。现在北京命名为流派的有三个：燕京刘氏伤寒流派、燕京韦氏眼科流派以及燕京赵氏皮科流派，这三个流派分别成立了传承工作室。

"十二五"期间，北京各类中医药机构持续增长。如表2所示，根据国家统计局的数据，截至2014年底，北京市有中医医院144家，远多于其他直辖市。全市评定了22家三级甲等医院，其中有12家区县级中医机构和2家社办中医机构跻身三甲医院的行列，中医三甲医院累计约占全国的11%。同时还评定了15家二级甲等医院和3家二级乙等医院。中医从业医生达到1.6万人，占全市总医生人数的18.6%；中医床位数量为18780张，占全市总量的18.26%。2014年中医门诊/急诊人次为5049.26万人次，占全市总量的26.45%。可见，北京集中了我国优势的中医医疗资源。

表2　四个直辖市中医院数量比较分析

单位：所

直辖市	2014 年	2013 年	2012 年	2011 年	2010 年	2009 年	2008 年
北京市	144	134	123	104	90	82	79
重庆市	48	46	43	43	44	42	42
天津市	40	37	31	30	28	26	27
上海市	18	18	17	17	17	17	17

3. 中药产业现状

（1）中药产业概况

根据表 1 分类可知，中药产业主要组成部分是中药种植业、中药制造业（中药饮片加工和中成药生产），同时涉及中药批发、零售、进出口贸易等。"规划纲要（2016~2030 年）"的数据显示，2014 年中药生产企业达到 3813 家，中药工业总产值 7302 亿元，占我国医药工业总值的近 1/3。

中药种植业位于中药产业链上游，即中药材的种植或养殖、采集、销售等，属于农业的范畴。我国中药资源丰富，现有中药资源 12772 种，其中包括 11118 种药用植物、1574 种药用动物、80 余种药用矿物[①]。目前，我国已经建立起常用大宗中药材的人工生产基地，中药材规范化生产管理（GAP）得到显著加强，中药材规范化生产技术相继得到推广和应用，并形成了比较完善的中药材生产体系。主要出口创汇的中药材包括人参、甘草、半夏、茯苓、白芍、三七等，中药材的提取物出口增长也比较迅速。中药制造业包括中药饮片和中成药两类，属于工业范畴。随着医药卫生体制改革的全面推进和不断深化，2013 年 3 月新版《国家基本药物目录》将中成药的数目从 2009 年的 102 种大幅增加到 203 种，数量占比从 33% 提高到 39%。受益于良好的政策和社会环境，中药制造业的行业规模不断壮大，涌现了一批资产、销售收入、利润快速增长的大中型中药企业，行业对外贸易稳步上升，中药国际化稳步推进，总体呈现持续向好态势。"十二五"期间，中药工业行业总产值迅速增长，行业利润总额年均复合增长率达 20% 以上[②]。

（2）北京中药行业现状

中药资源呈现地域性分布，也就决定了我国各地生产、收购的药材种类的不同。此外，各地用药习惯也使得所经营的中药材种类和数量亦不同。全国各地生产、收购、经营、用药习惯使得中药材种类各具特色，构成了中药

---

① 裴长洪、房书亭、吴滌心主编《医药蓝皮书：中国中医药产业园战略发展报告（2013~2014）》，社会科学文献出版社，2014，第 46 页。

② 中药产业信息网：《2015 年我国中药行业运行情况》，2015 年 12 月 29 日，http://www.chyxx.com/industry/201512/374071.html。

材区域化发展的模式。在中药种植业上，北京郊区及周边生态条件优越，凡华北地区种植的中药材在京郊均有分布。北京中药材种植历史悠久，曾是我国原料药材重要流通市场，并享有"国药""京药"等美誉。北京中药材的种植主要集中在通州、房山和怀柔三个区域，并初步形成了房山区以甘草为主、通州区以黄芪为主、怀柔区以西洋参为主的品种布局。北京全市现有药用植物 877 种、药用动物 57 种、矿物药 13 种、加工品 4 种，共计 951 种。京津冀地区从事中药生产和经营的企业比较集中，主要为同仁堂、天士力、以岭药业等以中药制药为主业的大型企业，以及包含中药业务的国药集团、中国医药保健品股份有限公司等大中型企业。

4. 北京优势和特点

北京地区依托悠久的中医药文化和传承，在现代化中医药产业转型中取得了长足发展，并占有重要地位。中医药产业经济总量大且提升较快，利润、利税总额持续增长，工业效益发展速度高于全国平均水平。北京继续传承和发展中医药产业的优势主要表现在以下几个方面。①科研实力基础雄厚，研发机构高端人才多，其拥有由北京中医药大学、中国中医科学院、中国科学院植物研究所等构成的国家中医药创新体系的核心。每年申请的科研经费充足，也便于与知名企业开展联合研究。北京地区的中医药科技人员和高端人才众多，拥有以两院院士、知名中医药专家和优秀中青年专家为主的创新人才队伍。②临床资源丰富，院内制剂市场广阔。西苑医院、广安门医院、东直门医院一直是国家中药新药主要临床基地，各种院内中药制剂资源丰富，初步形成市场规模，为北京未来创新中药大品种提供了临床应用基础。③政策利导优势。北京政府机构汇聚，集中了国家药品管理体系中几乎全部的政府机构，涉及药品的研发、生产、管理和流通各个环节。④企业优势。北京地区及周边天津市、河北省等的大型制药企业，包括同仁堂、天士力、以岭药业等大型中药制药企业，相继走出了中药发展的成熟模式，存在良好的产业发展基础。总体而言，北京一直是我国研发创新高地，发展中医药产业既有历史传承的基础，也有独特的人才和科研的优势，存在进一步发展和利用的巨大空间。

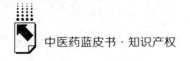

（二）北京中医药知识产权现状

现代知识产权制度是世界主要国家基本法律制度，在促进人类科技创新、文化繁荣和经济进步中发挥着重要作用，也是我国建设创新型社会的重要基础。

《专利法》于1985年4月正式颁布，但对药品本身不授予专利权。1985～1992年为我国专利申请的起步阶段，那时由于专利保护的意识普遍很弱，专利申请数量少，药品领域更多的是采用新药保护。第一次修改的《专利法》于1993年实施，规定了药品可以获得专利保护。1993～2000年，发明人对申请中药专利的热情迅速提高，申请量有了显著的提升。应加入WTO时代背景的要求，第二次修改的《专利法》于2001年实施。2001～2007年，中药专利申请量迅速提高。2008年，我国实施《国家知识产权战略》，第三次修改的《专利法》实施。伴随着国家对中医药事业的重视和各项鼓励中医药事业政策的落实，中药专利申请量急剧上升。

知识产权的保护形式因行业的不同各有差异，中医药产业随其细分产业的种类不同可采取不同的保护形式。例如，中药创新常采用专利保护的方式，中医理论或研究成果采用著作权的方式，中医药商业的内容则采用商标、著作权、商业秘密等形式予以保护。以下为中药专利保护情况，对比2001年以来，世界范围内中药（包括国内外的天然药物、草药、植物药等概念）的专利申请情况，结合北京与国内其他省市的申请、授权，以及职务发明、专利类型、专利寿命、成果转化等数据，从整体上反映了北京中药知识产权保护的现状。除专利寿命、成果转化的统计数据需要从1985年实施专利制度时为起算时间外，本节后续其他统计数据所采用的跨度均为2001年1月至2016年11月（资料来源：Incopat数据库）。

1. 世界范围内专利申请概况

从2001年1月计算，世界范围内可统计的中药专利申请与授权数量总量为：发明申请26.67万件，可统计到的发明授权5.88万件。如表3所

示，发明申请中，我国的中药发明申请数量占有优势，申请数量庞大。以
"发明申请"数据计算，占总数的64.4%，这与我国传统用药习惯有关。
这些中药除了作为药物使用外，还用于保健食品、食品、化妆品、饲料等
领域。

表3　世界主要国家和地区中药专利申请数量

单位：件

国家/地区	中国	日本	美国	韩国	WIPO	欧洲	澳大利亚	俄罗斯
发明申请	171714	13780	11689	14763	11257	8724	4373	4090
发明授权	48601	5125	5074	—	—	—	—	—
申请占比（%）	64.4	5.2	4.4	5.5	4.2	3.3	1.6	1.5

国家/地区	加拿大	中国台湾	德国	印度	法国	巴西	中国香港	其他
发明申请	3142	2316	2224	1822	1548	1387	1376	12460
发明授权	—	—	—	—	—	—	—	—
申请占比（%）	1.2	0.9	0.8	0.7	0.6	0.5	0.5	4.7

注："—"表示授权数量不确定，WIPO表示通过世界知识产权组织提交的PCT申请。

表3显示通过WIPO提交的PCT国际申请共有11257件。这些申请数据
的国家或地区分布如表4所示。相比之下，尽管表3显示我国国内中药专利
申请数量众多，但表4中提交给WIPO的申请数量较少，累计仅有857件，
位居第4。而美国提出的PCT专利申请占有优势，发明申请数为2891件，
占比25.7%；韩国和日本在开发传统医药上也存在较大优势，分别为
11.4%和9.4%。可见当前我国中药国际专利的布局还有待提高。

表4　世界主要国家中药的PCT专利申请数量

单位：件

国家	美国	韩国	日本	中国	印度	法国	德国	其他
发明申请	2891	1288	1053	857	713	604	556	3295
申请占比（%）	25.7	11.4	9.4	7.6	6.3	5.4	4.9	29.3

逐年分析 WIPO 公布的中国中药 PCT 专利申请数据，如表5所示。从 2001 年开始中药专利申请总体上在逐渐增加，展示出我国对传统中药的国际知识产权布局意识有所加强。在 2006 年之后快速增加并保持年均 60 件以上，2015 年公开数量达到 92 件，2016 年则有望达到或超过 100 件。随着后续中药现代化和国际化的推进，中药专利的国际化布局有望缩小与美国的差距，并逐渐超过日本和韩国。

表5 我国中药的 PCT 专利申请逐年公开数量

单位：件

年份	2001	2002	2003	2004	2005	2006	2007	2008
公开数量	5	13	10	14	14	66	73	61
年份	2009	2010	2011	2012	2013	2014	2015	2016.6
公开数量	66	60	57	98	86	85	92	57

2. 北京与国内专利现状的比较

（1）北京与其他主要省份中药发明专利与授权数据

我国中药专利中，发明申请 171714 件，另有可统计的发明授权 48601 件，实用新型 1050 件。相对而言，中药创新以申请发明为主，实用新型数量很少。进一步分析发明申请及授权的占比（占全国总量的比例），如表6所示。发明申请中，占有优势的依次是山东省（24.31%）、江苏省（8.73%）、北京市（6.68%）等，其他省份较为均衡；发明授权中，则依次是山东省（21.92%）、北京市（7.22%）、广东省（5.91%）等。从全国中药申请和授权的数据来看，各省份与地区差异较大，这种现象一般与地区经济水平、产业政策、现阶段专利资助政策有关。

表6 我国各主要省份中药发明专利申请与授权数据

单位：件

省份	山东	江苏	北京	安徽	河南	广东	浙江	广西
发明申请	41749	14984	11470	10266	8985	8176	8260	7505
发明授权	10655	2260	3511	2319	2482	2874	2726	1034
实用新型	196	69	38	29	43	71	130	9

续表

省份	山东	江苏	北京	安徽	河南	广东	浙江	广西
发明申请占比(%)	24.31	8.73	6.68	5.98	5.23	4.76	4.81	4.37
发明授权占比(%)	21.92	4.65	7.22	4.77	5.11	5.91	5.61	2.13
省份	四川	天津	辽宁	陕西	黑龙江	上海	河北	其他
发明申请	5321	5190	4716	3554	3775	3434	3043	31286
发明授权	1758	1396	1299	1391	1136	1291	1535	10934
实用新型	38	16	28	25	24	37	33	264
发明申请占比(%)	3.10	3.02	2.75	2.07	2.20	2.00	1.77	18.22
发明授权占比(%)	3.62	2.87	2.67	2.86	2.34	2.66	3.16	22.50

(2) 职务发明与非职务发明

按照申请人类型划分，发明专利通常分为职务发明和非职务发明。职务发明是指企业、事业单位、社会团体、国家机关的工作人员执行本单位的任务，或者主要利用本单位的物质技术条件完成的职务发明创造。反之，非职务发明是指职务之外且没有利用本单位的物质技术条件完成的发明创造。

随着科学技术的发展，技术创新活动的开展对创新者的科研水平、机会、环境和资源等技术要素的要求越来越高，以至于重要的技术创新和发明主要是科技工作人员依托所在单位的资金、设备和技术优势来完成的，即职务发明成为技术创新的主阵地。据统计，欧美日发达国家专利申请的90%以上都是职务发明创造[1]。对于中药（本身属于医药产业领域）来说，由于新药研发具有周期长、投入大、风险高等特点，大专院校、科研单位、企业才是中药新药研发的主体。但如表7所示，我国非职务发明（申请人为个人或其他）的中药发明申请和发明授权分别占59.61%、54.68%，这种特点显示出我国中医药的创新能力还不足。

―――――――――

① 王永民：《小发明与大发明》，《中国发明与专利》2008年第9期。

表7 北京与全国中药发明专利的申请人类型比较

单位：件

全国申请人类型	发明申请	发明授权	实用新型	发明申请占比(%)	发明授权占比(%)
大专院校	9694	4302	27	5.62	8.70
科研单位及机关团体	12432	4219	47	7.21	8.53
企业	47492	13882	293	27.56	28.08
个人及其他	102730	27034	687	59.61	54.68
北京申请人类型	发明申请	发明授权	实用新型	发明申请占比(%)	发明授权占比(%)
大专院校	397	227	1	3.41	6.28
科研单位及机关团体	2653	628	3	22.77	17.39
企业	4596	1590	7	39.44	44.02
个人及其他	4007	1167	27	34.39	32.31

北京与全国的平均数值相比较，非职务发明的发明申请和发明授权分别占比34.39%、32.31%，均低于全国平均值59.61%、54.68%。其中，科研单位及机关团体发明申请和发明授权分别占比22.77%、17.39%，远远高于全国的7.21%、8.53%，这与北京的中药科研院所和机构众多有关。整体来看，北京中药专利的职务发明比例高、非职务发明比例低折射出北京中药创新能力强于全国平均水平。但也存在一些不足，例如大专院校的发明申请和发明授权占比分别为3.41%、6.28%，低于全国平均水平，说明大专院校在专利保护和布局上有待进一步加强。

（3）发明专利申请技术类型的分析

由于中药成分多而复杂，可药用的中药种类众多、研究工作分散，且长期以来受到研制技术落后、资金投入不足、设备条件更新慢、管理体制不完善等诸多因素的影响，中药研究的总体水平不高。如表8所示，我国中药复方的发明申请和发明授权分别占59.94%、53.00%，而药物制剂的分别为23.58%、28.85%，提取加工的则更少，分别只有1.06%、2.24%。北京的发明申请和发明授权中，中药复方仍然占比较大，分别为46.36%、41.95%，药物制剂的分别为39.13%、38.42%，提取工艺专利的分别为1.62%、3.82%。相对全国平均水平，北京中药药物制剂和提取工艺的发明创造比例有所提高。

表8　北京与全国中药发明专利的技术类型比较

单位：件

全国技术类型	发明申请	发明授权	实用新型	发明申请占比（%）	发明授权占比（%）
种植栽培	658	205	3	0.38	0.42
提取加工	1813	1088	8	1.06	2.24
药物制剂	40484	14020	293	23.58	28.85
中药复方	102922	25759	135	59.94	53.00
其他	25837	7529	611	15.05	15.49
北京技术类型	发明申请	发明授权	实用新型	发明申请占比（%）	发明授权占比（%）
种植栽培	82	18	1	0.71	0.51
提取加工	186	115	0	1.62	3.28
药物制剂	4488	1349	14	39.13	38.42
中药复方	5318	1473	4	46.36	41.95
其他	1396	556	19	12.17	15.84

（4）发明专利的寿命分析

专利寿命是衡量专利价值的重要指标。《专利法》规定，发明专利权的期限是20年，实用新型和外观设计专利权的期限是10年，均自申请日起计算，专利权期限届满后，专利权终止。通常，对于核心专利，申请人还会构建各种外围专利，以达到最大化的"排他"和保持垄断地位的目的。但中药专利往往研究水平不高，二次开发不足，加之药品审批和上市周期长，技术壁垒、研发失败风险高及维持专利成本高等原因，导致诸多中药专利提前终止。另外，中药专利非职务发明占比较高，大部分未能转化成中药新药或其他产品，降低了中药专利整体维持的年限。如表9所示，全国的中药专利中，仅有18.03%维持年限达到7年或以上。

以维持7年及以上有效期的专利进行分析，比较全国平均水平以及山东、江苏、北京三个中药申请量最高的省份。如表9所示，自1985年专利制度实施以来，全国共计有8761项（未重复计算）中药授权专利维持了7年及以上的有效期。北京、山东和江苏分别占比8.28%、7.73%和

3.30%。以 7 年及以上的专利数/授权专利总数计算，北京为 20.65%，高于全国平均水平 18.03%；而其他两个中药发明申请量最大的省份山东和江苏，低于全国平均水平。综合考虑表 9 的维持年限和表 6 的申请数量可知，北京的中药发明申请、授权数量多，且专利寿命维持较长，反映出较高的专利价值。

表9　北京与全国中药发明专利维持年限比较

单位：件

维持年限(年)	全国	北京	山东	江苏
7	2366	165	235	84
8	2197	183	178	76
9	1531	143	105	43
10	878	86	66	34
11	755	54	45	24
12	188	14	6	3
13	211	22	17	4
14	166	13	7	4
15	103	10	4	4
16	67	10	3	1
17	63	3	3	1
18	40	6	3	3
19	24	1	0	1
20	172	15	5	7
7 年以上小计	8761	725	677	289
小计占比(%)	100.00	8.28	7.73	3.30
授权总数	48601	3511	10655	2260
7 年以上/授权总数(%)	18.03	20.65	6.35	12.79

（5）成果转化、获奖情况的比较

自 1985 年专利制度实施以来，全国共有 67 项中药授权专利获得各种级别的中国专利奖，其中北京占 4 项；全国共有 5 项中药授权专利获得中国专利奖金奖，其中北京占 2 项。北京获奖的 4 项中药专利均得到转让、专利质押或走向市场，取得了较大的经济效益，凸显了专利制度对经济发展的正向激励作用。如表 10 所示，北京取得中国专利奖的 4 项中药发明均具有较高的专利质量和经济价值。

表 10 北京取得中国专利奖的 4 项中药发明专利

发明名称	申请人	公告号	申请日期	奖项类别及其他
一种治疗上呼吸道感染的药物及其制备方法	北京羚锐伟业科技有限公司	CN100348258C	20051101	中国专利奖，金奖，转让，专利质押
一种治疗心脑血管疾病的药物组合物及其制备方法	于文勇	CN1232273C	20021127	中国专利奖，金奖，转让
红花总黄色素及其制备方法和应用	北京市心肺血管疾病研究所	CN1085674C	19991116	中国专利奖，转让
一种抗病毒的药物组合物及其制备方法	曹洪欣	CN100502916C	20060525	中国专利奖，转让

3. 北京专利保护的优势和不足

放眼全球，我国是全球最大的中药材生产国，是传统中医药的发源地，拥有世界上最丰富的中药古方，也是最大的中医药产出国和消费国。中医药产业是我们的优势，但在中医药现代化和知识产权的保护方面仍然存在许多不足，中医药知识产权保护任重道远。目前，已有不少中药产品被国外企业抢先申请了专利①，这也是部分国内和国际中药市场被国外企业占领的因素之一。知识产权特别是专利保护及布局对于未来北京中医药行业的发展具有重大的战略意义。

在知识产权保护上，北京市存在一些问题。专利申请立体构建和系统化保护不强，国际专利申请较少；中药专利申请数量虽多，但仍然以组方为主，在有效成分提取分离、质量控制技术等方面与国际上还存在差距。在商标、著作权、商业秘密、反不正当竞争、实验数据保护等其他多种知识产权保护形式方面，同样有待进一步加强。

---

① 刘昌孝：《我国医药产业创新药物研发面临的问题及对策探讨》，《中国药房》2012 年第 22 期。

二 北京中医药知识产权法律政策环境

（一）中医药产业发展规划与方针政策

国家医药产业政策作为一项综合的政策体系，是根据经济社会发展的需要不断调整的。党中央、国务院、各级部委高度重视中医药事业的发展，制定了一系列保护、扶持、促进中医药健康发展的方针政策，如表11、表12所示。其中，在广泛征求社会各方意见后，《中医药法（草案）》于2015年12月十二届全国人大常委会第十八次会议初次审议、2016年8月第二十二次会议再次审议，标志着首部针对中医药的法律即将颁布。

表11 我国促进中医药发展的法律法规

颁布日期	法律法规	主要内容
1987年10月30日	国务院发布《野生药材资源保护管理条例》	保护和合理利用我国野生药材资源
1992年10月14日	国务院发布《中药品种保护条例》	提高中药品种的质量,保护中药生产企业的合法权益,促进中药事业的发展
2003年4月7日	国务院发布《中华人民共和国中医药条例》	继承和发展中医药学,保障和促进中医药事业的发展,保护人体健康
2014年7月24日	国务院法制办公室公布《中医药法（征求意见稿）》 2016年8月30日,第十二届全国人大常委会第二十二次会议对《中医药法（草案二次审议稿）》进行了审议	继承和弘扬中医药,保障和促进中医药事业发展,保护人体健康

表12 我国促进中医药发展的规章规定

颁布日期	规章规定	主要内容
2009年3月17日	国务院发布《关于深化医药卫生体制改革的意见》	建立中国特色医药卫生体制,坚持中西医并重
2009年4月21日	国务院发布《关于扶持和促进中医药事业发展的若干意见》	坚持中西医并重,扶持和促进中医药事业发展

续表

颁布日期	规章规定	主要内容
2013 年 9 月 28 日	国务院发布《关于促进健康服务业发展的若干意见》	深化医药卫生体制改革,坚持基本医疗卫生制度
2015 年 3 月 6 日	国务院办公厅印发《关于印发全国医疗卫生服务体系规划纲要(2015～2020年)的通知》	统筹用好中西医两方面资源,提升基层西医和中医两种手段综合服务能力
2015 年 4 月 14 日	国务院办公厅印发《关于转发工业和信息化部等部门中药材保护和发展规划(2015～2020年)的通知》	加强中药材保护,促进中药产业科学发展
2015 年 5 月 7 日	国务院办公厅印发《中医药健康服务发展规划(2015～2020年)的通知》	促进中医药健康服务发展
2016 年 2 月 22 日	国务院发布《关于印发中医药发展战略规划纲要(2016～2030年)的通知》	明确未来十五年我国中医药发展方向和工作重点,促进中医药事业健康发展
2016 年 3 月 4 日	国务院办公厅印发《关于促进医药产业健康发展的指导意见》	推动提升我国医药产业核心竞争力,促进医药产业持续健康发展

北京针对中医药行业的特点,借力于首都中医药的独特优势和深厚资源,进一步制定了相关的法规和政策,如表13所示。

表13　近年来北京促进中医药产业发展的法规和政策

颁布日期	法规和政策	主要内容
2001 年 6 月 22 日	北京市人民政府发布《北京市发展中医条例》	继承和发扬中医药学,保障和促进中医药事业发展,适应人民群众对中医医疗保健的需求
2009 年 1 月 6 日	北京市人民政府发布《关于促进首都中医药事业发展的意见》	扩大中医中药的服务范围,力争为市民提供安全、有效、方便、价廉,覆盖城乡的中医药服务
2014 年 10 月 14 日	北京市人民政府发布《关于促进健康服务业发展的实施意见》	加快发展健康服务业,深化医药卫生体制改革
2016 年 3 月 7 日	北京市东城区人民政府发布《关于印发进一步促进东城区中医药发展指导意见的通知》	促进东城区中医药发展,推动中医药继承与创新,提升中医药健康服务能力

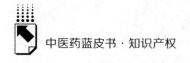

（二）中医药知识产权保护的法律环境

因创新药物具有高投入、高风险、周期长、易仿制等特点，所以对知识产权保护有高度依赖。自我国实施专利制度特别是 21 世纪初加入 WTO 后，中医药知识产权保护问题备受关注。中医药创新尤其特殊，涉及知识产权的范围又非常广泛，包括专利、商标、著作权、商业秘密、数据保护等，其中专利保护是主要形式。有效地保护中医药知识产权是促进中医药发展、中药现代化和国际化的重要保障。

（1）中医药专利保护

中医药专利保护以《专利法》为依据。大部分中医药领域的发明创造皆可以申请发明专利，主要包括：中药材的有效单体、有效部位提取、中药组合物、中药制剂等产品发明；中药材的加工炮制工艺、栽培种植工艺、中药制药用途等方法发明。实用新型可用于保护具有一定形状的产品，如中医理疗设备。外观设计可对中药的外包装、图案等具有一定程度美感的新设计进行保护。但疾病的诊断和治疗方法、动植物品种不能被授予专利权。

（2）中医药商标保护

商标保护的法律依据是《商标法》，中医药行业注册商标对于维护药品生产企业和药品经营企业的正当利益，对于企业创名牌、争效益、提高竞争力具有重要意义。

驰名商标是依照法定程序认定的在我国为相关公众广为知晓并享有较高声誉的商标，已成为我国商标法制工作中的重要组成部分。著名商标指在一定地域范围内较有知名度的商标品牌。2009 年出台的《北京市著名商标认定和保护办法》规定，北京市著名商标一经认定就在本市范围内受到保护。工商行政管理部门不予核准登记他人与北京市著名商标相同或近似的文字作为生产相同或近似产品的企业字号；任何单位和个人不得擅自使用北京市著名商标，不得丑化、贬低北京市著名商标。北京经济技术开发区出台了鼓励获得中国驰名商标、北京市著名商标认定的奖励办法，对获得中国驰名商标和北京市著名商标认定的企业给予奖励。

（3）中医药著作权保护

著作权与专利权、商标权一样，具有知识产权的专有性和排他性，还具有其特性。众所周知，专利权和商标权的获得，需要经过国家相关行政部门的审批，经审查合格并授权后才享有独占权或专有权。但《著作权法》实行的是作品自动保护原则，"著作权自作品创作完成之日起产生"。作品无论发表与否，享受同样的权利。我国对著作权实行自愿登记，维护作者或其他著作权人以及作品使用者的合法权益，为解决著作权纠纷提供初步证据。

中医药领域的学术著作、研究论文、临床研究报告、中药用药经验总结或心得、中药文献信息汇编、实验报告、制药工程的设计、制剂工艺及流程、中药产品包装设计、产品的说明书等，均属于中医药著作权的客体。著作权在中医药知识产权领域的保护作用在于：一是保护中医药传统理论的完整性和正确性。过去由于著作权观念不强，中医药这一宝贵文化遗产常常被非法使用，甚至被曲解、篡改，影响中医药文化的形象。《著作权法》则为寻求法律帮助提供了法律依据，有利于保护中医药文化的系统和完整性。二是激发创作者从事中医药研究和创作的热情。中医药文化源远流长，中医理论流派甚多，很多作品无法通过专利或商标等形式保护，而著作权保护可成为一种重要的保护方式。

（4）中医药商业秘密保护

中医药的组方有其特殊性和复杂性，某些秘方常以商业秘密的形式被传承。例如，未申请专利的家传秘方、新药配方、炮制方法、制剂技术、复方配伍比例、中药种植培养技术、鉴定技术等。TRIPS 协定把商业秘密纳入知识产权保护范畴，商业秘密也就正式作为一种国际通行的知识产权形式被确定下来。中医药商业秘密保护的依据是《中华人民共和国反不正当竞争法》与《关于禁止侵犯商业秘密行为的若干规定》，商业秘密被侵犯时的救济途径有行政救济和司法救济，行政救济由工商行政管理部门负责，司法救济根据《合同法》、《侵权行为法》、《反不正当竞争法》和《刑法》的有关规定，对侵犯商业秘密行为追究法律责任。

传统秘方一直是我国中医药行业从业者进行自我保护所采用的传统手段，

保密措施就是我们常说的"家系独传""传儿不传女"等方式，某些秘方能经历数百年的传承而不失传。这在信息不畅通、中医药"作坊式"或小规模经营、整体医疗水平低下的古代，是一种行之有效的保护措施。但当今中药生产已进入大规模的工业化大生产，这种传统的保密方式难以符合市场的需要，也不能适应社会的发展，而且在保密过程中有失密的危险，因此将中医药技术作为商业秘密保护时需要谨慎。当然，对于诸如云南白药等民族珍贵配方，对有充分依据和确有独特疗效的中医药产品，根据1992年7月6日国家中医药管理局发布的《中医药行业国家秘密及其具体范围的规定》，应作为企业的商业秘密进行保护，而避免在专利申请后所面临的公开问题。

（5）中医药反不正当竞争

与既往的规制市场秩序、维护市场主体合法权益的有关法律相比，《反不正当竞争法》具有"行为法特性"、"补充性"及"一定程度的不确定性"等特征。在知识产权领域，反不正当竞争实质上是构成了对专利、商标、著作权、商业秘密等的补充保护。从某种意义上说，《专利法》《商标法》《著作权法》均是针对具体客体，经行政审批后授予一定范围的权利，在该授权的范围内展示出相对的"强保护"，但从保护范围上看，取得授权的要素（例如专利权的"三性"等）限制了客体被授权的范围，决定了它们均属于相对的"窄保护"。而《反不正当竞争法》是经营活动中的权利，权利上是"弱保护"，而在范围上则属于"宽保护"。中医药反不正当竞争的知识产权也就会体现在多方面的"强"与"弱"的对比上，并作为一种补充保护。

（三）北京知识产权保护的规划与资助

1.北京专利战略规划与政策

（1）地方专利法规与政策

我国的专利制度通过法律、法规和部门规章的形式进行体现，例如《专利法》、《专利法实施细则》和《专利审查指南》。为了提升区域经济的竞争力，很多省、自治区、直辖市，以及市、区、县政府出台了地方专利相关的法规或激励政策，例如《北京市专利保护和促进条例》①。该条例对北京市区域的发明创造在专利保护、专利促进、法律责任等方面进行了规定。

（2）专利管理与资助政策

专利管理含义宽泛，包括企业、高校等科研机构的专利管理。为规范企业专利工作，推动企业加强对知识产权的管理、保护和利用，国家知识产权局颁布了《企业专利工作管理办法（试行）》（国知发管字〔2000〕第2号）。2015年6月，为提升高等学校知识产权管理能力，激发高校的创新活力，促进创新驱动发展战略的实施，国务院发布了《高等学校知识产权管理规范（征求意见稿）》。

专利资助政策即专利激励政策，是政府利用财政、税收等经济和行政手段主动对专利不同阶段进行激励和资助的相关手段。这些政策既包括国家专利行政部门制定的费用减免政策，也包括各省市知识产权局相关部门预算中安排相关资金，对资助申请人申请专利或开展专利相关工作所给予的资助。不同区域根据其经济发展水平等具体情况，专利资助政策不一。

（3）专利战略规划与政策

党的十七大明确提出"实施知识产权战略"，这是完善社会主义市场经济体制的必然要求，也是建设创新型国家和提高国家核心竞争力的关键举措，2008年6月《国家知识产权战略纲要》发布。随着改革的深入，推动创新驱动的经济发展，党的十八大进一步提出"加强知识产权运用保护"。为深化知识产权领域改革，加快知识产权强国建设，国务院于2015年12月印发《关于新形势下加快知识产权强国建设的若干意见》。近年来，国务院、各部委，省、市地方政府和知识产权行政管理部门颁布了一系列措施，鼓励发明创造，促进知识产权的转化和利用，同时对专利的发展给予一定的资助政策。在此基础上，北京市各级人民政府、知识产权管理部门高度重视知识产权工作，促进首都经济的转型，为此制定了一系列鼓励发明创造和知

---

① 北京市知识产权局网站：《北京市专利保护和促进条例》，2014年5月27日，http://www.bjipo.gov.cn/zcfg/dfxfg/201405/t20140527_32698.html。

识创新的配套措施和政策（如表 14 所示）。在制定专利战略中，北京市政府把中医药作为扶持的重点行业。例如，2009 年 5 月，北京市政府颁布《北京市人民政府关于实施首都知识产权战略的意见》，提出在大力发展知识产权方面，重点发展生物医药技术，并提出"加强对民间传统工艺、中医药等传统知识的开发利用，充分运用知识产权信息资源，鼓励在传统工艺、中医药重大工艺创新及产品研发等领域取得重大突破并拥有核心知识产权"。

表 14　专利法规与规章

颁布日期	法规、规章	主要内容
2008 年 6 月 5 日	国务院印发《国家知识产权战略纲要》	提升我国知识产权创造、运用、保护和管理能力，建设创新型国家
2014 年 12 月 10 日	国务院办公厅转发知识产权局等单位《深入实施国家知识产权战略行动计划（2014～2020 年）》	贯彻落实《国家知识产权战略纲要》，全面提升知识产权综合能力，实现创新驱动发展，推动经济提质增效升级
2015 年 12 月 20 日	国务院印发《关于新形势下加快知识产权强国建设的若干意见》	深入实施创新驱动发展战略，深化知识产权领域改革，加快知识产权强国建设
2006 年 10 月 12 日	国家知识产权局发布《专利费用减缓办法》	申请人或者专利权人缴纳有关专利费用确有困难的，减缓缴纳有关费用
2010 年 8 月 26 日	国家知识产权局发布《专利权质押登记办法》	促进专利权的运用和资金融通，保障债权的实现，规范专利权质押登记
2011 年 6 月 27 日	国家知识产权局发布《专利实施许可合同备案办法》	切实保护专利权，规范专利实施许可行为，促进专利权的运用
2015 年 4 月 3 日	国家知识产权局发布《关于进一步推动知识产权金融服务工作的意见》	加快促进知识产权与金融资源融合，更好地发挥知识产权对经济发展的支撑作用
2015 年 6 月 1 日	国家知识产权局发布《关于修改〈专利行政执法办法〉的决定》	规范专利行政执法行为
2015 年 11 月 21 日	国家知识产权局发布《关于专利年费减缴期限延长至授予专利权当年起前六年的通知》	进一步减缓缴纳有关费用
2007 年 5 月 31 日	北京市人民政府发布《北京市发明专利奖励办法》	鼓励创新成果取得专利权，提高发明专利质量，促进发明专利的实施与转化

颁布日期	法规、规章	主要内容
2009 年 5 月 14 日	北京市人民政府发布《关于实施首都知识产权战略的意见》	贯彻落实《国家知识产权战略纲要》,加快推进首都经济社会全面协调可持续发展
2010 年 8 月 3 日	北京市知识产权局发布《北京市专利商用化促进办法》	激励和支持专利技术商用化,推动本市经济、社会和科技发展
2013 年 4 月 12 日	北京市人民政府发布《关于促进首都知识产权服务业发展的意见》	促进北京知识产权服务业发展
2014 年 5 月 27 日	北京市人民政府发布《北京市专利保护和促进条例》	鼓励发明创造,保护专利权人的合法权益,推动发明创造的应用,促进科学技术进步和经济社会发展,提高创新能力
2014 年 5 月 27 日	北京市知识产权局等发布《关于进一步促进科技成果转化和产业化的指导意见》	全面推进"科技北京"建设,充分发挥首都科技智力资源优势,加快北京市经济发展方式转变,推进首都经济优化升级
2014 年 9 月 28 日	北京市知识产权局等印发《北京市专利申请资助金管理暂行办法》	促进科技、经济和社会的发展,鼓励发明创造,提高北京市专利申请的数量和质量
2015 年 4 月 1 日	北京市人民政府发布《北京市加强专利运用工作暂行办法》	加强北京市专利运用工作,创造良好的市场环境,推动专利运用与经济发展的深度融合
2015 年 5 月 22 日	北京市知识产权局等印发《首都知识产权服务业发展规划(2014～2020 年)》	促进首都知识产权服务业发展
2015 年 7 月 16 日	北京市知识产权局发布《北京市专利纠纷调处办法》	正确处理专利纠纷,保护专利权人的合法权益
2015 年 8 月 6 日	北京市人民政府办公厅转发《深入实施首都知识产权战略行动计划(2015～2020 年)》	以大知识产权的概念来谋划思路,提出首都知识产权战略的举措
2015 年 8 月 11 日	北京市知识产权局发布《北京市专利资助金管理办法实施细则》	进一步规范北京市专利资助工作
2016 年 4 月 6 日	北京市知识产权局等发布《进一步推动首都知识产权金融服务工作的意见》	加快促进知识产权资源与金融资源融合,服务北京科技创新中心建设

2. 北京专利资助的政策环境

(1) 专利申请资助政策

专利申请资助政策是指对专利申请、授权和维持等阶段专利费用的补贴政策。除了《专利法实施细则》、《专利费用减缓办法》（局令第39号，2006年）和《关于专利年费减缴期限延长至授予专利权当年起前六年的通知》（2015年12月）之外，北京市知识产权及相关部门进一步制定资助政策。2014年10月，北京市知识产权局、北京市财政局印发的《北京市专利资助金管理办法》，对北京市专利试点单位、专利示范单位及其他单位或个人的专利申请，分别予以一定额度的资助①。不仅如此，北京多个行政区也制定各自的专利资助政策②。在中医药方面，北京市知识产权局与中医管理局联合启动《北京中医药知识产权"健体"专项行动计划（2015~2017年)》。该行动计划主旨在于加大对中医药领域专利资助奖励力度，鼓励提高中医药制剂、新治疗作用等方面的专利申请数量和质量，引导中医药技术和产品布局国外知识产权。完善中医药知识产权专题数据库，为北京市中医药产、学、研机构提供服务，搭建北京市中医药领域知识产权转化和交易的平台，同时加强中医药知识产权的保护和监管等。

（2）专利许可与实施资助政策

从专利战略角度而言，专利的申请与授权，是完成了"公开换取保护"的过程，但专利的许可、转化与实施才是真正体现和实现知识产权价值的过程。因此，专利许可与实施中的资助政策显得更为重要，资助的额度也相应地更大。这种资助的实施需要经过客观、公正的论证，例如，应该对已授权（或者已公开）的专利进行遴选，经专家评估和论证，对技术含量高、法律稳定性好、产品市场潜力较大的专利给予一定额度的资助，从而推动专利技术的产业转化。

2010年8月颁布的《北京市专利商用化促进办法》规定，市财政局设立专项资金，资助那些通过专利转让或许可方式实现专利商用化的突

---

① 北京市知识产权网站：《北京市专利资助金管理办法》，2014年10月20日，http://www.bjipo.gov.cn/zwxx/zwgg/201410/t20141020_32950.html。
② 北京市知识产权网站：《北京市区县知识产权政策对比研究报告》，2015年5月19日，http://www.bjipo.gov.cn/qxgz/qyzc。

出项目。具体资助内容包括：资助对象为以取得实际货币收入为目的，专利权人将专利权转让给受让方，并且已经依法办理权属变更登记的专利转让行为，或者是专利权人允许他人实施其专利技术的专利许可行为，均可申请资助。资助标准具体分为三种情况，转让或许可交易额在500万元以下的，不予资助；转让或许可交易额超过500万元的，资助金额为超出部分的5%，但最高资助限额为50万元；当受让人或被许可人是注册地为北京的法人企事业单位的，资助金额则相应提高2倍，最高资助限额为100万元。

（3）专利质押资助政策

专利资助政策体系的另一个重要组成部分是专利质押贷款资助，这对于有效解决企业融资、推动专利权运用具有重要意义。《担保法》第七十九条规定："以依法可以转让的商标专用权、专利权、著作权中的财产权出质的，出质人与质权人应当订立书面合同，并向其管理部门办理出质登记，质押合同自登记之日起生效。"该法律条款是专利质押和办理质押登记的法律依据。2010年8月，国家知识产权局发布《专利权质押登记办法》（局令第56号），规范了专利权质押登记。2015年4月，国家知识产权局又发布的《关于进一步推动知识产权金融服务工作的意见》进一步指出，力争到2020年，全国专利权质押融资金额超过1000亿元。

发展专利权质押贷款服务于经济发展、破解科技型企业融资难题，已经成为国家知识产权战略推进过程中的一项重要工作。相应地，北京市及各行政区域较早启动了该项工作。例如，北京市于2003年4月颁布了《北京市关于促进专利权质押和专利项目贷款的暂行办法》；北京市海淀区于2009年3月出台了《海淀区知识产权质押贷款贴息实施办法》（海行规发〔2009〕9号），规定海淀区针对资产总额在2亿元以下且销售额在1亿元以下的辖区企业，以每年不超过1000万元额度作为知识产权质押贷款贴息资金，降低中小企业的融资成本；2016年6月，北京市朝阳区印发《朝阳区知识产权质押贷款贴息暂行办法实施细则》，通过知识产权的质押鼓励和资助，帮助中小型科技企业缓解融资难问题。

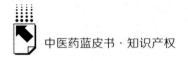

（四）中医药知识产权和行政保护体系的关系

为了鼓励和保护新药创制，结合我国医药产业的国情，我国对新药知识产权保护还建立了一系列的行政保护体系。伴随着我国知识产权制度不断完善的进程，一些行政保护的方式已经消失，一些则在不断地调整过程中沿用至今。除了药品专利保护外，经国家药品监督管理部门批准的新药，依其类别可以获得期限不等的新药保护年限；中药还可以在新药保护期届满前六个月内申请中药品种保护。对于外国企业（多指化学药品），依据《药品行政保护条例》（目前已自行废止），1986～1992 年在国外获得专利权的新药进入中国市场时，可以申请期限为 7.5 年的药品行政保护。

（1）新药保护与新药监测期

1987～2002 年，国家依照新药（当时的定义为"首次在中国境内生产的药品"）类别，分别给予第一类新药 12 年，第二、三类新药 8 年，第四、五类新药 6 年的保护期。以上无须申请，自动进行保护。新药保护弥补了 1993 年前专利不保护药品本身的缺陷，在一定程度上控制了重复仿制，但也带来了很多新的问题，导致国内一味地仿制国外新药，遏制了我国真正意义上的创新药物研制。2002 年《药品注册管理办法（试行）》颁发，原来的新药保护期被取消，出于用药安全的需要，给予新药（新药的定义改为"未曾在中国境内上市销售的产品"）最长不超过 5 年的新药监测期。从保护时限上看，新药监测期保护期限短于之前废止的新药保护。监测期形式的保护，也是自行获得。监测期内，国家药品行政管理部门不受理其他申请人的同品种的注册申请，不批准其他企业生产、改变剂型和进口。

（2）中药品种保护

1992 年 10 月 14 日，国务院发布《中药品种保护条例》。条例的第六、七条对中药品种保护的类别进行了规定。一级保护主要针对对特定疾病有特殊疗效的，或者相当于国家一级保护野生药材物种的人工制成品等申请实施保护。二级保护则主要针对已经解除一级保护的品种，对特定疾病有显著疗效的以及从天然药物中提取的有效物质及特殊制剂等申请实施保护。条例实施以后，在规范中药生产经营秩序、促进中药生产的集约化和中药质量的提高，以及防止低水平的重复和资源浪费等方面起到积极作用。

但是在实践中，中药品种保护也存在诸多不足。例如，保护对象的范围有限，一个保护品种只能保护一个剂型，不能扩展至其他改剂型的形式；多个厂家拥有同一品种时，也不具有排他性；不能扩展至对该品种的生产方法等。此外，中药品种保护的审批也趋于严格。国家食品药品监督管理总局的统计数据显示，近年来中药保护品种迅速减少。截至 2012 年底，共有中药品种保护证书 913 个；截至 2013 年底，共有中药品种保护证书 504 个；截至 2014 年底，共有中药品种保护证书 376 个，而目前只显示有 308 种。

（3）其他形式的保护政策

药品的行政保护是在我国特定历史时期的过渡保护形式，是在药品专利保护制度尚不完善的情况下，为了适应加入 WTO 的规则并为保护本国医药工业而采取的临时措施。这一措施的实施一定程度上为我国医药企业的发展与壮大赢得了发展时间和空间，并适度地控制了药品的重复研制。总体上，顺应国际的潮流，加强知识产权保护制度，而弱化行政保护是大趋势和大潮流。自从 2002 年 12 月《药品注册管理办法（试行）》颁发之后，药品行政保护就逐渐让位于药品专利保护。

对于中医药研发工作者来说，如何权衡知识产权保护和新药监测期中药保护等保护方式，处理好二者的关系是一个重要的问题。总体而言，药品行政保护体系主要是出于政策性的考虑，提供一种特殊保护的方式，容易形成垄断、抬高中药价格和侵害消费者的利益，往往只利于促进个别企业的发展，而对整体中医药科技进步是不利的。不仅如此，这种行政保护的方式无法与国际通用做法接轨。国内中药企业要想走向世界，就需要适用国际规则参与药品市场的竞争和角逐，这需要着力于专利等知识产权的保护方式。

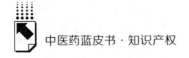

三 北京中医药产业专利创新现状

（一）北京中医药专利创新能力

1. 北京中医药专利分析

专利是高科技产业知识产权的集中体现，中医药专利在一定程度上反映中医药研究的重点领域、技术的发展状况及未来趋势。

结合现有专利数据库的检索功能和基础分析功能，同时辅以原数据的计算机处理手段，对现有北京中医药专利文献的基础信息进行系统整理分析，并对分析结果进行总结。

（1）北京中医药专利基本情况

①中药发明专利基本情况

1985 年《专利法》开始实施，根据统计，北京 1985～2016 年中药发明专利申请状况如图 1 所示。此外，为了解北京不同时期阶段性的专利状况，还对 1986～2015 年的专利申请和授权量按照每五年进行了统计，结果如图 2 所示。

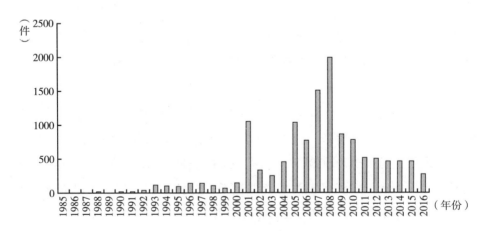

图1 北京中药发明专利申请量年化趋势

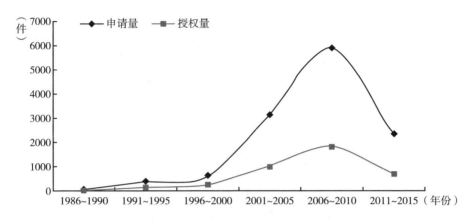

图2　北京中药发明专利申请和授权量趋势

一般来说，一个领域的专利申请生命周期可分为萌芽阶段、增长阶段、成熟阶段。自 1985 年我国《专利法》实施以来，北京即申请了第一批中药相关专利。但是当时的专利法限制了仅可以保护药品的生产方法，并不能保护药物本身，而 1993 年《专利法》修改后把药品列入了专利保护范围。因此 1993 年的专利申请量也显著高于之前的年份。整体上，1985～2000 年的第七至九个五年规划期间，除 1993 年因修改《专利法》导致申请量上升外，整个申请周期处于萌芽阶段，申请量缓慢而平稳增长。

2001～2010 年的第十个和第十一个五年规划的十年处于增长阶段，中药发明专利申请以较快速度增长，"十五"和"十一五"规划的十年间，中药发明专利申请量分别为 3120 件和 5880 件，分别比上一个五年规划增长了 432% 和 88%。专利申请总量，尤其是发明专利的申请总量反映了该领域的创新意识。呈现快速增长态势的原因，一是我国中医药理论和中药利用方面比其他国家成熟，在中药资源方面也有很大优势；二是近些年来我国专利申请意识得到很大提高，越来越多的人理解对于创新的专利保护的重要性。

第十二个五年规划至今，申请生命周期已经步入了成熟阶段，从图 2 的年化数据也可以看到，2011～2015年的申请量基本保持稳定。另外，"十五""十一五"规划期间的专利申请数量均高于"十二五"期间，一方面是由于发明专利申请自申请日起18个月公布，因此，检索结果中包含的2014年之后的专利申请量会少于实际申请量；另一方面，随着对专利认识的不断加深，从注重申请数量逐渐向注重申请质量的转变也会导致数据波动。此外，从以上数据可以看出，北京中药发明专利申请量从2001年开始明显增长，考虑到之前年份申请量相对比较少，后续年化图表不再统计2000年之前的数据。

根据图2所示，北京中药专利的授权量稳步提高，并且近年的增长较为迅速，"十五"和"十一五"规划的十年间，中药授权量分别达到1021件和1812件，比上个五年规划增长了291%和77%。相对于申请量的增长，授权专利数量更体现了创新的成果。北京中药专利的稳步增长，在一定程度上能够体现中药研发水平的不断提高。

图3为北京中药发明专利授权率趋势。发明专利授权率是指当年发明专利申请中授权的数量占发明专利申请数量的比例。

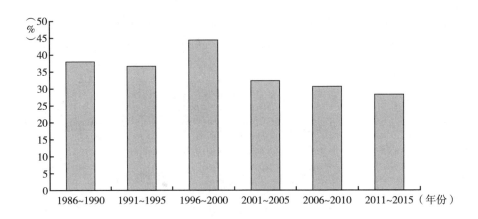

图3　北京中药发明专利授权率趋势

尽管按照五年规划的趋势来看，北京中药授权率并没有提高，甚至除1996～2000年的第九个五年规划外，呈现逐年微弱递减的趋势，但是从图4

的授权率年化数据可以看到，部分年份的授权率也有所偏离平均值，这表明这些年份的申请质量不高。排除这些年份的干扰，且近三年大部分专利申请尚未审结，北京中药发明专利的申请质量总体处于上升趋势。

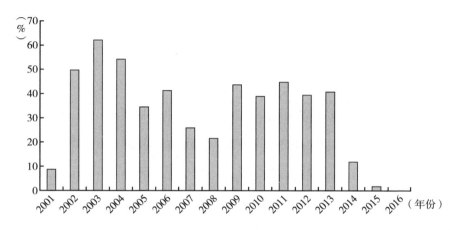

图4　北京中药发明专利授权率年化趋势

②主要中医诊疗设备专利申请和授权量趋势

广义的中医诊疗设备范围相当广泛，例如中药煎药设备、中药提取包装机、足疗仪、腰椎间盘复位机、艾灸仪、按摩理疗床、牵引装置等。但是这些装置大部分采用了现代化的设备对传统仪器的改进，并且检索时由于没有统一的检索分类号而无法全面准确地统计。因此，选取了相对较为常见的包括舌诊、脉诊、面诊、针灸、艾灸、药浴在内的传统中医治疗方法等所用仪器进行检索，获得主要中医诊疗设备的统计数据。图5为北京主要中医诊疗设备专利趋势图。

相比于中药专利，北京主要中医诊疗设备专利申请和授权量呈现以下几个特点：第一，总体规模较小。传统设备主要改进点不多，主要采用电、磁、红外、微波等现代化手段对传统设备的检测和治疗方式的改进，年平均发明专利申请数量不到中药申请的1/20。第二，由于主要发明点在于仪器设备的改进，因此保护主题为具有立体形状、构造的产品，且创造性高度相对较低的实用新型专利数量占据多数；而中药专利则由于主要是

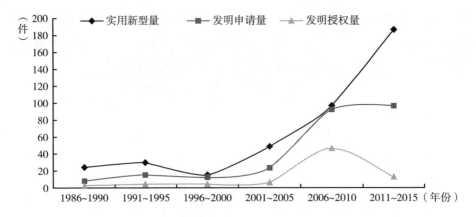

图5　北京主要中医诊疗设备专利趋势

药物组成、用途或方法的改进，因此基本均为发明专利。第三，从增长趋势来看，相对于发明专利申请增速的放缓，主要中医诊疗设备的实用新型专利正处于高速增长时期。"十五"、"十一五"和"十二五"规划期间，数量分别比上一个五年规划增长了206%、98%和93%。而"十二五"规划期间的发明专利申请势头则呈现趋缓态势，这与部分发明专利尚未公开也有一定关系。由于授权的滞后，授权专利数据同样出现了下滑。但是从总体趋势上也可以预见，北京对于中医诊疗设备的研发热情和投入力度在逐年提高。

（2）北京中医药专利授权维持总量分析

①中药发明专利状态分析

除授权率之外，专利有效量从另一方面反映了专利的质量。图6体现了北京中药发明专利的状态。图7体现了其中无权专利的类型。

总体上来说，北京中药专利目前的无权、有效和审中比约为7:2:1。相对于高申请量，有效量偏低。根据图7所示，其中77%均为撤回状态，除极少数主动撤回外，大部分均是在进入实质审查之后视为撤回，这说明，在中药发明专利申请质量上仍有很大的提升空间。而授权专利中权利终止或放弃的也占据18%的份额，说明这些专利并未产生经济效果或进行产业转化。

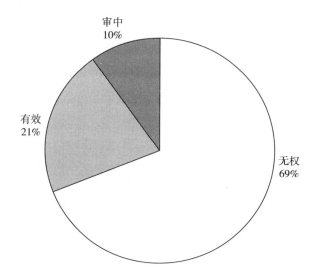

图6　北京中药发明专利整体状态

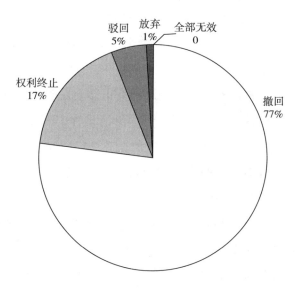

图7　北京中药发明无权专利类型

　　图8显示了北京中药发明专利有效数量趋势，其中的维持有效率是指截至目前仍有效的发明专利占当年授权的发明专利数量的比例。

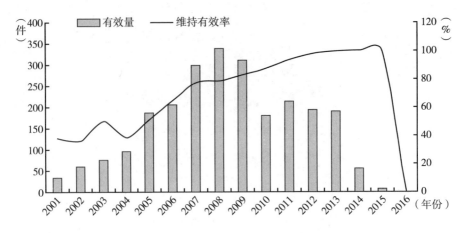

图8 北京中药发明专利有效数量趋势

根据图8所示，整体上来说，截至目前的北京中药发明专利有效数量呈现先升后降的趋势。以2008年为节点，其之前的年度有效专利数量逐渐递增，而2008年以后则呈现略下降趋势。排除申请量和授权量基数的影响，可以看出，除2010年外，基本上维持有效率是呈增长趋势的。这体现出创新主体从重专利数量向重专利质量的思想转变，这一转变也回归了专利的本质，因为只有授权并持续有效的专利才能真正体现发明的价值。

此外，经检索统计，北京专利申请中申请日为1996~2000年期间的专利有效数量为36件。这部分专利维持时间达15~20年，能够长时间地维持，说明这些专利权对于发明人具有较高的经济价值。

②主要中医诊疗设备专利状态分析

虽然数量与中药相比相对较少，但是中医诊疗设备专利的整体状态仍呈现显著的特点。图9和图10分别显示了北京主要中医诊疗设备实用新型专利整体状态及有效数量趋势。

由于实用新型专利授权即公开，因此从图9可以看到，实用新型专利尚有约一半仍处于十年有效期内且为有效状态，并且从图10的有效量来看，也呈现逐年递增的趋势。

图11则是北京主要中医诊疗设备发明专利状态示意图。

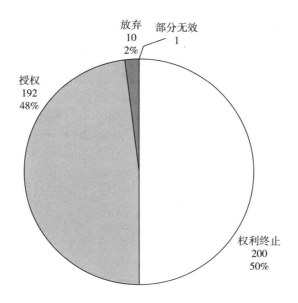

图9　北京主要中医诊疗设备实用新型专利整体状态

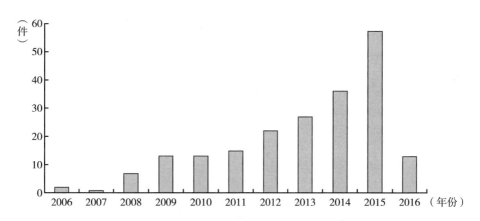

图10　北京主要中医诊疗设备实用新型专利有效数量趋势

　　如图11所示，总体上来说，北京主要中医诊疗设备发明专利目前的无权、有效和审中比约为11∶5∶4。与中药发明专利相比，主要中医诊疗设备的发明专利质量较高，其撤回率仅占总体申请量的约四分之一。此外，在实质审查阶段的专利申请也占据约四分之一。由于发明专利申请自申请日起18个月公布，之后才进入实审，因此说明主要中医诊疗设备在近些年申请数量较多。

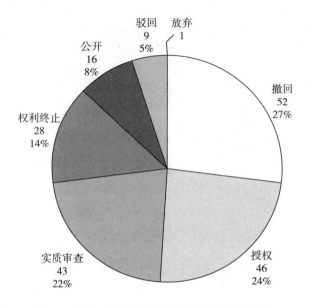

图 11　北京主要中医诊疗设备发明专利状态

（3）中医药专利创新资源产业格局

按照具体所属应用领域将北京中药发明专利进行了划分，大致分为：栽培、提取、食用、饲料、制剂、检测、化妆品和复方几个具体应用领域。

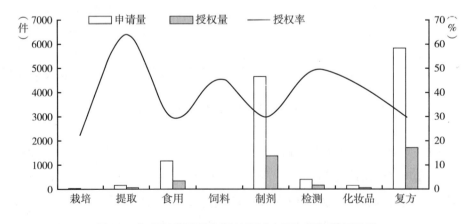

图 12　北京中药发明专利各领域申请和授权数量比较

从图 12 可以看出，在需要较高技术水平的提取技术领域的专利数量仍处于较低水平，而针对中药复方的申请数量最多，其占到总申请量的 46%，制剂类型药物占据总申请量的 39%，排在第二。但是从授权率来看，申请量最大的中药复方和制剂领域授权率均偏低。可能是因为对于中药复方来说，其大多数只是在前人组方的基础上进行简单的药物剂量和成分的改变，缺乏对组方本质上的二次创新，因此重复率较高。对于制剂领域的专利申请来说，中药制剂主要是通过采用现代化的药物制剂技术，将丸、散、膏、丹等传统中药剂型制备成理论上更加安全和方便的片剂、胶囊剂、注射液，甚至微丸、缓释制剂等现代剂型。虽然这是中药现代化的重要组成部分，但是目前来说此类改剂型的申请大部分创新点偏低。整体上看应该提高中药复方及制剂的技术创新和发明高度。

从上述领域中选取申请量较大及体现中药现代化的部分领域，进行其发展趋势分析。

①提取/加工领域

中药现代化是中医药发展的趋势，而中药提取物是中药现代化的重要发展方向。它采用现代科学技术对传统中药材进行提取加工，获得具有相对明确药效物质基础以及严格质量标准的中药提取物，更符合现代科学理论、药品使用标准和要求。

如图 13 所示，从申请量来看，除个别年份之外该领域年申请量总体比较平稳，2007 年和 2008 年申请量较高的原因可能是存在个别企业和个人申请较为集中，但在其他年度却没有申请的情况。从授权率来看，除 2014 ~ 2016 年的部分专利尚未结案之外，整体的中药提取领域授权率较高，技术含量较高。

②制剂领域

从图 14 的申请量和授权率可以看出，近些年来北京中药发明专利制剂领域的专利申请已经进入了成熟期，申请量和授权率均较为平稳。

表 15 是制剂领域专利申请人和专利权人的客观排名，其中个人申请人虽然申请量较高，但是授权数量不多；而整体上来说，专利权人排名靠前的

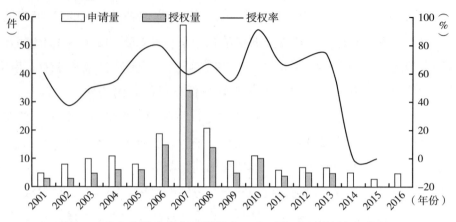

图 13　北京中药发明专利提取/加工领域申请和授权数量趋势

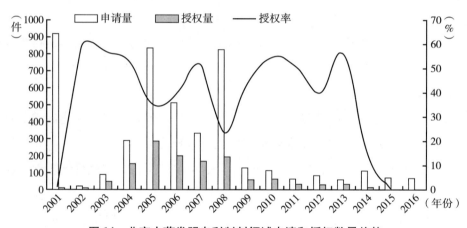

图 14　北京中药发明专利制剂领域申请和授权数量趋势

均为公司申请，可见该领域的申请人以公司为主，体现了企业是该领域专利创新的主要力量。

表 15　制剂领域专利创新主体排名

排名	申请人	申请数（件）	专利权人	专利数（件）
1	杨孟君	936	北京正大绿洲医药科技有限公司	165
2	北京奇源益德药物研究所	232	北京亚东生物制药有限公司	71
3	北京阜康仁生物制药科技有限公司	225	北京北大维信生物科技有限公司	35

续表

排名	申请人	申请数(件)	专利权人	专利数(件)
4	北京正大绿洲医药科技有限公司	216	北京因科瑞斯生物制品研究所	35
5	北京天科仁祥医药科技有限公司	123	北京绿源求证科技发展有限责任公司	34
6	天科仁祥技术(北京)有限责任公司	106	北京康仁堂药业有限公司	31
7	北京中泰天和科技有限公司	102	北京以岭药业有限公司	23
8	北京中科仁和科技有限公司	95	周小明	22
9	北京亚东生物制药有限公司	87	北京因科瑞斯医药科技有限公司	21
10	北京因科瑞斯医药科技有限公司	52	泰一和浦(北京)中医药研究院有限公司	20
11	北京绿源求证科技发展有限责任公司	52	北京科信必成医药科技发展有限公司	18
12	北京因科瑞斯生物制品研究所	50	张晴龙	18
13	张晴龙	47	北京奇源益德药物研究所	17
14	北京中科雍和医药技术有限公司	45	王信锁	17
15	王信锁	44	北京艺信堂医药研究所	16

③中药复方领域

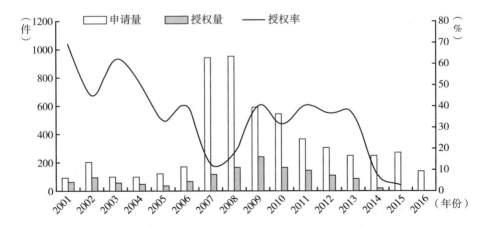

图15 北京中药发明专利复方领域申请和授权数量趋势

如图 15 所示，与制剂领域类似，近些年整体的中药复方领域已经进入成熟期，申请量和授权率均较为平稳。

在该领域发明专利申请人和专利权人的排名如表 16 所示。数据显示，中药复方领域同样是公司占据主导地位。但与制剂领域不同的是，北京中医药大学和中国医学科学院药用植物研究所等大专院校以及科研单位排行上榜。这说明就北京地区而言，该领域的整体科研水平和活跃度较高。

表 16　北京中药发明专利复方领域创新主体排名

排名	申请人	申请数(件)	专利权人	专利数(件)
1	北京艺信堂医药研究所	705	北京绿源求证科技发展有限责任公司	133
2	北京绿源求证科技发展有限责任公司	607	泰一和浦（北京）中医药研究院有限公司	109
3	北京冠五洲生物科学研究院	546	北京冠五洲生物科学研究院	54
4	泰一和浦（北京）中医药研究院有限公司	158	北京亚东生物制药有限公司	43
5	北京利千秋科技发展有限公司	140	北京北大维信生物科技有限公司	38
6	北京亚东生物制药有限公司	59	北京中医药大学	30
7	北京中医药大学	54	北京艺信堂医药研究所	21
8	北京北大维信生物科技有限公司	54	江西省绿色工业集团公司	19
9	北京和润创新医药科技发展有限公司	50	中国农业大学	17
10	北京汉潮联创中药科技有限公司	49	中国医学科学院药用植物研究所	16
11	北京因科瑞斯医药科技有限公司	45	首都医科大学	16
12	中国医学科学院药用植物研究所	38	中国中医科学院广安门医院	15
13	中国中医科学院中药研究所	37	中国人民解放军总医院	13
14	北京中科仁和科技有限公司	34	中国人民解放军军事医学科学院毒物药物研究所	12
15	北京润德康医药技术有限公司	31	北京星昊医药股份有限公司	12

综上所述，由于自身的特点，相比于化学药，中药的成分更加复杂，因此研发涉及环节更多、内容更广、技术也更多样。中药专利申请不仅涉及复方组成和制备方法、新用途、质量检测方法等，还涉及提取物的提取方法、

有效部位，甚至栽培方法、中药食用、饲料、化妆品等方面的应用。因此，对于这些不同类型的中药专利申请，更有必要采用不同撰写方式和方法，以达到真正的保护目的。但是由于我国专利制度建立较晚，虽然人们专利意识在不断提高，但是与发达国家相比，对于专利制度的灵活应用还存在一定差距。在这方面，北京的中药专利申请类型多样，走在全国前列，但是仍需要不断地摸索和探究。

（4）中医药专利创新资源疾病谱

根据国际分类号，将中药专利按照具体用途分为几类。具体来说，其对应的疾病如表 17 所示。

表 17   国际分类号对应的疾病种类

用途分类号	具体用途
A61P1	用于消化道或消化系统疾病的药物
A61P3	用于代谢疾病的药物
A61P5	用于内分泌系统疾病的药物
A61P7	用于血液或细胞外液疾病的药物
A61P9	用于心血管系统疾病的药物
A61P11	用于呼吸系统疾病的药物
A61P13	用于泌尿系统的药物
A61P15	用于生殖或性疾病的药物
A61P17	用于皮肤疾病的药物
A61P19	用于骨骼疾病的药物
A61P21	用于肌肉或神经肌肉系统疾病的药物
A61P23	麻醉剂
A61P25	用于神经系统疾病的药物
A61P27	用于感觉疾病的药物
A61P29	非中枢性止痛剂,退热药或抗炎剂,例如抗风湿药;非甾体抗炎药
A61P31	抗感染药,即抗生素、抗菌剂、化疗剂
A61P33	抗寄生虫药
A61P35	抗肿瘤药
A61P37	用于免疫或过敏性疾病的药物
A61P39	全身保护或抗毒剂
A61P41	用于外科手术中的药物,例如用于预防粘连或用于玻璃体替代物的外科手术辅药
A61P43	不包含以上的,用于特殊目的的药物

图 16 显示了北京中药发明专利的申请量、授权量和授权率在上述分类号的分布情况。

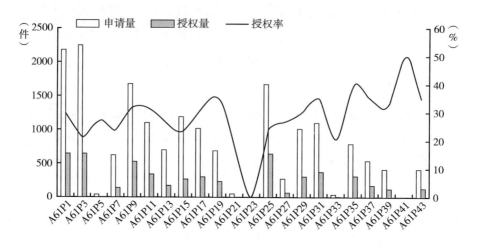

图16 北京中药发明专利各用途申请和授权数量比较

可以看出，在北京范围内，中医药专利所涉及疾病的范围十分广泛，国际分类号包括的所有疾病均有所涉及。但是相比而言，北京中医药专利所侧重的疾病领域有所不同，专利申请量排名前五的疾病为：A61P3、A61P1、A61P25、A61P9 和 A61P15。因此与传统观念相近，北京中药最主要的专利应用于高血糖、高血脂的代谢异常疾病，消化、神经和心脑血管系统疾病以及性疾病等西医认为难治和慢性的疾病。尤其是在这五类疾病中，A61P1 和 A61P9 的授权率明显高于其他三类疾病，提示北京可能对这两类疾病的研究较为深入和前沿。此外，从各疾病分布的申请人来看，不同申请人在不同疾病领域内各有侧重。这与各申请人在自己相对擅长的疾病领域深耕多年的积累有关，也体现了同一申请人在某一专利申请领域上的延续性。

将目前北京登记在案的中药 1～5 类新药注册涉及的所有疾病类型按照上述国际分类号进行了分类（见图 17）。

根据图 17 所示，注册量排名前五的疾病分类为：A61P9、A61P3、A61P1、A61P7、A61P31。与上述中药发明专利的用途分类进行比较表明，

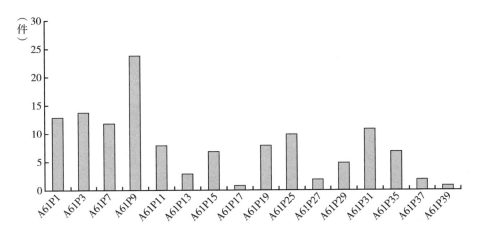

图17 北京1～5类中药新药注册疾病分布

中药新药注册与中药发明专利申请存在很大的相关性，在中药专利申请较多的疾病领域，其注册数一般也较多。这说明，随着国家"十二五"期间重大新药专项的实施，近年来北京在中药创新研究方面的投入不断加大，中药创新研究进程得到进一步推动，一些热点领域得到创新主体的重视，且其中很多都将专利申请转化为实际应用。

同样值得注意的是，中药新药的注册申请大部分是已知有效成分，相应的专利保护也相对薄弱。以青蒿素为例，可以说青蒿素是具有化学药特点的现代中药。其由诺贝尔奖获得者屠呦呦教授团队研发，是在对于传统中药进行有效成分的分析后，经过提取、分离、纯化而获得的药物，不同于传统中药。但是这类以中药原料药加工/提取形成的专利申请却存在申请量少的困境，尤其近年来有下降趋势。而以中药复方为主的新药注册面临中药创新不足的难题，中药新药占整体药物注册的比例很小。国家食药监管总局网站数据显示，2012～2013年，获批中药数量占当年新药总数比例不足10%，分别为27个和37个。而2014年获批中药仅占2.19%，在501个新药批文中，中药只有11个。中药领域的"十三五"重大新药创制专项提出，重点开展基于经典名方及疗效特色明显的中药复方、院内制剂，以及主要由活性成分、有效部位和组分等构成的新药的研究。因此对这些类别中药的专利创新和保护应继续加强。

(5)专利创新主体分析

①各类创新主体竞争者资源分布

我们把专利申请的创新主体分为企业、大专院校、科研单位及机关团体、个人及其他四类。表18显示北京中药发明专利各申请人和专利权人的排名情况。

表18　北京中药发明专利创新主体排名

排名	申请人	申请量(件)	专利权人	专利数量(件)
1	杨孟君	937	北京绿源求证科技发展有限责任公司	170
2	北京艺信堂医药研究所	763	北京正大绿洲医药科技有限公司	165
3	北京绿源求证科技发展有限责任公司	676	北京亚东生物制药有限公司	164
4	北京冠五洲生物科学研究院	578	泰一和浦(北京)中医药研究院有限公司	129
5	北京奇源益德药物研究所	262	北京北大维信生物科技有限公司	77
6	北京阜康仁生物制药科技有限公司	244	北京冠五洲生物科学研究院	55
7	北京正大绿洲医药科技有限公司	223	北京中医药大学	50
8	北京亚东生物制药有限公司	207	北京因科瑞斯医药科技有限公司	44
9	泰一和浦(北京)中医药研究院有限公司	187	北京因科瑞斯生物制品研究所	37
10	北京因科瑞斯医药科技有限公司	159	北京艺信堂医药研究所	37
11	北京利千秋科技发展有限公司	156	中国农业大学	33
12	北京天科仁祥医药科技有限公司	148	北京康仁堂药业有限公司	32
13	北京中泰天和科技有限公司	132	北京大北农动物保健科技有限责任公司	30
14	北京中科仁和科技有限公司	129	中国医学科学院药用植物研究所	29

排名	申请人	申请量（件）	专利权人	专利数量（件）
15	天科仁祥技术（北京）有限责任公司	128	北京以岭药业有限公司	28
16	北京北大维信生物科技有限公司	96	北京大北农科技集团股份有限公司	27
17	北京和润创新医药科技发展有限公司	85	周亚伟	27
18	北京中科雍和医药技术有限公司	83	周小明	26
19	北京中医药大学	80	王信锁	25
20	中国医学科学院药用植物研究所	74	北京中科雍和医药技术有限公司	24

　　从表18显示的北京中药发明专利申请人和专利权人的整体情况来看，个人申请人虽然申请量较高，但是授权数量不多；而整体上来说，专利权人排名靠前的均为企业申请或高校申请。这说明申请数量较多的企业对于专利质量的重视程度要高于个人。

　　图18、19和20分别显示北京中药各创新主体申请量、授权量占比以及授权率的比较。

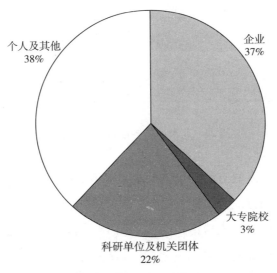

图18　北京中药各创新主体申请量占比

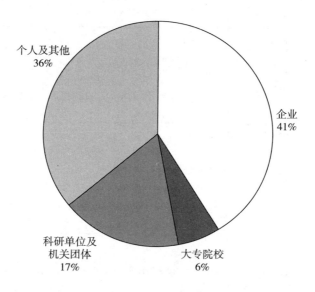

图19　北京中药各创新主体授权量占比

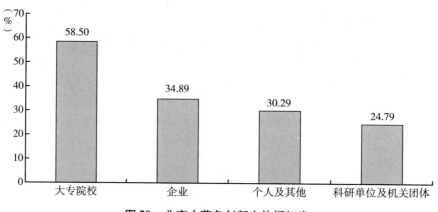

图20　北京中药各创新主体授权率

　　由于中药自身所具有的文化传承性，很多中药复方、中药秘方是通过家族内部代代相传的方式传承和发展的。因此中药领域，尤其是中药复方领域存在很多民间中医的个人申请，因此从图18可以看出，各创新主体中，个人及其他申请占比最高。

　　企业直接面对市场，对科研成果的市场化、产品化的意识较强，理解专利制度对保护产品和提高竞争力的重要性。对于北京中药企业来说，其核心竞争力应是以专利为基础，通过多种知识产权有机整合而形成的。拥有一定数量和较高质量的专利是培育中药企业核心竞争力的必要条件，并决定着企业价值的高低。所以企业申请专利的积极性最高，也最看重专利质量，以达到对于核心技术更全面保护的目的，从而在其所拥有的产品或技术上长时间、宽范围地垄断，提高企业的自身价值。

大专院校是新技术研究和开发的主要力量，但这些机构的研究动力往往来自国家或地区给予的课题研究经费，更侧重于课题和论文的研究，市场因素考虑得较少，因此专利申请意识较差，从而专利申请量较少。但是，高校的发明授权率高达58.5%，远高于企业、个人和科研单位，这从一定程度反映了高校和科研院所的创新水平和高度明显高于企业和个人，显现出整体较强的创新能力。

虽然个人申请的热情要高于科研单位和大专院校，从而导致整体中药申请的技术含量偏低，应进一步提高后者申请专利的意识，但是整体上个人、科研单位和大专院校的有效专利也占了59%的比例。对于这些有效专利，还需要挖掘其中具有市场价值的专利，以免造成创新资源的浪费。

②各类创新主体的协同创新

表19中数据的获得是在北京中药发明专利申请中，以申请人为入口进行检索，如果存在多个申请人且其类型不同，则该申请被视为存在不同创新主体的协同或合作创新。

表19　各创新主体的协同创新申请量和授权量

共同申请人类型	申请量（件）	授权量（件）
企业＋大专院校	37	26
企业＋科研单位或机关团体	58	36
企业＋个人或其他	50	21

在合作专利中，表19中的前两种，即企业和大专院校或科研机构的共同申请比较重要。这种合作方式体现了产、学、研结合，是市场需求和科学研究对接的桥梁。它能够更好地推动科技计划项目专利成果从学研单位向合

作企业转移，促进学研单位向企业的知识溢出，使公共科技成果在更广的范围内应用。从表19中的申请量和授权量也可以看出，体现了创新质量的授权率也比企业和个人的共同申请高很多。相比于上述合作关系，企业和个人作为申请人的大部分情况则是家族企业与企业负责人的共同申请。因此授权率偏低，创新水平和高度略低。总体来说，相比于总的申请量和授权量，以合作方式进行的共同申请数量偏少，表明创新主体的相互协同创新意识还需提高。

2. 北京中医药企业专利创新能力评价

一般来说，企业是专利创新最活跃的主体。为尽可能真实、客观地反映北京企业在中医药领域的创新能力，发现北京企业具有的优势和存在的问题，以二级指标设置专利创新指数（见表20）。需要指出，各重点企业的发明申请量、发明授权量与专利总申请量、授权量一致，这也体现了中药领域的特点，即主要是以中药材的有效单体、有效部位提取、中药组合物、中药制剂等产品发明，中药材的加工炮制工艺、栽培种植工艺、中药治疗用途等方法发明，而很少采用实用新型的方式申请专利。因此指标中的申请量和授权量即发明申请量、发明授权量。

选取的北京企业包括：北京绿源求证科技发展有限责任公司（以下简称绿源求证）、北京正大绿洲医药科技有限公司（以下简称正大绿洲）、北京亚东生物制药有限公司（以下简称亚东生物）、北京北大维信生物科技有限公司（以下简称北大维信）、北京因科瑞斯医药科技有限公司（以下简称因科瑞斯）、北京以岭药业有限公司（以下简称以岭药业）、北京星昊医药股份有限公司（以下简称星昊医药）、北京同仁堂（集团）有限责任公司（以下简称同仁堂）、北京本草天源药物研究院（以下简称本草天源）、北京四环科宝制药有限公司（以下简称四环科宝）。对于企业的选择，综合考虑以下原则：第一，可评价性。主要根据在中药领域北京企业的专利授权量、保有量的排名情况。一些企业申请很多，但授权很少或授权后很快由于未缴纳年费而导致专利权失效，并不在选择范围之内。第二，实际运营力。主要根据在中药领域北京企业的新药注册数量和类型排名情况。

表20　北京企业创新能力指标构成

序号	一级指标	二级指标
1	申请情况	申请量
2		海外申请量
3	授权情况	授权量
4		海外授权量
5		发明授权率
6	保有情况	目前有效量
7		申请有效比
8		申请无权比
9		申请审中比
10		失效专利寿命
11		有效专利生命期
12	运用情况	转让数量
13		许可数量
14		质押数量
15	稳定性和影响力	申请权利要求平均项数
16		授权权利要求平均项数
17		权利要求授权比
18		复审数量
19		无效宣告数量
20		诉讼数量
21		家族被引用次数

（1）专利申请和授权情况

各企业中，申请量排名前三的企业分别是：绿源求证、正大绿洲和因科瑞斯。而授权量排名前三的企业分别是：绿源求证、正大绿洲和亚东生物。绿源求证和因科瑞斯申请量较高，但是授权率偏低，说明其创新程度偏低。而四环科宝、同仁堂、北大维信、亚东生物的授权率较高，说明其创新成果的质量较高。

海外发明申请量和授权量，可以利用多国申请为自身的产品或技术打入国际市场进行专利布局，确保对申请人出口的市场和产品进行保护及维护自身的领先地位。

根据图 21 所示，在选取的企业中，仅以岭药业和同仁堂分别在海外布局了 8 件和 2 件专利，前者的 4 件获得了授权，后者则有 1 件。

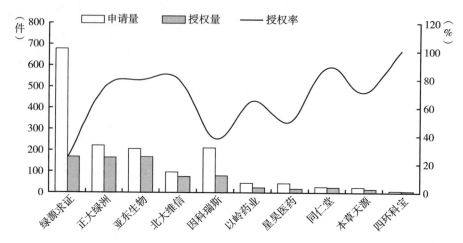

图21　各企业专利申请和授权情况

（2）专利保有情况

目前专利有效量是指各创新主体截至目前仍然有效的授权专利数量。

目前专利有效量、申请有效比、无权比和审中比反映了申请人创新成果的质量和潜力。有效量多、有效比越高、无权比越低，表示专利对于申请人的价值越大；审中比高表示申请人近年来申请的数量较多。

失效专利寿命，是指已经失效的已授权专利所维持的期限。失效专利寿命长的专利，也即维持时间较长的专利，通常是对于创新主体来说经济价值较高的专利，或者说是核心专利。

有效专利生命期，是指截至统计日专利的剩余保护期限，从发明专利申请到专利权终止最长为 20 年，相应的生命期随着时间的延长也从 20 年减至 0。对专利而言，生命期越长，越有助于转化和保护；生命期越短，虽然其维持了较长年限，专利价值度高，但可能在生命期届满前来不及进行技术转化和做资金准备。

由于企业与市场的联系更加紧密，其利用专利制度保护自身发展、维护市场地位的意识更强,因此整体而言,其维持专利权的意愿较高。目前绿源求证、亚东生物、因科瑞斯、北大维信在中药方面的专利有效量排名靠前(见图22)。

各企业申请有效、无权和审中比表明,以岭药业、亚东生物和因科瑞斯的申请审中比较高,其创新成果潜力较大;而绿源求证、正大绿洲、本草天源和四环科宝均没有在审案件,其创新活动持续性较差。亚东生物、四环科宝、北大维信和同仁堂申请有效比较高,表明专利对于这些申请人的价值较大(见图23)。

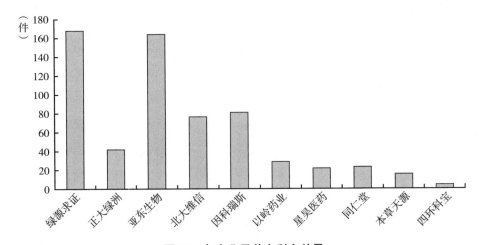

图22 各企业目前专利有效量

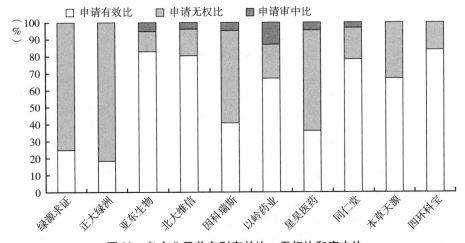

图23 各企业目前专利有效比、无权比和审中比

就失效专利寿命来说，北大维信、因科瑞斯、以岭药业、星昊医药、同仁堂并没有失效专利，其所有授权专利均保持有效状态，这证明其所获得的专利基本均属于企业核心专利或对企业有用的专利，专利和企业的产品相关性较大；绿源求证、正大绿洲、亚东生物、四环科宝和本草天源的失效专利寿命（月）分别是36、69、69、88、96，值得指出的是，目前对于申请人专利年费减缓的时间为3年，即平均失效专利寿命最短的绿源求证在年费减缓时间到期后即放弃了专利。本草天源平均失效专利寿命则达到8年。

而各企业的有效专利生命期没有显著区别。绿源求证、以岭药业和同仁堂的有效专利生命期（月）分别以155、150和145排名前三位，正大绿洲的生命期平均只剩105个月，是各企业中最短的（见图24）。

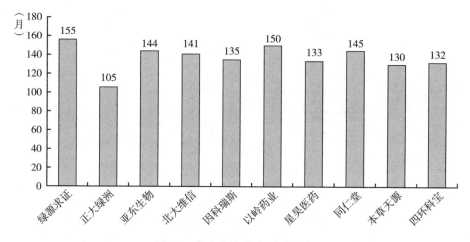

图24　各企业有效专利生命期

（3）专利运用情况

专利的市场转化价值可通过专利的权属状态体现，专利的权属状态包括专利的转让、许可和质押。专利的转让是指专利权人作为转让方，将其所获得专利的所有权转移给受让方的行为。专利的许可是指专利权人将其所拥有的专利技术许可他人实施的行为，其并不涉及专利权的转移。专利权的质押是指专利权人将其拥有的专利权用于担保其债务的履行。

如表21所示，北京企业所涉及的转让、许可和质押数量不多。在这三种权属状态中，转让是最易完成的，转让数量的多少不能说明专利是否进行了转化，因为转让后的专利也不一定进行了实施；许可的作用是为实现专利技术成果的转化、应用和推广，大多数是以实施为目的；专利的质押则能在一定程度上体现出专利的价值，因为能够被质押的权利通常需进行评估，被认为是具有一定质量的。

转让专利数量中，绿源求证、因科瑞斯和正大绿洲排名靠前；许可数量中，因科瑞斯、正大绿洲和亚东生物数量较多；质押专利则只有因科瑞斯、正大绿洲和星昊医药，分别有 3 件、2 件和 1 件，其他企业均未将专利质押。

当然，未进行专利的转让、许可或质押的企业未必在专利运用方面表现得不好，以北大维信为例，可能这些企业作为生产型企业，具有自己生产产品的能力，因此不存在相应的转化需求。当然，因科瑞斯这样的技术研发型企业，在专利市场转化方面的需求会更为旺盛。

表 21   各企业专利运用情况

名称	绿源求证	正大绿洲	亚东生物	北大维信	因科瑞斯	以岭药业	星昊医药	同仁堂	本草天源	四环科宝
转让	166	45	17	0	46	0	2	3	2	2
许可	1	7	4	0	13	0	3	0	0	0
质押	0	2	0	0	3	0	1	0	0	0

（4）权利稳定性

一般而言，权利稳定性越好，越有利于对专利技术、专利产品的保护，推广运用的前景也越好。

一项专利申请或授权专利中权利要求数量的多少，体现了申请人或专利权人对于保护范围的层次这一维度的布局水平高低。虽然权利要求数量越多越好并非绝对，但是通常更多的权利要求能够更从容和全面地进行专利申请及其布局。对于一些仅具有 1 项权利要求的专利申请，不可能是企业专利布局的有效手段。

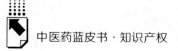

对于授予专利权的发明专利来说，在无效过程中对于权利要求的修改一般不能增加未包含在授权权利要求书中的技术特征，通常仅限于权利要求的删除、合并以及技术方案的删除。因此，权利要求项数越多，权利相对越稳定。

权利要求授权比的计算方法为：（授权权利要求平均项数/申请权利要求平均项数）×100%。该指标体现了申请权利要求转化为授权权利要求时项数的变化，能够在一定程度上反映申请人对于申请文件的把控能力。

经过复审程序后得到授权的专利，其具备授权的条件已经经过实审和复审两级程序的确认，授权后的稳定性相对较高。

对于经过无效或诉讼程序的有效专利，其与现有技术的争议已经经过复审委员会或法院的确认，授权后的稳定性相对较高。

从图25可以看出，各企业的权利要求项数情况呈现了显著差异，本草天源是唯一申请权利要求平均项数超过10项的，排在其后的同仁堂、以岭药业和北大维信的申请权利要求数量也均超过9项。授权权利要求项数排名靠前的企业则分别是：北大维信、同仁堂、本草天源和以岭药业。它们的权利要求授权比也较高。而绿源求证的申请和授权权利要求平均项数均仅约为1项，正大绿洲的授权权利要求平均项数也只有1项左右。

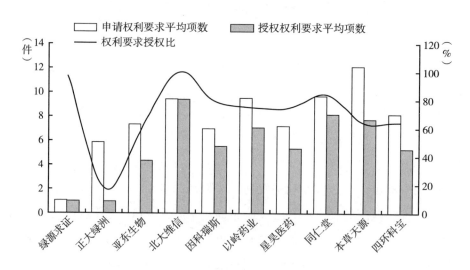

图25　各企业权利要求项数情况

各企业涉及复审、无效宣告和诉讼程序的专利或专利申请也不多,其中,亚东生物有 1 件复审、2 件无效宣告和 1 件诉讼;北大维信、因科瑞斯、以岭药业和本草天源也分别有 2 件专利申请进入复审程序。对于另外一些没有后续程序的专利,就无法以此佐证其权利的稳定性。

表22 各企业复审、无效宣告和诉讼情况

名称	绿源求证	正大绿洲	亚东生物	北大维信	因科瑞斯	以岭药业	星昊医药	同仁堂	本草天源	四环科宝
复审	0	0	1	2	2	2	0	0	2	0
无效宣告	0	0	2	0	0	0	0	0	0	0
诉讼	0	0	1	0	0	0	0	0	0	0

(5)技术影响力

专利引用过程导致技术的纵向流动。通常情况下,专利越重要,被引证的次数就越多。在某领域内被引证次数最多的专利文献,很可能涉及的就是该领域内的基础和核心技术。对于企业来说,具有技术相关性的一系列专利的被引用次数还体现了申请量的大小、技术研究的延续性。

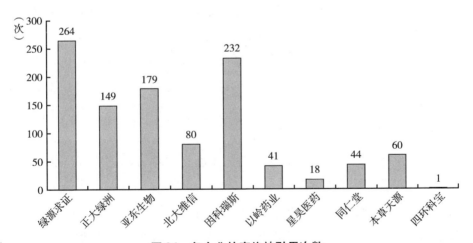

图26 各企业的家族被引用次数

家族被引用次数排名靠前的企业分别是:绿源求证、因科瑞斯、亚东生物和正大绿洲,被引用次数均超过了 100 次。

结合以上指标，通过赋予这些指标各自的权重，采用前述构建的创新主体创新能力指标体系，北京企业专利创新能力分级如下。

★★★★：北京同仁堂（集团）有限责任公司、北京北大维信生物科技有限公司

★★★：北京亚东生物制药有限公司、北京以岭药业有限公司、北京星昊医药股份有限公司、北京因科瑞斯医药科技有限公司、北京四环科宝制药有限公司

★★：北京正大绿洲医药科技有限公司、北京本草天源药物研究院

★：北京绿源求证科技发展有限责任公司

需要指出的是，以上分级是基于前述设计指标和构建体系完成的。由于企业有各自不同的知识产权管理方法和体系，其具体情况也不尽一致，因此该结论仅供参考，并不能保证结果完全准确。

（二）京津冀中医药专利创新协同现状

2015年4月30日，中共中央政治局审议通过了《京津冀协同发展规划纲要》。其中指出，推动京津冀协同发展是重大国家战略，未来京津冀三省市的定位分别为：北京市——全国政治中心、文化中心、国际交往中心、科技创新中心，天津市——全国先进制造研发基地、北方国际航运核心区、金融创新运营示范区、改革开放先行区，河北省——全国现代商贸物流重要基地、产业转型升级试验区、新型城镇化与城乡统筹示范区、京津冀生态环境支撑区。

2016年7月，发布《关于知识产权促进京津冀协同发展合作会商议定书》，这标志着"一局三地"知识产权促进京津冀协同发展合作会商机制正式建立。根据《关于知识产权促进京津冀协同发展合作会商议定书》，国家知识产权局将与三地政府在严格知识产权保护、协同知识产权运用、共享知识产权服务资源等方面探索一系列新的合作机制，共同打造区域知识产权协同发展示范区，推动京津冀成为全国知识产权支撑创新驱动发展的重要发展基地。

1. 京津冀中医药专利资源总量

（1）京津冀中药发明专利申请概况

京津冀地区的中药专利资源十分丰富。从中药专利申请总量上看，截至2016年11月，京津冀中药专利申请共计21588件，占全国中药专利申请总量的12.16%，其中，北京市、天津市和河北省的中药专利申请分别为12364件、5395件和3829件，分别占全国中药专利申请量的6.96%、3.04%和2.16%（见图27）。从申请总量和占比情况可以发现，京津冀的专利资源主要聚集在北京，北京的中药专利申请量占京津冀中药专利申请量的比例高达57.27%，天津市和河北省的中药专利申请总量依然低于北京市中药专利申请量。

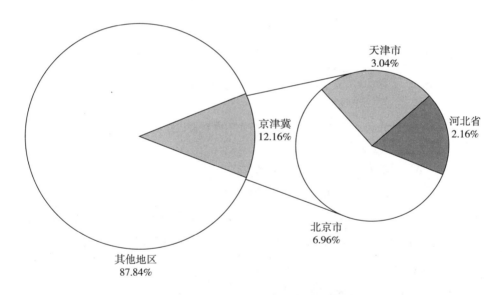

图27　京津冀中药发明专利申请概况

（2）京津冀中药发明专利授权概况

截至2016年11月，京津冀中药专利授权共计7058件，占全国中药专利授权总量的13.45%，其中，北京市、天津市和河北省的中药专利授权分别为3913件、1487件和1658件，分别占全国中药专利授权量的7.46%、2.83%和3.16%（见图28），呈现北京市、河北省和天津市依次递减的不均衡态势。从授权总量和占比情况可以看出，京津冀的中药发明专利授权量占比相对于申请量占比略有上升，但天津市授权量占比略有下降，表明天津市最终获得授权的专利比例略低。

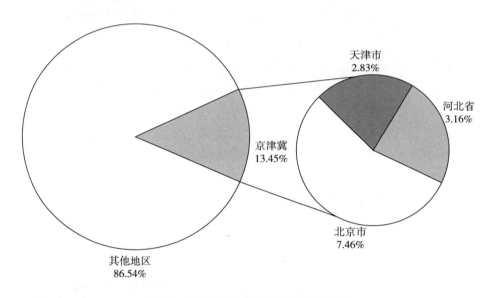

图28　京津冀中药发明专利授权概况

（3）发明授权占发明申请的比例概况

从图29可以看出，北京市发明授权占发明申请的比例略高于全国平均水平，天津市发明授权占发明申请的比例略低于全国平均水平，而河北省发明授权占发明申请的比例明显高于全国、北京市和天津市，显示出河北省的中药发明质量较高。

2. 京津冀中医药专利资源分布

（1）京津冀中药发明专利授权创新主体情况

从图30可以看出，在全国中药发明专利授权案件中，个人占比高达58.06%，显著高于企业26.98%、科研单位8.81%和高校8.23%。京津冀地区的中药发明专利授权案件中，企业多于个人，表明京津冀地区企业对中药专利的重视程度很高。而北京市、天津市、河北省的创新主体分布也各具特点：北京市较为均衡，企业和个人二者之间相差不明显，科研单位比例明显

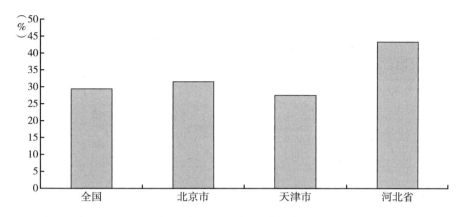

图 29　发明授权/发明申请的比值概况

高于天津市和河北省；天津市以企业为主，比例高达 67.79%，明显高于北京市和河北省，显示了天津市企业的研发实力和重视程度；河北省以个人为主，比例高达 69.42%，明显高于北京市和河北省，而企业的比例仅占 22.86%。

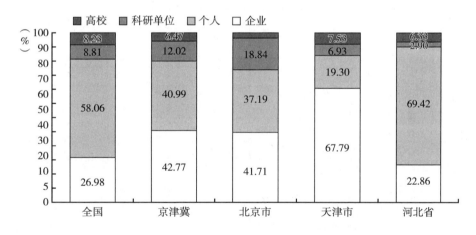

图 30　京津冀中药发明专利授权创新主体情况

（2）京津冀中医药专利资源疾病谱比较

从表 23 可以看出，京津冀在新药创制上存在一定的相似性，没有体现出较大的差异，表明京津冀的专利资源均相似地高度集中在某些疾病领域。但从领域关注点看，在北京提交专利申请较为集中的 IPC 依次为 A61P3（治疗代谢疾病的药物）、A61P1（治疗消化道或消化系统疾病的药物）、A61P25（治疗神经系统疾病的药物）、A61P9（治疗心血管系统疾病的药物）、A61P15（治疗生殖或性疾病的药物）在天津提交专利申请较为集中的IPC依次为A61P1（治疗消化道或消化系统疾病的药物）、A61P9（治疗心血管系统疾病的药物）、A61P31（抗感染药，即抗生素、抗菌剂、化疗剂）、A61P11（治疗呼吸系统疾病的药物）、A61P29（非中枢性止痛剂，退热药或抗炎剂，例如抗风湿药，非甾体抗炎药），在河北提交专利申请较为集中的IPC依次为A61P1（治疗消化道或消化系统疾病的药物）、A61P9（治疗心血管系统疾病的药物）、A61P19（治疗骨骼疾病的药物）、A61P17（治疗皮肤疾病的药物）、A61P31（抗感染药，即抗生素、抗菌剂、化疗剂），表明京津冀的疾病集中度还是略有差异的，存在产业纵向协同和横向协同的可能。

表23　京津冀中医药专利资源疾病谱比较

单位：%

分类号	具体用途	北京市申请比例	天津市申请比例	河北省申请比例
A61P1	治疗消化道或消化系统疾病的药物	12.18	14.53	12.69
A61P3	治疗代谢疾病的药物	12.54	5.70	6.27
A61P5	治疗内分泌系统疾病的药物	0.31	0.79	0.27
A61P7	治疗血液或细胞外液疾病的药物	3.55	3.44	2.54
A61P9	治疗心血管系统疾病的药物	9.37	12.41	10.54
A61P11	治疗呼吸系统疾病的药物	6.19	8.13	5.31
A61P13	治疗泌尿系统的药物	3.95	2.61	3.80
A61P15	治疗生殖或性疾病的药物	6.65	5.62	6.20
A61P17	治疗皮肤疾病的药物	5.73	4.57	8.55
A61P19	治疗骨骼疾病的药物	3.93	2.84	8.65
A61P21	治疗肌肉或神经肌肉系统疾病的药物	0.33	0.29	0.80
A61P23	麻醉剂	0.01	0.01	0.00
A61P25	治疗神经系统疾病的药物	9.39	4.92	6.04
A61P27	治疗感觉疾病的药物	1.55	1.05	1.65
A61P29	非中枢性止痛剂，退热药或抗炎剂，例如抗风湿药，非甾体抗炎药	5.66	6.33	7.85
A61P31	抗感染药，即抗生素、抗菌剂、化疗剂	6.18	12.33	8.37
A61P33	抗寄生虫药	0.30	2.04	0.46

续表

分类号	具体用途	北京市申请比例	天津市申请比例	河北省申请比例
A61P35	抗肿瘤药	4.45	4.24	3.98
A61P37	治疗免疫或过敏性疾病的药物	3.05	3.33	2.38
A61P39	全身保护或抗毒剂	2.35	2.44	2.42
A61P41	用于外科手术方法中的药物	0.01	0.00	0.02
A61P43	不包含的,用于特殊目的的药物	2.34	2.36	1.21

（3）京津冀中医药专利资源产业格局比较

表24显示了京津冀专利申请的主题分布情况,从中可以看出,京津冀专利申请排名前三的均依次是中药复方、制剂和食用。此外,河北省的中药复方比例明显高于北京市和天津市,而河北省的制剂、检测方法、提取/加工的比例明显低于北京市和天津市。

表24　京津冀专利申请的主题分布

单位：件

地区及比例	栽培/种植	提取/加工	食用	饲料	制剂	检测方法	化妆品	中药复方
北京市	89	201	1214	62	4652	439	193	5830
比例（%）	0.70	1.59	9.57	0.49	36.69	3.46	1.52	45.98
天津市	12	94	570	48	1732	133	42	2830
比例（%）	0.22	1.72	10.44	0.88	31.72	2.44	0.77	51.82
河北省	12	42	413	35	1070	60	41	2192
比例（%）	0.31	1.09	10.69	0.91	27.68	1.55	1.06	56.71

（4）京津冀各类创新主体专利申请的技术类型分布

从表25的京津冀各类创新主体专利申请技术类型分布可以看出,京津冀各类创新主体所侧重的技术类型大体是相似的,仅存在一些小的差异,比如栽培/种植主要集中于北京市的个人申请中,提取/加工主要集中于北京市的个人和科研单位申请中,食用主要集中于北京市的企业和个人、天津市的企业以及河北省的个人申请中,各技术类型的主要分布并非完全一致。

表25 京津冀各类创新主体专利申请的技术类型分布

单位：件

创新主体及比例	栽培/种植	提取/加工	食用	饲料	制剂	检测方法	化妆品	中药复方	总计	比例（%）
北京市企业	10	48	386	33	1988	214	57	2036	4772	37.01
个人	64	67	626	15	2114	74	94	1822	4876	37.81
科研单位	15	68	185	9	542	147	19	1851	2836	21.99
高校	2	28	45	4	65	17	27	223	411	3.19
天津市企业	8	44	372	30	1406	126	18	2150	4154	75.78
个人	2	5	149	8	182	0	14	421	781	14.25
科研单位	2	5	22	7	101	4	3	125	269	4.91
高校	2	41	47	4	47	4	10	123	278	5.07
河北省企业	2	22	65	15	286	48	6	352	796	20.50
个人	8	10	313	12	732	12	0	1710	2797	72.03
科研单位	1	3	12	1	17	0	0	65	99	2.55
高校	1	7	27	9	47	0	4	96	191	4.92

（三）北京中医药专利国际开拓能力

1. 北京中医药国外专利申请概况

（1）北京中医药国外专利申请总体情况

表26显示了截至2016年11月全国中医药领域国外发明专利申请总量排名情况，可以看出，北京市的中医药领域国外发明专利申请总量为398件（350个专利族），全国排名第一，申请量遥遥领先于其他省份，显示出北京市强烈开拓国际市场的愿望。但从总量上看，北京市及其他省份申请的中医药国外专利总体数量相对于国内申请量而言比例仍然较低，这与我国中医药在国际市场发展现状是相符的，与中医药标准化和国际化水平不高有关。

表26 全国中医药领域国外发明专利申请总量排名

名次	申请省份	申请量（件）
1	北京	398
2	广东	246
3	天津	233

名次	申请省份	申请量（件）
4	上海	200
5	江苏	117
6	浙江	114
7	山东	76
8	四川	75
9	河北	44
10	吉林	39

（2）北京中医药国外专利申请趋势

从图31可知，1986年北京即开始申请中医药国外专利，但在1987～1996年的10年间年均申请量低于1件，这表明，尽管北京在早期就申请了国外专利，但总体数量较少，处于萌芽阶段。从1997年开始，除个别年份以外，北京申请国际专利的数量逐渐增加，并于2007年达到52件，这个时期处于增长阶段。之后几年的申请量维持在30～40件，处于平衡阶段。由于专利申请的公开具有一定滞后性，2015～2016年的申请很多尚未公开，因此若将已申请但未公开的数量计算在内，预计2015～2016年的申请量也应较高。

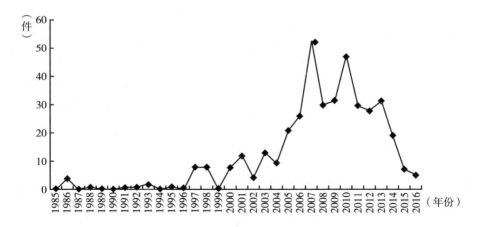

图31　北京中医药国外专利申请量总量及趋势

（3）北京中医药国外专利申请国别分布

从图 32 可以看出，北京中医药国外专利申请国别分布较为广泛，除通过世界知识产权组织（WIPO）提交 PCT 专利申请外，在欧洲专利局（EPO）、美国、加拿大、中国香港等国家和地区均有大量的申请，其中欧洲专利局和美国是仅次于世界知识产权组织的申请地，加拿大和中国香港再次之，而在传统中药强国之一的日本申请量却不多。

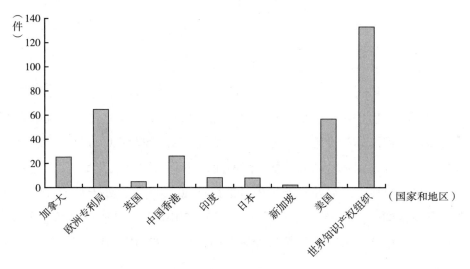

图 32　北京中医药国外专利申请国家/地区分布

2. 北京中医药国外有效专利概况

从表 27 可以看出，目前北京中医药国外有效（即目前处于维持状态或审查状态）专利共 50 件，其中欧洲、美国、日本分别为 40 件、9 件、1 件，表明欧洲和美国是北京中医药在国外最主要的市场，与北京中医药申请国家/地区分布一致。其他国家如加拿大，虽然申请了 25 件，数量不低，但均处于失效状态。

表 27　北京中医药国外有效专利概况

名次	国家/地区	数量（件）
1	欧洲	40
2	美国	9
3	日本	1

3. 北京中医药国外专利的技术影响力

北京申请的 350 个中医药国外专利族的家族被引数为 1409 次，1 个专利族的平均家族被引数为 4 次。表 28 显示了被引数大于等于 30 的专利概况，其中家族最高被引数高达 74 次，表明该专利申请具有较高的认可度，其他专利也基本上是向欧洲、美国、日本、加拿大等发达国家申请的，同样表明这些国家是北京中医药关注的主要市场。

表 28　北京中医药国外专利被引数概况

申请号	申请日	公开号	公开日	家族被引数（次）
US08835920	1997 - 04 - 10	US5795911A	1998 - 08 - 18	74
JP51678798	1997 - 09 - 29	JP2001501621A	2001 - 02 - 06	59
US08965051	1997 - 11 - 05	US6200569B1	2001 - 03 - 13	58
EP01274051	2001 - 11 - 01	EP1374880A1	2004 - 01 - 02	43
EP05806436	2005 - 10 - 31	EP1862158A1	2007 - 12 - 05	37
EP09157704	2005 - 10 - 31	EP2110135B1	2014 - 01 - 01	37
US11909087	2005 - 10 - 31	US20090232914A1	2009 - 09 - 17	34
CA2601790	2005 - 10 - 31	CA2601790A1	2006 - 09 - 28	34
CA2821645	2005 - 10 - 31	CA2821645A1	2006 - 09 - 28	34
JP2002576987	2001 - 11 - 01	JP2004537508A	2004 - 12 - 16	31

4. 北京中医药国外专利的产业格局

为进一步说明北京中医药国外专利的产业格局，所以以中药相关的技术类型进行分析。从图 33 可以看出，北京中医药国外专利技术主题中，中药复方占总申请量的 42.46%，制剂类型药物占总申请量的 24.62%，分别位例第一和第二，这表明联合用药和制剂药物仍然是北京中医药向国外申请的重要主题，与全国中医药申请和北京国内中医药申请分布是类似的。此外，针对食用和提取/加工方向也比较重视，而其他领域申请量较少。

5. 北京中医药国外专利创新资源疾病谱

表 29 显示了北京中医药国外专利申请的用途分类号、具体用途和申请比例，从中可以看出，北京中医药国外专利申请所涉及的疾病范围十分广泛，涉及多种疾病治疗，然而相比于其他疾病，北京中医药国外专利申请量

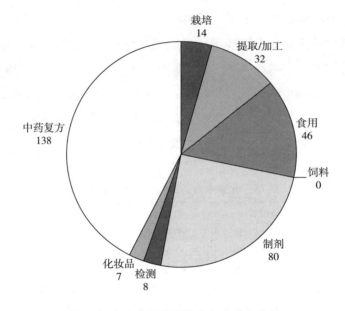

图33 北京中医药国外专利的产业格局

排名前 5 位的疾病依次为神经系统疾病、代谢疾病、心血管系统疾病、感染类疾病和消化系统疾病，这显示出慢性病、常见病和皮肤病是中药研究重点，这与现在全球范围的天然药物和复方药物的研究热点相吻合。

表29 北京中医药国外专利创新资源疾病谱

用途分类号	具体用途	申请比例（％）
A61P1	治疗消化道或消化系统疾病的药物	7.00
A61P3	治疗代谢疾病的药物	17.75
A61P5	治疗内分泌系统疾病的药物	0.00
A61P7	治疗血液或细胞外液疾病的药物	6.00
A61P9	治疗心血管系统疾病的药物	12.00
A61P11	治疗呼吸系统疾病的药物	1.50
A61P13	治疗泌尿系统的药物	1.25
A61P15	治疗生殖或性疾病的药物	2.00
A61P17	治疗皮肤疾病的药物	4.75
A61P19	治疗骨骼疾病的药物	3.00
A61P21	治疗肌肉或神经肌肉系统疾病的药物	0.00

用途分类号	具体用途	申请比例（%）
A61P23	麻醉剂	0.00
A61P25	治疗神经系统疾病的药物	19.25
A61P27	治疗感觉疾病的药物	0.75
A61P29	非中枢性止痛剂、退热药或抗炎剂，例如抗风湿药；非甾体抗炎药	1.75
A61P31	抗感染药，即抗生素、抗菌剂、化疗剂	7.50
A61P33	抗寄生虫药	0.00
A61P35	抗肿瘤药	6.50
A61P37	治疗免疫或过敏性疾病的药物	4.00
A61P39	全身保护或抗毒剂	2.00
A61P41	用于外科手术方法中的药物	0.00
A61P43	用于特殊目的的药物	3.00

6. 专利创新主体分析

从图34可以看出，专利创新主体申请量排名依次为个人、企业、科研单位和院校，其中个人占45%，企业占39%，但通过对全部329件专利申请具体分析发现，在个人申请中，近六成为与企业、科研单位、院校的共同申请，另一部分还包括企业负责人以个人申请但实际上背后是企业的情况。

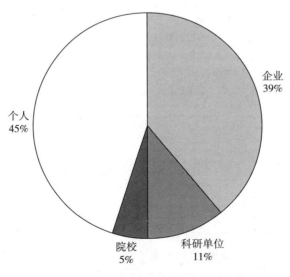

图34 北京中医药国外专利创新主体分布

为进一步分析创新主体的情况，表 30 显示申请量排名前 10 位的申请人（作为单独申请人或共同申请人）中，4 位是个人，依次为张作光、戚郁芬、刘建勋、徐荣祥；6 位是公司、大学或医院，依次为北京北大维信生物科技有限公司、北京欧纳尔生物工程技术有限公司、北京大学、北京绿色金可生物技术股份有限公司、博仲盛景医药技术（北京）有限公司、首都医科大学宣武医院。在个人申请中，张作光为北京欧纳尔生物工程技术有限公司的董事长，戚郁芬与张作光有数篇共同申请，刘建勋为中国中医研究院西苑医院的研究员，徐荣祥为北京荣祥再生医学研究所所长，可见与图 34 的北京中医药国外专利创新主体分布的分析一致，这些个人申请都有相关的技术背景或者本身是企业负责人，总体来讲，企业行为仍然是国外专利申请的主力军。

表 30　北京中医药国外专利创新主体分析

申请人	申请量（件）
张作光	29
北京北大维信生物科技有限公司	20
戚郁芬	20
北京欧纳尔生物工程技术有限公司	14
北京大学	13
北京绿色金可生物技术股份有限公司	12
博仲盛景医药技术(北京)有限公司	11
刘建勋	11
首都医科大学宣武医院	9
徐荣祥	8

（四）北京中医药专利保护、运用能力

1. 北京中医药知识产权侵权现状

本次统计分析基于 OpenLaw（裁判文书网）网站收集的 2002～2015 年北京市法院审理的中药领域知识产权侵权案件的一审和二审民事判决书，共计 59 份，其中一审判决书 36 份、二审判决书 23 份。自 2002 年开始，

除 2007 年、2010 年的案件量为 11 件、9 件外，其他年份的案件量都在 1~7件。这些知识产权侵权案件主要涉及发明专利权侵权纠纷（占比 20%）、实用新型侵权纠纷（占比 5%）、侵害商标权纠纷（占比 34%）、著作权侵权纠纷（占比 18%）、不正当竞争纠纷（占比 23%）。从判定结果来看，判定侵权的比例为 81%、判定不侵权的比例为 19%。但是具体到该领域发明专利侵权的案件中，判定侵权的案件数量为 25%、判定不侵权的案件数量为 75%，但中药领域的商标、著作权、不正当竞争案件中判定侵权的比例很高，分别是 95%、91%、100%。从侵权赔偿额来看，中药领域的知识产权侵权案件赔偿额整体偏低，1 万~10 万元的赔偿额占 73%，10 万~50 万元的赔偿额占 16%，而高于 50 万元以上的赔偿额仅占 11%。

2. 北京中医药专利转化情况分析

专利权人获得授权以后对专利具有收益和处分的权利，最常见的就是许可、转让和质押，统称为专利运营。许可是通过许可他人实施专利技术来获得收益；转让分为专利申请权转让和专利权转让；质押是一种重要的融资手段，无论是哪种活动方式，背后都有其相应的经济利益。但有资料显示，中国专利转化率仅为 10%，甚至更低。中国专利成果转化率较低与专利申请量第一大国的地位极不匹配。

北京在促进知识产权运用转化方面做了大量工作，如积极发展知识产权交易市场，完善产权交易规则，搭建知识产权电子商务平台等；出台了《知识产权商用化资助鼓励办法》，促进成果转化；探索多种经营方式，形成新型的产学研用模式；建立高等院校科研院所向企业转移知识产权的机制，促进知识产权成果向企业转移等。

（1）北京中医药专利许可现状

①北京中医药专利许可数量统计

从图 35 可以看出，北京中医药专利许可总量为 138 件，仅占北京中医药总授权量的 3.48%，这表明北京中药专利许可程度较低，仍处于初级发展阶段。通过对北京中医药专利许可年度数量统计发现，从 2008 年开始，中药领域开始出现许可案件，其中 2009 年、2011 年的许可数量较多，分别为 34 件、29 件，其他年份的许可数量保持在 7～18 件，除个别年份外，总体上呈现略下降的趋势。

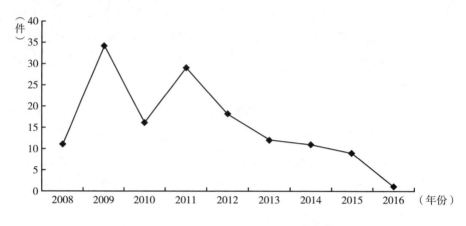

图 35 北京中医药专利许可数量统计

②北京中医药专利许可和被许可主体类型分布

从表 31 可以看出，北京中医药专利许可主体类型数量排名依次为企业（38%）、个人（37%）、科研单位（20%）和院校（5%），被许可主体类型数量排名依次为企业（87%）、科研单位（12%）和个人（1%），由此可见，企业是最主要的许可主体和被许可主体，此外，科研单位也是重要的被许可主体。被许可企业中不乏国际医药公司，如拜耳医药保健有限公司，可见北京中医药不乏优质的专利。

表 31 北京中医药专利许可和被许可主体类型分布

许可主体类型	比例(%)	被许可主体类型	比例(%)
个人	37	个人	1
企业	38	企业	87
科研单位	20	科研单位	12
院校	5	院校	0

③北京中医药专利许可区域分析

从图 36 可以看出，在北京中医药专利许可区域中，北京占 52.60%，其他地区占47.40%，跨区域专利许可的比例接近五成，体现出北京作为我国技术创新的重要高地，在自身发展同时，还向全国进行技术辐射，带动了区域技术转移。

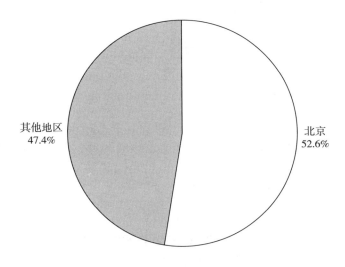

图36 北京中医药专利许可区域分析

④北京中医药专利许可方式分析

对北京中医药专利许可的138条许可记录分析发现，独占许可记录为123条，普通许可记录和排他许可记录分别为4条和9条，上述3种许可方式的记录占总记录比例超过98%，独占许可占总记录比例超过89%（见图37），表明独占许可方式是最常见的专利许可方式。

⑤北京中医药专利许可的疾病谱

表32显示了北京中医药专利许可中排前五名的用途分类号、具体用途和申请量，可以看出，许可量排名前5位的疾病依次为消化系统疾病、心脑血管系统疾病、感染类疾病、呼吸系统疾病、生殖或性疾病，相应地，北京市中药申请量排名前5位的疾病依次为代谢疾病、消化系统疾病、神经系统疾病、心脑血管系统疾病和生殖或性疾病，可见，北京中医药专利许可与北京地区中药申请所涉及的疾病大部分相同，但并不完全一致。

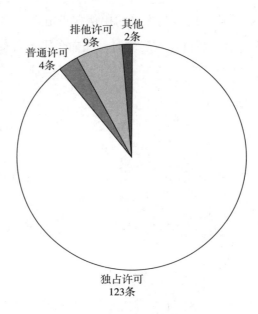

图37　北京中医药专利许可方式分析

表32　北京中医药专利许可的疾病谱

用途分类号	具体用途	申请量(件)
A61P1	治疗消化道或消化系统疾病的药物	30
A61P9	治疗心脑血管系统疾病的药物	20
A61P31	抗感染药,即抗生素、抗菌剂、化疗剂	19
A61P11	治疗呼吸系统疾病的药物	14
A61P15	治疗生殖或性疾病的药物	13

（2）北京中医药专利转让现状

①北京中医药专利转让数量统计

截至 2016 年 11 月，北京中医药专利转让总量为 1144 件，占北京中医药总申请量的 9%，占北京中医药总授权量的 29%，高于全国平均水平。通过对北京中医药专利转让年度数量统计发现，从 2001 年开始，中药领域开始出现转让案件，其中 2013 年的转让数量最多，达 220 件，除个别年份外，总体上呈上升趋势（见图38）。

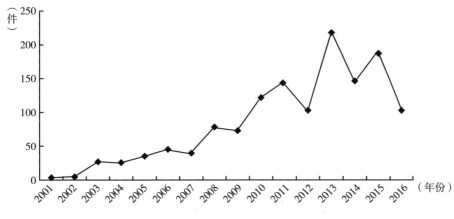

图 38 北京中医药专利转让数量统计

②北京中医药专利转让人和受让人排名情况

表 33 显示北京中医药专利转让人和受让人的排名情况，从中可见，北京绿源求证科技发展有限责任公司转让专利次数高达 166 次，其次是北京正大绿洲医药科技有限公司、北京因科瑞斯医药科技有限公司，分别为 45 次和 34 次，其余申请人转让次数均小于 30 次。在受让人中，很多是北京地区以外的企业/个人，如启东市汇龙万象花圃、如皋市富钢机械配件有限公司、珠海宝德润生健康科技有限公司等。此外，尽管个别企业转让数量较高，但对受让企业分布、受让企业性质、受让专利维持情况等指标的分析发现，这些受让人中大部分为江苏省非医药行业的企业/个人，并且专利维持年限也较短，没有将专利应用于产业，因而没有体现出真正意义上的专利应用价值。

表 33 北京中医药专利转让人和受让人排名

单位：件

名次	转让人	转让数量	名次	受让人	受让数量
1	北京绿源求证科技发展有限责任公司	166	1	启东市汇龙万象花圃	28
2	北京正大绿洲医药科技有限公司	45	2	如皋市富钢机械配件有限公司	21
3	北京因科瑞斯医药科技有限公司	34	3	北大世佳科技开发有限公司	20

续表

名次	转让人	转让数量	名次	受让人	受让数量
4	北京因科瑞斯生物制品研究所	26	3	珠海宝德润生健康科技有限公司	20
4	周亚伟	26	5	韦德宗	19
4	张熙欣	26	6	天津天士力制药股份有限公司	16
7	北京奇源益德药物研究所	20	6	北京万寿通医药科技有限公司	16
8	王信锁	19	6	如皋市磨头建设开发有限公司	16
9	北京亚东生物制药有限公司	17	9	如皋市俊章电子有限公司	15
10	周小明	13	9	如皋市滨江城建投资有限公司	15
			9	北京富国堂医药科技有限公司	15

③北京中医药专利转让的疾病谱

表 34 显示北京中医药专利转让中排前五名的用途分类号、具体用途和申请量，可以看出，转让量排前五名的疾病依次为消化系统疾病、心脑血管系统疾病、泌尿系统疾病、感染类疾病和代谢疾病，相应地，许可量排前五名的疾病依次为消化系统疾病、心血管系统疾病、感染类疾病、呼吸系统疾病、生殖或性疾病，可见在北京中医药专利转让与许可中，消化系统疾病和心脑血管系统疾病均排前两位，其他疾病的排名略有不同。

表 34　北京中医药专利转让的疾病谱

用途分类号	具体用途	申请量
A61P1	治疗消化道或消化系统疾病的药物	174
A61P9	治疗心脑血管系统疾病的药物	147
A61P13	治疗泌尿系统的药物	114
A61P31	抗感染药,即抗生素、抗菌剂、化疗剂	96
A61P3	治疗代谢疾病的药物	93

（3）北京中医药专利质押现状

当前，国内不少城市已开始中小企业知识产权质押的贷款试点工作，从国内知识产权质押融资的运作模式来看，主要以北京模式、上海浦东模式、武汉模式为代表。其中，北京模式为"银行＋企业专利权/商标专用权质押"

的银行创新主导的市场化知识产权质押贷款模式，交通银行北京分行在这种模式下通过金融产品创新及金融服务创新，已在知识产权质押贷款方面取得积极进展，并引领北京知识产权质押贷款工作快速全面展开。

表35显示截至2016年11月北京中医药专利质押现状，从中可见，北京中医药专利质押总量为30件，26件是企业申请，4件是个人申请，在质押之前，一些专利已经进行了转让，因此部分专利的出质人与相应的原申请人并不相同。在出质人方面，北京康比特体育科技股份有限公司将6件专利进行了质押，是质押数量最多的企业，其他企业或个人质押次数小于等于3。而质权人涉及银行、担保公司、企业，包括北京市融资性担保公司评级中评级前列的北京中关村科技担保有限公司、华尊融资担保有限公司和北京市文化科技融资担保有限公司，还包括中国光大银行、交通银行、中信银行等诸多银行。

表35　北京中医药专利质押概况

公开号	发明名称	原申请人	出质人	质权人
CN101590126B	一种治疗良性前列腺增生的中药复方	北京奥萨医药研究中心有限公司;安徽省现代中药研究中心	北京奥萨医药研究中心有限公司;安徽省现代中药研究中心	中国光大银行深圳八卦岭支行
CN101590127B	含有山楂总黄酮和叶酸类化合物的复方药物	北京奥萨医药研究中心有限公司;安徽省现代中药研究中心	北京奥萨医药研究中心有限公司;安徽省现代中药研究中心	中国光大银行深圳八卦岭支行
CN101590084B	含有血管紧张素转化酶抑制剂、B族维生素和银杏叶提取物的药物组合物	北京奥萨医药研究中心有限公司;深圳奥萨医药有限公司	深圳奥萨制药有限公司	深圳市力合智通融资担保股份有限公司
CN101745042B	一种具有解酒保肝作用的组合物及其制备方法	北京宝德润生医药科技发展有限公司	北京宝德润生医药科技发展有限公司	北京市文化科技融资担保有限公司
CN101559121B	一种运动补剂	北京康比特体育科技股份有限公司	北京康比特体育科技股份有限公司	北京中关村科技担保有限公司

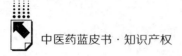

续表

公开号	发明名称	原申请人	出质人	质权人
CN103082276B	一种用于减少运动损伤和促进运动损伤修复的组合物	北京康比特体育科技股份有限公司	北京康比特体育科技股份有限公司；交通银行股份有限公司北京望京支行	交通银行股份有限公司北京望京支行；交通银行股份有限公司北京酒仙桥支行
CN101606942B	一种缓解运动疲劳的营养补剂	北京康比特体育科技股份有限公司	北京康比特体育科技股份有限公司	交通银行股份有限公司北京酒仙桥支行
CN101524409B	一种用于提高血清睾酮水平的中药组合物	北京康比特体育科技股份有限公司	北京康比特体育科技股份有限公司	北京中关村科技担保有限公司
CN102552549B	一种改善视疲劳的组合物及其制备方法和应用	北京康比特体育科技股份有限公司	北京康比特体育科技股份有限公司	北京中关村科技融资担保有限公司
CN102430038B	一种提高血睾酮的组合物，含其制剂及其制备方法	北京康比特体育科技股份有限公司	北京康比特体育科技股份有限公司	北京中关村科技融资担保有限公司
CN100348258C	一种治疗上呼吸道感染的药物及其制备方法	北京羚锐伟业科技有限公司	安徽济人药业有限公司	中国农业发展银行亳州市分行；交通银行股份有限公司亳州分行
CN101102783B	黑大豆皮提取物及其提取方法和应用	北京绿色金可生物技术股份有限公司	北京绿色金可生物技术股份有限公司	华尊融资担保有限公司
CN101543525B	一种含红豆越橘提取物的美容组合物及其应用	北京绿色金可生物技术股份有限公司	北京绿色金可生物技术股份有限公司	华尊融资担保有限公司
CN100560579C	红豆越橘提取物及其制备方法和应用	北京绿色金可生物技术股份有限公司	北京绿色金可生物技术股份有限公司	华尊融资担保有限公司
CN1853678A	一种治疗心脑血管疾病的中药制剂及其制备方法	北京天力正元医药技术开发有限公司	云南生物谷灯盏花药业有限公司；云南生物谷药业股份有限公司	中信银行股份有限公司昆明分行；云南生物谷药业股份有限公司
CN1853688A	一种治疗心脑血管病、缺血性中风的中药制剂及其制备方法	北京天力正元医药技术开发有限公司	云南生物谷灯盏花药业有限公司；云南生物谷药业股份有限公司	中信银行股份有限公司昆明分行；云南生物谷药业股份有限公司

续表

公开号	发明名称	原申请人	出质人	质权人
CN100475218C	叶下珠提取物及其制备方法和应用	北京星昊医药股份有限公司	北京星昊医药股份有限公司	北京中关村科技担保有限公司
CN100342848C	一种金莲清热泡腾片及其制备方法	北京因科瑞斯生物制品研究所	天津中盛海天制药有限公司	上海银行股份有限公司天津分行
CN1840141A	一种抗病毒咀嚼片及其制备方法	北京因科瑞斯生物制品研究所	贵州威门药业股份有限公司	中国光大银行股份有限公司贵阳分行;中国农业银行股份有限公司贵阳新华支行
CN101703559A	一种具有缓解视疲劳功能的药物组合物及其制备方法	北京因科瑞斯医药科技有限公司	北京宝德润生医药科技发展有限公司	北京市文化科技融资担保有限公司
CN101015573B	败酱滴丸及其制备方法	北京正大绿洲医药科技有限公司	云南云河药业股份有限公司	云南云药产业集团有限公司
CN100528203C	龙血竭滴丸及其制备方法	北京正大绿洲医药科技有限公司	云南云河药业股份有限公司	云南云药产业集团有限公司
CN100418553C	骨疏康制剂及其制备方法	康辰医药股份有限公司	康辰医药股份有限公司	北京银行股份有限公司上地支行
CN102274467B	一种乳核散结胶囊的检测方法	刘坤	刘坤	长安银行股份有限公司西安莲湖区支行
CN1098707C	含藻蛋白多糖提取物的药物组合物以及藻蛋白多糖的提取	齐清	齐清	交通银行股份有限公司北京中关村园区支行
CN1313130C	一种治疗胃痛的药物组合物、制备方法及其用途	北京华尔孚制药公司	不详	不详
CN1224408C	改善胃肠功能的保健胶囊及其制备工艺	北京健力药业有限公司	不详	不详
CN1047082C	补肾益骨药的制备方法	北京蓉生医药科技发展中心	不详	不详
CN1027574C	治疗痔疮用注射液的制备方法	安阿玥	不详	不详
CN1035717C	内服促使骨折愈合接骨散的制备方法	柳海峰	不详	不详

通过北京中医药专利许可、转让、质押现状的分析可见，北京市在中医药转化方面具有一定优势，但中药专利转化率与发达国家相比仍然较低，原因主要有以下几个方面：北京市中医药技术研发主体中科研机构和高校的比例较高，而科研机构和高校的转化能力和转化意愿相对于企业而言普遍偏低，以至于许多具有较大经济和社会效益的中药新产品无法尽快地实现工业化生产；纯个人的申请量偏高，专利申请质量不高；专利有效量偏低；有些专利本身的转化能力较弱。虽然北京市中医药专利申请量在高速增长，但单纯的高申请量并不是中药创新能力提高的体现，也不能直接带来经济价值，只有将专利应用到实际生产中或充分利用其附加价值（如知识产权质押等），专利的经济价值才能真正体现出来。对此，北京市启动多项政策和制定多项规划，如北京市于2010年启动"十病十药"项目，试图打通多年来存在于中医药临床、科研与产业之间的壁垒；北京市知识产权局与北京市中医管理局共同制订《加强北京中医药知识产权"健体"专项行动计划（2015～2017年）》，以期推动北京市中医药行业的发展。相信随着北京市各项政策的推动、科研转化能力的增强、复合型知识产权人才数量的提升等，北京市中医药专利的产业化和经济价值会更好地得以实现。

四　北京中医药商标及其他知识产权状况

（一）北京中医药商标保护现状概述

1. 中医药商标

对于中医药产业来说，通过特色商标进行保护是一种保护中医药知识产权的有效手段，通过商标保护，能够使消费者区别中药药品或中医服务的来源，同时也能促进从业者不断提高药品质量或服务的水平。我国修改后的《药品管理法》不再强制要求药品必须有注册商标，但注册商标作为一种商品符号和企业形象代表，能很大程度地影响中医药企业产品的市场占有情况，同样服务商标也对中医药服务行业的市场情况有重要影响。

根据商标分类规则，中医药类商标主要分布在第 5 类和第 44 类，其中第 5 类是涉及药品、中药药材、药酒、医用营养品、绷敷材料、医用保健袋等的商标，第 44 类是涉及医疗服务等的商标。根据商标分类规则，中药和中医医疗服务并没有区别于西药或西医服务的单独分类，另外商标申请者在申请商标时往往会将商标使用范围进行合理扩展，如中药企业会将商标使用范围限定为人用药，中医服务结构会将商标使用范围限定为医疗服务，因此目前并不能获得中药或中医服务类商标准确的数据，但是通过对第 5 类和第 44 类的整体数量可以大致了解中医药商标的总体情况。

根据商盾网①数据，我国第 5 类商标注册总量在全部商标分类中排名第 7 位，第 44 类商标排名第 28 位，而北京第 5 类商标注册总量在全部商标分类中排第 8 位，第 44 类商标排名第 20 位。可以看出，与全国相比，北京第 5 类商标在全部行业中的位置与全国基本相当，而北京第 44 类医疗服务类商标在全部行业中的位置则要显著高于全国。

基于智慧芽商标数据库②（本节后续商标数据均来自该数据库），截至 2016 年 11 月的检索结果显示，全国第 5 类商标申请共计 680541 件，其中维持有效注册商标为 294794 件，而北京第 5 类商标申请共计 39802 件，其中维持有效注册商标为 15444 件，北京第 5 类商标申请量和维持有效注册商标量分别占全国的 5.85% 和 5.24%。全国第 44 类商标申请共计 224477 件，其中维持有效注册商标为 91830 件，而北京第 44 类商标申请共计 27761 件，其中维持有效注册商标 9295 件，北京第 44 类商标申请量和维持有效注册商标数量分别占全国的 12.37% 和 10.12%。

以申请人地址进行检索，将北京与全国其他省（直辖市）进行比较，北京第 5 类商标申请总量为 39802 件，仅次于广东省的 71553 件和山东省的 47658 件；维持有效注册商标 15444 件，仅次于广东省的 28707 件和山东省

---

① http：//www. shangdun. com。

② http：//tm. zhihuiya. com。

的 21191 件，位于全国第三位。北京第 44 类商标申请总量为 27761 件，位于全国第一位；维持有效注册商标 9295 件，仅次于广东省的 9660 件，位于全国第二位。其排名情况具体见表 36 和表 37。

表 36　北京第 5 类商标申请、有效注册商标量排名

单位：件

排名	申请量	排名	有效注册量	排名
广东省	71553	1	28707	1
山东省	47658	2	21191	2
北京市	39802	3	15444	3
浙江省	33214	4	14539	4
江苏省	32191	5	15017	5

表 37　北京第 44 类商标申请、有效注册商标量排名

单位：件

排名	申请量	排名	有效注册量	排名
北京市	27761	1	9295	2
广东省	26332	2	9660	1
浙江省	15498	3	7410	3
上海市	15391	4	5461	5
江苏省	13320	5	5688	4

从表 36 和表 37 可以看出，北京包括中药在内的第 5 类商标申请和有效持有的绝对数量均显著高于全国平均水平，并且在国内处于前列。尽管北京大中型医药生产企业数量与全国其他省市比较并没有特别优势，但北京在包括中医药科研方面的医药科研实力较强，研发型机构和高新技术企业众多，这类机构和企业对创新和品牌都有着强烈的需求，并且由于北京具有较好的知识产权政策法律环境，从业者对商标重要性的认识更为充分，因此在商标申请积极性方面也相对比较高。

北京第 44 类医疗服务类商标申请量和目前有效注册商标量在全国的占比均超过 1/10，在全国处于明显领先位置，并且在所有行业中的数量排名也显著高于全国第 44 类商标的排名，这种商标数量情况和位置也与北京在包括中医服务在内的医疗服务机构数量在全国的领先位置相一致，北京医疗

服务机构众多，并且其医疗服务能力在全国的影响力都较高，其不管是出于品牌保护和传承的需要，还是基于市场辐射和竞争的需要，都需要拥有对消费者和受众来说辨识度较高的商标。

基于商标的总体数据情况，北京市第5类商标在2000年之前的申请数量合计均在200件之下，而自2001年开始年申请量突破400件，并且之后数量增长迅速，因此选择对2001年之后的第5类商标申请量以及维持有效商标数量进行统计。2001~2016年，北京第5类商标申请和维持有效量如图39所示。

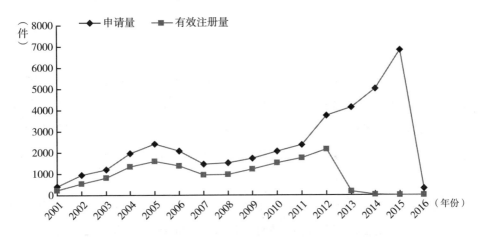

图39　北京第5类商标申请及有效注册量趋势

基于尼斯商标分类变化，2002年之后医疗服务类商标正式分在第44类，而之前合并在第42类中，因此本报告对第44类商标数据从2002年开始统计，2002~2016年，北京第44类商标申请和维持有效商标趋势如图40所示。

从第5类商标和第44类商标的申请量和维持有效注册量变化趋势来看，北京这两类商标的申请和维持注册量总体均呈现稳定增长趋势，并且申请量和有效维持量基本呈正比，特别是"十二五"时期以来，其申请增长势头更加迅猛（2013年之后有效注册量数据降低是由于商标从申请到注册批准需要一定时间，目前大部分申请还处于注册或公告程序中）。

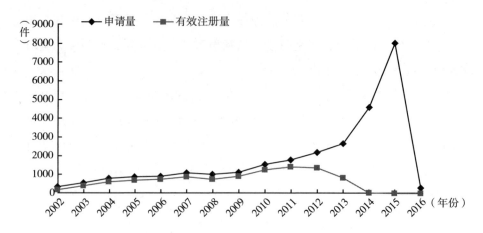

图40　北京第44类商标申请及有效注册量趋势

　　具体来看，2001年北京第5类商标申请共411件，2001～2005年之间有一个明显的增长，2006～2007年则稍有下降，之后维持一个相对比较稳定增长的状态，2002～2011年年均申请数量在1000～2500件，2012年单年增长量就达到1409件，之后一直保持快速增长，而2015年已经达到6921件，与2001年相比增长了约16倍。

　　从第44类商标来看，2002年申请357件，到2011年一直保持平稳的增长，2012年开始首次突破2000件且之后增长更加迅猛，2015年则已经达到8016件，增长了约21.5倍，甚至超越了第5类商标的单年总申请量。上述两类商标的有效注册量基本与申请量维持相同的趋势。

　　总体来看，上述增长数据和趋势反映了商标保护在北京医药产业中的被重视程度日益提高，企业和相关单位更加重视在市场中的自我品牌建设，而第44类商标的快速增长侧面反映了随着国家经济的发展和老百姓生活水平的提高，大健康产业特别是医疗健康在国民经济和整个社会中的地位越来越重要，国民对健康更加关注，对医疗保健需求越来越强烈，因此刺激了医疗服务商标数量的快速增长。

　　为更好地了解中药产业商标状况，检索了申请第5类商标的北京医药企业，按照申请量的多少，对商标申请量排名前十的涉及中药相关的北京企业进行了统计，并相应统计了其维持有效注册商标数量（见图41），在数据统计时对其业务范围不涉及中药的企业进行了排除。

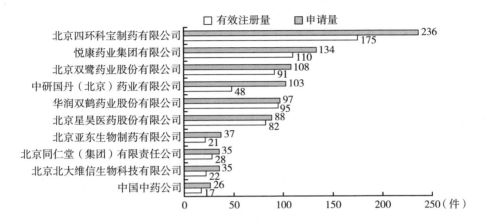

图41　北京中药企业第 5 类商标申请和维持有效注册量

　　从图41可以看出，北京涉及中药相关企业商标申请前十名的差距比较大，其中排名前列的企业其业务既涉及中药也涉及化学药，而主要方向为中药的企业则申请第 5 类商标的数量更少。总体来看，中药企业的第 5 类商标申请数量要略少于化学药企业，但对这些主要方向为中药的企业全部商标申请量进行统计可以发现，部分企业的全部商标申请量远大于第 5 类商标申请量，即第 5 类商标申请量占企业全部总商标申请量相对较少，如北京同仁堂（集团）有限责任公司总商标申请量达到 161 件，北京北大维信生物科技有限公司总商标申请量达到 153 件，中国中药公司总商标申请量达到 102 件，部分中药企业总商标申请量见图42。

　　可以看出，上述这些中药企业有的虽然第 5 类商标申请量不多，但总的商标申请数量并不少，这些企业其他商标一般分布在食品、饮料、日化、油脂等领域较多，而且可以看出这些企业商标涉及的分类很多，这一方面可能与中药本身应用容易扩展到食品、饮料、日化、油脂等领域有关，另一方面也可能与企业本身多元化经营或更重视商标的扩展保护有关，而检索还发现北京众多中药企业（包括中药生产企业和中药饮片企

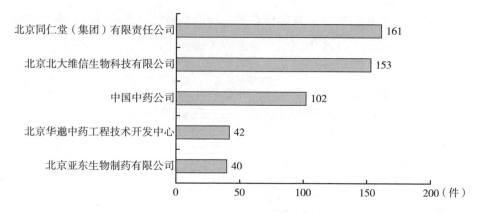

图42　北京部分中药企业商标申请情况

业）虽然都会申请商标，但商标优势企业不多，总体商标分布呈分散状态。

对北京市44类商标进行统计，按照申请量多少，对商标申请量排名前十的涉及医疗服务相关的北京企业进行了统计（见图43），统计时对其业务范围明显不涉及医疗服务的企业进行了排除。

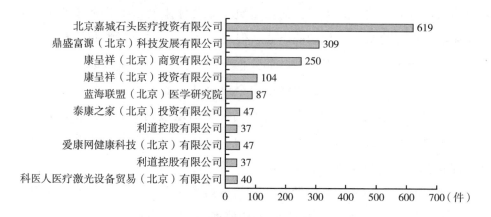

图43　北京医疗服务相关企业商标申请排名

从图43可以看出，排名靠前的申请人主要为一些医疗投资机构，其相对于一些传统医院更熟悉市场经济规则，能更熟练运用现代知识产权，更注重品牌和商标体系建设，因此其更有商标申请和保护意识。

对北京中医医院的商标申请情况进行统计，排名前十的中医医院如图44所示。

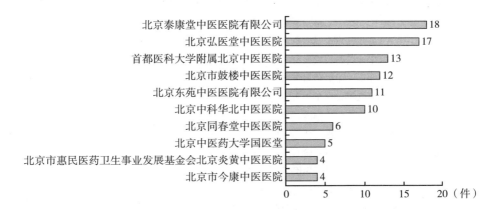

图44 北京中医医院商标申请情况

统计发现，大部分中医医院都有一定的商标申请，排名前列的也有北京中医医院、北京中医药大学国医堂等一些大家熟悉的中医诊疗机构，但中小型中医医院商标申请量相对更多，而一些传统大型中医医院如中国中医科学院西苑医院、中国中医科学院广安门医院、东直门医院等商标申请数量总体在2～3件甚至为0，这可能与相对更小的中医医院或者民营中医医院面对的激烈竞争、对商标和品牌建设的需求更强烈有关。

此外，通过数据库还对北京其他中医药机构的商标申请情况进行了统计。

从图45可以看出，北京中医药大学、中国中医科学院等重点中医药科研机构都有很多商标申请，北京中医药大学的有效注册商标申请量达到67件，中国中医科学院的有效商标申请量为18件，其拥有的有效商标比率都比较高。而一些民营中医药研究机构或企业对于商标也都有较好的意识，部分申请量比较大，如何氏浩生（北京）国际中医药科学研究院、北京医筋堂中医研究院等，通过检索还发现这些机构的有效商标拥有量尚需提高。

2.中医药驰名商标

驰名商标是商标中一种更有效地保护方式，是指经过一个国家的政府主

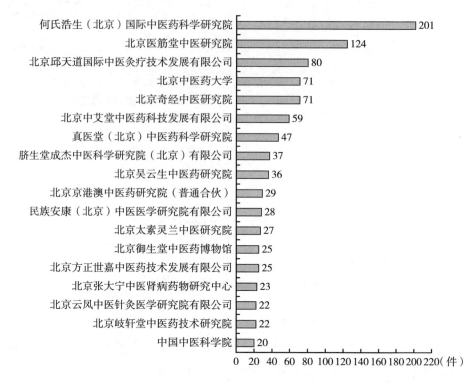

何氏浩生（北京）国际中医药科学研究院 201
北京医筋堂中医研究院 124
北京邱天道国际中医灸疗技术发展有限公司 80
北京中医药大学 71
北京奇经中医研究院 71
北京中艾堂中医药科技发展有限公司 59
真医堂（北京）中医药科学研究院 47
脐生堂成杰中医科学研究院（北京）有限公司 37
北京吴云生中医药研究院 36
北京京港澳中医药研究院（普通合伙） 29
民族安康（北京）中医医学研究院有限公司 28
北京太素灵兰中医研究院 27
北京御生堂中医药博物馆 25
北京方正世嘉中医药技术发展有限公司 25
北京张大宁中医肾病药物研究中心 23
北京云凤中医针灸医学研究院有限公司 22
北京岐轩堂中医药技术研究院 22
中国中医科学院 20

0 20 40 60 80 100 120 140 160 180 200 220（件）

图 45　北京其他中医药机构商标申请情况

管机关通过法定的程序进行确认的名牌，是国际社会上一个通用的法律概念。根据《保护工业产权巴黎公约》以及世界贸易组织《与贸易有关的知识产权协议》（即 TRIPS 协议）的相关规定，在世界范围内驰名商标在经营使用和法律保护方面都享有特权。其特权主要体现在三方面：一是绝对的注册权，即商标注册权利不会受到"注册在先"原则以及各个国家法律中存在的某些禁用条款的约束；二是禁止权，即不仅禁止同类商品服务使用，也禁止不同类别商品服务使用相同或近似商标；三是自动保护权，即驰名商标受公约和协议的全面保护。这三大特权使得驰名商标的作用十分显著。根据统计[①]，截至目前，我国驰名商标总数达到 5631 件，其中行政确认 5602 件，

---

① http：//www.wellknown-mark.cn。

司法确认 29 件。上述驰名商标中第 5 类医药商品类商标为 363 件，占全部驰名商标的 6.45%，其中北京有驰名商标 162 件，占全国驰名商标的 2.89%，这些驰名商标中明确为中药类的有 57 件，占全国驰名商标的 1.01%，占全国第 5 类驰名商标的 15.7%。根据北京商标局的信息，目前北京第 5 类驰名商标有：同仁堂、双鹤、赛科、康辰、悦康药业、华素，其中明确使用范围为中药的仅为同仁堂商标，同仁堂也是我国商标中第一个被确定的驰名商标，而双鹤、悦康药业的业务范围都涉及中药。此外，从京津冀来看，天津市是全国中药类驰名商标最多的，共有 9 件，河北省有 4 件。这与北京重在科研能力而大中型中药生产企业偏少有关，而天津市和河北省则拥有较多的大中型中医药生产企业。第 44 类医药服务类驰名商标全国共有 13 件，其中北京第 44 类驰名商标有 2 件，分别为伊美尔和同仁。

3. 中医药地理标志商标

地理标志商标也是中药商标的一种形式，根据统计，截至 2015 年底，全国地理标志注册商标 2984 件，其中北京 8 件。北京的 8 件地理标志注册商标不涉及道地药材，这与北京不是中药材主要产地的现状相一致。

总结北京中医药商标的特点，可以发现，北京中医药商标绝对申请量和有效注册商标量都处于国内领先地位，但优势商标企业不多，大多数中小型中医药企业或机构与排名靠前的企业或机构差距比较大，中医药商标呈分散分布状态，中医药驰名商标有待进一步培育。另外，近年来，商标申请量快速增长，特别是医疗服务商标增速迅猛。

但是与国外一些商标运用较好的跨国公司比较，北京中医药商标也存在明显的不足。首先，企业商标绝对数量少，根据在智慧芽商标数据库的检索，诺华、强生、百时美－施贵宝、拜耳、葛兰素、阿斯利康、赛诺菲等国际医药巨头在中国的商标申请量最少的为赛诺菲，有 568 件，多的则超过了 2000 件。其次，中成药商标的独特性不够，一系列产品甚至一个企业使用一个商标的情况普遍存在，没有形成产品与商标之间的对应关系，使商标在区分中药产品上发挥的作用不大，大多数只起到区分企业的作用，这些不足也表明中医药企业在商标申请和应用能力上都有需要改进和提高。

（二）其他中医药知识产权保护现状概述

对中医药来说，除了可以采用专利、商标保护之外，著作权、地理标志以及商业秘密也是中医药知识产权的重要保护手段，并且有其自身适合的保护对象。

1. 著作权

中医药著作权主要指与中药有关的著作权和邻接权，如中医药文献、书籍、著作、文章以及口述作品等。中医药知识成果分中医药科学理论和中医药技术成果两大类，中医药科学理论所形成的各种作品可以获得著作权的保护。通过《中华人民共和国著作权法实施条例》特别是第 2 条的规定可以看出，并不是所有的作品都受到著作权保护，对于中医药相关知识作品来说，要获得著作权的保护必须要具有独创性，具有一定的内容和表现形式，是法律允许出版和传播的，即著作权主要用来保护中医药科技工作者在科研活动中形成的独创性作品。此外，中医临床处方、中药药品处方、中药产品说明书、产品介绍资料、产品档案、中药生产流程图、中成药外包装设计、相关中医诊疗设备设计图纸、制药设备的设计图纸、工程设计、各种中医药数据库、中医药相关计算机软件、中医药广告等可以以著作权的方式保护。

目前来说，对于中医药著作权的保护面临很多问题。首先，保护意识不够，如我国中医药企业和从业者利用著作权来保护自己知识成果的意识还不够。其次，著作权对于中医药的保护力度也需要加强，如中医药古方或资料属于历史长期积累形成的，没有特定的权利人；大多数中医药文献超过著作权规定的作者死后 50 年；对来源于临床实践、传统文化以及中医药师承等的流传，其作品原创性相对不够。

从中医药行业来看，北京一直是我国中医药科研和技术的高地，中医药理论研究、产品研发和临床研究的成果均比较多，这些中医药研究的理论成就和智力成果形成的相关作品需要更好地得到著作权以及相关法律的保护，相关部门应加强著作权的宣传，除常见的中医药书籍外，对于重要的中医药信息，如中医药药品说明书或中医药广告以及中药外包装设计等，也应当进行著作权信息的保存或登记,虽然著作权本身具有自动获得性,但如果没有登记和必要的信息保存,后续维权和举证则会存在困难。而对于传统中医药来说,其很多内容已经被公开,因此著作权法本身难以对这些内容进行保护,但是如果把传统中医药知识赋予一定的表达形式,如把已经形成文献的一些经典中医药经方、名方、古方,或者记载的中药材和中医药信息编译为数据库,著作权法就能够提供相应的保护,这在一定程度上可以起到更好保护中医药尤其是中医药传统知识的作用。此外很多中医药传统知识不属于某个人,而是整个国家的财富,因此其保护需要政府或集体组织来发挥作用,如建立中医药知识集体管理组织,这样才能从根本上系统地、有规划地保护中医药传统文化。

2. 地理标志保护

道地药材是指在特定自然条件和生态环境以及特定地域内所产的药材,其栽培或生产较为集中,对于栽培技术、采收加工也有特定的要求。因此与在其他地区所产的同种药材比较其品质更佳、疗效更好。道地药材通常在药名前加上地名。我国的道地药材具有悠久的历史。地理标志则是指识别一种原产于某一个成员国或地区境内某一特定区域的商品的标志,具有特定的质量、声誉和一些其他特性,并且这些特性主要归因于它的地理来源。道地药材首先是中药产品,其生产过程受产地的自然与人文环境的综合作用,品质和疗效有别于其他同类产品。正是由于其显著的地理特性,因此道地药材符合地理标志产品要求,属于地理标志保护范围。中医药在传统上一贯强调使用好的药材,特别是道地药材,认为药材的质量对疾病的治疗有显著影响。中药材申请地理标志,需要坚持传统的制备及加工方法,因此也相应保护了依附于中药材上的传统知识,而对于传统中药来说,有的并不依赖于高新技术,这也为传统中药除专利之外的保护手段提供了可能。

我国的地理标志保护包括三个体系,国家工商总局 2007 年制定实施《地理标志产品地理标志管理办法》,根据查询①,2015 年底国家工商局已

---

① 国家商标局网站:http://sbj.saic.gov.cn。

注册和初步审定的地理标志集体商标或证明商标 2984 件（北京共有 8 件），包括 83 件外国地理标志，截至 2014 年底中药材类地理标志注册商标数量为 154 件，其中北京注册的地理标志商标不涉及中药材。国家质量监督检验检疫总局于 2005 年颁布并实施《地理标志产品保护规定》，目前，该体系对 1992 件地理标志进行保护（北京共有 8 件），包括 16 件国外地理标志，176 件中药材地理标志[1]，北京经过核准的地理标志中也不涉及中药材。此外，农业部也于 2008 年颁布并实施《农产品地理标志管理办法》，该体系获得认证的产品共 1934 件，其中中药材类产品超过 70 件[2]，北京目前获得认证的产品中同样不涉及中药材。

地理标志是一种有效保护传统中医药知识的手段，目前我国很多道地药材都已经申请地理标志保护，且受重视程度日益增加。北京郊区也有小范围的中药材种植，但北京不是中药材的主要产地，因此目前北京并没有相关道地药材地理标志申请，但根据报道，门头沟的京西黄芩目前正准备申请地理标志保护，这对北京郊区的中药资源保护和利用也会起到极大的推动作用。

3. 商业秘密保护

商业秘密保护是知识产权保护的重要方式之一，对于中药领域来说，中药配方、秘方、独特的加工过程或者炮制工艺、独特的制剂技术等，都是商业秘密保护的范围。与专利权、商标权、版权等其他知识产权比较，商业秘密保护具有门槛低、范围广、保护期限和权利不确定等特点，并且商业秘密保护在知识产权保护中可自动生成保护状态，在国际上普遍承认的知识产权诸多类型中，大多数知识产权都是必须要以特定形式公开的，只有商业秘密例外，它是以不为公众所知悉为前提才能够得到保护的。我国中医药商业秘密的保护主要体现在：少数一级专利保护品种允许不公开其处方和工艺，如云南白药、片仔癀；民间存在一些口口相传的中医药秘方，这些散落在民间的秘方或技术掌握在少数人手里，并且以秘密保护的方式存在着。此外在中药研

---

① 中国国家地理标志产品保护网：http：//www.cgi.gov.cn。
② 中国农产品质量安全网：http：//www.aqsc.agri.cn。

发过程中，当其处方工艺尚且不成熟，无法构成专利申请的必要条件时，商业秘密保护也十分重要。即使在中药专利申请中，也可以在满足《专利法》必须公开的内容基础上采取技术秘密的方式保护部分关键技术。

国家中医药管理局曾经对120家中成药重点企业以及其生产的401个重要中成药品种的保护方式进行过调查，结果显示企业对于61.8%的中成药采取了进行技术秘密保护的措施，这表明商业秘密保护是中成药保护的重要手段之一。北京的传统中医药企业——北京同仁堂，就十分注重商业秘密保护，其中如《同仁堂传统配本》与《同仁堂药目》分别管理，《同仁堂传统配本》记载的是药品的处方、剂型、简要制法信息，由经营者严格保密，而记载药品功能主治的《同仁堂药目》，可以供患者取用以及散发。根据了解，同仁堂职工接触不到全部中药生产工序，研配工序分别由不同的生产车间和不同的工人分别操作。最重要的是，作为机密的炮制技术在1950年以前同仁堂一直没有文字记载，避免了文字泄密的可能。

商业秘密保护不具有排他性且存在秘密被泄露的风险，这是商业秘密保护中的主要缺陷，但是如果商业秘密保护得当，则可以获得无时间限制的保护，可以获得最大的利益。在专利申请中如果要进行技术秘密的保护则需要采取十分谨慎的态度，一方面需要保证专利的授权，另一方面也需要注意这种保护和国家药品标准公开之间的关系。

随着信息化和网络技术的发展，目前中医药的技术秘密保护面临的挑战是前所未有的。首先，可以技术秘密方式进行保护的传统中医药古方、验方、秘方、独特的生产工艺、独特的炮制方法等中药研究成果，是我国整个中医药行业的资源和财富，但这些成果分布零散、广泛，掌握这些秘密的主体多样，要对这些可保护的商业秘密统一管理和保护难度不小，而这些权利拥有的主体对其成果的重视程度不一样，且与以往的仅局限于人与人之间的传播不同，这些技术秘密一旦传播到网络上，各种搜索功能可使公众能迅速获取并广泛传播。其次，国外跨国企业并购或参股中医药企业日渐增多，一些传统的中医药技术秘密也存在被国外机构获取的风险。例如，我国20世纪50年代就将炮制技术列入保密技术范畴，但近年来外资以各种方式参股饮片炮制或生产企业的情形也不少见，日本最大的汉方药企业津村株式会社就在国内建有多家中药材饮片加工基地，中药饮片炮制品种非常齐全，既包括毒性中药饮片，也包括大宗中药饮片。因此，从中医药企业、医院或科研机构角度来说，需要通过制定严格的保密制度、实施合理的秘密保护措施、加强涉密人员管理等来加强商业秘密保护。而对于整个行业和管理部门来说，应当重视中医药商业秘密保护，加强商业秘密保护的立法，制定国家层面中医药秘密保护范围，防止由于无序和没有制度规定而导致的大量中医药传统知识或技术秘密被泄露的情况发生，并将商业秘密保护与其他知识产权保护手段综合运用，使中医药成果得到最好的保护。

参考文献

耿胜燕、耿立冬、欧阳雪宇：《我国中药专利申请质量的现状分析与对策研究》，《中国中医药信息杂志》2016 年第 1 期。

强美英：《中医药版权法律保护及其产业政策初探》，《生产力研究》2009 年第 10 期。

秦宇、董丽：《我国中药专利申请现状分析及建议》，《中国新药杂志》2016 年第 8 期。

沈林林：《江苏省企业中医药专利文献分析》，《江苏科技信息》2016 年第 10 期。

王金苗、袁红梅、王天歌：《现代科学研究对中药专利技术的影响》，《中国医药工业杂志》2016 年第 4 期。

尹瑾、赵玉梅：《我国中药核心专利技术区域分布研究》，《湖南工业大学学报（社会科学版）》2011 年第 3 期。

张艳艳：《我国中药商标保护的现状调查与对策研究》，《中医药管理杂志》2008 年第 12 期。

张雪梅、李祖伦：《道地药材的地理标志保护》，《时珍国医国药》2007 年第 9 期。

周蕾、王艳翚：《中药专利保护与商业秘密保护的思考》，《医学与社会》2015 年第 5 期。

洪净：《中药知识产权保护》，北京，中国中医药出版社，2003，第 1 版，第 133 页。

唐蕾：《论我国中药研究开发过程中的商业秘密保护》，中山大学硕士学位论文，

2009。

廖忠安:《专利转化率的相对性实证分析》,华南理工大学硕士学位论文,2014,第 4～11 页。据中国博士学位论文全文数据库:http://www.cnki.net/kcms/detail/ detail.aspx? dbname = CMFD2015&filename = 1014065887.nh。

首都之窗:《北京市十二五时期知识产权(专利)事业发展规划》,http:// zhengwu.beijing.gov.cn/ghxx/sewgh/t1221565.htm。

中国食品药品网:《北京为中医药产业发展开出"专利药方"》,http:// www.cnpharm.cn/yaopin/ctyy/20151103/94398.html。

百度百科:《知识产权质押融资》,http://baike.baidu.com/link? url = vKGNj_ fv2D65 uIdIBtCY3mNdFFL_ OmvEes-psc1YHYtYcviXvQBc1f5wcFGjjO7fzQqwC-kyROr9Z5eGrnkL Fq。

中华人民共和国国家知识产权局:《京津冀专利资源的产业竞争格局》,http:// www.sipo.gov.cn/wqyz/dsj/201508/t20150818_ 1162185.html。

百度百科:《京津冀协同发展规划纲要》,http://baike.baidu.com/link? url = 14DbQpqRb51S8JalR7JrRKshvKKbpqulzSg0jKfHqKJ7GhN9sHkctvTR0JU1mR8sgZdhGUVza oQ5vWwaw-XtsAe9HwTYQWvZD84007vACf7qRencsiMOt4gTav-nW_ EcCacorcXjf1ETEP 4ImELWih31N95y-5-fneF-NwMo9GG9vfHvP2rn0LV7gfIwQxmvD9PtHeBZ-E-sVn_ nhrhylK。

热 点 篇

Report on Hot Issues

B.2

中医药的瑰宝

——青蒿素的知识产权保护之路

傅晶 赵丽娟 徐静 任霞 刘鑫*

摘　要：　本文回顾了中医药瑰宝——青蒿素的发展历程，梳理了双氢青蒿素、蒿甲醚、蒿乙醚、青蒿琥酯的科学研发及产业之路，并以青蒿素类药物知识产权现状为研究入口，展示了青蒿素类药物由研发到产品上市再到走出国门的发展历程，为我国中医药产业的创新、合作和市场运营提供借鉴和启示。

关键词：　青蒿素　双氢青蒿素　蒿甲醚　蒿乙醚　青蒿琥酯　知识产权
　　　　　专利

---

* 国家知识产权局专利局专利审查协作北京中心：傅晶，副研究员；赵丽娟，助理研究员；徐静，助理研究员；任霞，助理研究员；刘鑫，助理研究员。

一　人类的抗疟之路

1. 什么是疟疾

疟疾起源古老，我国殷墟甲骨文中已有"疟"字的记载，近年发现的含疟原虫的琥珀化石更可追溯至数千万年之前。同时，该疾病在世界范围内分布广、发病率高。根据世界卫生组织报告，每年有 3.5 亿~5 亿人感染疟疾，110 万人因疟疾死亡。为推动全球范围内的疟疾防治，世界卫生大会将每年 4 月 25 日设立为"世界疟疾日"，我国将每年 4 月 26 日作为"全国疟疾日"。

疟疾是由疟原虫引发、借助雌性按蚊传播至人体。疟原虫在人的肝细胞内大量发育和裂殖，然后进入血液红细胞中大量生长并导致红细胞破裂。当红细胞破裂时，患者就会出现高热和寒战交替的痛苦症状，俗称"打摆子""发寒热"；寒热交替症状多次发作会导致贫血、肝脾肿大等系列病理表现，严重者或死亡。疟疾除易传播和感染之外，还存在易复发、复燃的现象。此外，由于高度的变异性，疟原虫还容易对药物产生耐受，即抗药性。鉴于这些特点，寻找更好的抗疟药物成为一代代医药人的不懈追求。

2. 从古至今的抗疟药物枚举

（1）传统应用的植物药

早在《黄帝内经》中已有关于疟疾发病病程、病型分类、致病机理的记载，并提出针刺内庭穴治疗"疟疾不能食"。《神农本草经》记载了常山可以治疗疟疾，《金匮要略·疟疾脉证并治》记载了以蜀漆治疟疾，东晋葛洪所著《肘后备急方·治寒热诸疟方》最先记载了采用青蒿治疟，其后还有用麻黄羌活汤、清脾饮、柴平汤等复方治疗疟疾的记载。

1826 年，法国药师 Pelletier 与 Caventou 从原产于美洲的金鸡纳树皮中提取出了奎宁，由此揭开现代抗疟药物的新篇章。

（2）现代化学药

从金鸡纳中发现的奎宁是真正意义上的现代化学药物。为了寻找更加高效、速效、低毒的抗疟药，科学家们对奎宁的构效关系作了深入研究。1945年，Woodward和Doering用化学方法合成了奎宁；1934年，德国拜耳公司首次合成抗疟药氯喹，氯喹由于价格便宜、易于合成、疗效比奎宁好而在第二次世界大战中得到广泛应用，并成为多数疟疾流行国家抗疟首选药物。

由于氯喹、磷酸哌喹、硫酸奎宁等合成药物都具有与奎宁相似的喹啉母核或含氮杂环结构，以致当时认为抗疟药的结构中必须含有含氮杂环才有效。直到1972年，完全不同于奎宁、氯喹等现有药物结构的化合物——青蒿素被发现，从而为治疗疟疾开辟了一条新道路。

3. 青蒿素的发现

2015年诺贝尔生理学或医学奖揭晓，中国中医研究院屠呦呦教授因发现青蒿素与爱尔兰科学家威廉坎贝尔、日本科学家大村智共同荣膺此奖，于是一段43年前青蒿素如何诞生的"辛秘往事"再次成为热门话题。正如第二次世界大战促进了合成抗疟药的发展，青蒿素也是我国援越备战的产物。在史称"523"任务的抗疟药物研究中，原北京中药所的屠呦呦受《肘后备急方》记述的"青蒿一握，以水二升渍，绞取汁"启发，采用乙醚低温提取方式从黄花蒿中提取分离到青蒿素，其对鼠疟的抑制率可达100%。随后，北京、云南、上海、广州等多家科研单位对青蒿素的资源调查、药理活性、化学结构、临床试用等进行了全面研究，并在化学结构改造的过程中获得抗疟效果更好的青蒿素衍生物。此时，在大洋彼岸，以氯喹、奎宁为代表的抗疟药因长期大量使用而普遍产生耐药性，而青蒿素由于化学结构和治疗机理独特，能治疗对氯喹产生耐药性的患者，且起效快、副作用小。经过近半个世纪的努力，青蒿素类药物逐步获得了世界各国的认可，2002年世界卫生组织将复方蒿甲醚正式列入抗疟药基本目录，"中国神药"青蒿素成为全球治疗疟疾的一线药物，在降低疟疾患者死亡率方面做出了杰出的贡献。

二 青蒿素类药物的"家族成员"

1. 青蒿素类药物的"家谱"

从黄花蒿中提取到的青蒿素对治疗各类型疟疾具有速效、低毒的优点，尤其是对抗氯喹恶性疟疾和脑型疟有极好的疗效。美中不足的是，青蒿素在油和水中溶解度都很小，难以制成合适的剂型。此外，单独用青蒿素治疗时疟疾复燃率高，这可能与青蒿素在体内消除过快有关。为了克服上述缺陷，我国科学家们一方面着手对青蒿素进行化学结构改造，一方面尝试将其他抗疟药与青蒿素组成复方联合应用，以期达到更满意的抗疟效果。由此，青蒿素的衍生物及其复方制剂陆续被研发，产生了第二代、第三代甚至更新的青蒿素药品，从而构成了一个内容丰富的"青蒿素家族"。

图1展示的是青蒿素及其重要衍生物之间的关系。从化学结构上看，这些青蒿素类药物都具有过氧基团，构效研究结果表明该过氧基团是主要抗疟活性基团，在保留过氧基团的前提下，内酯环的羰基还原成羟基（即双氢青蒿素）可以明显增效，在羟基上增加某些侧链的衍生物（如青蒿琥酯、蒿甲醚、蒿乙醚），其抗疟药效、溶解性都比原来的青蒿素更高。

自1982年以来，以李国桥和Nick White为代表的研究人员结合疟疾发病情况、疟原虫抗药性以及青蒿素类药物的作用特点，提倡使用青蒿素类复方制剂来控制疟疾，这一观点逐步得到国际社会认同。为了防范疟原虫对青蒿素单方制剂产生耐药性，从2001年开始WHO推荐在耐药性恶性疟原虫流行区不能再使用单方，只能采用基于青蒿素类抗疟药的联合治疗方案（Arteminsinin-based Combination Treatments，ACTs）。2006年，WHO要求停止生产、销售单一青蒿素制剂或使用青蒿素单一疗法治疗疟疾，因此，对于青蒿素类药物的复方制剂成为研究热点。2010年发布的疟疾治疗新指南推荐的5种ACTs中，包括蒿甲醚+苯芴醇、青蒿琥酯+阿莫地喹、青蒿琥酯+甲氟喹、青蒿琥酯+磺胺多辛（周效磺胺）/乙胺嘧啶、双氢青蒿素+哌喹。由此，经过近半个世纪的研究探索，青蒿素由当年一个化合物发展成

中医药蓝皮书·知识产权

CH₃
5 H 6
H₃C 3 O 1
O 12a 8
12
H O 9 CH₃
O

青蒿素

↓

H CH₃
H₃C O O
O
OH

双氢青蒿素

CH₃   CH₃   CH₃
H₃C O O   H₃C O O   H₃C O O
O   O   O
CH₃   CH₃   CH₃
OCOCH₂CH₂COOH OCH₃   OCH₂CH₃

青蒿琥酯   蒿甲醚   蒿乙醚

图1　青蒿素的重要衍生物

了"大家族"，如果将从黄花蒿中分离得到的天然青蒿素作为"青一代"的话，通过对部分结构改造而得到的双氢青蒿素、青蒿琥酯、蒿甲醚、蒿乙醚等衍生物大致可以算作"青二代"，以这些衍生物构成的复方制剂大致可以被看作"青三代"。

在前文中已介绍过"青一代"即青蒿素的发现过程、重要意义及其优缺点，下文则将对4个"青二代"衍生物及其"青三代"的复方制剂进行介绍，以期更立体地展示这个大家族的全貌。

2.双氢青蒿素

（1）研发过程

双氢青蒿素可以算作"青二代"中的老大哥。1973年，中国中医研究院的屠呦呦课题组为验证青蒿素结构中羰基的存在，将青蒿素用硼氢化钠还原后获得了一个还原衍生物——双氢青蒿素。而双氢青蒿素的首次文献记载则是由中国科学院上海药物研究所的李英课题组于1979年7月发表于《科学通报》上的。双氢青蒿素是发现并得到的第一个青蒿素类衍生物，通过在青蒿素结构中引进羟基而成为合成其他青蒿素类衍生物的必经之路，为以后制备得到蒿甲醚、蒿乙醚、青蒿琥酯等衍生物创造了条件。经药效学研究，双氢青蒿素的抗疟效价比青蒿素高1倍，具有疟原虫转阴快、速效、低毒、复发率低（2%）的特点，但溶解性相对于青蒿素并没有提高。通过对其他衍生物如蒿甲醚、蒿乙醚、青蒿琥酯等体内代谢性质的研究发现，双氢青蒿素是上述各种衍生物的体内有效代谢产物。

起初，双氢青蒿素主要在科研中用于进一步获得更多其他衍生物，以及用于对青蒿素抗疟的构效关系原理进行科学研究。直到1986年，屠呦呦课题组放弃了青蒿素还原后又乙酰化衍生物的研究，转为深入研究双氢青蒿素，历时7年终于将双氢青蒿素研发为一类新药上市生产。

双氢青蒿素的复方制剂可以被看作"青三代"，其开拓者为广州中医药大学的李国桥课题组。该课题组将赴越南治疗疟疾的临床观察与实验室研究相结合，研制出第一个以双氢青蒿素与磷酸哌喹配伍的复方制剂——CV8（寓意为中越合作，C代表中国China，V代表越南Vietnam，8代表在越南尝试的10个联用药物中的第8个处方），内含双氢青蒿素、磷酸哌喹、甲氧苄啶和伯氯喹。该复方制剂于1996年获得我国国家级火炬计划项目证书，于1997年被越南卫生部批准注册和生产。自1998年起，在CV8的基础上减去了伯氯喹，组成新的双氢青蒿素复方Artecom，其在2001年获得中国国内新药证书并批准生产。在此基础上，李国桥课题组继续改进配方，进一步减去了甲氧苄啶，调整复方组分的剂量比例，成为目前广泛应用的双氢青蒿素复方制剂。

（2）产业之路

①双氢青蒿素单方制剂"科泰新"（Cotecxin）。在屠呦呦课题组的科研支持下，以北京市科泰新技术公司为产业化平台，双氢青蒿素原料药及片剂

于 1992 年获得卫生部颁发的一类新药证书,商品名为"科泰新"(Cotecxin)。该药物荣获"一九九二年度全国十大科技成就奖"和 1997 年由卫生部评选的"新中国十大卫生成就"。此外,目前国内获批生产双氢青蒿素单方制剂的厂家还有北京万辉双鹤药业及安徽新和成皖南药业。

北京市科泰新技术公司(下文简称科泰公司)隶属于北京市科学技术委员会,是在北京新技术产业开发试验区注册的高新技术企业,于 1992 年承担"国家—类新药双氢青蒿素抗疟药(科泰新)"项目,主要从事该项目的成果(包括成型产品)推广及新剂型的研发工作。获批新药后,科泰公司与北京万辉药业集团(原北京第六制药厂)一起将"科泰新"推向非洲市场,开创了我国抗疟药以自主品牌参与国际市场竞争的探索之路。在"科泰新"的海外市场推广过程中,中央领导和有关单位给予了大力支持。1994~1998 年,钱其琛副总理兼外长和唐家璇外长先后五次带"科泰新"作为礼品访问非洲十几个国家,赠给疫区政府和人民;1997 年 5 月,李鹏委员长向尼日利亚赠送了"科泰新";2002 年江泽民主席出访尼日利亚期间再次赠送了"科泰新";国务院副总理吴仪在担任外经贸部部长期间,亲自批示大力支持"科泰新"的出口;外经贸部援外司选择"科泰新"执行援外任务前后达 21 次,累计金额超过 620 万元;从 1996 年起,卫生部将"科泰新"作为我国援外医疗队的必备药品;科技部也将"科泰新"与其他抗疟技术一起选为对非开展技术合作的重要内容。特别是 1998 年,由科泰公司牵头执行的"中国与肯尼亚政府疟疾防治技术"项目,使"科泰新"在当地的市场占有率从不到 2% 上升到 10% 以上,充分体现了技术输出带动产品出口的作用。2002 年 3 月,科泰公司被正式列入联合国采购项目供应商名录。截至 2006 年,"科泰新"已在 35 个国家完成药品注册,在东非同类产品市场占有率排名第一,在西非市场排名第二,销售额达到 1000 多万美元。

除抗疟的良好效果之外,屠呦呦课题组在 1999 年还发现双氢青蒿素对治疗红斑狼疮同样有效,并在 2004 年拿到双氢青蒿素片增加适应证的药物临床研究批件。但是,由于经费没有到位,相关临床研究迟迟未能开展。随着屠呦呦教授获得 2011 年度拉斯克临床医学奖，双氢青蒿素重新获得关注，遗憾的是，当年申请的药物临床研究批件已经过期。2015 年诺贝尔奖结果公布后，屠呦呦教授所在的中国中医科学院中药研究所正式提出双氢青蒿素片新增适应证的申请，国家食品药品监督管理总局表示将加速其审批流程。据悉，北京市食品药品监督管理局药品注册处已完成对该申请原始材料的形式审查，并于形式审查完成的当日下午移送至北京市药品审评中心进行技术审评。这是自 1992 年双氢青蒿素被批准为一类新药后，首次申请增加新适应证。

②双氢青蒿素复方制剂——"科泰复"（Duo-Cotecxin，Artekin，阿特健）。双氢青蒿素复方制剂的产业化之路要从华立集团讲起，该集团以仪表制造行业起家，在其后多元化发展尝试中一度涉足 12 个行业，其中对药物行业的多元化发展以青蒿素为重点，整合或控股了多家青蒿素企业。2001年 12 月，华立集团与李国桥教授、广州健桥医药科技发展有限公司共同组建广州华立健药业有限公司，以此开发李国桥课题组研制的双氢青蒿素哌喹片，该片剂由双氢青蒿素 1 份、哌喹或其磷酸盐 8 份组成，由浙江华立南湖制药公司负责生产。

2002 年 8 月，华立集团与北京市科泰新技术公司、北京万辉药业集团共同对北京龙华医药公司进行改制并增资重组了"华立科泰"。鉴于"科泰新"所积累的良好国际品牌形象，华立集团将双氢青蒿素哌喹片以"科泰复"作为商品名（又名 Duo-Cotecxin，Artekin，阿特健）。由于克服了单方的耐药性问题并具有协同增效作用，"科泰复"成为"科泰新"的成功继任者。

借助原北京市科泰新技术公司开拓国际市场的丰富经验，截至 2008 年，"科泰复"在非洲完成了 21 个国家的药品注册，其产品生产线通过了世界卫生组织（WHO）的 GMP 认证。英国《泰晤士报》称："'科泰复'挽救了数百万非洲人的生命"，是"来自中国的'神药'，正在成为非洲人抵抗疟疾的有力武器"。WHO 评价"科泰复"为"目前世界范围内治疗恶性疟疾的真正有效的药物之一"。

目前，华立集团正在向 WHO 申请"科泰复"的药品预认证项目（prequalification，以下简称PQ），只有通过该预认证或在ICH成员国注册过的药物才能够进入以全球基金为首的国际公益资金药品采购体系。2015年底，华立集团旗下昆明制药集团股份有限公司（原昆明制药厂，下文简称昆药集团）的下属公司重庆华方武陵山制药有限公司生产的双氢青蒿素原料药通过WHO的PQ认证，这将有利于"科泰复"产品在WHO的认证，进一步促进双氢青蒿素类药物的国际市场开拓。

3. 蒿甲醚

（1）研发过程

1976年，中国科学院上海药物研究所接受全国"523"领导小组下达的对青蒿素化学结构进行改造、寻找新衍生物的研究任务，并于1977年完成了对青蒿素甲醚衍生物SM224的筛选、抗疟活性测定以及将制备双氢青蒿素的甲醇反应液直接酸化一步合成SM224的工作。此后，上海药物研究所对SM224的药理毒性以及药物的吸收、代谢、体内的化学转化等进行了系统研究。1978年，SM224才被正式命名为蒿甲醚，英文名为Artemether。1979年上海药物研究所首次将蒿甲醚的化学合成公开报道。蒿甲醚在生产过程中有α和β两个差向异构体（见图2），α-蒿甲醚为黏性油状物，β-蒿甲醚为无色片状结晶，其中抗疟活性主要体现在β-异构体上。

α-蒿甲醚   β-蒿甲醚

图2 蒿甲醚的差向异构体

蒿甲醚比青蒿素在油中的溶解度大，更利于制备油针制剂，成人5天的总剂量为480mg（仅为青蒿素用量的1/10）。蒿甲醚治疗疟疾的复发率比青蒿素低，可从50%降低至7%；同时抗疟活性比青蒿素高6倍、比蒿乙醚高1倍，而毒性则比青蒿素低。蒿甲醚对恶性疟和抗氯喹、伯氨喹疟原虫株患者有确切的疗效，使用治疗量27h左右体温能恢复正常，36h左右疟原虫的无性体在外周血液中全部消失，被认为是一种具有良好应用前景的抗疟新药。

在由蒿甲醚而得的"青三代"药物中，最为有名的是中国人民解放军军事医学科学院微生物流行病研究所（下文简称军科院微生物所）周义清课题组研发的复方蒿甲醚。在"523"任务中，该所邓蓉仙课题组合成并筛选出新的抗疟化合物——苯芴醇，该药被国家卫生部批准为一类新药，并获得国家发明一等奖。然而苯芴醇在结构上依然属于奎宁的氨基甲醇类药物，此类抗疟药已出现耐药性，且苯芴醇发挥药效作用缓慢，因此临床应用很少。1981年，在北京举行的"WHO SWG-CHEMAL青蒿素及其衍生物的学术研讨会"上，周义清提出将青蒿素及其衍生物与其他抗疟药形成复方的研究思路，并在1990年率先成功研制了由蒿甲醚和苯芴醇组成的复方制剂。该复方制剂既发挥了蒿甲醚快速杀灭原虫和控制症状的特点，也发挥了苯芴醇治愈率高、药效作用时间长的优势，同时还克服了蒿甲醚复燃率高、苯芴醇药效作用慢的缺点，总有效率达到98%，相对于单药28天治疗的协同增效效果明显增加（复方效果为100%、苯芴醇为92%、蒿甲醚为55%），且两种药物组分本身不存在抗药性，所以适用性更广。

（2）产业之路

①蒿甲醚单方制剂。1980年中国科学院上海药物研究所与原昆明制药厂（现昆药集团）开始合作进行蒿甲醚及油针制剂的试产，率先规模化生产出蒿甲醚油溶性注射剂。1987年该注射剂获批一类新药，由原昆明制药厂独家生产，并荣获全国首届"百病克星"大赛金奖和"全国四十年医药卫生科技成果展览会"金奖。为了进军国外市场，原昆明制药厂投资三千多万元，于1990年建成符合GMP标准的生产车间，为蒿甲醚注射剂的出口奠定了基础。1995年蒿甲醚油溶性注射剂入选WHO"基本药物目录"，成

为我国第一个在国际上获得注册的新药。

目前国内批准生产蒿甲醚单方制剂的企业为昆药集团和重庆华立岩康制药有限公司。其中重庆华立岩康制药有限公司仅生产蒿甲醚胶丸，而昆药集团则有 7 个蒿甲醚单方制剂，种类上包括不同规格的蒿甲醚注射液、蒿甲醚片和蒿甲醚胶囊。昆药集团的蒿甲醚制剂在全球的销售已经遍布到 40 多个国家和地区，在中国单一药物制剂出口中连续 13 年保持第一，并对蒿甲醚注射剂申请了 WHO 的 PQ 认证。

②复方蒿甲醚。如前文所述，军科院微生物所在 1990 年率先成功研制出由蒿甲醚和苯芴醇组成的复方制剂。1992 年，该复方制剂作为三类新药被批准生产，这是我国首个青蒿素类复方新药。为使该复方制剂能走出国门，军科院微生物所委托中信集团技术公司寻求国际商务合作，选定瑞士诺华制药公司（原瑞士汽巴—嘉基公司，下文简称诺华公司）进行合作开发谈判，最终在 1994 年签署了专利使用开发协议，诺华公司以每年销售额的 4% 作为专利使用费，获得了复方蒿甲醚在中国以外的销售权（具体将在第三部分详述）。在诺华公司的运作下，1998 年，复方蒿甲醚以商品名"Coartem"在加蓬共和国注册成功，这也是复方蒿甲醚在国际上首次注册，1999 年复方蒿甲醚以商品名"Riamet"在瑞士获得批准，随后在英、德、法等欧洲国家注册成功，2002 年开始向英国军队销售，同年完成在印度的药品注册。诺华公司为复方蒿甲醚的上市制订了全面的商业计划，采用了不同对象、不同商标、不同价格的销售策略，并将这些产品的包装显著区分，成为 2003 年 TRIPS 理事会知识产品保护中最佳实践案例。2002 年，复方蒿甲醚被 WHO 正式列入"基本药物目录"，它是首个也是目前唯一一个列入该名录且具有专利保护的固定比例的青蒿素类复方药。由于疟疾流行区主要在非洲，而非洲又是世界上最贫困的地区，抗疟市场的特殊性使得诺华公司承诺以成本价向 WHO 提供复方蒿甲醚，东南非国家开始将其作为一线药物使用，诺华公司也因此赢得了国际社会的广泛赞誉。2006 年，在 WHO 的疟疾治疗指导文件中，复方蒿甲醚被推荐为首选药物，占当年 WHO 采购抗疟药总量的 80%。2009 年，美国 FDA 批准复方蒿甲醚片上市，该制剂是第一

个在美国获批的青蒿素类衍生物，也是现今治疗疟疾的基于青蒿素组合疗法的主要药物。

复方蒿甲醚制剂主要由诺华公司设在中国的北京诺华制药有限公司生产，而其生产原料中的蒿甲醚起初均由昆药集团（原昆明制药厂）提供，苯芴醇则来源于浙江新昌制药厂。为保证产品质量，诺华公司对上述两个原料生产企业的 GMP 标准化生产进行了多次现场审计和指导，使得两个药厂的整体生产水平达到国际生产规范的要求。然而，为了避免受制于昆药集团对蒿甲醚原料的垄断，诺华公司陆续将重庆华方武陵山制药有限公司、桂林南药股份有限公司也都列为蒿甲醚原料供应商。而昆药集团除了向诺华公司提供蒿甲醚原料药外，也逐步拥有了自主品牌的复方蒿甲醚制剂。截至 2015 年，昆药集团生产的蒿甲醚原料药及其制剂已经创造了数十亿元的销售额。

4. 蒿乙醚

（1）研发过程

作为蒿甲醚的"兄弟"，蒿乙醚同样由中国科学院上海药物研究所完成研发。上海药物研究所的顾浩明等于 1980 年首次报道了蒿乙醚的结构，并发现其抗疟活性明显高于青蒿素。蒿乙醚的半衰期是青蒿素类抗疟疾药物中最长的，较长的半衰期可以使药物在血液中有效抗疟浓度维持的时间较长，有益于减少复燃率，但是，较长的半衰期也容易使药物在体内积蓄，从而产生一些毒副作用。蒿乙醚对鼠疟耐氯喹原虫株的作用比青蒿素高，临床应用对于各种类型的疟疾效果良好，疟原虫清除快，使用方便。然而，由于蒿甲醚的抗疟活性高于蒿乙醚且合成工艺更经济实用，我国研究人员优先选择了开发蒿甲醚。

蒿乙醚作为抗疟药的研发路程随后走向海外，1985 年 WHO 疟疾化疗学术工作组（SWG-CHEMAL）成员、时任美国国立卫生研究完药物化学部主任的布鲁西博士一行，访问了中科院上海药物研究所，并对蒿乙醚产生了兴趣。1987 年 2 月，WHO/TDR 的官员访华，向中国提出合作开发蒿乙醚的意向，并于同年 10 月与中国国家医药管理局达成了协议。然而，由于缺乏同中国合作的信心，WHO/TDR 未对该协议予以批准执行。最终，WHO 先与美国沃尔特·里德陆军研究所（WRAIR，Washington，USA）合作进行蒿乙醚临床前期研发，后与荷兰 ARTECEF BV 公司（Maarssen，the Netherlands）合作完成蒿乙醚产品的上市。

（2）产业之路

①荷兰 ARTECEF BV 公司与美国沃尔特·里德陆军研究所。荷兰 ARTECEF BV 公司自 1991 年起与 WHO 合作研发蒿乙醚，历经九载临床试验，于 2000 年 5 月注册成功，以商品名 Artecef® 进行销售，用于治疗儿童和青少年重度（脑型）疟疾的肌肉注射剂。而美国沃尔特·里德陆军研究所从美国的需要出发，另行开发蒿乙醚注射剂（Sodium Artelinate），由于该注射剂并无特别的优越性，因而未见上市报道。蒿乙醚在申报进入 WHO 的基本药品目录时未获批准，究其原因，一方面是因为同类型的抗疟药蒿甲醚、青蒿琥酯已经于 1995 年率先进入基本药品目录；另一方面是蒿乙醚对神经系统的毒性比蒿甲醚大，而且用量大、成本高。

②蒿乙醚衍生物治疗红斑狼疮。与其他"青三代"复方制剂不同，蒿乙醚的第三代药物中最令人期待的并非复方抗疟制剂，而是其进一步的化学衍生物。20 世纪初期，中国科学院上海药物研究所针对青蒿素类衍生物开展了以免疫调节活性为导向的药理学与药物化学相结合的系统研究，发现蒿乙醚衍生物——马来酸蒿乙醚胺（SM934）能够抑制自身免疫异常反应，恢复机体的免疫平衡。作为一个全新结构的水溶性青蒿素类衍生物，马来酸蒿乙醚胺已于 2013 年 10 月向国家食品药品监督管理总局（CFDA）上报申请 1.1 类候选新药的临床研究，并于 2015 年 6 月获得 CFDA 核准的Ⅰ、Ⅱ、Ⅲ期临床研究批件。该药物具有自主知识产权，免疫抑制活性强，安全性好，且疗效作用机理清楚，获得了国家新药创制重大专项、国家自然科学基金、上海市科委等项目的资金支持。

5. 青蒿琥酯

（1）研发过程

青蒿琥酯"出生"于广西桂林的一家药厂，即原广西壮族自治区桂林制药厂，该药厂后更名为桂林制药有限责任公司、桂林南药股份有限公司（下文简称桂林南药）。1980 年桂林制药厂的科研人员刘旭在《药学通报》上公开了代号为"804"的青蒿素衍生物的钠盐，而"804"为二氢青蒿素 -1，2 - α - 琥珀酸单酯，即青蒿琥酯。由于其能够水溶，可制成粉针剂且溶解度好，为抢救凶险型恶性疟疾患者提供了良好的药物剂型。抗疟活性方面，青蒿琥酯所用剂量仅为青蒿素的 1/6 ~ 1/5，对疟原虫的杀伤比青蒿素快速而强大，且不易产生耐受性，但仍有近期复燃率较高的缺点。在毒性方面，青蒿琥酯副作用发生率仅 0.35%，远低于其他衍生物副作用发生率0.86% ~ 17.9%。

1983 年 WHO 化疗科学工作组建议开发青蒿琥酯作为治疗脑疟的优先项目，根据该建议，青蒿素指导委员会组织上海医药工业研究院、军事医学科学院等科研生产单位对青蒿琥酯制剂从原料药的精制、制剂工艺改进、质量标准、毒性试验、临床试验等方面按照 WHO 提供的标准重新进行了研发，为青蒿琥酯药物的研究做出了重要贡献。

（2）产业之路

①青蒿琥酯的生产企业和上市药物。经青蒿素指导委员会申报，国家卫生部于 1987 年 4 月 6 日向桂林制药厂、广西医学院、广西寄生虫病研究所、广州中医学院、上海医药工业研究院、军事医学科学院微生物流行病研究所、中国医学科学院药物研究所、中国中医研究院中药研究所 8 个合作单位颁发了新药证书，编号为（87）卫药证字 X - 01 号，新药定名为"青蒿琥酯"。青蒿琥酯注射剂则由上海医药工业研究院、桂林第二制药厂、广州中医学院等合作完成，三个单位共同获得卫生部颁发的新药证书。2001 年，WHO 将其列为抗疟药基本药物。

目前生产青蒿琥酯原料药的国内企业有 5 家，生产成品制剂的国内企业有 3 家（见表 1）。其中，上海复星医药（集团）股份有限公司（下文简称复星医药）于 2004 年收购了桂林南药，从而在青蒿琥酯药物方面具有遥遥领先的竞争实力和市场份额。目前复星医药拥有最多的通过 WHO 认证的青蒿素类药物制剂，也是中国抗疟制剂的最大出口企业。

表1　青蒿琥酯的原料药以及制剂的生产企业和上市公司

品种	企业	相关上市公司
青蒿琥酯原料	重庆华方武陵山制药	昆药集团
	浙江新和成股份有限公司	新和成
	南京海辰药业	
	桂林南药股份	复星医药
	四川协力制药	
青蒿琥酯片	浙江华立南湖制药	
	桂林南药股份	复星医药
	安徽新和成皖南药业	新和成
注射用青蒿琥酯	桂林南药股份	复星医药
青蒿琥酯阿莫地喹片	桂林南药股份	复星医药

②桂林南药青蒿琥酯的产业化历程。1994年桂林南药与法国赛诺菲集团（下文简称赛诺菲）正式建立了合作伙伴关系，由桂林南药向赛诺菲供应大包装的青蒿琥酯片成品，运往赛诺菲摩洛哥的工厂进行分装和外包装，随后以赛诺菲产品 Asumax® 向非洲市场销售。1994年，Asumax® 拿到首张非洲注册证书。在其后的十年里，赛诺菲在非洲市场销售了数千万片桂林南药生产的青蒿琥酯片，Asumax® 成为当时非洲地区甚至全球范围内最受欢迎的口服抗疟药之一。桂林南药与赛诺菲的合作于2003年终止，近十年的中外合作为桂林南药的国际认证道路做了铺垫。

2004年，桂林南药并入复星医药旗下，成为复星医药制药工业板块5家核心药厂之一，开启了进军国际市场的新征途。世纪之初，PQ认证对全球医药行业来说都是个新鲜事物，桂林南药成为最早尝试"吃螃蟹"的生产商之一。表2显示了桂林南药的主要青蒿琥酯出口药物通过 WHO-PQ 认证历程。在 WHO 建议使用的五个 ACTs 类联合用药复方中，桂林南药通过 WHO-PQ 认证的有两个，分别是青蒿琥酯＋阿莫地喹以及青蒿琥酯＋磺胺多辛－乙胺嘧啶复方片。

表2　桂林南药主要青蒿琥酯制剂通过 WHO-PQ 认证的时间历程

药物名称	通过 WHO-PQ 认证时间
青蒿琥酯片(50mg)	2005 – 12 – 21
青蒿琥酯片（50mg）＋阿莫地喹片（150mg，碱基；商品名 ASUAMOON）	2007 – 08 – 30
注射用青蒿琥酯(60mg)＋5%碳酸氢钠注射液(1mL:50mg,溶媒)＋0.9%氯化钠注射液(5mL:45mg,稀释剂)/商品名 ARTESUN	2010 – 11 – 05
青蒿琥酯片(50mg)＋磺胺多辛/乙胺嘧啶(500mg/25mg)片/商品名 ARTECOSPE	2012 – 05 – 24
青蒿琥酯－阿莫地喹(25mg/67.5mg,50mg/135mg,100mg/270mg)双层片/商品名 ARTESUN-PLUS	2012 – 11 – 16

目前，桂林南药取得 WHO 抗疟联合用药唯一的中国供应商资格。在重症疟疾的治疗上，注射用青蒿琥酯 Artesun 是 WHO 推荐的首选药物。在药品质量控制上，桂林南药实现了从原料药、片剂到注射剂均达到国际 GMP 标准的生产水平，并且其片剂和注射剂都获得了 WHO 的供应资格，在国内药品生产企业中属于首家。2015 年 1 月 29 日，注射用青蒿琥酯成为首个进入法国独立医学杂志《处方》年度"荣誉榜"的中国原创药物。

③赛诺菲对青蒿琥酯的产业化历程。正如诺华公司慧眼识珠选中了复方蒿甲醚，赛诺菲也将目光放在了固定剂量的青蒿素类复方药物上。2002 年，赛诺菲已开始发展固定剂量组合的青蒿琥酯＋阿莫地喹产品（简称 ASAQ），以取代其非固定剂量的两种药物组合。2004 年赛诺菲与 DNDi（被忽视的药物倡议组织）合作开发了固定剂量的 ASAQ 产品——Coarsucam® 和 Winthrop®，并于 2008 年通过 WHO 资格预审。其中，Winthrop® 主要在疟疾流行国家地区的公立市场销售，Coarsucam® 主要针对私立市场。Winthrop® 的价格仅为 <1 美元/成人，在此之前大多数的青蒿素类药物联合用药的公立市场均价是 2.5 美元；在此之后，全球公立市场青蒿素类药物联合疗法的参考价格降低到大约 1 美元。DNDi 和赛诺菲承诺以非专利保护和非独占的形式进行上述药物开发，允许第三方通过提交申请使用 ASAQ 药物的配方。由此，ASAQ 成为继复方蒿甲醚之后非洲第二大应用最广的固定剂量复方制

剂。截至 2015 年，ASAQ 的全球销售量已经超过 4 亿份，包括通过非独占协议的其他药企生产的 ASAQ 药物。ASAQ 组合对于大部分的西非和中非地区更为有效，因其疟原虫对于阿莫地喹的抗药性较低；然而在对于阿莫地喹抵抗性较高的地区如东南亚，使用 ASAQ 并非理想选择，一般采用复方蒿甲醚治疗。目前，ASAQ 固定剂量药物已经在 35 个国家获得注册，其中包括 33 个非洲国家。2014 年 3 月，赛诺菲和 DNDi 获得了战略联盟专业协会（ASAP）颁发的社会责任杰出合作奖，这个奖项认可了长达十年公私合作伙伴做出的不可估量的在抗击疟疾方面的社会正向影响。

除 ASAQ 之外，赛诺菲也致力于其他抗疟活性物质与青蒿素类药物的联合疗法研究，2005 年其开发了铁氯喹和青蒿琥酯复方的预防或治疗疟疾的组合物，产品名为 Ferroquine，2008 年赛诺菲与国家科学研究中心、蒙彼利埃第二大学合作研发了二噻唑鎓盐的化合物与青蒿素类药物的抗疟组合物，二噻唑鎓盐的化合物作为胆碱通道阻滞剂发挥抗疟作用，2009 年进行临床Ⅱ期试验。另外，赛诺菲在青蒿素生物合成方面也取得了突破进展。2013 年 4 月 11 日加州大学伯克利分校的科学家以酵母菌生产青蒿酸，实现了抗疟药青蒿素半合成，并将该菌独家授权给赛诺菲以制造青蒿素的前体，赛诺菲每年用这种方法生产五六十吨青蒿素，能满足全球 1/3 需求量，该产品已于 2014 年 8 月上市。

三　青蒿素类药物的知识产权状况

1. 青蒿素类专利的整体情况

由于我国自 1985 年起才开始施行《专利法》，在此之前国人几乎对别国专利制度没有了解，因此 1972～1980 年陆续被公开的青蒿素、双氢青蒿素、蒿甲醚、蒿乙醚、青蒿琥酯均没有及时获得化合物专利保护。基于这样的背景，本是我国自主研发的青蒿素在知识产权保护方面留下了历史遗憾。然而，当《专利法》开始实施后，这一缺憾是否有所弥补，1985 年以来的青蒿素相关科研成果是如何受到知识产权保护的，带着这一问题，我们以德温特世界专利索引数据库（DWPI）及中国专利文摘数据库（CNABS）为基础对青蒿素类专利进行了调查与统计分析，检索截止时间为 2016 年 11 月。

（1）青蒿素类专利的行业分布情况

除治疗疟疾之外，青蒿素及其衍生产品已被发现更加广泛的应用价值，例如治疗红斑狼疮、抗癌等医药用途，直至用于杀虫剂、口香糖等非医药领域。图 3 展示的是国际专利分类（IPC）系统中青蒿素类专利的行业分布情况，其中最多出现的是代表医药行业的 IPC 分类号（A61K 医用配置品、A61P 化合物或药物制剂的治疗活性），其次是代表有机化学行业的 IPC 分类号（C07D 杂环化合物），其他行业还包括杀虫剂、酶、饲料以及黄花蒿的栽培种植等。由于本文的主题是作为药物的青蒿素及其衍生物，因此下文将在这些专利中进一步限定与药物相关的内容，例如新药物剂型、新用途、新复方、新合成或提取方法等，进行后续统计及分析阐述。

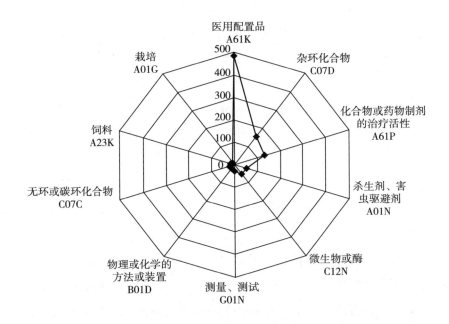

图 3　青蒿素类专利申请的主要行业分布

（2）青蒿素类药物的发明专利申请趋势

1985～2015 年青蒿素类药物专利全球申请量趋势见图 4，其发展经历了如下几个发展阶段。

①萌芽阶段（1985～1986年）。1985年4月1日，中医研究院中药研究所和广西壮族自治区桂林制药厂同时向国家知识产权局提交了发明专利申请。其中，中医研究院中药研究所的专利发明人为屠呦呦，发明名称为"还原青蒿素的生产工艺"（公开号CN85100978A），涉及双氢青蒿素的制备方法；广西壮族自治区桂林制药厂的发明人为刘旭，发明名称为"抗疟药物青蒿酯及其制备方法"（公开号CN85100781A），涉及青蒿琥酯的制备方法。此外，上海医药工业研究院也申请了注射用青蒿酯的制备方法专利。然而，中国科学院上海药物研究所研发的蒿甲醚、蒿乙醚并没有在此时申请专利，也没有关于原始青蒿素的相关专利。这说明国内不同科研单位、生产企业的知识产权保护意识强弱不同，对《专利法》实施的敏感程度也不同。

国外对青蒿素类药物的专利最早出现于1986年，一件为美国皮肤病研究公司提出的申请，一件为美国斯坦福国际咨询研究所提出的申请。可见，国外的药物公司和科研机构对青蒿素类药物也早有关注。

②缓慢增长阶段（1987～1999年）。这一阶段正是青蒿素类药物走出国门、开展中外合作、进军国际市场的阶段。由于国际上对青蒿素抗疟效果有一个逐步认识的过程，在全面认识和肯定疗效之前，青蒿素的发明专利申请量相对并不多，全球每年不超过20件。但这一阶段出现了许多重要的发明专利申请，例如前文提到过的军科院微生物所许可给诺华公司的复方蒿甲醚专利正是产生于这一时期。国内方面，中国科学院上海药物研究所开始意识到专利保护的重要性，就青蒿素的合成方法、蒿乙醚衍生物等申请相关专利。关于青蒿素的提取方法、青蒿素衍生物的合成方法的专利开始陆续出现，如云南省药物研究所、广州市医药工业研究所分别研究了如何从黄花蒿中更有效地提取青蒿素，中国科学院上海有机化学研究所则研究合成更多地青蒿素衍生物。此外，军科院微生物所还提出了用青蒿琥酯组合物治疗弓形虫病。国外方面，德国赫彻斯特股份公司于1989年提出对疟疾具有协同治疗作用的药物组合物的制备方法的专利申请，该方法涉及将青蒿素、二氢青蒿素、蒿甲醚、青蒿酯钠与奎尼丁，或奎尼丁和甲氟奎组合使用治疗疟疾，

试验结果证明青蒿素与甲氟奎、奎尼丁组合使用具有协同作用，是比较早期的青蒿素联合用药技术，与十多年后疟疾治疗新指南推荐的青蒿琥酯＋甲氟喹复方制剂不谋而合。

③快速增长阶段（2000 年至今）。进入 21 世纪以后，随着 WHO 对青蒿素抗疟效果的认可与推荐，青蒿素类药物吸引了越来越多的科研机构和药物公司关注，专利申请量由 2000 年不足 40 件，增加到 2013 年的 210 件。这段时期的技术热点从提取方法、合成新衍生物逐渐转向至新剂型、复方、新治疗用途等。

此外，图 4 还将中国专利与全球专利进行了对比，可以看出国内的专利申请趋势与全球趋势是基本吻合的，都存在缓慢发展与快速增长两个阶段。在经过前期的不稳定发展后，2003 ~ 2015 年中国专利申请量占全球申请量的百分比维持在 40% ~ 60%，一方面说明国内创新主体的专利申请意识大为加强，积极利用专利保护青蒿素类药物的后期研发成果，另一方面也说明青蒿素领域仍存在很多国际竞争对手。因此，接下来将分析究竟哪些国家具有较强的青蒿素研发竞争实力。

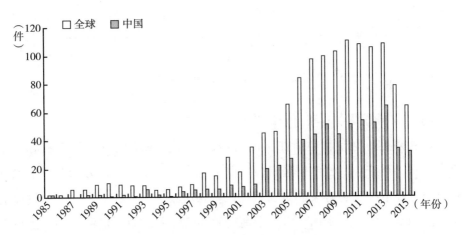

图 4　全球和中国青蒿素类药物申请量趋势

（3）青蒿素类药物的专利申请原创国家/地区分析

本文对采集到的样本按照最早申请（优先权）所在国家、地区进行了统计，图5列举了申请量排名前10位的国家和地区。正如图5所侧面展示的，中国专利申请量高于其他国家和地区，说明我国一直是该领域重要的技术来源地，对自主研发药物持续积累了大量研发经验。美国申请量紧随中国，其在青蒿素的新医药用途研究以及剂型改进方面侧重较多，并在抗肿瘤研究方面凸显了较强的科研实力。印度申请量排名第三，研究主要集中于青蒿素及其衍生物的合成方法、抗疟疾复方制剂的开发等。印度对青蒿素研究的兴趣不仅在于其本身处于东南亚的疟疾高发地，更在于作为全球仿制药大国，印度的制药公司一直都是我国在非洲市场上的青蒿素药品的主要竞争对手之一。

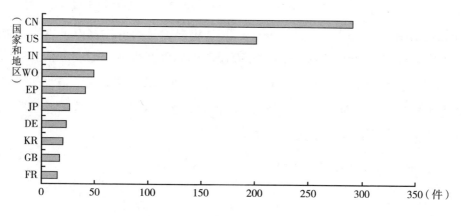

图5　青蒿素类药物专利申请原创国家/地区分布

（4）我国青蒿素专利申请的热点地区分析

青蒿素类药物专利申请在国内的地区分布如图6所示，其中上海、北京、广东、重庆、广西的申请量位居前五位。从书中第二部分的介绍中也可看出与青蒿素类药物有关的重要研发机构相应集中于上述五个地区，例如上海地区的复星医药、中国科学院上海药物研究所；北京地区的中国中医科学院中药研究所、北京市科泰新技术公司、中国人民解放军军事医学科学院；广东地区的广州中医药大学；重庆地区的中国人民解放军第三军医大学；广西地区的广西壮族自治区桂林南药股份有限公司等。

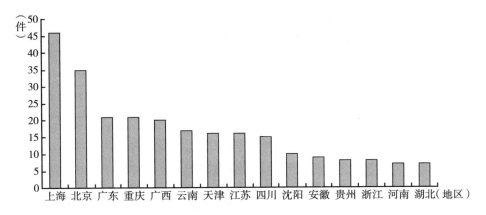

图6 青蒿素类药物专利申请在中国地区分布

2.青蒿素衍生物的知识产权情况分述

（1）"科泰新"与"科泰复"的知识产权情况

表3展示的是与双氢青蒿素的单方制剂"科泰新"有关的专利申请情况。从申请时间上看，申请号为85100978.6的发明专利申请在国内《专利法》实施的第一时间内提交，在申请时机上可谓动作迅速。然而，由于科研人员之前并没有专利文件撰写的相关经验，也缺乏相关专利知识培训，导致这份申请"先天不足"：权利要求仅有简短的1项，说明书也只有4段文字，对制备工艺和效果的描述非常简略。由于该申请的制备方法与1979年科技文献公开双氢青蒿素时披露的制备方法基本类似，从撰写简单的专利文件中也看不出工艺的差别究竟对技术进步做出了何种突出贡献，最终该申请以不具备《专利法》所规定的创造性而被驳回。八年之后，北京市科泰新技术公司于1993年又提交了名为"双氢青蒿素制剂及制剂工艺"的发明专利申请，试图从药物剂型的角度来保护"科泰新"。然而，如前文所述，"科泰新"在1992年已获批国家一类新药，这种先注册新药后申请专利的知识产权保护策略并没有获得成功，该申请由于前期文献披露内容过多而认为不能授权，最终导致申请因不答复审查意见而视为撤回。值得庆幸的是，"治疗红斑狼疮和光敏性疾病的含双氢青蒿素的药物组

合物"的发明专利最终获得授权，这得益于相关研发人员能够及时将科研新成果申报专利。该专利也是"科泰新"申请增加红斑狼疮新适应证的知识产权保护基础。

表3　"科泰新"有关专利申请情况

申请人	发明人	申请号	发明名称	申请日期	法律状态
中医研究院中药研究所	屠呦呦	85100978.6	还原青蒿素的生产工艺	1985 - 4 - 1	驳回
北京市科泰新技术公司	屠呦呦	93103989.4	双氢青蒿素制剂及制剂工艺	1993 - 4 - 9	视撤
屠呦呦　杨岚	屠呦呦杨岚	99103346.9	治疗红斑狼疮和光敏性疾病的含双氢青蒿素的药物组合物(新用途)	1999 - 3 - 16	授权（维持）

曾有人指出，"科泰新"的专利之路正是早期青蒿素类药物专利的缩影：受制于发明成果在先已经公开发表以及当时专利制度的缺位，青蒿素类药物最初只能以制备工艺寻求弥补性专利保护。随着技术进步和研究重点转移，开始针对制剂产品、新用途等方向尝试专利保护，在摸索中不断提高专利申请的质量。与"科泰新"相比，复方制剂"科泰复"在出世之初受到更为完善的知识产权保护。从表4可见，发明人李国桥教授在研发双氢青蒿素复方制剂时，已具有了尽早获取专利保护的意识和一定的国际视野，两件有关双氢青蒿素＋哌喹的复方制剂专利申请都在国内获得授权，其中一件专利（第ZL00113134.6号）还同时提交了PCT国际申请。然而，该PCT申请最终仅向澳大利亚（AU）需要专利保护，并没有在更多国家特别是欧美和非洲进行相应专利布局。可以说，在知识产权保护的起跑线上，"科泰复"迈出了好的一步，但后续的道路仍坎坷不断，第ZL98113233.2和ZL00113134.6号等专利在国内被授权后，却因为商业合作关系而引发了长达十年的专利纠纷。

表4 "科泰复"有关专利申请情况

申请人	发明人	申请号	发明名称	申请日期	法律状态	PCT 同族
广州市健桥医药科技进出口有限公司	李国桥	98113233.2	复方哌喹片	1998 - 6 -2	授权(至2015年因未缴年费终止失效)	无
重庆健桥医药开发有限公司	李国桥	00113134.6	抗疟药新药复方双氢青蒿素	2000 - 8 -23	授权（后被无效）	AU、WO
重庆通和制药有限公司	胡晓,张开愚	200710092585.4	一种抗疟疾复方药	2007 - 8 -16	视撤	无
浙江华立南湖制药有限公司	朱乐民,钱晓俊,贵晓霞,钱佳旦	201010556215.3	一种双氢青蒿素哌喹片及其制备工艺	2010 - 11 -23	驳回	无
浙江华立南湖制药有限公司	吴伟,薛春雅,钱佳旦,王小平	201510846281.7	一种双氢青蒿素哌喹干混悬剂及其制备工艺	2015 - 11 -27	未审	无

关于"科泰复"的专利纠纷：起先，广州中医药大学李国桥教授领导的科研团队于1998年6月申请了名为"复方哌喹片"的专利，该申请于2002年授予专利权，专利号为ZL98113233.2，专利权人是广州市健桥医药科技发展有限公司。1998年，广州市健桥医药科技发展有限公司与重庆通和制药有限公司合作成立重庆健桥有限公司，致力于开发复方双氢青蒿素，并将ZL98113233.2转让给重庆健桥医药开发有限公司，之后重庆健桥医药开发有限公司于2000年8月申请了名为"抗疟药新药复方双氢青蒿素"的专利，该申请于2003年授予专利权，专利号为ZL00113134.6。然而，重庆健桥没能实现李国桥教授的愿望。2001年，广州健桥又与华立药业共同组建广州华立健药业有限公司，并成功开发出复方双氢青蒿素产品"科泰复片"，其组方为双氢青蒿素1份，哌喹或其磷酸盐8份。同时李国桥教授向重庆通和提起诉讼，欲从后者手中收回复方双氢青蒿素的相关技术，此后双方从重庆中院到重庆高院，再从北京中院到北京高院十几次对簿公堂未果。

2007年12月，主被告的角色发生转换，重庆健桥又将华立药业告上法庭，认为华立药业生产的"科泰复"双氢青蒿素哌喹片侵犯了重庆健桥拥有的 ZL00113134.6 号专利权，要求华立药业停止生产、销售"科泰复"，同时提出赔偿其 1 元经济损失的诉讼请求。为应对诉讼，华立药业向专利复审委员会申请宣告 ZL00113134.6 的专利权无效，戏剧性的是，无效所用的证据正是广州健桥转让给重庆健桥的专利 ZL98113233.2。最终，2008 年 8 月专利复审委员会做出第 12148 号决定，宣告 ZL00113134.6 的全部权利要求不符合《专利法》第 22 条第 3 款规定的创造性而无效，此后经过一审、二审判决，维持了该决定。至此，广州健桥、华立药业与重庆通和持续十年之久的纠纷也终于有了定论，此案可谓是一波三折，"一女两嫁"引发的诉讼大战实际延误了双氢青蒿素复方制剂的发展，相比于权属清晰的其他青蒿素复方制剂落在了下风。

尽管在专利保护之路上"科泰新"出师不利、"科泰复"命运多舛，但在品牌构建和商业标识上，这两个青蒿素类药物树立了良好的国际形象。"科泰新"在 1993 年起就以自己的品牌参与国际市场竞争，在中非合作交流中频现身影，给非洲人民留下了中国品牌和中国医药技术的深刻印象。对于药品外观，有针对性地将"科泰新"包装按照当地语种进行文字设计，受到当地欢迎，而这样的外观设计也属于自主知识产权范畴，在仿制药竞争中起到重要的品牌区分作用。

（2）蒿甲醚的知识产权保护现状

蒿甲醚相比于青蒿素的油溶性大、复燃率低，而且对抗氯喹的恶性疟有很好的疗效，各国的研究机构和药品企业对蒿甲醚开展了广泛的研究。经检索，在 CNABS 中检索到与蒿甲醚相关的发明专利申请 186 件，在 DWPI 中检索到与蒿甲醚相关的专利申请 292 件。

①蒿甲醚相关专利的申请历程。蒿甲醚由中国科学院上海药物研究所最先制得并公开，但后续的研发技术最早由美国人进行了专利申请。世界上第一份与蒿甲醚相关的专利出现在 1987 年（公开号为 US4816478A），其是由美国 Carl R. Thornfeldt 等人提出的，内容涉及用蒿甲醚等青蒿素衍生物治疗艾滋病及相关综合征。而中国第一份与蒿甲醚相关的专利出现在 1989 年

（公开号为 CN1041694A），其是由德国的赫彻斯特股份公司提出的，利用奎尼丁和包括蒿甲醚在内的青蒿素及其衍生物联合抗疟。可见，无论是国际专利申请还是国内专利申请，蒿甲醚的国内研究者们都未能抢占先机。

直到 1990 年，军科院微生物所的周义清研究团队才开始提出复方蒿甲醚及其制备方法的专利申请（公开号为 CN1058717A），开启了国内申请人进行蒿甲醚相关专利的历程。以国内首件蒿甲醚专利以及次年的相关专利（公开号为 CN1065993A）为基础，军科院微生物所与汽巴—嘉基公司（诺华公司的前身之一）作为共同申请人提交了 PCT 国际专利申请（公开号为 WO1992002217A1），请求保护蒿甲醚与苯芴醇的复方制剂。该国际专利申请进入全球 60 多个国家和地区，并最终在 49 个国家和地区获得专利权，所保护的复方蒿甲醚在 79 个国家获得药品注册。1994 年，诺华公司以每年销售额的 4% 作为专利使用费，获得了该药在中国以外的全球销售权。凭借该专利，军科院微生物所获得了超过 6000 万元人民币的专利收益，而诺华公司则最终获得了 80% 的公立市场订单，可以说是目前青蒿素类专利中最有经济价值的一件。

中国科学院上海药物研究所直到 1996 年 12 月才申请了一件具有抗艾滋病病毒作用的青蒿素衍生物单方和复方制剂专利（公开号为 CN1186661A），其中单方制剂由腈代蒿甲醚制成，复方制剂由腈代蒿甲醚与青蒿琥酯、腈代蒿甲醚与青蒿素甲氨基甲酸酯或腈代蒿甲醚与青蒿琥酯和青蒿素甲氨基甲酸酯制成。这也是上海药物研究所的相关科研团队到目前为止唯一一件与蒿甲醚相关的专利申请，而该申请最终也没有获得专利保护。

1995 年，WHO 基本药物目录收入蒿甲醚油溶性注射剂，或许由此引起了更多全球研发机构对蒿甲醚的注意。图 7 的蒿甲醚专利申请年度趋势显示：1997～2005 年国内和国际上的蒿甲醚专利申请均稳步发展，且国际申请量增加更快。2006 年，WHO 的疟疾治疗指导文件中将复方蒿甲醚推荐为首选药物，诺华公司的复方蒿甲醚拿到当年 WHO 采购抗疟药总量 80% 的订单。这些利好消息无疑大大激发了相关企业和机构对蒿甲醚特别是其复方制剂的研究热情，2006 年开始蒿甲醚相关专利申请量较之以往开始大幅提升，特别是国际专利申请的增长比例不容小觑。2014 年以后由于专利文件公开时间的延迟不代表当年实际申请量。

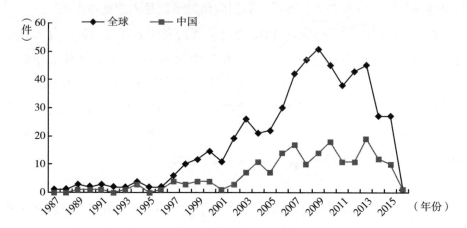

图7　蒿甲醚国内及全球专利申请年度趋势

②蒿甲醚的专利技术输入国和输出国分布。以 DWPI 中检出的数据为样本，按照最早申请所在国家或地区、公开国家或地区进行统计，结果如图8、图9所示。可以看出，中国是蒿甲醚专利最多的技术输出国和技术输入国，这与蒿甲醚最早被我国科研人员发现并有持续的研发积累有关。同时，美国关于蒿甲醚的专利技术也较多，与中国构成了较大技术竞争。在全球范围内，蒿甲醚专利技术的原创国为 19 个国家或地区，而对应的市场国达到 35 个国家或地区，这说明蒿甲醚专利技术的应用非常广阔。另外，从图9可以看出，通过 PCT 途径（标记为 WO）申请的蒿甲醚专利已经占据较大份额，这也体现出专利申请人非常注重蒿甲醚在全球市场上的布局。

③蒿甲醚的重要专利申请人分析。将 DWPI 数据库中每个专利申请人所申请的专利数量进行统计，由此分析蒿甲醚技术领域的重要专利申请人，所得结果见图10。

排在第一位的是前文介绍过的昆药集团，其是第一个将蒿甲醚产品成功上市的制药企业，也是诺华公司在中国最重要的蒿甲醚原料供应商。与中国科学院上海药物所类似，当时的昆明制药厂也没有意识到及早申请专利的重

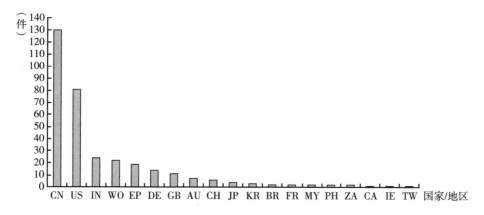

图8　全球蒿甲醚技术输出国、地区或原创国、地区分布

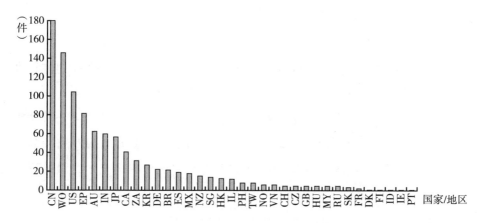

图9　全球蒿甲醚技术输入国、地区或市场国、地区分布

要性，直到1994年基于青蒿素衍生物的使用才申请第一件与蒿甲醚相关的专利。随着技术发展和企业成长，昆药集团的专利保护意识越来越强，特别是2007年以后的专利申请力度大幅增加，整体的专利授权率也较高，对技术更新形成了有效的知识产权后续保护。从表5可见，昆药集团前期专利主要集中在复方、新剂型上，主要有复方青蒿油外用制剂、利用水溶性环糊精衍生物制成冻干剂、利用赋形剂制成巴布剂、利用透皮吸收促进剂制成经皮给药制剂等，后期开始向新疾病适应证转移研发方向，先后申请了与治疗皮肤病、肺癌、白血病、肿瘤相关的专利，其中最新申请的两篇专利（公开

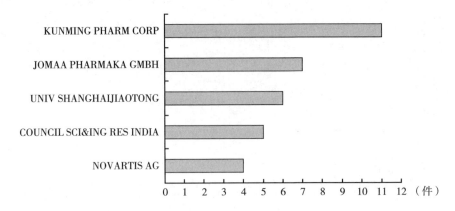

图10　全球蒿甲醚技术重要申请人申请量分布

号为 CN103845322A、CN103845360A）均通过 PCT 途径进行了国际申请。昆药集团的企业专利战略从无到有、从国内向全球的发展过程可见一斑。特别值得一提的是，随着单方蒿甲醚制剂的市场阻力加大，昆药集团也在积极推进复方磷酸萘酚喹（ACro）的国际市场注册、PQ 认证，以及生产车间建设。相应地，昆药集团及其合作伙伴——军科院微生物所均申请了青蒿素类化合物（包含蒿甲醚在内）和磷酸萘酚喹共同组成的复方制剂专利（公开号为 CN1203078A、CN102688239B），这些专利对昆药集团技术升级的青蒿素复方产品 ACro 构成了有力的知识产权保护。

表5　昆药集团蒿甲醚相关专利申请

申请日	公开号	主要技术内容
1994. 03. 16	CN1067253C	复方青蒿油外用制剂(包括蒿甲醚在内)
1998. 06. 17	CN1109546C	蒿甲醚与咯萘啶形成复方抗疟药物
2007. 08. 08	CN100594940C	由难溶性药物(包括蒿甲醚在内)和水溶性环糊精衍生物制成超分子水溶冻干物
2007. 08. 16	CN101125127B	包括蒿甲醚在内的青蒿素类衍生物与水溶性环糊精衍生物经溶解冻干制成冻干制剂
2007. 08. 22	CN101125135B	由蒿甲醚和药用赋形剂制成巴布剂
2008. 03. 20	CN101244027A	由蒿甲醚、透皮吸收促进剂组成的治疗皮肤病的蒿甲醚经皮给药制剂

申请日	公开号	主要技术内容
2010.05.19	CN102247404B	包含蒿甲醚和顺铂的治疗肺癌的药物组合物
2010.12.03	CN102485226B	由包含蒿甲醚在内的青蒿素类化合物和磷酸哌喹、赋形剂制成复方青蒿素类哌喹微丸
2011.03.24	CN102688239B	由包含蒿甲醚在内的青蒿素类化合物和磷酸萘酚喹、赋形剂制成复方磷酸萘酚喹微丸
2012.11.29	CN103845322A（WO2014082569A1）	蒿甲醚在制备治疗白血病药物中的应用
2012.11.29	CN103845360A（WO2014082570A1）	包含蒿甲醚和铁剂的治疗肿瘤的药物组合物,肿瘤为肉瘤、肝癌或胃癌

　　申请量排名第二的 JOMAA 制药公司，其所申请的专利是以其他药物为基础，可与青蒿素类衍生物联合用药。排名第三的是上海交通大学，共申请了 6 篇与蒿甲醚相关的专利，包括盐酸左旋咪唑与蒿甲醚形成的兽用复方制剂用于治疗附红细胞体病（公开号为 CN101229231A），含有蒿甲醚的兽用复方丁香搽剂治疗动物附红细胞体病（公开号为 CN101229231A），青蒿素类衍生物在治疗克罗恩病、抗动脉粥样硬化、高血脂中的应用（公开号为 CN102048728B、CN103230392A、CN104398505A），以及将包括蒿甲醚在内的难溶药物经多孔无机材料的二次分散制成口服制剂（公开号为 CN102657598B）。从申请量排名可以看出，国内高校在蒿甲醚技术上具有一定的研发实力，这为蒿甲醚新技术研发、产品生产提供了技术储备，为药企的技术引进和人才引进提供了选择渠道。申请量排名第四的是印度科学与工业研究委员会（简称 CSIR），其隶属于印度联邦政府科学技术部，是印度最大的研发机构，有很强的工业技术开发能力，目前已成为印度科技发展的主力军，其从 2000 年开始至今共申请了 5 项与蒿甲醚相关的专利，主要包括 α - 蒿甲醚与喹诺酮及类似药物制成的抑制抗药性的抗微生物组合物（公开号为 WO0172304A1）、膦酰基衍生物可以和包括蒿甲醚在内的抗疟药一起用药（公开号为 CN1913904A、WO2005039557A1）和有关蒿甲醚生产方法（公告号为

IN191588B、IN224810B）的专利申请。

排名第五的是诺华制药有限公司（前身之一为汽巴—嘉基公司），共申请4件与蒿甲醚相关的专利。1991年汽巴—嘉基公司与中国人民解放军军事医学科学院微生物流行病研究所合作共同申请了由蒿甲醚和苯芴醇制成的增效抗疟药复方蒿甲醚（公开号为WO1992002217A1），随后又申请了两件关于两种新药可与包括蒿甲醚在内的抗疟药联合给药治疗寄生虫病的专利申请，2015年申请了一件使用蒿甲醚作为防粘剂或润滑剂生产固体药物制剂（公开号为WO2015140709A1）。诺华制药是将复方蒿甲醚成功推入国际市场的"领路人"，但后续围绕蒿甲醚进行的研究相比于国内药企——昆药集团则略显薄弱。

（3）蒿乙醚的专利技术介绍

由于蒿乙醚的抗疟产品上市后没有引起太大国际反响，其衍生物治疗系统性红斑狼疮的新适应证正在新药审批过程中。因此关于蒿乙醚的商业标识、国际注册、品牌构建等不再介绍，仅从专利技术角度进行介绍。

1988年2月，WHO申请了第一件与蒿乙醚相关的专利（公开号为GB8804372D0），发明名称为双氢青蒿素类衍生物合成方法，内容涉及α和β构型蒿乙醚的合成方法。这件专利申请的出现显然与WHO在1985年访华并试图与我国合作开发蒿乙醚的事件相关。遗憾的是，最终WHO选择了欧洲机构进行合作开发蒿乙醚，而我国的科研人员早在1981年就公开了α和β构型蒿乙醚的合成方法，且与世界卫生组织申请的专利合成方法相类似，但并未就蒿乙醚的合成方法申请专利。

从专利申请总量上看，与图5展示情况类似，依然是中国、美国、印度占据前三。但从单个申请人所申请的专利数量来看，目前在全球范围内，蒿乙醚相关专利申请最多的是印度科学工业研究委员会（简称CSIR）。CSIR同样也是蒿甲醚的重要专利申请人，具体情况如前文所述。表6列举了CSIR的部分专利申请，其研究方向包括蒿乙醚抗疟疾复方制剂的开发、合成方法、抗菌用途等。

表6　CSIR 的部分蒿乙醚相关专利申请

申请日	公开号	技术主题
1998. 10. 27	US6127405A	抗菌
1998. 10. 27	US6423741B1	喹啉基与蒿乙醚复配抗菌
1998. 10. 27	US6326023B1	溶解于精炼植物油中抗疟疾
2000. 3. 24	US6346631B1	蒿乙醚合成方法
2000. 3. 28	IN192961B	蒿乙醚合成方法
2000. 3. 28	IN192835B	蒿乙醚合成方法
2000. 3. 31	IN192835B	喹啉与蒿乙醚复配抗疟疾
2002. 9. 27	ZA200207786A	萘啶酸或喹啉酮与蒿乙醚复配抗疟疾
2004. 12. 28	US2006141024A1	磺胺胍、乙嘧啶与蒿乙醚复配抗疟疾
2014. 7. 15	IN201401983	磺胺胍、乙嘧啶与蒿乙醚复配抗疟疾

　　我国对蒿乙醚的相关专利以中国科学院上海药物研究所为申请主力，该所的主要发明人为李英研究员及其团队，研发方向是用蒿乙醚衍生物治疗白血病。继 1981 年首次报道蒿乙醚合成方法后，李英科研团队于 1989 年 12 月申请了发明专利"一类含氮青蒿素衍生物合成及用途"（公开号为 CN1052673A），要求保护 β - 二甲胺基蒿乙醚、β - 二乙胺基蒿乙醚、β - 吗啉基蒿乙醚等蒿乙醚衍生物，这些衍生物具有比现有的水溶性青蒿素类抗疟药物稳定性好或疗效更佳的优点，且具有明显的局部麻醉作用。随后李英科研团队又于 2011 年 1 月申请了蒿乙醚衍生物二蒿乙醚基胺马来酸盐的新用途专利（公开号为 CN102614168A），二蒿乙醚基胺马来酸盐能抑制肿瘤生长，由此可被用于制备治疗白血病的药物，特别是用于制备治疗急性髓细胞性白血病的药物。2012 年，李英科研团队对蒿乙醚衍生物进行系列申请（公开号为 CN103202835A、CN103202836A、CN103202837A），分别涉及将二蒿乙醚基胺用于制备治疗 AML 型急性髓细胞性白血病 M5 亚型、M2a 亚型、M3 亚型药物中的应用，由此对之前的专利进行更细致的外围布局。期待通过上述一系列后续研发及专利布局，中国科学院上海药物研究所能够将拥有自主知识产权的二蒿乙醚基胺及其衍生物顺利推行上市，造福更多患者。

（4）青蒿琥酯的知识产权保护情况

①桂林南药的青蒿琥酯知识产权发展历程。全球第一件青蒿琥酯相关专利出现于 1985 年，申请人为广西壮族自治区桂林制药厂（现桂林南药），发明人为刘旭，这与青蒿琥酯的研发历程吻合：1980 年桂林制药厂的刘旭在《药学通报》上公开发表了关于青蒿琥酯结构、制备方法和抗疟活性的文章，开启了青蒿琥酯研究发展的起点；1985 年 4 月 1 日我国专利法开始实施，桂林制药厂于当天提交了"抗疟药物青蒿酯及其制备方法"的专利申请（申请号为 85100781），并于 1989 年被授予专利权。可见，桂林制药厂的研发者在当时已具有一定的专利保护意识，并且该专利文件的技术内容满足了专利法意义上的新颖性和创造性，体现了青蒿琥酯的研发水准。

同样是在 1985 年，应 WHO 化疗科学工作组开发青蒿琥酯作为治疗脑型疟的优先项目的工作建议，青蒿素指导委员会组织国家医药管理局上海医药工业研究院、医科院药物所等单位对青蒿琥酯的制剂工艺改进和质量标准等进行重新研究开发。基于上述方面的研究背景，国家医药管理局上海医药工业研究院提交了"注射用青蒿酯的制备方法"（申请号为 85108105）的发明专利申请，同样被授予了专利权。由此，青蒿琥酯及其注射剂在分别获得两个新药证书后，又分别获得了相应的专利保护，这在当时来讲是非常难能可贵的。

然而，在好的开端之后，青蒿琥酯的后续知识产权保护手段并没有迅速发展。在桂林南药（原桂林制药厂）与赛诺菲长达十年的合作中，并没有涉及专利的转让与许可。桂林南药仅是向赛诺菲提供青蒿琥酯片的大包装原料，该半成品运往赛诺菲的摩洛哥工厂进行分装和外包装，随后以赛诺菲的产品 Asumax ®向非洲市场销售，在 Asumax ®唯一能够体现桂林南药的地方是药盒外包装的生产商一栏。由于仅仅是原料供应而没有专利技术的输出，青蒿琥酯的销售利润绝大部分被赛诺菲赚取，因为卖青蒿素原料与卖成品制剂相比，利润相差至少 20 倍。

随着青蒿琥酯被 WHO 收载，在国际市场上获得较高的认可。或许是桂林南药不再满足于国际市场上的原料供应商角色，也或许是桂林南药的专利保护和自我品牌塑建意识逐渐加强，1999 年桂林南药（当时称桂林制药厂）

申请了青蒿琥酯片包装盒的外观设计专利（申请号为99318814），体现了桂林南药从原料供应商向药品生产商转变的努力。

2004年上海复星医药集团入主桂林南药，使得青蒿琥酯核心产品的开发以及对国际药物市场的拓展开启了全新的征程。相应地，从这一年开始，桂林南药/复星医药对于青蒿琥酯的专利申请也进入了一个新时期：1985~2003年的近二十年中，与桂林南药相关的青蒿琥酯专利仅有前述3件，而在2005~2011年的七年间，桂林南药/复星医药对青蒿琥酯的专利申请量累计达14件，并在2013年、2015年仍陆续有专利申请被公布。或许是受到赛诺菲与DNDi合作研发青蒿琥酯和阿莫地喹复方制剂的影响，桂林南药从2005年开始申请的专利技术也将着力点集中在了青蒿琥酯与阿莫地喹复方药物制剂的研发上。然而，桂林南药/复星医药的复方制剂专利申请之路并非一帆风顺：2005年当年申请的两件青蒿琥酯＋阿莫地喹复方专利均没有获得专利权，2008年申请的青蒿琥酯与盐酸阿莫地喹双层片专利也再次折戟。这些复方专利申请屡次遭到失败，一方面是因为对赛诺菲的复方制剂模仿过多而创新高度不足，另一方面也可能与该药企在专利申请过程中对专利审查意见的答复经验不足有关。有资料显示，在桂林南药/复星医药所申请的发明专利中，视为撤回的专利申请比例高达57.9%，已授权而维持有效的专利仅占比15.8%，另外经审批后最终被驳回的申请占比同样为15.8%。

直到2009年，桂林南药/复星医药提交"一种稳定的青蒿琥酯盐酸阿莫地喹复方片及其制备方法"（公开号为CN101647799A）由于制剂性能改进而终于被授予专利权。此外，桂林南药/复星医药也积极探索了其他复方制剂的研发，例如与云南省寄生虫病防治所研究了青蒿素类药物与克林霉素配伍制备的抗疟药物，并制备了带有隔离层的三层片，该专利最终获得了授权。

2011年之后，桂林南药/复星医药的专利技术转向了制剂剂型的改进。2011年桂林南药申请了"一种超细青蒿琥酯无菌粉的制备方法"，并与重庆医药工业研究院有限公司共同申请了"对热稳定的含抗疟药物青蒿衍生物固体分散组合物"，2013年申请了"青蒿琥酯冻干粉针剂组合物及其制备方法"，这些体现了桂林南药在制备粉针剂药物以及对于药物的目标销售地区非洲等地的热稳定性方面的研究进展。2014年3月，青蒿琥酯粉针剂、小容量注射剂通过国家食品药品监督管理总局GMP认证，与上述专利研发趋势相吻合。但必须指出的是，桂林南药/复星医药的上述专利申请只在国内提交审查，均没有提交国际申请，缺乏全球专利布局意识，并没有将专利保护转化为市场竞争的有利武器，这与桂林南药作为第一家获得WHO的PQ认证，也是目前最多PQ认证的中国企业的国际形象并不相符。

除去体现技术创新的发明专利外，桂林南药还陆续申请了若干药品包装盒的外观设计专利，如青蒿琥酯片加SP片的包装套盒等。为使其青蒿琥酯产品artesun® 具有更强的品牌保护力度，桂林南药还连续申请了4件关于artesun® 的药品包装盒外观专利，与该药品的商业标识一起构成维护药品形象的有力保护手段。可以说，与赛诺菲结束合作关系后，桂林南药更加注重自主知识产权的凸显与保护，从产业链的低端环节逐步向高端环节转变，也越来越多的以独立身份参与到国际青蒿素市场的竞争中。

②赛诺菲的青蒿琥酯知识产权策略。作为大型跨国药企，赛诺菲在国际合作及企业并购等方面富有经验，这也有助于其知识产权策略的实施。在企业并购方面，赛诺菲曾收购了德国公司HOECHST，该公司正是较早研究青蒿素类药物复方组合物的欧洲企业。早在1988年，HOECHST就研究了奎宁丁与青蒿素及其衍生物的抗疟组合物（公开号为CN1041694A），还研究了青蒿素类衍生物与氯喹、甲氟喹、奎宁、阿莫地喹、磺胺多辛—乙胺嘧啶、伯氨喹等的复方，以及它们在疟疾治疗方面的协同效果（公开号为EP0290959A2）。这种企业并购加强了赛诺菲在青蒿素类药物复方抗疟组合物方面的研发实力。

然而，在青蒿琥酯+阿莫地喹复方制剂（ASAQ）的研发上，赛诺菲则采取了非专利保护以及非独占的药物开发策略，允许第三方通过提交申请使用ASAQ药物的配方，在某种程度上促进了其他企业如桂林南药的技术发展。而采取这样的知识产权共享策略，一方面是出于最大限度满足疟疾患者需要的公益目的，另一方面也与当时的抗疟药市场状况有关。在赛诺菲刚刚开始研究青蒿素复方制剂时，诺华公司的复方蒿甲醚已被WHO收入基本药物目录；赛诺菲的青蒿琥酯复方制剂于 2008 年才通过 WHO 的 PQ 认证，而诺华公司的复方蒿甲醚在 2006 年就拿到 WHO 采购的 80% 订单。面对诺华公司的领先优势，赛诺菲能够使 ASAQ 成为继诺华公司的复方蒿甲醚之后非洲第二大应用最广的固定剂量复方制剂，与上述知识产权共享策略不无关系。

当然，赛诺菲并非总是无私贡献自己的技术成果。在抗疟药物的制剂方面，其申请的公开号为 CN102686219A 的专利涉及可分散在水中且含有抗疟药组合的多层药物组合物，公开号为 CN102946857A 的专利涉及通过脂肪性基质形成的热熔包衣制备遮掩苦味又不影响药物溶出的青蒿琥酯药物制剂等，体现了其将制剂技术作为后续竞争武器的研发思路。

③青蒿琥酯专利申请的主要技术分支。图 11 显示了青蒿琥酯专利申请的主要技术分支，对于青蒿琥酯的研究主要包括青蒿琥酯的制剂改进、复方联合抗疟疗法、青蒿琥酯新的医药用途、青蒿琥酯的化学合成和提取方法以及青蒿琥酯的检测方法等。其中，青蒿琥酯的制剂、药物剂型的改进是研究最多的技术分支，青蒿琥酯的复方疗法和新的医药用途也有较多研究，以下就青蒿琥酯的专利技术研究热点和技术发展脉络进行梳理。

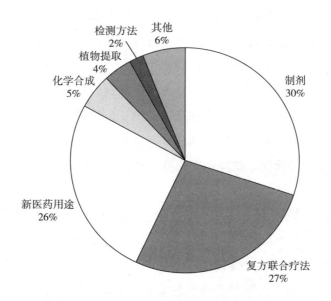

图 11　青蒿琥酯专利申请的主要技术分支

青蒿琥酯在制剂领域的专利申请量占比最大，达 63 件。2000 年以前的专利申请以传统的常规剂型为主（片剂、胶囊等），如军科院微生物所申请的公开号为 CN1092293A 的专利涉及一种抗弓形虫病新药青蒿琥酯组合物，将青蒿琥珀单酯和环状低聚糖物质 β－环糊精的最佳剂量配比组成的口服片剂或者胶丸。2000 年之后陆续出现了青蒿素缓释药物剂型、控释药物剂型以及脂质体、纳米乳、经皮给药等药物剂型，如上海复星医药产业发展有限公司提交的公开号为 CN103181886A 的专利涉及一种青蒿素或其衍生物的缓释制剂，四川维尔康动物药业有限公司提交的公开号为 CN103550229A 的专利涉及一种复方青蒿素多相脂质体注射液，中南民族大学提交的公开号为 CN101642448A 的专利涉及一种缓释给药的纳米青蒿琥酯胶囊，北京中研同仁堂提交的公开号为 CN101152162A 的专利涉及一种含青蒿素或其衍生物的经皮给药制剂等。

复方联合用药领域的专利申请量为 56 件，是占比第二位的技术分支，特别是在 WHO 要求停止使用青蒿素单一制剂之后，青蒿素及其衍生物的联合用药成为研究热点。法国国家科研中心提交的公开号为 CN102015607A 的专利涉及一种 1,4－萘醌衍生物与其他抗疟剂（如青蒿琥酯等）联合使用预防或治疗疟疾的方法；印度科学与工业研究所从印度绿贝中获得抗疟活性物质并与青蒿琥酯等联合用药；军科院微生物所提交的公开号为 CN1203078A 的专利涉及青蒿琥酯与磷酸萘酚喹复方抗疟制剂。

此外，青蒿琥酯的新医药用途是占比第三位的技术分支，随着对青蒿素类药物的深入开发，目前已发现其还具有抗病毒、抗肿瘤、治疗类风湿性关节炎和自身免疫性疾病、抗炎、降血脂、抗组织纤维化、平喘等作用。

四 青蒿素知识产权之路对中医药产业的启示

1. 用知识产权守护中医药创新

从"青蒿一握，以水二升渍，绞取汁"的抗疟方法，到小小一片复方蒿甲醚，药物技术进步的背后是悠久的中医药传统知识。青蒿素的发现源自对中医典籍的收集、阅读和重新思考，这正是我国中药现代化发展中的缩影。两千多年的中医药文献记载了丰富的疾病治疗和药物使用心得，前人的实践经验为科学界寻找新药指出了前行的方向，使得新药研发不是漫无目的的随机筛选，而是对中医药临床实践的科技提升；而双氢青蒿素、蒿甲醚、蒿乙醚、青蒿琥酯等衍生物的合成实现了青蒿素治疗疟疾时的增效减毒，显示了科学结合中药后的协同力量。正如屠呦呦教授所指出的"传统中医药是伟大的宝库，把现代科学和中医药相结合，在新药研发领域会有更大潜力，要进行更多深入和细致的工作，才能为人类做出更大贡献"。如何开发中医药宝库一直是科研人员孜孜以求的探索方向，而知识产权则是从科研成果转化为市场产品的有力保障。青蒿素及其第二代衍生产物的化合物专利保护缺失，与诺华公司借助复方蒿甲醚专利而占据国际主要市场形成鲜明对比，提醒我国科研人员应当及时对科研成果进行专利保护。而在各种专利内容中，对产品型专利例如化合物、复方制剂等的保护力度最为强大，方法专利如制备方法、提取方法等则是外围的弥补，这或许就是复方蒿甲醚专利最终被外国企业选中进行合作的原因之一。

双氢青蒿素的制备方法在国内专利法实施第一天就提出申请但却未能获得专利权的经历告诉我们，除去申请时机之外，专利申请文件的撰写质量也同样重要。有价值的药物技术专利，最好能够在权利要求中概括合适的保护范围，并采用层层递进的方法逐步细化技术方案，从而寻求更全面的保护。在说明书部分也最好能够更全面、更细致地分析工艺机制，通过适当的实验尤其是对比实验来比较不同工艺参数下效果的区别，特别是与现有技术之间的差异以及由此取得的效果进步，进而证明权利要求的创新程度。

桂林南药在1985年申请了第1件青蒿琥酯发明专利①，其后又经过14年才提交外观设计专利申请，第2件青蒿琥酯发明专利申请是在2005年被复星医药控股后才提出，两件发明专利的时间间隔长达20年，反映出当时的国内企业初步具备申请专利的意识，但却缺乏专利布局的谋划。事实上，技术

---

① 专利按类型不同，可以分为发明、实用新型、外观设计三种。

的创新是延续的，从青蒿素到其复方制剂，经过了三代产品的发展，从药物制剂、联合用药、新用途等多个方面都有进一步创新的空间，更适于用专利布局来保护自己的知识产权。复星医药在2005年之后的申请量增长，或许代表了国内制药企业从单点研发的专利申请向连续研发专利布局的进步。

除去发明专利之外，自主知识产权通过商标、外观设计等能带来更为直观的印象。在这方面，"科泰新"和"科泰复"的商品名深入人心，多次在中非国事与外交中作为礼物出现，更有助于树立"中国制造"的形象。可以说，"科泰新"和"科泰复"的国际营销走出了一条中国特色的自主知识产权之路，值得中药研发者借鉴。

2. 借知识产权促进中外合作交流

复方蒿甲醚在国际市场上的成功向世人展示了中外合作交流的必要性。复方蒿甲醚是目前唯一被世界广泛认可并在全球范围内广泛销售的我国专利药物，而其在专利保护和商业市场上的巨大成功则依赖于跨国医药巨头——诺华公司的成功运作。作为复方蒿甲醚的研发者，军事医学科学院在20世纪90年代初尚难以自行将复方蒿甲醚药品产业化，更不具备自己进行复方蒿甲醚国际注册和市场开放的能力。当时我国药品企业和国际的交流合作较少，在熟悉适应国际药品市场游戏规则方面甚至不及印度企业。因此，军科院与诺华公司就复方蒿甲醚的开发合作和专利转让是基于我国医药企业的行业发展历史背景以及国际药物标准做出的客观选择。与诺华的国际合作，使我们对新药从发明到产品进入国际市场过程的艰巨性、多环节性和风险性，以及对生产条件和注册标准的规范性，有了全面的认识。在诺华公司的引领下，一方面，提高了我国药企的生产水平，使与之合作的昆明制药厂、新昌制药厂在生产和质量控制等方面都快速满足了国际GMP的标准；另一方面，在国际交流与合作中学习其先进的思维、管理、市场、销售模式，这对我国药企的成长与发展具有重要的借鉴意义，对于生产实力、资金不足的研究人员而言也具有重要的现实意义。

与复方蒿甲醚相比，桂林南药与赛诺菲的合作关系则没有达到合作研发、创新以及合作申请专利保护的程度，仅仅是桂林南药作为原料药供应商，向赛诺菲提供不包含知识产权价值的大包装药品。当桂林南药的青蒿琥酯片被运往非洲市场分装并出售时，其终端药品的包装上体现的是赛诺菲的商业标识和品牌形象，桂林南药仅仅出现在包装的生产商一栏。青蒿琥酯的复方制剂由赛诺菲与其国外合作伙伴 DNDi 共同开发，而桂林南药只能跟随人后，在技术后续研发方面被赛诺菲国外同行反超。可以预见的是，"卖技术"与"卖原料"所得的利润率大不相同，"中国技术＋跨国企业运营"的模式让复方蒿甲醚大获成功，而"中国原料＋跨国企业运营"的模式则让青蒿琥酯相形见绌。

当前，国际化战略是我国中医药产业迈向世界的重要发展战略。中医药起源于中国，对于中国而言既属于传统产业也是优势产业，而如何将中医药产品打入国际市场，运用知识产权是其重要的法律武器。对于中医药产业而言，不能仅仅满足于依靠原料优势或者现有技术来展开对外合作，而应当积极探索开发中医药这座宝库，利用自身优势寻求更多技术创新，利用专利等知识产权手段来促进技术转化与合作，不仅要让中药材和中成药走向世界，更要让符合现有科学研究方式的中药新技术和新成果走向世界，才能有更多像复方蒿甲醚一样优秀的中国药物产生。

3. 知识产权与产业发展相辅相成

正如前文所说，蒿甲醚与青蒿琥酯最终都选择国外企业合作，与当时中国制药企业自身力量薄弱、不了解国际药品注册规则、缺乏海外营销团队有关。可以说，青蒿素科研成果的发现不仅远远走在了专利制度完善之前，更远远走在了国内制药行业发展之前。新药的研发往往需要投入巨额成本，同时承担巨大风险。在"523"任务中，通过国家力量的集中调配尚能进行这样的成本投入和风险承担，由此"集中力量办大事"，最终获得了青蒿素。而当"523"任务解散后，原先被集中起来的各地科研力量只能各自为营、各寻出路，不得不寻求国外企业的合作。

可见，如果本国的行业力量没有发展到足以进行国际专利运营的程度，再多的技术创新也只能为他人作嫁衣，最终成就外国的大制药公司。目前，国内制药行业相比青蒿素被发现的年代已有了长足进步，但研发实力仍难以与跨国大型药企相抗衡，国际市场上的药品运营能力仍远逊于跨国大型药企。作为实例，复星医药集团旗下桂林南药的专利申请中没有一件提出国际申请，或许与其自身无力或无意进行国际专利运营有关。如果我国制药行业特别是中医药行业能够形成"产业联盟"，集中力量进行科技研发、共同探索专利运营和国际市场规则，或许不失为一种发展之路。

参考文献

蔡原江：《逯春明：感动非洲的中国人》，《中国外汇》2007 年第 7 期。

崔世娟、孙利、蓝海林：《企业业务重组战略研究——以华立集团为例》，《管理案例研究与评论》2010 年第 1 期。

凤栖：《中国科学院上海药物研究所治疗系统性红斑狼疮原创性候选药物"马来酸蒿乙醚胺"获准进入临床研究》，2015，http：//elite. youth. cn/channel/201505/t2015052 1_ 6657086. htm。

傅俊英：《美国专利局授权的中医药专利分析》，《中国中医药信息杂志》2010 年第 8 期。

顾浩明：《青蒿素衍生物对伯氏疟原虫抗氯喹株的抗疟活性》，《中国药理学报》1980 年第 1 期。

关英慧：《氯喹体外抗肝细胞癌作用的实验研究及机制探讨》，吉林大学博士学位论文，2010 年，第 20 页。据中国博士学位论文全文数据库：http：//www. cdfd. cnki. net/ Journal/brief. aspx？dbCode = CD FD&PYKM = AAAD&Year = &Issue = 01&Volume = 01&nmkrd = 。

焦昌贵：《高新科技药物"科泰新"进军国际市场》，《中国经贸》2003 年第 3 期。

李国桥、张美义、焦岫卿、王新华、宋健平、符林春、郭兴伯、陈沛泉、简华香：《抗疟新药——双氢青蒿素复方》，《中国医药学报》2004 年增刊。

李林、李国春、张溪：《从青蒿素的专利历程和现状看医药科研成果的知识产权保护》，《中国医药生物技术》2016 年第 2 期。

李人久：《"未专先利"成创新困局》，《中国医药报》，2011 年 6 月 2 日。

李雪芳、夏都灵、刘国柱：《双氢青蒿素醚化法制备蒿甲醚的工艺优化》，《实验科学与技术》2008 年第 2 期。

李英：《从青蒿素类抗疟药的开发历程谈创制新药的体会》，《国外医药·植物药分册》1999 年第 3 期。

李英、虞佩琳、陈一心、李良泉、盖元珠、王德生、郑亚平：《青蒿素衍生物的合成》，《科学通报》1979 年第 14 期。

刘天伟、李志芳、孙晓文：《复方蒿甲醚国际合作的回顾与思考》，《世界科学技术》2004 年第 4 期。

刘旭：《近年来青蒿素类药物研究的进展》，《广西医学》2003 年第 10 期。

逯春明、杨梅英：《论市场营销中的价格策略、分销策略和促销策略——科泰新在非洲市场营销策略的实证分析》，《管理世界》2001 年第 6 期。

逯春明：《"科泰新"——中非友谊纽带》，《友声》2006 年第 6 期。

卢珊珊、吴兰鸥、杨照青：《青蒿素类药物与其他药物配伍治疗疟疾的研究进展》，《中国病原生物学杂志》2009 年第 3 期。

牛洪军：《华立药业专利诉讼引发"案中案"》，《中国证券报》2008 年 12 月 18 日。

牛树荟：《价值链管理——华立药业制胜之道》，对外经济贸易大学硕士学位论文，2007，第 12 ~ 19 页。据中国优秀硕士学位论文全文数据库：http：//www. cmfd. cnki. net/Journal/brief. aspx? dbCode = CMFD&PYKM ＝ AAAM&Year ＝ &Issue = 01&Volume = 01&nmkrd = 。

王博、刘桂明：《从青蒿素的教训和经验看专利在国际竞争中的作用》，《中国发明与专利》2011 年第 7 期。

王满元：《青蒿素类药物的发展历史》，《自然杂志》2012 年第 1 期。

刘辉：《昆明制药青蒿素产业发展的 SWOT 分析》，《时代金融》2011 年第 6 期。

王存志、蒲崇德：《抗疟新药——青蒿素衍生物系列产品的研制与开发》，《中草药》1996 年第 4 期。

王宇、冯飞、孙迪、黄盛、孙易恒：《勾勒青蒿素的沉浮轨迹》，《中国知识产权报》2015 年 10 月 16 日。

伍丽青：《疟疾浮沉史》，2015，http：//news. xinhuanet. com/science/2015 - 11/20/c_ 134837460. htm。

吴毓林：《青蒿素——中药奇葩疟疾克星》，《大学化学》2010 年第 S1 期。

徐锐：《华立药业"专利侵权案"一审败诉》，《上海证券报》2008 年 7 月 23 日。

闫松：《疟疾：一种没有国界的疾病》，《大众科技报》2008 年 4 月 27 日。

叶东蕾：《青蒿素行业专利部署扫描》，《中国知识产权报》2007 年 11 月 21 日。

叶祖光：《青蒿素衍生物蒿乙醚研究简介》，《国外医学中医中药分册》1995 年第 6 期。

于建平：《桂林南药获青蒿素类药物预认证供应商质量资格》，《医药产业资讯》2006 年第 1 期。

朱晓燕：《科泰人走出国门，科泰新誉满非洲》，《世界知识》2000 年第 19 期。

l. S. Looareesuwan, B. Oosterhuis, B. M. Schilizzi, F. A. E. Sollie, P. Wilairatana1, S. François Bompart, Jean-René Kiechel, Robert Sebbag and Bernard Pecoul, "Innovative public-private partnerships to maximize the delivery of anti-malarial medicines: lessons learned from the ASAQ Winthrop experience", *Malaria Journal*, 143 (2011): 1 - 9.

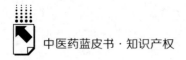
Krudsood, Ch. B. Lugt, P. A. M. Peeters, and J. O. Peggins, "Dose-finding and efficacy study for artemotil (beta-arteether) and comparison with artemether in acute uncomplicated P. falciparummalaria", *British Journal of Clinical Pharmacology*, 53 (2002): 492 - 500.

P Olliaro, TNC Wells, "The Global Portfolio of New Antimalarial Medicines Under Development", *Clinical Pharmacology & Therapeutics*, 85 (2009): 584 -595.

Qigui Li, Charles B. Lugt, Sornchai Looareesuwan, Srivicha Krudsood, Polrat Wilairatana, Suparp Vannaphan, Kobsiri Chalearmrult, Wilbur k. Milhous, "Pharmacokinetic investigation on the therapeutic potential of artemotil (β-arteether) in thai patients with severe plasmodiumfalciparum malaria", *Am. J. Trop. Med. Hyg.*, 71 (2004): 723 -731.

WHO, Guidelines for the treatment of malaria (second edition), p. 16, http://whqlibdoc. who. int/public ations/2010/9789241547925-eng. pdf, 2010。

胡芳主编《传染病学》，南京，江苏科学技术出版社，2013，第142～146页。

刘文娟主编《药物化学》，北京，北京大学医学出版社，2010，第257～259页。

陶文强、周德生主编《传统中医药临床精华读书丛书（第五辑）〈幼科指南〉释义》，太原，山西科学技术出版社，2014。

屠呦呦：《青蒿及青蒿素类药物》，北京，化学工业出版社，2009，第187页。

许军、王润玲、李伟主编《药物化学》，北京，清华大学出版社，2013，第398页。

徐树民：《疟疾》，北京，人民卫生出版社，1986。

张剑方：《迟到的报告 五二三项目与青蒿素研发纪实》，广州，羊城晚报出版社，2006，第62～67，88，96～98页。

B.3
基于知识产权视角看中医药的国际化

沈小春*

摘　要：　本文介绍了中医药国际化的历史及进展，中药材、中成药、针灸的国际标准和知识产权保护的现状、关系，以及国际上中医药传统知识保护的现状和存在的问题，分析了国内外成功的知识产权保护制度和战略，并指出了现代中医药和传统中医药的知识产权保护亟待加强的地方。

关键词：　中医药　国际化　知识产权　传统知识

一　中医药国际化之路

（一）中医药在世界的传播

每当提及"中医药国际化"的话题，不少人会不自觉地把它同"中医药现代化"联系在一起，认为是当代中医药才面临的问题。其实，在回顾中医药的历史时，会发现中医药走向世界的历史很悠久，中医药的国际化贯穿在中医药的整个发展过程中。比如从隋唐时期中医便开始传到朝鲜、韩国、日本、东南亚，同时现在不少常用中药也是在古代时从国外引入，在陆上、海上"丝绸之路"的往来贸易推动下，外来药也不断地传入中国，如从印度传入的郁金、阿魏；从波斯及西域传入的补骨脂、青黛、没药、番红

---

* 沈小春，国家知识产权局专利局专利审查协作北京中心助理研究员。

花等；从朝鲜传入的白附子；从阿拉伯传入的犀角、乳香等。因此，中医药"引进来""走出去"的历史传统是中医药始终保持生命力的重要原因。目前中医药已经传播到 183 个国家和地区，中医药成为中国与东盟、非洲、欧盟、中东欧等地区卫生经贸合作的重要组成部分。

1. 中医药在美国的发展历程

早在 19 世纪初，随着大量华工涌入美国开发西部，中医药也随着华人一起带入美国，但那时的中医药也通常限于华人圈应用。随着针灸在治疗颈椎病、疼痛等疾病上的可靠疗效，针灸开始备受医学界关注。尤其美国总统尼克松在 1972 年访华后，随行记者将针灸神奇疗效的见闻制作成节目宣传，使更多人去研究针灸，更多的普通民众也接受了针灸疗法并受益。1973 年美国内华达州通过美国第一个针灸的法律，1997 年针灸作为补充替代医疗正式被 FDA 批准临床应用，并且针灸针被纳入医疗器械产品进行管理。同年，NIH（美国国立卫生研究院）也承认针灸是一门科学，1998 年针灸被列入美国医疗保险范围。由于针灸确有疗效，医疗费用低，已被很多人接受，在美国也随之受到推崇。根据 2007 年《补充和替代医学产品及 FDA 管理指南》的规定，中药产品在美国通常被限定在膳食补充剂的范畴，如果中药产品包括中药复方属于天然植物药，可按照《植物药研制指导法规》提出申请成为新药，由于 FDA 对天然植物药和西药采用了同样严格的标准，中药产品被批准成新药仍面临很大的挑战，另外，中药的基础研究不足以及重金属和农药残留也限制了中药在美国的发展。知识产权方面，在 1976 ~ 2009 年间美国授权中医药专利所属国或地区的前五位分别来自美国、中国台湾地区、韩国、日本和中国（指中国大陆地区），可见美国在其国内授权的中药专利也占据了比较明显的优势，而中国在美国的中医药知识产权布局和保护仍然不足。

2. 中医药在欧洲的发展历程

早在 13 世纪，针灸便在马可·波罗的游记中提到，随着欧洲传教士来到中国，到 18 世纪时针灸在王公贵族的上流社会中逐渐流行起来。其中法国是欧洲最早研究针灸的国家。在 20 世纪 40 ~ 50 年代，不少全国性的组织和医院在法国开始开展针灸实践。1952 年，在关于针灸合法地位的讨论中，法国医学科学院指出，针法是包括诊断与治疗的整体医疗行为，针刺疗法是只有医师才有的法定权利。尼克松访华后，世界上掀起了国际针灸热，加速了针灸在整个欧洲的传播，随后法国卫生部成立针刺治疗诸问题研究委员会，研究并制定了针刺治疗范围和行医规范。随着中国的改革开放，更多的国人走出国门推动中医药在西方的发展，欧洲其他国家，如英国，在 1998 年中医诊所便达到 3000 家。中药方面，自 2011 年全面实施的欧盟《传统植物药注册程序指令》，对传统的中草药产品提出了更高的标准，如提供产品至少连续 30 年在欧盟国家使用有效而安全的证据，或者提供欧盟国家以内使用 15 年和欧盟国家以外使用 30 年的证据等，同时欧盟对食品质量和安全性要求越来越高，中药在欧洲作为食品或食品补充剂也面临越来越多的限制。1982～2004 年，欧洲专利组织和成员国专利局授权的中医药专利中，申请国主要来自德国、日本、法国和韩国，在 87 件已授权的专利中，针灸治疗仪和日常保健用品专利占了一半以上，这说明针灸在欧洲研究较多且被接受，同时说明国内在欧盟的知识产权布局和保护偏弱。

3. 中医在日本的传播历程

早在公元 6 世纪，从中国获得第一本中医书籍《针经》开始，中日的医学交流开始频繁，隋唐宋元时期，中医慢慢成为日本医学的主流，到江户中期，日本医学界开始独重《伤寒论》，逐步产生了日本独特的传统医学——汉方医学。进入现代，日本的汉方医学也有了进一步发展，整个日本社会包括政府和普通民众对汉方医学都比较信赖，84% 的日本医生在日常实践中使用汉方医学，日本政府厚生省 1976 年正式将汉方制剂纳入《药剂基准》，到 1981 年被纳入基准的制剂达到 413 种。截至 2000 年 4 月，日本国家健康保险报销清单中包括 147 种汉方药方处方以及其中使用的 192 种草药。针刺、灸法也得到私立健康保险公司的部分覆盖。

（二）近年北京中医药国际化的成就

北京地区在中医药方面聚集了一大批优势的教育、文化、科研和临床机

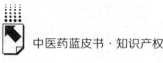
构，在促进中医药国际化过程中发挥着重要的作用。近些年，北京在推动中医药国际化过程中也取得令人瞩目的成就。2014 年，国家主席习近平与澳大利亚总理阿博特共同见证了北京中医药大学和西悉尼大学共同建立中医中心合作协议的签字仪式，该合作旨在探索中医药走向世界的合作模式，也是落实习近平主席关于要让世界人民分享中华智慧文明成果讲话精神的重要举措，也标志着中医药国际化进入了一个新的阶段。同年，中国中医科学院中药资源中心、北京理工大学生命学院、中国农业科学院特产研究所共同承担制定的中药第一个 ISO 国际标准《人参种子种苗第一部分：亚洲人参国际标准》正式颁布；中国中医科学院西苑医院与波黑创伤管理协会签署《合作谅解备忘录》，并将此次合作打造成中东欧中医药合作的样板工程；2015年，在继《人参种子种苗第一部分：亚洲人参国际标准》后，由中国中医科学院中药资源中心在世界上正式发布了首个植物类传统药材的重金属国际标准——《中医药——中药材重金属限量》，该标准不但消除了中药材国际贸易的重金属技术壁垒，还改变了人们对中药材重金属超标的认识和理解，对维护中医药的声誉具有重要的意义。同年，北京中医药大学获批成为中国大陆第三家 Joanna Briggs 循证护理合作中心，推动中医护理在世界范围的应用；首都医科大学中医药学院（加拿大）院区在加拿大多伦多成立，使中医在继孔子学院后成为另一种弘扬中国传统医学和文化哲学思想的教育平台；2016 年北京市中医管理局和西班牙加泰罗尼亚自治区政府签订"欧洲中医药发展和促进中心"的合作框架协议，开启了政府和院校合作、公立和私营合作国际化的新模式，形成了中医药国际交流的北京模式。圣彼得堡州政府为北京中医药大学圣彼得堡中医中心颁发了俄罗斯联邦医院执照，中心获准以医院资质运营，标志着"中医走出去"战略在俄语地区取得历史性突破。

（三）中医药国际化的知识产权保护现状和困境

我国在国际上的中药专利申请中，主要是国内在研发、生产实力强的中药制药企业，其中以高新技术密集的北京、上海地区申请最多，同时科技成果转化能力较强的科研院所对于"走出去"的热情逐年升高。随着我国经济实力增强，我国企业和科研院校在国外的专利布局也在逐渐加强。我国申请人多采用专利合作条约申请途径"走出去"，我国"出口"专利申请同样是以中药提取相关专利作为主体，其后的申请量依次是制剂相关申请、食品相关申请和中药复方申请，其中中药复方的申请量在近年来开始快速增加，表明我国申请人开始意识到传统复方以及现代复方的潜在价值。另外，我国中药专利在国际上授权的地区主要集中在美国、欧洲和日本等经济发达地区，主要是因为这些地区的专利制度起步比我国早，而且制度较为完善，专利保护战略较为成熟，同时又有较大的市场，随着我国申请人国际专利保护意识的加强和研发水平的提高，国外发达国家对于我国中医药专利申请的认可度也在逐渐提高。国外授权的中药申请技术类型主要为中药复方和中药提取物，其中授权的中药复方多数不是传统的中药原材料组合，而更多地是以提取物或者有效部位形式出现的现代中药复方，提取物类型的技术特点则主要是单一中药材的有效成分或有效部位及其相应的制药用途。

在以绿色理念为主导的当下，国际社会更加关注传统医药——中草药，中草药在国际上的市场越来越大，且竞争越来越激烈。世界各国对传统植物药的保护路径，主要包括专利保护、传统知识保护及视为公用知识无保护三种，其中我国倾向于强保护——专利保护，美国及欧盟等化学药技术发达的国家及地区倾向于弱保护或者无保护。在现代知识产权保护体系中，中医药传统知识是古代传统医药的总结，已被人所知，发达国家倾向认为其属于公有知识，不加以保护，任何人都可以免费使用。在这个体系中，中医药传统知识已不能被现代知识产权尤其是专利制度所保护，但是中医药传统知识是几千年临床经验的总结，是中医药创新的源泉，国内外市场上畅销的中药品种大部分是在这基础上改进获得的。国际上，日韩在传统中药复方基础上，欧美在传统单方中草药深入研究其作用机制，并对工艺、有效成分、剂型、适应证及人群和标准等方面进行研究改进，再将改进的成果按照现代知识产权制度予以保护，并按照新药或者专利药高价推向国际市场，而国内包括大多数发展中国家对传统医药知识还主要停留在继承和经验的总结，由于科研实力不足，既无法通过基础研究来创造新的知识，又无法打破发达国家各种技术、标准、贸易的壁垒。对于中医药国际化知识产权保护来说，我们便面临这样一个尴尬的境地，传统知识无法获得合理的保护或补偿，又很难创造出比较多的新的适合现代制度下保护的知识。由于发展中国家的医药工业技术薄弱，很难获得自己的知识产权，在现行的国际贸易规则下通常需要花费高昂的药费才能获得药品，包括那些根据传统医药知识改进获得的药品，这极大地影响了发展中国家人民的药品可及性、健康权以及生命权等，因此，从中医药的长远发展来看，必须调整和改变，对现行传统医药知识产权保护的国际制度进行改革。

二 中医药现代知识产权保护与国际化

（一）中药材国际标准的制定开创中医药国际化新局面

随着中医中药在世界的影响力日益增强，中医药也逐渐成为中国文化走出去的名片，国际社会对传统医药的接受程度也越来越高，包括北美和许多欧洲国家把传统医药作为辅助治疗手段，在发达国家也很常见，然而中医药国际标准的缺乏却已成为制约中医药国际化的一个重要因素。在国务院制定的《2011～2020 中医药标准化中长期发展规划纲要》和《中医药发展战略规划纲要（2016～2030 年)》中都指出，把建立完善中医药标准体系作为中医药事业发展的基础性、战略性、全局性工作，并把参与国际规则、标准的研究与制定作为一项主要工作。中医药国际标准的制定对提高中医药科学管理、质量和安全，以及促进生产、推动贸易都起着积极作用，也将提升中医药国际地位，从而进入各国医药保健体系。2009 年 ISO 成立新的技术委员会，即国际标准组织/中医药技术委员会（代号为 TC249)，TC249 秘书处的工作范畴为：具体负责中药制成品质量与安全、中药原材料质量与安全、医疗设备质量与安全及信息等领域的标准化工作，涵盖了传统与现代继承发展的两大领域。通过多年的努力，该组织发布了 7 项中医药国际标准，使中医药国际化迈上新的台阶。

中药材是中医药疗效的基础和保证，因而，中药材的质量和安全是推动中医药国际化发展的基石。《人参种子种苗第一部分：亚洲人参国际标准》是由我国制定的第一个中药国际标准，该标准的制定为更多的中药国际标准起到带头示范作用，中国工程院院士、中国中医科学院副院长、全国中药标准化技术委员会主任委员黄璐琦主持了该标准的制定。对于中药标准化、国际化，黄璐琦院士在访谈中指出："我国是中医药的大国和强国，中医药作为中国文化的瑰宝，对中华民族的发展作出了重要贡献。随着我国加入WHO，中医药走向世界成为必然趋势。ISO 作为世界上最大的国际标准制定机构，其制定的各项国际标准将在世界范围内对经济、贸易和交流合作拥有巨大影响。为此，如何能在 ISO 中占有一席之地显得尤为重要。张伯礼院士在'助推中医药国际化'分论坛上也指出：中医药发展靠科技，引领世界靠标准。目前，我国中药出口到世界主要以膳食补充剂及保健产品的身份居多，许多国家以标准作为贸易技术壁垒限制我国中药出口，这严重地影响了我国中药的国际贸易。为此，在国际贸易游戏规则中，通过 WTO 认可的ISO 发布中医药国际标准，为了中医药能给世界人民提供安全、有效的健康服务产品保驾护航，有必要推动在 WTO 认可的 ISO 制定发布中医药国际标准，从而推进中医药国际化的进程。"

在制定标准过程中，黄璐琦院士认为主要的困难是："ISO 国际标准最重要的一条原则是协商一致原则，在人参种子种苗国际标准的制定过程中，面临的主要问题便是如何做到协商一致，在充分考虑各国利益、文化差异、发展不平衡的基础上，最大限度地消除隔阂，达成共识，为此，在标准制定期间，项目组除了会上汇报、答辩外，在会后也积极地与各国专家交流沟通，坦诚交换意见，在不影响本国利益的基础上，充分考虑别国的意见对草案进行不断修改完善。"在谈到这些国际标准对我国中医药产业的发展和国际化会有哪些促进作用时，他说，"《人参种子种苗国际标准》是中药方面首个国际标准，其正式发布为中药国际标准的建立提供了良好的示范作用，目前中方在研项目共有 20 项，其中两项已经正式颁布（均为我中心牵头制定的标准），4 项标准即将颁布。随着中药材陆续被《美国药典》《欧洲药典》收录，可以说，中药材 ISO 国际标准化工作也在不断地推进。目前质量标准是制约中药进入国际市场的主要障碍之一，由于标准的缺失，中药一直以来被作为食品补充剂及保健品进入国际市场，为此，加快建立中药材国际标准，对中药进入国际主流中医药市场、打破国际贸易技术壁垒、促进我国中药材出口贸易具有重要作用。以《中药材重金属国际标准》为例，近年来，市场上中药材重金属超标成为国际医药市场的热门话题，中药材安全性也受到极大质疑，这对中药产业造成了极大地经济损失。为解决此问题，中国中医科学院中药资源中心郭兰萍团队建立了更加科学和实用的中药材重金属 ISO 国际标准，打破了该领域中药材国际贸易中的技术壁垒。该标准是 ISO 关于传统药用植物的首个重金属标准，适用于中药材国际贸易的检验和仲裁。该标准的推广应用对维护中医药的国际形象具有重要意义，它不但消除了中药材国际贸易中的重金属技术壁垒，而且能从思想上改变人们对中药材重金属超标的认识和理解。"

虽然我国在中医药标准方面取得了一些进步，但是目前的标准更多的是解决中医药国际化统一规范的问题，相应地这些标准中所融合的知识产权也较少。在发达国家采取"技术专利化、专利标准化、标准许可化"的知识产权战略背景下，标准与知识产权已产生了融合，因而，当今知识经济时代背景下，在制定相关标准的同时，需要积极地将相关知识产权融入其中，以应对当今国际贸易规则和国际竞争的挑战。欧美日韩等国际植物药企业在制定国际战略时，一方面积极推出高技术含量的植物药标准，并引导消费者和监管部门接受他们的标准；另一方面在推广标准的同时积极布局相应技术的知识产权保护，两方面相互结合来推动标准国际化和标准专利化，阻止将来可能的竞争对手进入市场。由于我国中药现有技术标准的技术成分不高，或者对含有技术成分的知识产权保护不足，导致我国中药标准也难以与西方发达国家所推行的标准相抗衡。随着涉及中药农残、重金属等安全性和有效成分质量稳定性等关键技术标准增多，在制定国际标准时应积极布局相关知识产权，来争取中医药国际化的主导权及在国际上的竞争力，以改变在国际上我国中药主要提供初级加工产品的不利态势。

目前我国制定的中药材国际标准还处于起步阶段，中药材也涵盖了植物、动物、矿物、微生物等多种来源的原料，面临的技术问题千差万别，如何在制定国际标准过程中融合知识产权保护不尽相同。尽管行业内对中药材质量和安全的研究投入长期不足，但是国内部分企业已通过制定中药材标准中融合知识产权保护来确立市场竞争优势。以血脂康中的主要药材红曲为例，红曲是由微生物红曲霉菌发酵的中药材，是我国传统药材并在临床应用广泛，但是红曲一直未被纳入《中华人民共和国药典》，直到《中华人民共和国药典 2015 年版一部》（以下简称药典）将红曲的质量标准以附件形式纳入血脂康胶囊、片中，血脂康胶囊是红曲的乙醇提取物和红曲细粉的混合物。血脂康自 1995 年研发上市以来，一直为独家品种，这不仅得益于其技术开发，而且正确的知识产权保护策略也是产品成功的保障。在初始产品开发时，意识到红曲药材质量是保证制剂疗效的基础，红曲霉菌的筛选以及发酵工艺更是红曲药材的核心技术，在 20 世纪 90 年代末便申请了红曲发酵工艺以及一定范围的红曲霉菌菌株的专利保护，并随后强化了在有效成分分离、质量检测等专利保护。在 2015 年版药典中，红曲质量标准规定了红曲所采用的特定红曲霉菌菌株（该菌株已被专利保护）、性状鉴别、指纹图谱以及洛伐他汀的含量测定。结合其专利保护和质量标准可以发现，对于其他仿制者，要开发血脂康必须要达到药典规定的红曲质量标准，也必须用到被专利保护的特殊菌株，另外，虽然质量标准未规定发酵工艺，但是质量标准中的指纹图谱和有效成分的含量测定与被专利保护的发酵工艺密切相关。因而，其他竞争者在开发此类产品，则必须获得标准制定者的中药材相关技术的授权许可才能进入市场竞争。虽然目前红曲质量标准为国内标准，但是在标准制定和知识产权保护如何融合的问题上，国际和国内存在一定的共性，仍能为中药材国际标准制定提供可借鉴经验。随着对中药材关键技术问题的投入不断加大，在制定中药材国际标准中，应当在关键技术方面（如种质资源、育种技术、种植技术、有害物质残留控制技术等）申请国外专利保护，从而使国际标准和知识产权相融合，以确保我国的中药材产业在国际上的优势地位。

（二）中成药国际化的知识产权保护困境和经验借鉴

在中医药国际化过程中，中药的国际化过程落后于中医、针灸的进程，但是近些年中成药的国际化也取得了显著进步，比如目前已有复方丹参滴丸、血脂康胶囊、连花清瘟胶囊、桂枝茯苓胶囊、扶正化瘀片、康莱特注射液等被美国食品药品管理局FDA批准进入Ⅱ期或Ⅲ期临床试验阶段。

技术创新、知识产权、国际标准是现代创新发展的基础，现代中成药则代表了中药产业的现代化和国际化发展水平，目前我国的中成药在国际上的知识产权保护不足，自主制定的相应国际标准少。由于我们认为大部分中药复方按照中医理论和经验用药，并已经应用了几千年且疗效确切，也没有发现毒副作用，对作用机制和作用物质基础的研究重视不足。而欧美等发达国家，一方面对传统药物的既往临床经验总结持非常慎重看待的态度，对本国和国外的注册上市申请会区别对待，另一方面，欧美日韩在作用基础和标准方面的研究在不断加强，逐渐形成以中药为基础的具有知识产权的产品进入国际市场，对我国中药产品的国际竞争产生不利影响。由于上述不同政策，导致中成药国际化困难重重，至今仍未有中药复方中成药在美国被批准上市。

由于植物药具有独特性，各国对植物药通常有一套植物药的专门监管政策，且对国内和国外植物药区别对待，目前大部分中成药在国外仅能作为食品、膳食补充剂。对于中成药如何参与国际化竞争，并无统一范式，每个企业都会根据自身特点和产品特点以及目标市场制定不同的海外知识产权战略，如北京同仁堂在国际化中更侧重商标＋品牌的知识产权战略，天士力更侧重品牌＋标准＋专利的战略。但是国内企业的知识产权战略与海外目标市场的相关法律政策缺少配合或针对性，很大程度上也影响了中成药在国际主流市场——欧美作为药品准入，同时欧美市场对产品的安全性和有效性标准的提高，使中药作为食品、膳食补充剂准入也将面临更大的挑战。

　　药品作为特殊的商品，在现代国际制度下，药品的知识产权（尤其是专利）通常需要与药品的注册审批相互衔接配合，才能最大限度发挥政策和市场效应，这样做不仅能保护药品的市场地位，且在一定程度上也能影响药品审评的进程。因此，在中药国际化过程中，相应的知识产权战略应当考虑目标市场的法律政策环境。美国作为主要的国际市场，其食品药品管理局（FDA）发布的《植物药新药研究指南》对植物制品市场具有重要影响，而且也会对其他国家植物药的管理法规产生不同程度的影响。2015 年美国FDA 在时隔 11 年后发布了《植物药新药研究指南》新的修改草案，草案在Ⅲ期临床研究中提出，当药物批次存在差异（例如化学成分的变化）可能会影响临床终点时，应考虑对药物产品的临床终点批间效应进行分析。关于"确保疗效一致性的证据"的问题，最大的挑战在于：由于植物药天然存在的异质性，同时又存在有效成分不明确以及多组分的问题，这决定了植物药存在一定的批间差异，而单独化学测试又难以用于植物药异质性质量控制，因此，对于具有一定差异性的不同商业批次的药品，如何保证与临床研究中使用的批次药物达到一致的治疗效果是最大的挑战。为确保治疗一致性，植物药产品的质量控制需要采取以下 3 个方面进行综合评估：植物原料的控制、通过化学测试和生产的质量控制、生物测定和临床资料。综合上述三个评估来证明不同批次药品在临床研究用药具有一致的治疗效果。FDA 意识到植物药本身的复杂性，在药学研究资料方面，相对化学药降低了一定要求，但是临床有效性和患者受益大于风险的相关标准并未降低，这也是植物药 NDA 上市面临的一道必须跨过的坎。同时，植物药上市并无现成可照搬的模式，需要针对植物药本身特性和具体的适应证，积极利用政策的设计和相应的沟通机制与 FDA 进行沟通来推动和加速中成药上市。

　　为了进入美国市场，中国的中成药企业和日本的汉方药企业都在美国积极布局相应的知识产权，但是我国和日本在国际上的知识产权保护存在明显差别，以德文特专利文摘数据库（DWPI）收录的专利来看，截至 2016 年11 月，我国进入美国 FDA Ⅱ期或Ⅲ期临床试验阶段的中药品种中，在美国的专利总体数量少，部分品种有少数几个美国专利，有的品种甚至没有专利保护，专利保护的主题也主要是多成分的化学质量控制技术。相比而言，日本的汉方企业则针对上述临床疗效一致性的问题在美国专利做了较为系统的布局。出现这种情况的原因可能是目前在美国 FDA 还未批准过中药复方药物上市，美国 FDA 对中药复方药物的技术审批还处于探索阶段，而我国企业在解决临床疗效一致性问题上的技术创新相对滞后，导致知识产权保护缺少技术来源。另外，组方配伍是我国在中药创新的主要优势，但是这些中药品种的组方成分和配伍属于已知技术，很难对已有品种的中药组方进行保护，而中药复方的二次开发如有效部位或有效成分的改进，则面临复杂的药品监管，在实际研发中，技术、时间、资金投入、政策等存在较大风险，因而，中药复方有效部位的知识产权保护对企业并不是首选。总体来看，中成药走向国际化过程，我国在技术创新、标准制定中并未发挥主导作用，相应的知识产权保护也处在徘徊迷茫的阶段，缺少体系的建设。

提到日本的汉方药，就不能不提到日本最大的汉方药企业——津村株式会社，津村株式会社近些年也在积极推动汉方药的国际化包括知识产权。汉方药和中成药比较相近，其出口到美国同样是一个大难题，难以被西方价值体系理解。2004 年以来津村调整了研发方针，终止了需要大量投入的中药新药开发，而是采取了"育药战略"，并借助该战略将汉方药推广至欧美，比如通过与北海道大学共同研究，发现在饮用"六君子汤"后，能够分泌出提升食欲的荷尔蒙，因而，"六君子汤"在抗肿瘤中作为辅助食欲的产品逐渐被西方医学界接受。津村的"育药"是指通过现代科学技术来证明中药药理，来说明其产品的科学性、有效性以及安全性，从而为药品销售开拓一个新的市场。津村的"育药"战略包括以下 5 个方面：汉方药抚育推广、原药材栽培、原药材品质、汉方制剂的质量控制和生产技术、汉方药国际化，其中汉方"育药"和药材饮片的特性化研究是战略的重点。而"原药材栽培、原药材品质、汉方制剂的质量控制和生产技术"与美国 FDA 对于不同批次的临床一致性的技术要求也很吻合。相应地津村在日本本国以及在海外的知识产权保护在不同时期针对不同时代要求做出战略调整。

图 1 表明在 1988~2016 年，津村在日本本国的专利申请共 606 件，20

世纪 80 年代末至 90 年代初日本经济急剧增长的时期，专利申请量一直保持在 30 件/年以上，但在 90 年代末后其申请量明显下降，每年申请量平均在 10 件以下，2007 年之后每年的申请量基本在 5 件以下。2005 年以前，津村在日本本国的专利技术主要是天然药物活性成分以及含有植物活性提取物或成分的日化产品，而在 2005 年后，研发方向发生明显转变，天然药物活性成分以及含有植物活性提取物或成分的日化产品的专利申请大幅减少，其专利技术内容转为以原料生药栽培技术、汉方制剂的质量控制技术（如农残、重金属、微生物等），以及生物活性检测的方法为主的专利布局。同时津村在国内和国际上也都积极布局商标保护，目前著名商标 3 个。

根据 Incopat 数据库收录的专利（本篇以下内容均用 Incopat 数据库检索），截至 2016 年 11 月，津村在中国的专利申请共 67 件，其中有 22 件外观专利，43 件发明专利。在 2005 年前，津村在中国的专利申请主要是外观设计和天然活性成分以及日化产品的方案，但在 2005 年后，其外观专利申请量明显减少，发明专利申请数量提高，共 29 件，其专利技术内容也转向原料生药的栽培技术、汉方制剂的质量控制技术（如农残、重金属、微生物等）、多成分的质量评价方法，以及生物活性的质量检测方法，以上技术内容的专利申请占到 85%（见图 2）。津村在美国的专利申请共 63 件，其中已授权 51 件申请。尤其在 2005 年后，其专利布局和所占的比例与中国基本相同，且美国专利申请中已有 55.6% 授权。在植物原料的控制方面构建专利布局，如解决"连作障碍的人参的栽培方法"等植物栽培方法，控制种子质量的"钩藤属植物的种的鉴别方法"。在化学质量测试和生产控制方面，布局"利用微波加热分解提取法的二硫代氨基甲酸盐类农药的分析方法""使用二氧化碳的害虫防除方法和害虫防除装置""多成分药剂的评价方法""图案的评价方法、多成分物质的评价方法以及评价装置"等专利。在生物疗效测定方面，布局"大建中汤的生物测定方法及使用该方法的质量管理方法"等专利，使不同批次的大建中汤与标准对照制剂在生物测定中达到等效。

由此可见，2005 年后，津村的知识产权战略与美国 FDA 的植物药产品

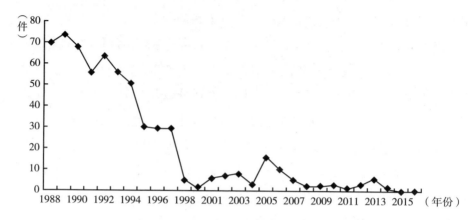

图1　津村株式会社在日本的专利申请量趋势

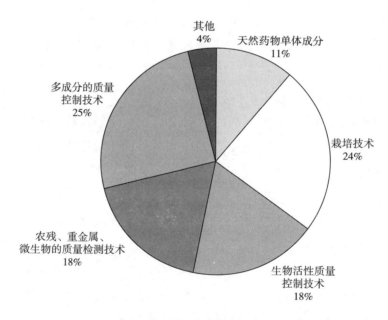

图2　2005 年后津村株式会社在中国的专利技术内容分布

标准要求紧密结合。由于美国 FDA 认识到植物药的复杂性，到目前为止也仅批准了两款植物药，对于采用何种技术方法来解决上述 3 个质量控制问题，也没有明确的技术解决方案。尤其对于复方中药来说，企业需要利用各种政策的设计跟 FDA 有效沟通，使其认可创新的技术方案并接受新的标准。

在这个过程中，津村采用了专利、标准以及专利和标准相结合的战略，尤其与疗效一致性的质量标准相关的系列专利获得美国的授权，能帮助提升与美国FDA沟通中的说服力，也为推广自身的标准树立了良好形象。同时专利和标准相结合的战略，使后续更多的汉方制剂或复方中药进入美国市场有可能参照相应的标准，为提高未来市场竞争力奠定基础。反观，目前有产品进入美国临床试验阶段的六个国内中成药企业，虽然也都在国际包括美国布局专利，但是在美国的专利布局主要是中药复方组合物以及部分化学药的申请，拟上市产品的相关专利较少或者还没有布局。总的来说，对于拟上市中药产品，国内中药企业在美国的专利布局还未形成体系，也缺少针对性，尤其是在解决疗效一致性标准化的三个问题上缺少相应的专利布局，这不利于推动中成药在美国上市进程，且一旦美国FDA更多地接受日本提出的标准解决方案时，国内企业在标准和知识产权方面将陷入被动。

（三）针灸国际化的知识产权保护

针灸作为中医药国际化的先行者，由于疗效确切、医疗费用低，被世界大部分国家所接受并广泛应用，针灸的医疗以及相应器械在国际上已成为一项产业。2014年的国际标准化中医药技术委员会在"《ISO17218：2014 一次性使用无菌针灸针》国际标准新闻发布会"上指出，目前全球已经有180多个国家和地区在运用针灸，年销售量突破40亿支，并以每年5%～10%的速度增长。中国、日韩、德国、越南都是针灸针制造商，我国企业的生产总量超过全世界用量的50%，而日韩是国际市场的主要竞争对手。随着一次性使用无菌针灸针国际标准的使用，与针灸相关的制造业竞争也越来越激烈，对相应的知识产权保护意识和战略也应提升。

图3是各国从1996年至今的针灸治疗相关器械装置的专利申请量情况，我国的申请量明显高于其他各国，包括传统针灸国家日本、韩国，但也能看出韩国、日本、俄罗斯也在本国积极布局专利，这一定程度上反映了针灸在韩国、日本、俄罗斯的治疗保健发挥了积极的作用。虽然美国、欧盟等发达国家和地区的专利申请量在500件以下，但是针灸在这些国家的使用也很普

遍，是我国和日本、韩国争夺国际市场的焦点。在产品打入这些国家市场的同时，标准和知识产权是确保市场竞争优势的基础。

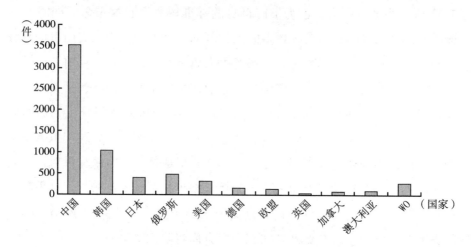

图3　各国针灸相关器械装置的专利申请量情况

美国作为主要的国际市场，申请人通常会在美国布局相应的知识产权，因而美国的专利申请情况在一定程度上能反映国际竞争的态势。从1996年至今，美国共申请255件针灸相关的器械和设备，图4表明，在2003年以前，美国的申请量在逐年上升但随后下滑，2010年以后申请量处于波动的过程，这主要是因为欧美市场上主要使用传统的针灸如毫针等，传统的针灸器械经过长期的改良，在进入21世纪后还未发生大的变革，因此，在当下对于传统针灸器械的技术改良空间比较小，也很难有更多的知识产权产生。但是随着新的技术引入针灸领域后，这种局面发生了变化，电针疗法、穴位磁疗法、穴位激光照射疗法、穴位红外线辐射疗法、穴位微波针疗法、穴位低频声波输入疗法也逐渐兴起，并开始相应的知识产权布局。因此近些年美国的申请量有波动性的回升。

从图5各国或地区在美国申请的情况来看，美国本土的申请占据了主要部分，其次是韩国、中国台湾、日本，最后才是中国大陆。作为针灸针主要的制造国，我们国家在主要国际市场上的专利布局明显处于劣势，也说明了

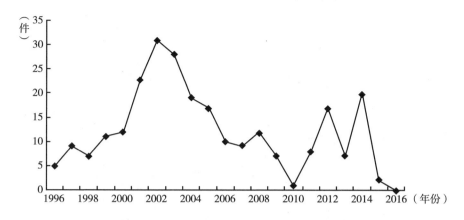

图4　针灸相关器械装置的美国专利申请趋势

我们的针灸器械仍是一种较为初级的制造品，并未在美国市场上获得高附加值产品的地位，而这并不利于国内企业做大做强，并在国际市场上获得竞争优势。相反，在针灸与新技术结合方面，美国在电针的应用以及专利申请尤其有特点，图6表明在所有的针灸相关专利申请中，电针的申请占到38%，超出了所有技术，而在其他国家包括中国的针灸器械申请都是以传统针灸占绝对主要部分。进一步分析电针申请发现，这些技术更多的是美国本国的申请人应用针灸的原理做成可穿戴的设备，且简单方便适于家庭保健理疗，而并非是需要医生指导下才能使用的临床设备。这符合当下自我保健、降低医疗费用的需求。因此在新技术的变革下，我们仍需在传统医药的基础上进一步创新并提前布局知识产权来保持竞争优势。

在现代知识产权体系下，各国通常经过世界知识产权组织（WIPO）的专利合作条约（PCT）向各国提出专利申请的主要途径，因此，WO的申请从一定程度上能反映国际上的重视程度和竞争能力的差别。图7表明，从1996年至今，国际上约240件PCT专利申请，总体申请量并不大，这说明作为传统医药的一部分，针灸还主要是传统的应用方式，国际上并未兴起利用新技术在针灸的应用。其中韩国国际申请最多，美国次之，然后才是中国。可见中国作为针灸的发源地，在国际上的知识产权布局与针灸器械主要制造国地位不相称，不利于提高附加值。同时中德、中俄保持长期的交往，中医

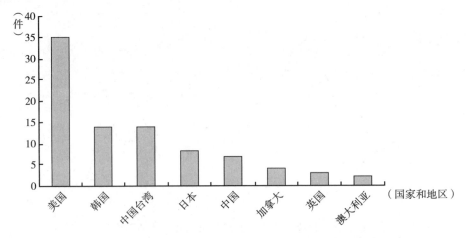

图5 在美国提出针灸相关器械装置专利申请的主要国家或地区对比

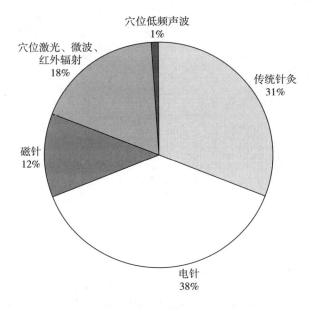

图6 针灸相关器械装置的美国专利申请技术方向分布

的人才技术交流密切频繁，中国的传统针灸在德国和俄罗斯认可度较高，德国和俄罗斯为适应本国人群的特殊性和方便使用也逐渐对针灸器械做出改进，如把针灸针柄变粗或改造成其他形状以方便西方人施针。因此，在市场的刺激下，德国和俄罗斯在国际上积极布局相应的知识产权。但在新技术与针灸结合方面，中国的国际申请量领先其他各国，略高于美国（见图 8）。这说明中国的现代知识产权保护制度起步晚，但是在新科技变革的时代下已经逐渐学会了利用现代知识产权制度在国际上来保护自己的权益和争取市场地位，同时，也看到我们和美国、韩国、德国在这方面并未拉开距离，由于新技术在针灸的应用始终离不开针灸的传统医学理论，在传统医学理论上我们具有明显优势，如何将新技术和传统理论结合来使针灸产品更方便、高效、安全，是将来针灸产业做大做强的基础。而在这方面，美国根据针灸理论布局的专利是方便使用、自我保健医疗的穿戴产品。因此，这也是我们在发展技术和知识产权中需要注意的方向，实现提早布局，确保未来的稳定增长。

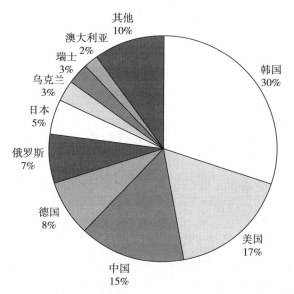

图 7　针灸相关器械装置的 WO 专利申请主要国家地区分布

另外，知识产权的质押、许可、转让是知识产权成果转化的重要标志，在一定程度上能够反映知识产权的质量和市场价值。图 8 表明了在针灸器械领域中国和美国的专利主要是专利转让，专利许可、质押较少，同时我国也没有相关专利许可给国外市场。根据图 9～10 所示，美国的转化数量略高于中国。但是我国的申请总量明显高于美国，与美国专利约 30% 的转化比率相比，我国专利不足 5% 的转化率则明显低于美国。针灸作为我国传统医药的原创技

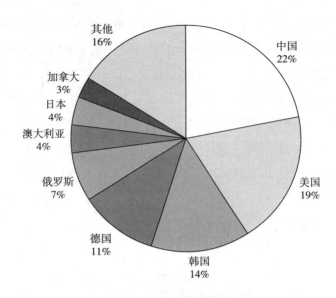

图 8 针灸和新技术结合的 WO 专利申请主要国家/地区分布

术，我国针灸器械的专利价值和竞争力不突出，甚至弱于美国，知识经济活跃度不足。美国虽然申请量少，但是其整体市场价值较高。因而，针灸在国际上的知识产权竞争力弱小，在知识经济发展中还有很长的路要走。由于针灸器械的市场在逐渐增长，近些年的国内外针灸知识产权纠纷也开始增多，例如，美国在电针灸领域的知识产权布局较多，在该领域出现了专利诉讼。2013 年，美国的 Neurowave Medical Technologies LLC 用控制恶心呕吐的一种电针灸刺激装置分别向三家公司同时发起三件专利侵权诉讼。在美国的专利诉讼费用通常比较高昂，同时发起三件专利侵权诉讼，从侧面说明了美国在这个领域的市场相对成熟，存在激烈的商业竞争利益，而高质量的知识产权布局是控制市场的有效武器。因而，对于进入国际市场的企业来说，我国针灸相关器械的知识产权优势并不明显，新技术与针灸结合的产品在进入国际市场后仍然存在知识产权纠纷风险。为此，我们首先要有知识产权国际化战略先行意识，仅在国内布局并不能排除国际上产生知识产权纠纷的风险；其次，在制定针灸器具国际标准时应当与国际专利相融合，提升国际市场的主导权；最后，对国外的侵权行为，要灵活运用知识产权保护制度及时制止。

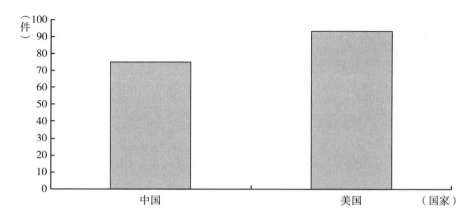

图9   中美在针灸专利转化数量对比

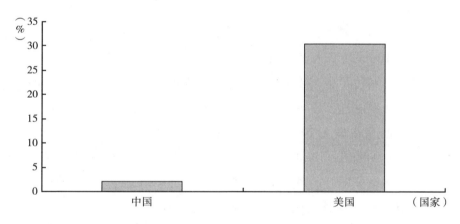

图10   中美在针灸专利转化率对比

三   中医药传统知识的国际保护

（一）传统知识保护的进展

中医药传统知识既是中国文化和中医药文化的重要组成部分，也是代表我国珍贵原创知识产权的资源，作为中医药原始创新的源泉，也蕴藏着巨大的商业利益。随着替代医学在西方逐渐兴起，传统医药包括中医药在西方发达国家应用增多，基于传统医药开发的产品也逐渐增多并返销到发展中国家市场。近年，英国 Sea-band 公司利用我国中医原理开发了一款 Sea-band 防晕车腕带，它的工作原理就是通过按揉内关穴来缓解晕车、晕船、晕机，以及怀孕恶心呕吐等症状。由于 Sea-band 防晕车腕带不需要使用药物，采用时下流行可穿戴的方式，其符合绿色自然的理念，受到小孩、孕妇、老人的欢迎。这款产品在西方受欢迎，而且借助互联网电商也获得国内消费者的青睐，不少国内消费者通过海淘平台订购。这是西方发达国家利用传统中医药知识开发新产品的典型例子之一，只是以前我们更关注中药传统知识被开发成产品，对中医传统知识被国外利用的认识不多。然而，在利用中医刺激穴位来防晕、止呕的传统知识进行开发产品的国外企业并非仅此一家，更需要引起重视的，国外企业在开发相关产品的同时也在积极布局知识产权尤其是专利保护。在这个领域也不乏知名企业，如雅培实验室早在 2004 年就申请了抑制反胃呕吐的方法及其设备（US7089061B2）并获得授权，该专利保护的设备同样是利用了中医传统理论和临床经验的传统知识，根据电刺激手指的穴位来防止呕吐。该领域早在 20 世纪 90 年代就有少量美国公司申请了少量的专利，但是在进入 20 世纪后，一批美国公司如 Woodside Biomedical, Inc，Pressure Point Inc，Relief Band Medical Technologies LLC 等布局了一系列电刺激穴位来防止呕吐的可穿戴设备的美国专利申请，并开发相应产品。在 2013 年后，韩国的申请人也开始布局相应的专利，并申请 PCT 准备进入欧美等国家。反观国内，虽然科研人员也在做相关方面的研究，并在国内申请了相关专利，但是并未在其他国家布局相关专利申请，也无影响力的产品上市销售。虽然这可能只是我国中药传统知识实际尴尬现状的冰山一角，但它从一定程度反映了我国对国外利用中医药传统知识获取商业利益还没有有效应对措施，也反映了国内中医药行业在国际上开拓能力尚不足，在国外知识产权竞争中处于劣势，这也会造成未来国内相关产品如果要进入国际市场可能面临侵犯知识产权的风险和障碍。

现有的世界知识产权制度主要是以 TRIPs 协议为主的知识产权制度，在该制度中传统知识被认为属于公共知识，任何人均可不必支付任何使用费便可无偿、自由使用。但是发达国家在专利、商标等现代知识产权占据优势，而发展中国家在传统知识方面相对占优，因而，TRIPs协议一开始对发展中国家就处于劣势，给发展中国家的环境、健康、农业、教育、文化、人权领域带来负面冲击。对此，发展中国家一致要求变革现有的世界知识产权制度，其中一个重要诉求就是保护发展中国家比较丰富的传统知识。但是发展中国家在WTO并不占优势，因而，发展中国家开始在公共健康领域、生物多样性领域、农业和粮食作物领域、人权领域等其他的国际法领域对TRIPs协议提出挑战，使得修改TRIPs协议具有正当性。

世界卫生组织（WHO）在《世卫组织2014～2023年传统医学战略》指出，在知识产权方面，随着传统和补充医学越来越受欢迎，必须重视保护土著人群和当地社区的知识产权，同时确保传统和补充医学的可及性，并促进研究、开发和创新。任何行动都应遵循《公共卫生、创新和知识产权全球战略和行动计划》，该计划指出应鼓励发展中国家开发传统知识数字图书馆或为防止传统知识的滥用，世界卫生组织应鼓励成员国在完成专利审查程序时，使用传统知识数字图书馆，在世界卫生组织、知识产权组织和世界贸易组织之间建立一个协调委员会，就公共卫生和知识产权问题商讨解决办法，世界卫生组织与世界贸易组织合作，应要求提供支持运用符合TRIPs协议的灵活性。《世卫组织2014～2023年传统医学战略》同时给出了世界卫生组织在传统知识的知识产权方面的战略行动目标，提出加强知识基础，建立证据并维持资源。传统医药支持其使用的证据质量和数量仍存在许多问题，也缺少研究和创新。为了使传统医学成为卫生保健的组成部分，就必须有更多的研究和创新以获得证据的支持，并注重于知识管理，包括知识产权保护。这很可能将转而鼓励创新并保护传统知识。同时还需警惕仍然存在的一种风险，即这些向人民提供卫生保健的传统知识仍可能会消失，应当引起有关知识产权机构的注意。通过常规或特殊的知识产权充分保护传统医学能助于防范未获许可的使用。当前的知识产权框架可用于保护以传统和补充医学为基础的创新，并可扩大到包括防范滥用传统和补充医学的适当保护措施。任何新的特殊保护制度不但应当确保事先知情同意以及利益共享，而且应当有益于广泛利用传统和补充医学,并同时鼓励关于传统和补充医学质量、安全性和效力的研究,以便调整现有疗法并开发新的产品。适当的战略还可确保第三方不能获得非法或无根据的传统医学知识产权。

另外,2013年世界卫生组织、世界贸易组织和世界知识产权组织共同编制出版的《促进医药技术和创新的应用——公共卫生、知识产权和贸易之间的融合》对于传统医药知识指出,基于传统知识的健康产品贸易的增长,以及使用传统知识作为医药产品开发的先导,引发了关于传统知识合理使用的政策辩论,包括如何遵守获得和利用传统医学知识的协定。记录传统医学知识,如数据库和国家清单,作为专利程序中现有技术的证据。在确保持续研发的同时,事先知情同意和利益公平分享的知识产权问题也是国际争论的焦点。首先,对于由传统医药知识中获得的发明,能否给予专利和其他知识产权。特别是,如果可以给予知识产权,那么采取什么样的机制,以确保传统知识和遗传资源不会被错误地授予专利,并确保专利权人遵守事先知情同意和利益公平分享原则。其次,对于传统知识和遗传资源的拥有人或保管人拥有的积极的知识产权,无论是通过现有知识产权制度或通过特殊权利制度,如何认识并给予法律保护和实际效果。报告也提供了传统医药知识的知识产权保护新方法,如在现有的专利制度中要求专利申请人,通知所申请专利中使用的传统知识的来源方或提供方,并且证明符合事先知情同意和利益公平分享的要求;保护传统知识中现存的文化和社会背景、维持风俗习惯的发展、传承和管理传统知识的获取;将传统知识以固定的形式保存下来,比如对其进行文献记录或录音录像。世界知识产权组织根据实践发展出积极保护和防御性保护两种保护措施,从而确保没有错误地使用传统医药知识。防御性保护措施主要是防止其他社区的人们根据传统医药知识非法获得知识产权(专利)的保护,如印度的传统知识数字图书馆利用数据库向审查员提供现有技术证据来阻止专利错误的授权;积极性保护措施通过现有知识产权制度或特殊法律制度对于传统知识和遗传资源的拥有人或保管人给予积极的知识产权保护。

虽然传统知识保护方面达成了一些共识,但是这些共识仍未成为正式的结论，也未形成具有约束力的国际法律文件或强制力的惩罚措施，以美国为首的发达国家质疑没有必要单独设立国际条约，认为基于合法取得的传统知识的创新或者遗传资源有关的创新来说，申请专利是使其商业化必不可少的步骤，采取限制措施将不利于造福公共健康开发新产品的努力，因而用现行的知识产权制度可以解决存在的问题，这导致传统知识的国际保护规则还有很长一段路要走，在短期内难以取得实质性进展。但是我国中医药的传统知识正面临着大量变异和流失的威胁，遭遇"不当占有""不当使用"，而且现行的知识产权制度还不能充分满足目前传统知识保护的需要，因此，对中医药传统知识保护的国内立法的呼声越来越高。

（二）世界各国关于传统知识的立法保护情况

在传统知识立法方面，目前不少发展中国家根据自身的情况制定了相应的国内法来保护本国合法正当的利益。由于传统知识的多样性，意味着很难有适合所有国家和地区的"全能"解决方案，如何在本国制度内提供保护，并且该制度能被区域和国际范围所接受并运行是传统知识立法的主要挑战之一。尽管如此，但这并不影响对其他发展中国家相关立法的经验学习和吸收。

印度的专利法对传统知识和遗传资源做出详细规定，如果申请保护的发明实际上属于传统知识或者一个已知性质的传统成分的多组合或者重复的技术不属于发明，排除了传统知识在现代专利法保护的客体。另外，赋予任何人的权利，即在专利授权后规定的期限内任何人都可以通过合法的形式将异议意见告知传统知识的管理者，并对异议程序做出相应规定。同时对遗传资源在专利文件的公开内容和程度也做了相应规定，对不符合规定的专利可被无效或者撤回。同时印度还制定了《生物多样性法案》，规定必须事先获得国家生物多样性管理局的批准后，才可以获得基于印度生物资源或相关传统知识取得的研究成果的知识，并对利益公平分享做出规定："当批准对研究成果专利、知识进行转让或获取，或对第三方就所获得的生物资源及相关知识进行转让时，主管部门可规定期限和条件以确保相关转让所产生的利益公平分享。"

菲律宾 1997 年专门制定了原住民权利法案，该法案规定了传统知识的受益人和权利持有者，并赋予传统知识持有社区的受益所有权并拥有最终知识产权保护的权利，他们享有特殊措施来控制、发展和保护他们的科学和技术以及艺术形式等传统知识的权利。同时菲律宾也在相应的专利法规部分对传统知识、遗传资源等的公开内容和程度上做了相应规定，明确了不符合要求的法律后果。

《泰国保护和促进传统泰医药知识的法案》规定了保护泰国传统药物的"配方"和"传统泰药文本"，将"传统泰医药知识"定义为"传统泰国医药的基本知识和能力"。该法赋予的权利人是"根据法律登记其对传统泰医药知识享有知识产权的人"，并且"享有对该药物生产和研发的独占所有权"。2002 年秘鲁颁布 27811 号法律，引入对从生物资源派生的土著民的集体知识提供保护的制度，这是一个保护与生物资源相联系的原住民的集体知识的特殊制度。2010 年非洲地区知识产权组织（ARIPO）通过了《关于保护传统知识和民间文艺表现形式的斯瓦科普蒙德议定书》，该议定书的目标是"（1）保护传统知识所有人防止对其权利的任何侵犯；（2）保护民间文学艺术表现形式，防止对其盗用、滥用和超出传统范围的非法利用"。2004 年马来西亚在《植物新品种保护法案》也规定了原住民享有对其传统知识的事先知情同意和利益公平分享的权利。

目前我国正在抓紧制定的《中华人民共和国中医药法》，并拟将中医药传统知识也纳入法律保护，《中华人民共和国中医药法（草案）》将中医药定义为包括汉族和少数民族医药在内的我国各民族医药的统称，是反映中华民族对生命、健康和疾病的认识，具有独特理论和技术方法的医药学体系。拟明确规定：（1）国家保护中医药传统知识，中医药传统知识持有人对其持有的中医药传统知识享有传承使用的权利，对他人获取、利用其持有的中医药传统知识享有知情同意和利益分享等权利。（2）国家保护中药饮片传统炮制技术和工艺、国家保护传统中药加工技术和工艺。

另外我国涉及中药知识产权保护已有的法规及规章包括：《专利法》

《中医药科学技术成果登记管理办法》《中药产业科技研究计划管理办法》《中医药专利管理办法（试行）》《中医药行业国家秘密及其密级具体范围的规定》《关于加强中医药知识产权工作的指导意见》（国中医药科技发〔2011〕2号）。

从世界发展中国家对传统医药知识立法的进程来看，其他发展中国家相对较早地建立传统知识保护的法律法规以及成熟的运行模式，我国中医药传统知识的立法进程落后于其他国家，但其他国家对传统医药知识管理模式的经验和教训可以帮助我们少走弯路。在全球化的今天，信息传播越来越广、越来越快，而中华民族拥有悠久历史的传统医药知识被不正当使用也会越来越多，传统医药知识的立法也就显得越来越迫切。

（三）印度传统知识保护（TKDL 传统知识数字图书馆）的成功经验和启示

世界知识产权组织提出的国内的特殊立法属于传统知识保护的积极保护策略，因而，相关的立法工作是改善传统知识保护的重要方面。但是我们仍然面临这样一个挑战，国内法具有明显的地域性，只能约束国内的行为，对国外的行为无约束力，而如何将本国制度被区域和国际范围所接受并运行仍然要走很长一段路，且存在不确定性。在这不确定的空当期内，如何防范国际上对中医药传统知识的滥用需要重视防御性保护策略。

中国与印度均为发展中国家，在传统医药方面都拥有悠久的历史和丰富的资源，在知识产权保护和传统医药知识保护方面也都存在一些共同的困境。但印度在传统医药知识保护所取得的成就值得我们学习借鉴，比如在传统医药知识防御性保护方面，印度科学与工业研究理事会的传统知识数字图书馆（TKDL）的传统医药知识保护工作被大家熟知，并被国际各种组织所推荐。但是对于 TKDL 如何运作并成功地使美、日、欧等知识产权管理机构认可，以及灵活地运用现代知识产权制度来防御不正当应用传统知识的研究并不充分。在防御性保护方面，我们国家缺少一个像 TKDL 这样的专门组织或机构来应对国际上的"生物海盗"行为，如何建立一个专门的组织或机

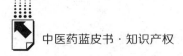

构，采用何种方式进行运作是我们迫切需要解决的问题。

印度政府从 2000 年开始启动 TKDL 数据库项目的建设，历时 10 年搜集、整理印度的传统医药知识，以及印度公开使用而未有文字记载的一些现有技术，截至目前，约收集 29 万条印度古代的医药处方，359 本印度医药专著，并将它翻译成英语、法语、日语、德语、西班牙语等国际语言。同时对数据创新的分类系统——传统知识资源分类系统，该分类系统根据印度传统医药系统进行分类，同时该分类系统也进一步用国际专利分类体系下的 A61K36/00 进行标引，从而实现了数据库与现代专利体系的链接。数据库的这些建设使得 TKDL 在国际上有能力制定出传统知识保护的国际规则和标准，提升了印度在传统知识保护方面的国际影响力。在 TKDL 看来，他们在各国专利审查员和现有技术之间发挥了桥梁作用，现在 TKDL 已与 9 个国家地区的专利局（包括美国、欧盟、日本、加拿大、澳大利亚、印度、英国、德国和智利）达成合作协议，同时与俄罗斯、马来西亚正在谈判合作协议。根据合作协议，数据库只能用于各国的专利审查员检索和审查，并且不能向第三方公开数据库的内容，除非出于引用的目的才可以。TKDL 的数据库不是对所有人公开，仅限于合作的专利局，这主要是为了防止任何可能的错误使用而损害印度的利益。

更重要的是，TKDL 通过技术专家和专利审查团队，利用现代知识产权的制度，在专利授权前的异议程序提出第三方意见、检索报告和相应的现有技术证据，从而在专利授权前将传统知识的不正当使用扼杀在摇篮中。由于在现代知识产权制度下，各国普遍允许任何第三方在专利授权之前在其规定时间内提出异议，各国专利审查员对提供第三方意见和证据在审查过程中需要核实、考虑，并根据实际情况，在审查过程中引用提供相关证据来防止不当授权。而在这个程序无须官方费用，该程序简便快捷，时效性高，也通常不需要其他特殊程序，无须请相应国家的律师。而著名的姜黄案和楝树案专利案中，印度是在相关专利授权后才发起维权，最后花费了 500 万美元、近 10 年的时间才无效这两种药物专利，而正是这些教训促使印度下定决心建立自己的制度和模式来保护传统医药知识。因而，在海外尤其是美国的专利等知识产权的法律维权成本高，采用事先防御的策略能明显降低维权的时间和费用成本。但是采用事先防御的策略，也面临这样一个问题，即当今世界正处于知识经济，各国的知识产权包括专利每年都有海量的申请，如何实现准确主动防御监控也是我们在建立相应机构时需要考虑问题。而解决这一问题不仅要借助计算机信息技术，同时也需要专业的专利法律团队根据专利申请给出专业的检索、证据以及法律意见，才能有效地主动防御。

从 2009 年起，TKDL 的团队已经辨认 1155 份各国专利申请（主要来自美国、欧盟、日本、加拿大、澳大利亚等），在 2014 年 8 月之前对各国的传统药物专利申请提出了 1120 件专利授权前异议，其中有 219 件成功使相关的专利申请视撤、取消、宣告无效或终止，或者根据提供的证据被审查员驳回，或者使相关申请人修改权利要求缩小保护范围。图 11 说明印度也认识到仅靠本国立法并不能有效制止国际的“生物海盗”行为，仍需要和防御性保护措施相结合。另外从成功的数量上看，在欧盟成功的数量将近美国的 5 倍左右，产生这种现象可能存在以下原因：欧盟相对美国持有更多传统知识包括传统医药，欧盟内的不少国家如英国、意大利、瑞士等都有传统知识相关权利包括知识产权保护的立法，而美国在传统知识的保护方面无相关立法，这从一定程度上反映了美国对传统知识保护的消极态度，也说明在欧盟采取防御措施相对美国更容易取得成功。从 2009 年起的变化趋势看，TKDL 成功的案件在增多，虽然 2014 年、2015 年成功的案件减少，但是从整体上反映了 TKDL 在防止印度传统医药知识的不正当使用在国际上形成了威慑力。

虽然我国还没有对中医药传统知识正式立法，但是《关于加强中医药知识产权工作的指导意见》（国中医药科技发〔2011〕2 号）指出“研究制定中医药传统知识保护名录，逐步建立中医药传统知识专门保护制度”，目前我国通过建立中医药传统知识保护名录数据库来探索中医药传统知识的保护工作，目前数据库信息来源于：①中医药古籍文献；②实地调查成果，国家中医药管理局组织全国性中医药传统知识调查，实地收集活态性项目信息纳入数据库。该数据库分为方剂、传统诊疗技术、中药炮制技艺、养生方

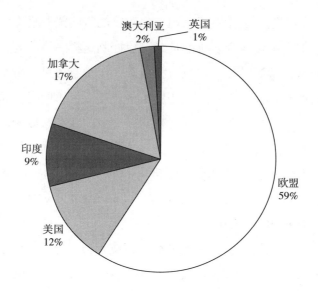

图 11　TKDL 向各国提出专利异议的分布

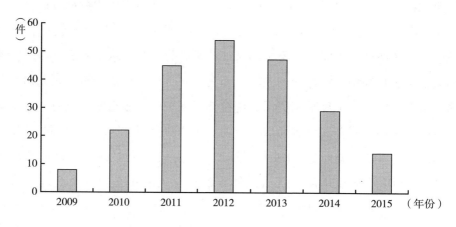

图 12　TKDL 提出专利异议成功数量趋势

法、其他五个子库，数据库按中医药传统知识分类编码方法分类编码，先期已推出传统名方数据库。目前数据库主要用途在于对中医药传统知识保护的相关信息、知识的发布，并用于检索、浏览，也可将待审核专利与已有专利进行比对，在原有专利的页面中标记作为审核条件。

　　因而，我国的中医药传统知识保护相对其他国家仍存在不足，在国际保护上未产生威慑力，还有很长的路要走。在完善我们国家的传统知识保护体系时，不仅要重视国内立法的积极保护措施，也要重视防御性保护措施，做到两手都要硬。在防御性保护措施方面，首先，需要在国家层面成立一个专门的机构或组织，该组织至少应包括中医药学专家、专利审查员、商标审查员、信息技术专家、科学家和技术人员组成的跨学科团队。其次，在建设中医药传统知识保护名录数据库过程中，可以与现代专利分类系统相链接，建立传统医药知识管理、应用的制度，更重要的是确立数据库中的传统医药知识的法律地位，明确其权利和义务。另外，在主动防御的过程中，面对国外海量的专利申请，应建立主动防御的体系和流程，充分利用现代科学的信息技术精准识别范围，实现重点布局和重点防御，并结合专利审查员的技能准确有效地提出第三方异议意见和证据。在防御性保护的过程中，提高我国在国际上的影响力，从而提升我国参与国际规则和标准制定的能力。但在数据库的建设过程中，应当注意可能存在的弊端，并加以防范。因为如何进行传统知识记录的过程，它既可以促进社区利益，也可能损害其利益。当传统知识被记录下来后，可能会丧失知识产权，也可能会加强知识产权保护。在这过程中，由于国际上对传统知识保护并未达成一致，如果数据库的信息不当无偿使用，在国际上很难维权或者维权成本高昂。因而，数据库应纳入传统知识相关法律的范畴，确定其法律地位，对数据库利用的人群应当有针对性，进行分级管理，对传统知识的翻译和国际各专利局将来的使用应当把握节奏、适时推进，在法律上保证这些传统医药不会被第三方错误地使用。

四　小结

虽然中医药在世界上越来越受欢迎，但是中医药产业在国际上仍面临各种技术、标准门槛甚至有效性的质疑。在现代知识产权保护方面，国内企业在国际上的知识产权保护较为薄弱，日本津村在如何推广汉方药、制定国际标准和知识产权战略上提供了一定的借鉴经验，但是不管是欧盟还是美国对中医药尤其是中成药认识并不清楚，对如何审批中成药也无现成具体明确的指引,这些因素导致了中医药在国际上的知识产权保护处于弱保护的状态。在传统医药知识保护方面,印度通过相关立法和建立传统知识数字图书馆等多种措施先在国内建立起传统医药知识保护体系,并利用现代知识产权制度在国际上对可能存在的侵权发起挑战,从而逐步被国际上认可并推广。可见,中医药的知识产权国际化战略并无现成可遵循的套路,更多地需要加强立法保护和技术创新来主导国际规则的制定,从而获得国际认可。因而,在中医药传统知识方面,需要立足于国家民族的利益来制定保护制度,防止被不合理、错误地使用;在现代中医药方面,要在中药临床疗效一致性问题上在技术上取得突破,主导技术标准的制定,并制定与之相配合的知识产权保护战略。只有传统知识保护和现代知识产权保护双管齐下,中医药才能得到更好地保护,中医药的国际化也才能取得更大地成就。

参考文献

傅俊英:《美国专利局授权的中医药专利分析》,《中国中医药信息杂志》2010 年第 8 期。

贺小英:《近 20 年欧洲中医药专利分析》,《中草药》2005 年第 7 期。

翁丽红、林丹红:《传统医药企业知识产权战略分析——以日本津村株式会社为例》,《福建中医药大学学报》2013 年第 4 期。

肖林榕、俞慎初:《略论外来药物输入与中医药的发展》,《福建中医药》1986 年第 5 期。

姚苗:《抓住国际知识产权制度变革的机遇促进中医药传统知识的国际保护——后 TRIPS 时代国际知识产权制度变革与中医药传统知识保护》,《中医药管理杂志》2015 年第 18 期。

张冬:《中药知识产权国际化保护问题的实效方法论应用——以中美对中药保护最佳路径选择为视角》,《河北法学》2012 年第 1 期。

《日中成药开发不如中国标准却早与国际接轨》,《重庆青年报》,2013 年 9 月 27 日,http://news. pharmnet. com. cn/news/2013/09/27/384299 – 1. html。

世界卫生组织:《世卫组织传统医学战略 2014 ~ 2023》,2013,http://www. who. int/publications/list/traditi onal_ medicine_ strategy/zh/。

世界卫生组织:*Traditional Knowledge*,*Traditional Cultural Expressions & Genetic Resources*

Laws，http：//www. wipo. int/tk/en/databases/tklaws/。

世界卫生组织、世界贸易组织、世界知识产权组织：《促进医药技术和创新的应用－公共卫生、知识产权和贸易之间的融合》，2013，http：//www. who. int/phi/promoting_access_ medical_ innovation/zh/。

张晓东：《中医药——中药材重金属限量》，《中国中医药报》，2015 年 8 月 12 日，http：//www. cntcm. com. cn/2015 –08/12/content_ 5145. htm。

张晓东、成龙、李耿、孙晓波：《FDA 植物药指南修订有何新变化》，《中国中医药报》，2016 年 6 月，http：//www. cntcm. com. cn/2016 –06/16/content_ 16729. htm。

专 题 篇

Special Report

B.4

北京同仁堂对传统中医药知识产权
保护的成功经验

杨 秦　师晓荣　刘艳芳*

摘　要：　北京同仁堂是有三百多年历史的中医药老字号，享誉海内外，
　　　　　同仁堂的成功与同仁堂对传统中医药的知识产权保护密不可
　　　　　分。本文介绍了北京同仁堂的发展历程、企业文化，分析了
　　　　　同仁堂的品牌保护、商标策略、技术创新和专利保护、中药
　　　　　品种保护、非物质文化遗产保护以及海外知识产权保护策略
　　　　　等多方面知识产权保护情况，为其他传统中医药企业的知识
　　　　　产权发展和保护提供借鉴。

　*　国家知识产权局专利局专利审查协作北京中心，杨秦，助理研究员；师晓荣，助理研究员；
　　刘艳芳，助理研究员。

关键词： 同仁堂 中药 知识产权 保护

一 北京同仁堂的中医药企业文化传承之路

北京同仁堂（下文简称同仁堂）是一家以中医药为主的医药企业，是中医药行业的老字号，创始人乐显扬于 1669 年创建，自 1723 年开始供奉清皇宫御药房用药，历经八代皇帝。1954 年同仁堂实现公私合营，2000 年改制成中国北京同仁堂（集团）有限责任公司，同时成立了北京同仁堂科技发展股份有限公司。截至 2015 年底，北京同仁堂集团公司经营领域涉及零售药业、现代制药和医疗服务三大板块，拥有药品、中药饮片、医院制剂、食品、保健食品、化妆品 6 类共 2400 余种产品，28 个生产基地和 84 条通过国内外 GMP 认证的生产线，并被列为首家中医药行业全国企业文化建设示范基地。

创始人乐显扬在创办同仁堂之初提出："可以养生、可以济人者，惟医药为最""'同仁'二字，吾喜其公而雅，需志之"，故以同仁堂为名，开办了药室。由此延续 300 多年，经过历代丰富与完善，从而形成了如今的同仁堂企业文化理念。

1702 年，乐显扬之子乐凤鸣接续祖业，在前门大栅栏开设同仁堂药铺；1706 年，乐凤鸣提出：炮制虽繁必不敢省人工，品味虽贵必不敢减物力。1723 年，同仁堂开始供奉御药，历经八代皇帝，此间，形成了"以质为命，至优至精，崇尚仁德诚信"的同仁堂文化内核和严谨的"工匠精神"，确保了产品质量。

同仁堂在发展的过程中，名声日益显赫，出现了假冒者，也出现了早期的知识产权保护方式。同仁堂依靠清政府官方力量保护同仁堂字号，在咸丰二年，京都都察院为保护同仁堂品牌查抄冒名制假贩假商贩。为了维护字号，家族约定同仁堂"只此一家别无分号"，民国前后乐家"四大房"共同约定，如各房开中药铺，可采用"乐家老铺"，遵循不使用"同仁堂"字号

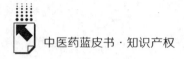

的家规。这些措施都对"同仁堂"字号起到保护作用。

中医药传统文化是中医药的特色和优势，同仁堂在发展过程中保持着对传统文化的传承，近年来，同仁堂相继设立了承担文化传承工作的文化与教育管理专业委员会、"非遗"传承中心，同时通过编写《同仁堂大师医案（处方手迹）》，整理和研究《同仁堂传统配本》《同仁堂药目》，编纂《同仁堂史》，进行同仁堂中医药文化资源（含文物）的调研，兴建同仁堂博物馆等多种措施传承企业文化。

二　同仁堂的知识产权战略

历史上同仁堂曾通过商业秘密形式如编制《同仁堂乐氏世代祖传丸散膏丹下料配方》来进行知识产权保护，如今随着企业的不断发展，现在同仁堂的知识产权保护方式发展为商标、专利、中药品种保护、国家保密技术等多种方式并存的立体保护模式。

（一）同仁堂的品牌保护及管理战略

1. 品牌规划

（1）品牌文化和定位

同仁堂在制药方面坚守"配方独特，选料上乘，工艺精湛，疗效显著"的原则，恪守"炮制虽繁必不敢省人工，品味虽贵必不敢减物力"的古训，坚持"修合无人见，存心有天知"的自律精神，把质量和诚信作为同仁堂最关键的品牌内涵。

（2）品牌的使用规划

对于仿冒同仁堂的假门店、假商标、假广告、假产品，同仁堂采用法律、经济、舆论等方式，坚决打假。通过对物料商品采购和加盟店专项治理整顿行动，规避经营管理的潜在风险。同仁堂对各二级集团开展品牌诚信体系等级评定工作，增强维护品牌意识。在海外参与马德里协约国和巴黎公约国注册，在世界五十多个国家和地区办理注册登记手续，在美国、英国、加拿大、澳大利亚、印度尼西亚等国家和地区开办合资公司及连锁店，进而强化同仁堂在国外的品牌地位。

2. 品牌维护措施

同仁堂从品牌评估、保护和管理多方面入手维护其品牌，例如坚持诚信体系制度化、规范化、常态化建设，出台了《品牌保护信用等级评定办法》，将全系统各单位的产品质量、服务质量、经营质量、价格、广告发布等内容纳入评定标准中，每年对所属单位信用等级进行考核评定。各级子公司均建立了品牌管理部或承担品牌管理职能的部门，专职推进品牌诚信体系建设，包括开展打假维权、质量管理提升等协调工作。围绕品牌和共性技术问题，提升产品质量与服务质量，通过质量提升来维护同仁堂产品和服务水平，品牌知名度、品牌形象和品牌忠诚度得到巩固和提升。制定《品牌危机应急处置联动机制工作预案》，成立领导小组负责危机应急处置协调工作，建立危机事件信息动态报告机制，针对危害社会公众健康或者可能造成严重损害的突发食品药品质量事件、严重药品不良反应事件、突发食品药品安全事件、对同仁堂品牌可能造成负面影响的事件等紧急危机建立联动处理机制。近百种常用药实行了"标准"供货的模式，制药公司加强供应商资质及现场审计的考核，增加了供应商调查问卷，使供应商对其质量管理体系做出检查反馈。一系列的措施较好地保证了其品牌的持续认可度和影响力。

（二）同仁堂的商标战略

1. 商标战略概况

商标作为知识产权保护的重要手段之一，在同仁堂成长发展过程中发挥了重要作用。首先，商标的保护提升了同仁堂开发市场、占领市场的能力。市场是企业生存与发展的空间，企业想要开拓与占领市场，必须要让市场认识企业的产品，而商标的显著性功能是价值属性，消费者通过商标区别和选择商品，商标是商品的标志，也是企业开拓市场与占领市场的重要工具。其次，对于商标的保护有利于维护企业信誉。消费者在挑选商品时也逐渐把商标作为重要的信息来源，商标本身也成为企业产品质量、企业形象与信誉的代表。同仁堂的商标保护战略增强了消费者对产品的安全感以及对企业的信任。此外，同仁堂对商标的保护也是企业保护自身资产的重要方面。通过建立商标，增加了商品的附加值，特别是驰名商标，其所带来的经济价值更是不可低估。

（1）商标的注册与使用

1983年2月25日，"同仁堂"商标在我国以注册号171188获准注册。1989年，国家工商行政管理局商标局将其认定为我国第一个驰名商标。而且"同仁堂"商标也是第一个申请并首批获得国际注册的马德里商标。1995年、2007年、2010年，北京市工商行政管理局将其认定为"北京市著名商标"。

北京同仁堂集团以"同仁堂"商标为核心，同时补充其他商标，建立了使用性注册与保护性注册并重的商标注册体系。国内以"同仁堂+图"为中心，保护性注册了"同仁堂""堂仁同""TongRenTang""TRT Since 1669"等商标图样29个。商标主要涉及中药、保健品、饮料、食品、医疗器械、酒类、化妆品等18个类别。为防止海外抢注国际商标，同仁堂国际商标注册更侧重于保护性注册。截至2015年底，拥有国内注册商标112个，国际注册商标175个。

在商标的使用与管理上，北京同仁堂实施字号与商标标识一致、字号授权与商标使用许可相结合的管理模式。北京同仁堂所有商业终端全部使用"同仁堂"字号。全系统药品、保健食品、食品、化妆品四大类共计1454种产品，全部使用同仁堂系列商标。

（2）商标基础管理

第一，使用同仁堂商标和字号必须得到北京同仁堂集团的授权。申请使用同仁堂商标或字号，要符合同仁堂总体发展战略、本单位的专业化定位以及集团公司品牌管理制度。

第二，限定商标与字号的授权期限，对子公司的商标与字号授权规定一律不超过五年，到期后可以继续申请延续，以加强集团公司对子公司品牌使用与管理的管控力度。

第三，建立品牌保护信用等级评价体系。依据《品牌保护信用等级评定办法》，从质量、服务、经营、广告宣传、价格和预案管理6个方面制定评价细则，每年评定和管理子公司品牌保护信用等级。

（3）注册海外商标，开发国际市场

为配合开发国际市场，同仁堂在海外70多个国家和地区注册了175个商标，在澳大利亚、韩国、马来西亚、新加坡、中国香港和中国澳门等国家和地区注册产品500余种，在17个国家和地区开设1家生产基地和79家子公司及药店。

（4）确定商标使用标准和规范

2000年同仁堂制定实施《CIS手册》，该手册规定了商标的使用标准，明确规定商标使用的大小、色彩，以及与不同明度底色的组合规范，以确保商标使用的规范性。

2. 商标保护方式及案例

（1）商标异议

商标异议是阻止商标注册中"搭便车"行为的有效途径。近年来，我国商标申请量连续增长，商标注册中"搭便车"行为出现组合化、隐性化的特点，商标监测的工作量加大。针对这些问题，对商标进行常态化、定期化监测。

自2010年起，同仁堂对初审公告第4676317号"同仁唐康tongrentangkang"、第5687759号"铜仁堂"、第7085313号"孙思邈＋图"、第7358281号"童仁堂"、第8404291号"乐显扬"等提起商标异议，有的还进入了异议复审程序。目前，同仁堂对初步审定号第5687759号"铜仁堂"、第8404291号"乐显扬"的商标异议申请获得支持；第12549071号"铜人堂"、第12904028号"乐氏同仁 ROYAL HERBALIST SINCE 1669"、第12209863号"中信同仁堂"、第12363626号"一世同仁"等商标异议也获得支持。对第4676317号"同仁唐康 tongrentangkang"、第7085313号"孙思邈＋图"、第9611948号"ZHTRT＋图"的商标异议复审获得支持。对第9611946号"ZHTRT＋图"的商标无效宣告获得了支持。这些异议申请和无效宣告有效阻止了对"同仁堂"商标"搭便车"行为，维护了同仁堂的商标权益。

（2）法律诉讼

近年来，随着知识产权关注度增加，有人利用内地与港澳台分属不同法律体系的特点，在海外注册含有同仁堂字号的企业，在内地发展分支机构，企图混淆视听。为维护中华老字号和同仁堂驰名商标，同仁堂还积极采取法律诉讼手段打击商标侵权和不正当竞争行为。

①同仁堂诉中华同仁堂商标侵权和不正当竞争纠纷案

本案原告中国北京同仁堂（集团）有限责任公司（以下简称北京同仁堂）是第 171188 号"同仁堂"注册商标权利人。被告中华同仁堂生物科技有限公司（以下简称中华同仁堂）注册地在中国台北市中山区民生东路，于 2011 年在江苏省常州市设立代表处。中华同仁堂在其经营期间，实施了对"同仁堂"商标的模仿、虚假宣传、恶意诋毁等行为。为此，北京同仁堂起诉请求判令中华同仁堂停止侵权和其他不正当竞争行为，消除影响并赔偿相应经济损失。江苏省南京市中级人民法院审理认为，中华同仁堂在其店铺牌匾、装饰、赠品包装、网站、宣传册、名片上，突出使用"同仁堂"字样，该行为侵害了北京同仁堂享有的注册商标专用权。另外，中华同仁堂在其网站上捏造和散布虚假事实，对北京同仁堂进行恶意诋毁的行为构成不正当竞争。判决中华同仁堂立即停止侵害北京同仁堂注册商标专用权的行为，消除不正当竞争行为给北京同仁堂造成的影响，并赔偿北京同仁堂经济损失和由于维权支出的合理费用共计 100 万元。中华同仁堂对该判决不服并提起上诉。江苏省高级人民法院审理认为，一审判决认定事实清楚，适用法律正确，最终维持原判。

该案是南京市中级人民法院公布的 2014 年十大典型案例之一，法院在审理商标纠纷案时，根据当事人和案件情况，可以对涉及的注册商标是否为驰名商标依法做出认定。"同仁堂"商标既是老字号，也符合中国驰名商标的条件，依法应给予跨类保护。本案中，社会知名度和认同性很高的"同仁堂"商标与中华同仁堂的行为相结合，必然会使公众认为"同仁堂"商标与中华同仁堂之间存在联系，而造成对公众的误导，可能导致公众和消费者误认为中华同仁堂的行为是北京同仁堂扩大经营范围或扩展经营项目，公众会基于对北京同仁堂品牌的信任而购买中华同仁堂的产品，如果中华同仁堂的经营出现问题，会导致公众降低对北京同仁堂及其商标的评价和信任，降低北京同仁堂品牌在公众中的知名度和影响力，损害北京同仁堂商标的市场价值。因此，法院认为中华同仁堂的行为侵害了北京同仁堂依法享有的商标专用权，实施不正当竞争行为，损害了北京同仁堂的合法权益，应当承担停止侵权、消除影响并赔偿经济损失的民事责任。

②南北"同仁堂"案

"同仁堂"与"叶同仁堂"均为康熙年间创立的老药铺，同仁堂在北京，叶同仁堂则在浙江温州，由于三百多年前所取名字仅有一字之差，北京同仁堂（集团）有限公司（下称北京同仁堂）对温州叶同仁堂药品零售连锁有限公司（下称叶同仁堂）提出商标侵权诉讼，认为"同仁堂"作为国家认定的驰名商标，受法律保护，而叶同仁堂下属的药店以"叶同仁堂"作为企业名称的字号，实际是以"同仁堂"作为其企业名称的主要部分，对原告及其商标造成侵权。叶同仁堂则认为该字号已有三百多年的历史，是继承祖上遗产，并且"叶同仁堂"经过工商部门登记，是合法有效的，叶同仁堂有自己独特的经营理念和特色，并非模仿同仁堂商标名称，不属于"傍名牌"。经浙江省高级人民法院调解，双方于2004年8月达成和解协议：叶同仁堂承诺将目前"叶同仁堂"字号及相应的企业名称中的"叶同仁堂"变更为"叶同仁"，并承担本案全部诉讼费用。

同仁堂是知名度很高的老字号企业，而叶同仁堂也是当地驰名的商号，都是属于历史悠久的字号，但因名称接近，出现企业名称使用权和商标使用权冲突的问题。根据《中华人民共和国反不正当竞争法》的规定，如使用他人的注册商标而造成消费者误认，即可认定为侵权。叶同仁堂字号虽然也有较长的历史，但新中国成立后长期没有使用，在2001年成立温州叶同仁堂大药房有限公司后才重新使用"叶同仁堂"的称号。而"同仁堂"商标已经达到家喻户晓的程度，消费者对该商标的信任度很高，对于名称相似并且中断使用很长时间的"叶同仁堂"，北京同仁堂有理由令其停止使用。根据调解结果也能看出北京同仁堂在这场南北"同仁堂"之争中得到法院的支持，商标特别是驰名商标对于企业是至关重要的。

③同仁堂诉刘振华侵犯商标专用权纠纷案

2012年8月有消费者发现，成都市双流县文星镇某商铺的铺面上设有显著的红色"中华同仁堂"招牌，还有另两处底层商铺设有蓝色"中华同仁堂"招牌。经调查发现，两处商铺购买人为刘振华，刘振华还正在向国家工商行政管理总局商标局申请"ZHTRT"商标注册。北京同仁堂据此起诉商铺所有人刘振华，要求其停止使用标有"中华同仁堂"的招牌，将其拆除销毁，同时需刊登声明以消除侵权影响，并赔偿经济损失。四川省成都市中级人民法院审理认为，该案涉案商铺购买及被控侵权招牌的使用均系刘振华个人实施，应认定刘振华为被控侵权行为的实施人，刘振华在涉案店铺开业之前，先行在其悬挂的匾牌上突出使用"中华同仁堂"字样的行为，属于上述规定中的广告宣传性质的商标使用行为。"同仁堂"为中国驰名商标，有很高的公众知晓程度和美誉程度，"同仁堂"标识的显著性极强，刘振华以广告宣传性质将"同仁堂"冠以"中华"前缀而公开使用，不论涉案商铺是否实际经营，这种使用行为都将会导致相关公众误以为涉案商铺与同仁堂公司有关或同仁堂公司对"同仁堂"注册商标的使用方式发生了改变，并最终导致中华老字号"同仁堂"的可识别性降低，刘振华对"同仁堂"的前述使用行为已损害了同仁堂公司的注册商标专用权，构成商标侵权。刘振华不服一审判决上诉，四川省高级人民法院维持原判。

从这些案例中可以看出，由于同仁堂是有悠久历史的驰名商标，在社会公众中有很高的知名度和信誉，相应具有很高的商业价值，无论是企业还是个人，使用与"同仁堂"近似的商标都很可能涉及侵犯同仁堂的商标权。企业尤其是知名或老字号企业在打造好自己的品牌和商标的同时，要加大商标的管理、保护力度，及时发现并用多种手段打击商标侵权、仿冒等行为，积极维护品牌声誉和自身的利益。

（3）工商投诉

一些不法商家利用消费者信赖同仁堂品牌的心理，采用"同仁堂"商标生产、销售假冒产品，侵害了同仁堂的合法权益。针对上述情况，同仁堂积极收集证据，及时向各级工商和主管行政机关投诉，且在多地取得了成效。由于企业名称的核准实行属地管辖，同仁堂发现黑龙江、河南、湖南的几个市县级工商局核准了含有"同仁堂"字号的企业名称。根据《驰名商标保护与管理规定》及时向当地工商部门提交投诉函，取得较好的保护效果。2012年，同仁堂发现辽宁省本溪市存在"本溪同仁堂大药房"工商注册名称的药店，但该药店未经授权，即为一家取得合法外衣的山寨企业，后经现场走访取证，3次采用书面或当面形式向辽宁省工商局及本溪市工商局投诉，2015年10月该药店名称被更名。

（4）主动发表声明和函件澄清事实

随着新媒体的发展，网络销售、电话邮购已成为销售假冒产品的新途径。鉴于网络销售、电话邮购的隐蔽性与复杂性，取证难度加大，对此，同仁堂在获知相关信息后，主动向报社、网站、消费者协会等传媒载体发函，及时澄清事实。同时，采用在本公司网站上登载严正声明和采用热线电话向消费者解释等形式，及时消除不良影响。

3. 经验和启示

同仁堂虽然在商标保护方面取得了一定成就，但是对于拥有2400余种产品的中药制药企业来说，中药药品商标占商标总量的比例仍然不高，相比国外商标利用比较成熟的企业，商标总申请量仍然比较低。从同仁堂的商标管理经验也可以看出，商标对于企业的商业价值、经济效益等起着至关重要的作用，而我国中药企业在商标方面普遍存在注册量少、保护力度不大、缺乏独特性、对道地中药材缺乏商标注册意识等问题。因此对于其他中医药企业，需要增强中药商标保护的法律意识，增加商标注册数量，加强对已有商标的使用和管理，另外地理标志可以作为原产地证明商标注册成一种特殊的商标，这也是保护中药材的一个有力工具，企业可以增加对道地药材的商标注册，对于有潜力的中药产品还可以考虑在国外进行商标注册保护。对于商标侵权、假冒等现象应及时关注并通过多种途径维护企业的权益。

（三）技术创新和专利保护战略

1. 技术创新和专利保护战略

在保护传统中药的同时，同仁堂也关注新产品的开发，积极推进新药研发上市，并在申请新药过程中布局多项相关专利，同时推进产学研合作，建设开放式平台，解决行业共性技术难题。北京同仁堂从1988年起开始申请专利，至2016年11月，已申请发明专利153项，其中授权的发明专利87项，申请实用新型专利31件，外观设计专利140件。发明专利中有两件PCT申请，有6件发明为香港同族申请。从1988年至今同仁堂发明专利申请量和授权情况见图1。

从图1可以看出，同仁堂发明专利申请量从2005年起增长较快，授权量也相应逐年增长，尤其以2011～2014年较多，另外，由于从提交专利申请到公开需要一定时间，2015～2016年所统计申请量会比实际偏低。

与其他申请量较大的中药企业相比，同仁堂的申请量虽然不高，但授权率较高，说明其专利申请的质量比较高。

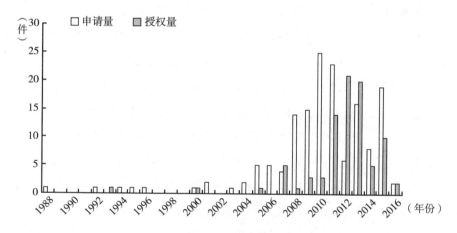

图1　同仁堂发明专利历年申请和授权情况

除了专利申请数量，专利申请的有效量在一定程度上代表了该专利的价值，企业持有的有效专利量越多，表明对企业具有价值的专利数量也越多，说明企业利用专利权保护自身发展及运用专利战略的意识更强。在申请专利有效量方面，同仁堂的申请有效比高、失效比低，说明企业不仅仅通过技术秘密、中药品种保护等传统形式进行技术保护，还积极运用专利对其核心产品、核心技术进行全面的保护。同仁堂的专利申请在审数量不多，表明近年申请数量可能减少。就专利申请的内容而言，发明专利主要涉及中药组合物、制备工艺、活性成分提取工艺、药材炮制、质量控制方法和检测方法、保健食品、化妆品、药物新用途等，实用新型以装置设备为主，外观设计以药品包装为主。发明专利中涉及不同主题或内容的分布情况见图2。

从发明专利涉及主要内容的分布可以看出，作为中药企业，发明专利申请主要以中药组合物及制备方法、提取方法为主，这也是中药企业的主要创新方向。另外，作为老字号和大型中药企业，对于药材加工炮制、生产过程和产品质量控制也有较多研究，同仁堂的产品中除了药品，养生保健类产品也占比较大，因此，同仁堂在药材炮制方法、质量控制方法、保健食品方面也有较多创新和专利申请，这与同仁堂的企业特色密切相关。

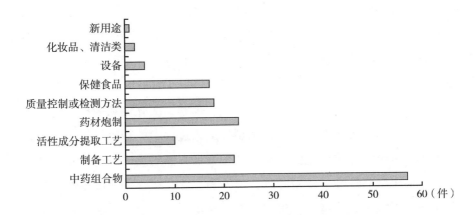

图2　同仁堂涉及不同保护主题的发明专利申请量分布情况

药物组合物专利申请包括中药复方制剂、中药提取物的组合物、中药材提取分离的活性成分的组合物，中药与非中药成分组成的组合物等。其中，有 28 件是中药复方制剂的专利申请，该类申请数量最多。其次是含中药提取物的组合物专利申请，有 14 件。中药与非中药成分组成的组合物专利申请、中药材提取分离的活性成分的组合物专利申请数量较少。同仁堂的药物组合物专利申请数量以中药传统的复方制剂为主要类型，是目前中药领域专利申请的主要类型。中药提取物是在中药复方的基础上进一步加工提取获得的，相对而言，其有效成分更加明确，疗效更加确切，服用剂量也较小，患者依从性较好。另外，从这些药物组合物类专利申请的用途分析，其治疗涉及人体各个系统，有治疗感冒、脑中风、心脏病、肾病、糖尿病、口腔疾病等病症，以及降血脂、防止肝损伤、抗疲劳、增强免疫力等功效，都是当前发病率较高的疾病，或是用于提高生活质量，例如，补气养血、滋阴助阳、培元固本、美白养颜、改善更年期症状等。可见同仁堂的研发主要关注常见病、多发病的治疗，以及提高生活品质相关药物。一般来说，这类药品市场需求量大，前景广阔，也是中药相比西药优势更突出的领域。

对于活性成分提取工艺的专利申请，其包括中药活性成分的提取、分离和纯化方法，以及以特定工艺从中药材中提取分离获得的活性成分。这类专利申请量仅有两件：零陵香提取物新的皂苷化合物的大孔树脂分离相关申请；对于有药效活性的中药成分提取分离的研究。而从中药材中提取分离发现新的有药效活性的成分，对已有工艺的改进和提高生产效率等是中药企业今后的研究重点。

制备方法专利主要包括：第一，传统方剂的二次开发和剂型改进，例如牛黄清心丸等知名方剂的改进，包括制备工艺过程中的粉碎、提取等传统步骤及采用喷雾干燥等现代化的制备工艺步骤等方面的改进；也涉及辅料的选择，例如采用微晶纤维、微粉硅胶、聚维酮、交联聚维酮或可压性淀粉这样的促成型剂制成微丸。第二，传统剂型的优化，如对于巴布剂、蜜丸等传统剂型的辅料进行优化，从而提高载药量，缩短给药时间，避免传统制剂例如中药蜜丸易软化、变黏等问题。第三，新剂型的改进，通过合理选择辅料种类、用量和主药配比制备成泡腾片、经皮给药制剂，提高了生物利用度，起效迅速、服用方便、口感好、质量稳定。第四，有效部位的提取，通过采用大孔吸附树脂等现代化提取工具，优化提取参数，得到中药有效部位，制剂稳定、操作简便、产品得率高、重复性好、可实施性强。第五，通过对提取方式、制剂、配伍等多方面改进，达到有效成分合理利用，例如，利用超临界二氧化碳萃取法技术提取油脂有效成分，并进行温度变化法、压力变化法、吸附法的合理配伍，固体制剂液体释放技术，硬胶囊均应封口的新剂型研究等。

在药材的质量控制和检测方法方面，主要针对单一组分（例如五类新药巴戟天寡糖胶囊的主要活性成分巴戟天寡糖）、制剂、药材处理过程（例如对蜂蜜炼制过程中样品的质量检测方法）、真伪鉴别等进行了系统研究。研究方法中含量测定方法主要采用高效液相仪、红外等仪器在内的现代测定工具，鉴别方法主要采用薄层色谱法。对于高效液相色谱仪不仅仅采用常规的紫外检测器，也通常会根据检测组分的性能采用示差检测器或蒸发光散射检测器等非常规的检测器检测。此外，对于对照品、前处理步骤也均有研究。对于药材质量的控制也扩展了通过采集样品近红外光谱图数据建立关联定量模型、HPLC 指纹图谱等，提高了鉴别药材的真伪和质量的预测精度。同仁堂还开发了生物检测，采用具有较高的特异性和灵敏性的引物对于混合物中骨质药材（例如豹骨、山羊角、羚羊角、塞隆骨）成分进行检测。此外，对于通用的药物组合物生产过程中的质量检测及控制体系也有所关注，对生产过程各单元的在线质量控制系统进行设计与应用研究，设计了通用的质量检测控制体系。

同仁堂也十分注重药材炮制的研发，对于传统药材的炮制步骤、仪器进行了多种改进研究。主要涉及：第一，传统药材核心炮制工艺的改进。例如燕窝的清洗加工，众所周知，燕窝中的亚硝酸盐对人体健康会产生危害，同仁堂通过采用与维生素 C 溶液充分反应、干燥、定型的工艺能够有效地去除燕窝中的亚硝酸盐。第二，中药材通用工艺的改进。对于中药材中的一些通用工艺，同仁堂结合现代反应机理和仪器进行了有效改进，例如无硫化处理的改进，包括通过将中药材置于食盐溶液的电解水中反应的化学方法、利用微波发生器的物理方法等，既能有效去除二氧化硫残留，又能避免中药材的有效成分流失。西洋参、冬虫夏草等的软化工艺，通过采用特定的软化装置和调整软化过程中的参数使得药材的软化时间、药材品质等方面优化。第三，对于贵重药材的炮制品质改进。利用现代仪器对于虫草、西洋参等贵重药材的炮制进行改进，提高贵重药材的品质。第四，传统中药的现代炮制方式。对于川乌、法半夏、半夏曲、制天南星、六神曲、羚羊角粉、朱砂粉等传统中药，通过选择采用洗药机清洗、搅拌机搅拌、润药机热润、高压罐加压隔水蒸制、超微低温粉碎机或超音速气流粉碎机粉碎、烘干箱烘干等现代的炮制手段，设计科学合理的炮制步骤，提高了生产效率，实现了炮制的自动化、规模化及规范化。第五，炮制工具的改进。包括通用的工具，例如药材分级出料振动筛床、切片装置等；也包括针对特定药材的炮制工具，例如冬虫夏草用定型装置、蒸润装置，适用于乌头类中药材的多级组合絮凝装置等。对于炮制后的流程，开展了包括处理乌头类中药炮制废水等方面的研究。

对于保健食品类专利申请，主要以具有改善睡眠、缓解疲劳、活血驱寒、养生等保健功效的中药组合物为主。而这些专利申请都含有中药作为主要活性成分。由于中药独特的药食两用特点，在开发新药物的同时也关注中药保健品的开发和研制，使产品种类更丰富，产业结构更多元化。

另外，在同仁堂的专利申请中，还包括两个专利申请族群，由具有相同或相似技术主题的多个专利申请构成。一是"当药"族群，是围绕以"当药提取物"为关联技术特征建立的专利族群。包括当药提取物、制备方法、应用、制剂、质量控制方法的产品专利申请。另一个是"疏风止咳的中药组合物"族群，是以中药组方为基础，围绕该组方的配比、制备方法、制药用途以及检测方法等方面进行改进的专利族群。其申请的专利包括疏风止咳的中药组合物复方制剂、制备方法、用途和质量检测方法。该族群以具有君臣佐使配伍关系的新的中药复方制剂为基础，通过制备方法、用途、检测方法等不同角度进行保护，形成以中成药品种为核心的防御性专利族群，达到对市场上的产品进行全方位保护的效果。同仁堂积极实施衍生产品的全方位保护，达到对核心产品专利价值的利益最大化。

同仁堂是以传统中药成方制剂为主的制药企业,其专利布局以中药组合物专利群为核心,并在此基础上布局中药组合物进一步提取分离获得有效成分的外围专利,从而形成对产品的专利保护网,强化专利保护力度。

2. 经验和启示

作为一个传统中医药企业,同仁堂在专利申请中重点突出,对于新产品研发积极进行专利申请和保护,并积极发挥企业在中药炮制方面的优势,申请中药炮制技术的相关专利,同仁堂在专利的维护等知识产权工作上的投入占研发经费的5%以上,这些措施有效提高了企业的专利保护能力,也值得相关中药企业借鉴学习。但是从专利整体情况来看,也存在一些需要提高和改进的地方。首先,专利申请的整体策略有待提高,例如对新产品的专利保护缺乏整体的布局,部分产品没有专利的持续布局或外围专利。其次,作为一个具有一定国际影响力的中药企业,在其他国家的专利申请还比较少,专利国际化水平有待提高。

(四)中药品种保护战略

1992年1月,国务院第16号令签发了《中药品种保护条例》(后简称《条例》),其目的主要是规范当时中药品种管理比较混乱的状况。《条例》的实施在相当程度上使得中药品种的低水平重复问题得到遏制,减少了不同企业间的不良竞争,保护了中药品种开发主体的相关利益,促进了中药企业的技术进步、创新意识和产品质量的提高,在一定程度上促进了中药产业的现代化和规模化。

同仁堂拥有近一千个中成药品种,其中近一半的品种是同仁堂老配本收载品种,同仁堂主要对部分配方独特、疗效突出、独家生产、市场急需的品种进行重点保护。同仁堂先后有25个品种成为国家中药保护品种,包括同仁牛黄清心丸、同仁大活络丸、同仁乌鸡白凤丸等。这些中药保护品种都是疗效突出、需求量大的重点产品,中药品种保护对企业有重大意义,并且是对专利、商标等其他知识产权保护方式的重要补充。但由于保护周期的限制,目前大部分品种已不在保护期内,特别是原创品种、独家品种面临着被其他企业仿制的风险，这也是广大中药企业共同关注和需要解决的问题。

目前《中药品种保护条例》正在修订过程中，对于部分难以通过现代专利制度进行保护的传统中药来说，建议国家相关部门应该继续完善中药品种保护制度，尤其是加强重点传统中成药品种的保护力度，防止一些传统经典名方或中成药被国外企业轻易利用，从而造成中医药传统资源的流失。

（五）同仁堂的非物质文化遗产保护和传统知识保护

同仁堂历经三百多年发展，通过传承与创新，形成了具有自身特色的医药技艺和文化，2006年"同仁堂中医药文化"被列入首批国家级非物质文化遗产名录；2014年"同仁堂中医药文化（传统中药材炮制技艺）"获批第二批国家级非物质文化遗产生产性保护示范基地；2014年"安宫牛黄丸制作技艺"获批第四批国家级非物质文化遗产代表性项目名录（扩展项目）。

1. 同仁堂中医药文化

同仁堂中医药文化是在继承祖国传统中医药文化并融入宫廷医药规范的基础上，经过传承与创新，将中医与中药相结合，传统与现代相结合，国内外发展相结合，形成具有自身特色的传统技艺、炮制方法、仁德文化、质量文化、经营哲学、品牌形象和队伍建设的总和。

（1）制药文化理念

同仁堂创始人于1706年在《同仁堂药目叙》中提出的"遵肘后，辨产地，炮制虽繁必不敢省人工，品味虽贵必不敢减物力"，时至今日仍是同仁堂的制药古训。在供奉御药期间，无论是采购药材，还是代制成药，都坚持质量至上的原则，使药品质量和疗效达到宫廷的制作水平和标准。这种责任使同仁堂逐步确立了质量、诚信至上的理念。

在同仁堂制药宗旨的指导下，形成了从处方、药材、炮制、制剂、质量管理、持续改进等一系列措施和制度以保证药品的质量特色。

第一，处方独特。同仁堂的药品处方来源于古代方剂、宫廷秘方、民间验方和自行研制，经过长期的临床筛选和优化，疗效确切安全，配方药味标明了药材的产地、加工、等级、栽培、炮制等要求，是保证疗效的基础。

第二，使用优质、道地药材。药材品质决定疗效，药材选用要求质量性状上等、按时令采收、使用原产地生长的道地药材等。

第三，严格的炮制技术。炮制是成药疗效的关键，炮制的主要特点是"净料投料"和"依法炮制"。目前同仁堂有五大类20个前处理工序，其中包括五十多种炮制方法，如火炙的炒、煨、煅等有二十多种，还有水制、水火制、制曲等，尤其毒性药材的炮制和滋补药蒸制等是同仁堂的特色技术。

第四，制药工艺精湛。在传统剂型，例如中药丸剂、散剂、药酒和膏药等的生产方面，同仁堂具有一定的技术优势。不同质地中药材粉碎的细度、研配的均匀度、合坨的温度和时间、手工制丸技术、裹金技术、吊蜡皮技术等均有严格规定。

第五，严格的质量管理。质量管理是药品质量的保障，历史上同仁堂靠"三检斤四核对"保证投料准确；依方配料后的混料工序以确保药粉均匀，类似的质量管理要求还很多，如今同仁堂在继承这些传统的同时结合现代质量管理来控制药品质量。

第六，持续改进，不断提高药品质量。随着时代的发展，人们对药品的要求不断提高，在药品研究、生产过程、营销等诸多环节对现有产品不断进行二次科研，如剂型改革、工艺研究、临床研究、标准研究、售后服务等对老产品进行质量改进，不断提高药品质量。

（2）中医、中药密切结合

老同仁堂药店的"查柜"和20世纪50年代同仁堂药店的"问病服药处"，均是由中医药专家为顾客免费提供咨询，指导顾客买药。从1996年起，同仁堂药店建起同仁堂医馆，聘请北京各大医院的中医专家在医馆坐堂应诊。目前二十多家海外同仁堂药店，也有知名中医指导患者用药，形成以医带药、医药结合的经营模式，促进了中医药在海外传播。

基于对传统文化的认可和对技艺的尊重，同仁堂成立了科技质量部、品牌法律事务部、非遗传承中心、同仁堂文化研究会等多个相关专业部门对传统同仁堂文化开展保护，也是将文化建设与知识产权保护有机结合的举措。

2. 传统技艺与中药炮制的传承

同仁堂一直重视传统制药技艺以及技术秘密的传承和保护，这也是保证产品质量的重要基础。

（1）传统技艺和技术秘密的传承

首先，《同仁堂传统配本》与《同仁堂药目》分别管理。《同仁堂传统配本》记载中药药品处方、剂型、简要制法等，由乐家经营者严格保管，而《同仁堂药目》记载药品的功能主治，已公开出版印刷，患者可随时取用。其次，同仁堂职工的工作岗位相对固定，一名普通职工不会接触到全部中药生产工序。再次，制药过程中的工艺（例如粗、细料粉碎）以及研配工序（混合的粗料中兑入细料的过程）都是由不同生产车间的不同工人分别完成的。最后，1950年以前没有发现关于"同仁堂的炮制技术"的文字记载。上述措施对保护同仁堂的技术秘密起到很大的作用。

目前同仁堂在坚持传统传承方式的同时，通过商标、专利、中药品保护、新药监测期、商业秘密、地理标志产品、技术秘密等多途径保护知识产权，从不同角度保护同仁堂的品牌、技术、产品和服务。这些方式使得同仁堂的各项技艺得到更全面的传承和保护。

（2）中药的传统炮制技术

中药饮片炮制技术是中医药核心技术之一，与中药的质量、功效密切相关。同仁堂对中药炮制技术也极为重视，许多技艺都沿袭古法以保证药效。由于炮制技术工艺步骤复杂，是关系中药质量和疗效的关键步骤，除了常规炮制步骤之外，各企业在工艺细节上各有独到之处。以前同仁堂和其他中药企业大多采用技术保密的方式保护炮制技术。但该保密制度存在两面性：一方面可以保护传统制药技术，但另一方面限制了炮制技术的相互交流和发展。近年来，越来越多的企业将炮制技术的研究成果通过专利进行保护，保护内容主要涉及炮制方法、炮制产品、炮制产品新用途、制药设备、质量检测方法和设备、信息资源等。

同仁堂一直以来都很重视炮制技术，同仁堂炮制的主要特点是"净料投料"和"依法炮制"，严格的炮制方法才能保证药品药效，经历数百年的传承和研究，形成很多科学的炮制方法，其中包括一些滋补药材以及毒性药材的炮制方法的特色技术。同仁堂不仅通过传统的代代传承的保密方式保护古法炮制技术，并将传统炮制技术申请为非物质文化遗产，随着时代的发展，同仁堂也用现代科技手段研究炮制方法，并且申请专利保护，同时在技术秘密与专利保护之间寻求平衡点，对于一些古法传承并有独到之处的传统炮制方法仍然保留为技术秘密，对于有创新性研究成果的方法使用专利等方式保护，根据不同方法的特点采用不同方式达到更有针对性的保护。

炮制技术不仅对传统中药企业至关重要，也是急需保护的传统技术。除了传统技术秘密保护之外，中药企业可以从以下方面进行研究和保护：首先，强化知识产权保护意识，通过对各种中药炮制技术进行二次开发，通过申请专利来保护中药炮制技术，也是有效保护中药炮制技术的一种方式。其次，加强相关文献的挖掘，对炮制工艺、炮制原理深入研究，通过对各种炮制方法的发展过程进行归纳，结合前人的操作经验，充分利用现代科学技术对炮制方法和工艺进行研究，实现炮制工艺过程的数据化、规范化。最后，建立专利、商标和商业秘密三者相结合的知识产权保护体系，同时加强对传统中药炮制技术的继承和总结，尽快对中医古籍进行研究和二次开发，通过多种科学的研究手段，使得传统炮制工艺得到更好的传承和利用。

3. 非物质文化遗产与传统知识保护措施

对于非物质文化遗产和传统知识，同仁堂遵循"保护为主，抢救第一，合理利用，传承发展"的方针。2010 年同仁堂成立了文化传承中心，对"非遗"工作及相关项目、代表性传承人进行管理，促进"非遗"保护、传承和传播。2012 年成立了文化与教育委员会，指导"非遗"文化普及，培养传承人。2013 年制定了《同仁堂非物质文化遗产保护管理办法》作为内部"非遗"保护法规。

同仁堂参加国家中医药管理局开展的全国中医药传统知识调查工作，将同仁堂传统配本与同仁堂药目，同仁堂传统鉴别、炮制、研配、微丸制作技艺、细料粉碎，以及安宫牛黄丸、同仁牛黄清心丸、同仁大活络丹等 16 项具有同仁堂特色的代表性传统知识纳入国家专项调查表中。同时多渠道培养传承人才，建立并完善国家级、市级和区级"非物质文化遗产代表性传承人"和传承人队伍。并对数百年来的制药文化不断总结，1993～1998 年编写《同仁堂传统配本整理与研究》；1959 年、1998 年、2005 年编写《同仁堂炮制方法》，2009～2011 年编写《与同仁堂相关的御药房档案整理与研究》等。

三 同仁堂的国际化和海外知识产权保护策略

（一）海外发展现状

同仁堂产品自 20 世纪 50 年代起销往海外。1993 年同仁堂获得自营进出口权，并在香港开办了第一家海外药店。截至 2015 年底，同仁堂在境外 25 个国家和地区设立了 115 家包括零售终端、中医诊所和养生中心在内的网点，并在香港地区建成了同仁堂境外第一家生产研发基地和当地最大的中医养生中心，为中医药在海外发展做出了有益的尝试。

（二）品牌国际化管理策略

为了更好地在海外维护同仁堂品牌，同仁堂制定了《关于加强境外品牌管理的实施办法》《境外品牌管理的实施办法》等制度，使管理流程规范化，为品牌维护提供了制度保证。同仁堂是国内第一家申请马德里国际注册的企业，同仁堂商标是在台湾地区注册的第一个大陆商标。此外通过逐一注册和马德里国际注册，同仁堂在海外 70 个国家和地区相继注册商标。

同仁堂以各国的零售终端为载体，通过创建保健、养生海外卫星电视频道，整合品牌、文化等各种资源建立宣传中医药传统文化的海外窗口，向全球推广同仁堂品牌和健康养生理念，还推荐中医药文化专家到香港地区、迪拜、奥地利、波兰等地的孔子学院巡讲。

（三）同仁堂商标、品牌的海外保护

1. 建立健全管理体系

同仁堂以《品牌管理制度》为基础，从境外企业管理的角度进一步制订了《境外企业国有资产监督管理办法》《关于加强境外品牌管理的实施办法》等。同仁堂委托北京同仁堂国药（香港）集团负责"同仁堂"商标和字号在境外的全面管理，制订了《境外品牌管理的实施办法》等，制作了《品牌和商标使用手册》，规范了管理流程，定期检查和更新，统一使用标识；制定严格的品牌授权使用制度和申请程序，对第三方合作单位有版权和保密协议约束，在可行范围内做好自我保护的工作；通过第三方进行商标监测。

2. 注重海外权益的维护

在境外不断加强商标保护，有效防范侵害侵权行为，提高品牌的海外认可度和国际市场价值。

（1）对于公告期内的侵权商标提出异议。

2013年1月，通过律师向台湾智慧财产局递交了《陈述意见书》，对他人在台第35类申请注册"中华同仁堂及图"商标注册申请提出异议。2013年3月，台湾智慧财产局驳回了该注册申请。

2011年11月，对他人在新西兰第5、44类申请注册的"北京同仁堂"商标提出异议。被异议人未在规定的期限内答辩，被异议人申请的两件商标在当地商标局被标注无效。

2014年3月，对于在香港第35、41、44类申请注册"香港瞳仁堂"商标提出异议。2015年11月，香港知识产权署商标注册处收到申请人撤回申请的通知。

（2）对在香港注册的带有"同仁堂"字号的公司名称提出反对。2011～2015年，先后成功反对15家带有"同仁堂"字样的公司注册，如同仁堂（中华）药业有限公司、同仁堂（北京）有限公司、同仁堂保健酒业有限公司等，有效维护了同仁堂品牌。

随着中国品牌走向世界，海外知识产权保护变得越来越重要。中医药企业在关注国内知识产权保护和发展的同时，更应当注重海外市场的知识产权保护。在海外，对于中医药存在的技术壁垒和政策壁垒、价值认同等问题，想要保护好中医药的知识产权，就更应当敢于主动出击。同仁堂不仅在海外开展正规注册，同时对恶意抢注商标、字号、产品名称进行积极应对，主动与属地相关部门联系并开展维权。在属地政府、企业利用政策限制中医药时，同仁堂以翔实的数据、真实有效的案例、广泛的宣传，在海外维护了中医药的知识产权，使当地政府、民众更加深刻地了解了原创自中国的中医药。这些方式也为其他企业在海外的发展、知识产权保护和维权提供了借鉴。

四 同仁堂对传统中医药行业的启示

知识产权保护，归根结底是对原创性的认定、保护和开发，最终为知识产权所有者带来效益。随着经济的发展，中医药企业也更加关注知识产权的保护。

由于国内传统中药制药企业的产品以成方制剂为主，但成方制剂重复生产现象严重，同类产品多家企业生产销售，成方制剂的二次创新以及原药材质量的技术创新不足。目前传统中药企业更多通过中药保护品种、品牌、商标来保护知识产权，但是随着中药保护品种的大幅减少以及企业的不断技术创新，中药保护品种、商标对传统中药制药企业的知识产权保护作用被削弱，而通过二次技术创新结合专利的知识产权保护方式正逐渐突出。同仁堂作为传统中医药企业较为成功的代表，根据同仁堂的经营、发展以及知识产权保护经验，对于其他中医药企业的知识产权保护可以有下列启示。

（一）打造知名品牌，提高商标竞争力

同仁堂作为著名老字号中药企业，优势之一在于其百年老字号的品牌价值，同仁堂历代在维护其品牌信誉、制定品牌战略方面采取了多种措施，历代遵循的"同修仁德、济世养生""炮制虽繁必不敢省人工，品味虽贵必不

敢减物力"等均是对中药文化的坚守，也保证了产品的质量和疗效，对企业的发展起到非常重要的作用。同仁堂重视传统中医药资源，基于我国独特的中医药理论体系所开发的如六味地黄丸、乌鸡白凤丸、牛黄清心丸等经典产品占据了较大的市场份额。另外，同仁堂悠久的历史和良好的信誉让消费者也产生了很深的认同感。

品牌价值是企业最重要的无形资产，同仁堂正是因其悠久的历史、数百年的信誉，才成为海内外知名中药品牌。企业可以集中力量塑造一个品牌形象，让一个成功的品牌附带若干产品。如果企业采用单一品牌战略，在有一定知名度后还可搭配副品牌战略，以突出产品的个性。

打造知名品牌是漫长的过程，其中最核心部分还是产品质量，同仁堂对每个环节实行严格的规范和管理，以保证药品的有效性和安全性，这也是每一个制药企业应当实现的目标。

许多中药企业的产品以成方制剂为主，而成方制剂重复生产现象严重，在知识产权保护方面，专利保护只能适用于部分成方制剂的新药保护，而商标保护具有普适性的保护作用，应该提前筹划设计商标的保护方案，避免商标侵权事件的发生。企业无论对于新产品还是已有制剂产品都可以加大商标的注册量，并且对相近似商标也申请注册，从而形成商标保护网，以全面保护自己的产品，同时注重产品质量的控制，加大宣传力度，以提高企业商标竞争力。

（二）注重研发和技术创新，多渠道进行知识产权保护

技术创新是企业的生命力，中药企业在传承数千年中医药文化、理念和技术的基础上，需要加大对各个环节的创新和开发，同时注重创新成果的知识产权保护，例如提高企业的专利申请数量及质量，建立中医药科技创新研究平台，支持和引导技术人员对技术创新的研究，加大对知识创新活动的资金投入，将其贯穿到中药领域研发中，提高中药研发的整体水平。同时还可以建立产学研相结合的模式，将知识产权与创新活动相结合，不断开发新产品，使产品永保活力。将医药研发、生产、销售与知识产权保护管理相结

合，提升相关人员的知识产权保护意识。

在创新的同时还需重视人才培养，积极开展高级研究型人才培养，从现有人才中选拔能力突出、技术优异者，鼓励其参加在职学习，攻读在职学位，并给予物质奖励。开展岗位培训和在职学习，利用现有资源开展在职培训，提升相关人员的中医药知识产权意识。积极促进中医药教学、科研、生产、医疗合作交流。通过联合办医、办学等方式，使中医药知识与文化得到广泛有效的传播。

对于创新成果的知识产权保护，除了商标、专利，还可以考虑中药品种保护、传统技艺传承、技术秘密保护等，对于不同的技术可以根据其特点选择适宜的保护方式，以全方位保护企业的知识产权成果。

（三）提高中医药企业知识产权国际保护意识

目前中医药产业竞争激烈，而我国中药产业在现代化、国际化方面仍处于较低水平。中国出口的大部分是原料药和保健品，国际中草药市场份额远不如韩日等国，西方发达国家在天然药物领域通过先进的工艺开发出质量稳定可控的产品，走出了成功的产业化道路，并占据国际市场大部分份额，而我国医药企业规模小、技术落后，中医药的现代化和标准化还要走一段很长的路，并且将面对来自发达国家中医药企业的竞争。另外，长期以来我国忽视了对中药的知识产权保护，尤其是国外知识产权的保护，重效益、轻专利，导致我国宝贵的中药知识财富大量流失。

同仁堂的品牌虽然已经走向海外并且取得了一些成就，但是在专利国际化方面比较欠缺，国际专利很少，在国外的中药市场占有份额仍然较小，这可能与企业缺乏对知识产权国际化的认识、国际化经验不足、中药的二次开发仍然较少、外围专利布局经验缺乏及我国中药标准与国际标准不符等因素有关。同时，同仁堂的产品主要还是传统剂型，可替代性产品较多，创新和研发力量仍显不足。我国中医药企业仍然需要提高知识产权国际保护意识，正确认识专利和商标等知识产权保护措施在企业国际化过程中的重要性，借鉴其他国家的成功经验，加强中药技术创新，注重在国外商标、专利的申请，优化布局，为国际化打下良好的基础。另外，我国企业还需加大对中药的二次开发，引入新技术、新工艺，对于走向国际市场的中药，应制定详细的质量标准，有客观、科学的数据支撑，使中药进一步标准化、现代化，才能有利于在国外建立全面立体的知识产权保护体系，产品才能更容易得到国际市场的认可。

参考文献

谷昕：《浅议中药商标保护问题及对策》，《经营管理者》2011 年第 22 期。

李林、张溪、费毅琴：《中药炮制传统技术在国内的专利保护现状及思考》，《中国新药杂志》2016 年第 25 卷第 10 期。

李雪：《岁月累积财富的老字号》，《今日财富·中国知识产权》2010 年第 2 期。

李野、王娣：《医药品牌的保护策略》，《医药世界》2004 年第 7 期。

李振飞、翟东升、冯秀珍、张杰：《中药企业国际化知识产权协同分析——以津村株式会社和北京同仁堂为例》，《情报杂志》2015 年第 34 卷第 7 期。

倪新兴、田侃、刘清发：《经方成药营销中专利侵权与商标侵权刍议》，《辽宁中医药大学学报》2014 年第 16 卷第 3 期。

彭艳、王凡彬：《中药炮制技术知识产权保护》，《中国新药杂志》2011 年第 20 卷第 4 期。

翁丽红、林丹红：《北京同仁堂知识产权战略分析》，《福建中医药大学学报》2012 年第 22 卷第 6 期。

吴智勇：《南北同仁堂对簿公堂》，《财富智慧》2004 年 9 月。

徐亚静：《老字号打假举起司法保护利剑 "同仁堂" 驰名商标维权案在成都开庭》，《中国医药报》2012 年 11 月 28 日。

延生文：《浅谈中药饮片炮制技术的保护现状与对策》，《内蒙古中医药》2012 年 9 月。

张良：《同仁堂：京都老字号的成功之道》，《财经界》2010 年 7 月。

张艳艳、罗爱静：《我国中药商标保护的现状调查与对策研究》，《中医药管理杂志》2008 年 12 月。

郝民：《从同仁堂看中药企业国际化经营》，对外经济贸易大学，工商管理硕士学位论文。

柳江平：《企业经营中商标保护研究》，黑龙江大学硕士学位论文，第 2～3 页。

许继浩：《北京同仁堂品牌国际化策略研究》，首都经济贸易大学，硕士学位论文。

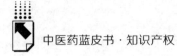

马海伟:《同仁堂和叶同仁堂 330 年后的商标诉讼》,《中国商报》2004 年 8 月 17 日。

张和平、吴智勇:《南北"同仁堂"之争尘埃落定》,《经理日报》2004 年 11 月 29 日。

北大法宝网站,http://www. pkulaw. cn/case/pfnl_ 1970324842506180. html? keywords = % E5% 88% 98% E6% 8C% AF% E5% 8D% 8E% 20% E5% 90% 8C% E4% BB% 81% E5% A0% 82& match = Exact。

http://www. pkulaw. cn/case/pfnl_ 1970324841010245. html? keywords = % E5% 90% 8C% E4% BB% 81% E5% A0% 82&match = Exact。

B.5
北京的"明星"院内中药制剂
——传统知识和现代知识产权制度的冲突和融合

沈小春 高超 陶冶*

摘　要：　本文梳理了北京地区医院院内中药制剂的发展历史、市场价
值、面临困境。分析了北京医院中药、北京院内中药制剂的
知识产权保护现状以及院内中药制剂的知识产权困境，大部
分的院内中药制剂没有相关专利保护，更未涉及专利许可、
转让、质押。为此，探讨了新形势下院内中药制剂可持续发
展的知识产权保护策略，以期提高院内制剂转化成新药的价
值和未来市场竞争力。

关键词：　院内制剂　中药制剂　知识产权　困境

一　北京院内中药制剂发展现状

院内制剂即医疗机构制剂，通常是医疗机构根据本单位临床需要而进行
常规配置、自用的固定处方制剂。同时医疗机构配制的制剂应为市场上没有
供应的品种。院内制剂随着社会的发展和临床用药需求的增多在不同时期发
挥不同的作用和价值。有学者将院内制剂的发展分为三个时段：第一阶段是
1950～1990年，为"保障供给期"，为缓解我国落后的制药工业和满足人民群

---

* 国家知识产权局专利局专利审查协作北京中心，沈小春，助理研究员；高超，助理研究员；
陶冶，助理研究员。

众的用药需求，大力发展医疗机构制剂，研发出一批疗效好、价格低的院内制剂；第二阶段是1990~2000年，为"生产利润期"，伴随着市场经济的改革，院内制剂也得到蓬勃发展，院内制剂品种、剂型大量增加，但在追求经济效益的同时，有的医疗机构对制剂标准的提高未引起足够重视，多次出现不良反应，它的安全性受到社会大众的广泛关注；第三阶段是2000年至今，为"规范调整期"，随着相关法律法规的颁布，院内制剂管理逐渐走向法制化道路①。

经过六十多年不断地发展和完善，北京医院院内制剂形成了中药制剂、化学制剂并重，存在注射剂、胶囊剂、颗粒剂、丸剂、散剂、膏剂等多种剂型，广泛应用于儿科、妇科、皮肤科、内科等科室的成熟制剂群体。目前北京院内中药制剂主要来源于名老中医的经验方，其疗效确切，安全性高，具有数十年甚至更长时间的临床应用历史。这些产品年头长、名声大、简便验廉，全国各地很多患者都不远千里来医院求购。但近年来，受国家对医疗机构制剂监督管理逐步规范，制剂注册、生产条件和质量要求不断提高，原材料供应不足和价格限制以及药品市场供应能力的迅速提升等因索影响，北京院内中药制剂品种大幅减少，制剂产量也显著降低。在这样的大背景下，北京院内中药制剂呈现日益萎缩状态。

（一）广受青睐的院内中药制剂

北京的中医医疗以及科研资源丰富，目前北京市已注册的院内中药制剂品种共1513个，其中不少院内制剂是大家耳熟能详并被广泛认可的品种。如首都医科大学附属北京中医医院的红纱条、除湿丸、苍肤洗剂，北京中医药大学东直门医院的复方苦参止痒膏、解毒清肺合剂，中国中医科学院广安门医院的西黄解毒胶囊、降糖通脉胶囊、四黄膏，中国中医科学院西苑医院的四妙消痹颗粒，首都儿科研究所附属儿童医院的肤乐霜、辛苍鼻舒等，都是北京各大医院"明星"院内中药制剂，是北京人民乃至全国人民认可的

---

① 王赛男：《基于实证分析的江苏省医疗机构制剂现状研究》，南京中医药大学硕士论文，2014，第7~8页。

好药,下面简单盘点一二。

北京中医医院的红纱条,全名朱红膏纱条,是我国著名外科专家房芝宣、赵炳南、王玉章等老中医治疗慢性皮肤溃疡的经验制剂,具有提脓祛腐、生肌敛疮的功效,在治疗慢性皮肤溃疡方面具有显著疗效,其主要成分为朱砂和红粉。把朱红膏进一步涂抹在纱条上就制成了红纱条,适用于治疗感染性疮面以及顽固难愈性皮肤溃疡,如糖尿病足坏疽、褥疮等,并且在促进肛瘘术后、肛周脓肿患者创面愈合方面临床疗效显著,在治疗肛窦炎、糖尿病足、下肢慢性溃疡方面也取得了满意的疗效。

北京中医药大学东直门医院的复方苦参止痒膏,是东直门医院皮肤科瞿幸教授的临床经验方,具有清热燥湿、解毒杀虫止痒之功,主要由苦参、黄檗、蛇床子等中药组成,对于皮肤有淡红色斑片、丘疹、鳞屑损害、干燥瘙痒的各类皮炎湿疹、银屑病、玫瑰糠疹均有较好的消炎润肤止痒作用。

中国中医科学院广安门医院的四黄膏,具有清热解毒、消肿止痛之功,由黄连、黄芩、黄檗、大黄四味组成,治疗疮疡肿毒、睑腺炎、眼睑脓肿及睑板腺囊肿继发感染疗效较好,治疗外痔发炎、内痔嵌顿及术后水肿。

中国中医科学院西苑医院的四妙消痹颗粒,是原西苑医院院长房定亚教授的临床经验方,由四妙勇安汤加味而成,含金银花、当归、玄参、白花蛇舌草、山慈姑、萆薢、威灵仙、豨莶草、虎杖、土茯苓、白芍、汉防己、生地、蜈蚣、白术、生甘草,具有清热解毒、利湿通痹、柔筋利节、活血止痛的功效,治疗类风湿关节炎活动期湿热毒痹证。

(二)院内中药制剂防治疾病的价值

院内中药制剂主要来源于名老中医的经验方,具有明确的功用和主治,具有数十年甚至更长时间的临床应用历史。可以说院内中药制剂是在中医药理论指导下,对疾患辨证论治,以"理、法、方、药"原则形成的制剂,为患者提供了个体化的医疗服务①。《中国中医药报》曾报道 2008 年汶川地震,

---

① 朱文涛、卢双:《浅谈中药院内制剂存在价值》,《中医药管理杂志》2009 年第 4 期。

由于四川气候潮湿，天气炎热，使得灾区伤员中疮疡类皮肤病此起彼伏，北京中医医院派出的抗震救灾医疗队携带的大量"红纱条"发挥了重要作用，由于"红纱条"在治疗皮肤溃疡方面的显著疗效，使许多伤口溃烂感染的伤员稳定病情、保住了患肢，免受截肢痛苦。人民网曾报道首都儿科研究所附属儿童医院肤乐霜等医院制剂，在消费者心中是口碑极佳的"明星产品"，很受欢迎。可见，院内中药制剂因其独特的疗效、亲民的价格，广受患者青睐。

院内中药制剂主要是针对临床上十分需要但药品市场上没有供应的品种，而药品生产企业因剂型传统、利润少等原因不愿生产此类药物，院内中药制剂可以针对特定人群、根据需要量调整生产量，能够满足特定患者群的需求，是对药品市场的必要补充。

院内中药制剂是中医临床必备支撑，中医临床通过院内中药制剂来发挥其医疗服务特色，也是中医临床特色的体现。例如，北京中医医院的皮肤科是国家临床重点专科、北京市中医特色诊疗中心，拥有独特的院内中药制剂六十余种，在银屑病、痤疮、湿疹、带状疱疹、红斑狼疮、红皮病、大疱病、荨麻疹、白癜风等皮肤病的治疗方面有中医特色和优势。

同时院内中药制剂不是单纯的药品生产，不仅为临床与药品架起了通畅的合作桥梁，而且为新药开发和筛选提供了基础，是企业的新药苗圃。目前许多单品种年销售额超亿元的中药大品种，如复方丹参滴丸、康莱特注射液、胃苏颗粒、消渴丸、通心络胶囊等都是从院内制剂发展而来的。

（三）院内中药制剂的困境

2000年以来，国家药品管理部门出台了《医疗机构制剂配制质量管理规范》《医疗机构制剂注册管理办法》《医疗机构制剂许可证验收标准》等规定。在2000年换发医疗机构制剂许可证中，约50%的医疗机构制剂室被淘汰，在2003年换发制剂批准文号中，开始禁止医院生产大型输液，医院制剂室生产品种和生产总值明显下降，2004年国家药品管理部门要求提高已有院内制剂品种的质量标准，并按新的标准要求申报医疗机构制剂批准文号，2005年发布换发《医疗机构制剂许可证》，同年施行《医疗机构制剂注册管理办法（试行）》，要求制剂室的生产标准和规模应按 GMP 标准进行管理，对院内制剂的临床前研究及注册申报等都做出严格规定，2011 年施行《医疗机构制剂配制质量管理规范（试行）》，进一步提升了对医院制剂室管理的要求。上述因素，导致不符合要求的院内制剂退出市场，院内制剂品种也随之大幅萎缩。

《中国中医药报》曾报道当前院内中药制剂的注册管理主要是参照了新药审批的标准，不能反映中医药的规律和特点，而且开发成本高，很多医院因此放弃了院内制剂的开发申报。北京友谊医院相关负责人认为，不走中药制剂之路对于患者解除病痛和发展中医药科研都不利，但目前中药制剂发展受到很大限制，制剂的萎缩使学科的发展也出现萎缩①。成本高、产量低导致的利润低微也是院内中药制剂面临的困境，一方面，院内制剂受限于物价的管理，零售价不能及时随原材料价格上涨而提高，出现原料价高于零售价的倒挂现象。全国政协委员、中国中医科学院广安门医院院长王阶指出，目前广安门医院部分畅销的院内制剂零售单价低于实际成本，以肺瘤平膏为例，一瓶药价 121.2 元，实际成本已经高达 211.76 元，比售价高出 90.56 元。除了药材价格上涨的压力外，物价部门对院内制剂的成本认定也不合理，医务人员的劳务技术和智慧、知识投入这些"无形价值"的成本完全被忽略，影响了院内中药制剂的发展②。另一方面，院内制剂需要根据临床的实际用量配置，院内中药制剂品种通常涉及多科室、多病种、多证型，但每个科室、每种疾病、每个证型的用量少，导致生产的批量小、批次多，难以规模化生产。虽然国家允许医疗机构之间在一定条件下调剂使用，但手续复杂，操作难度较大，往往仅局限于本院使用。医疗机构制剂很少或不添加防腐剂，保质期短，也不利于制剂储存管理③。

---

① 厉秀昀：《中综合医院中药院内制剂现状令人心忧国》，《中医药报》2007 年 6 月 6 日。
② 新华网网站：2015 年 3 月 12 日，http://news.xinhuanet.com/politics/2015 – 03/12/c_127571196.htm。
③ 申琳、陈旭、于震、周立新、佟利家、文占权：《北京市医疗机构制剂现存问题分析及对策研究》，《中国医院》2015 年第 4 期。

根据《北京市医疗机构制剂注册管理办法实施细则（试行）》《关于印发加强医疗机构中药制剂管理意见》的规定，院内制剂的应用范围受到较大限制，比如医疗机构制剂只能在本医疗机构内凭执业医师或执业助理医师的处方使用，不得在市场上销售以及其他变相销售。发生灾情、疫情、突发事件或者临床急需而市场没有供应等特殊情况下，须经相关药品监督管理部门批准后，方可在指定的医疗机构之间调剂使用。随着院内制剂注册审批与新药的审批标准越来越接近，但院内制剂的使用却主要是本医疗机构内，限制了应用市场范围，制约了院内中药制剂的研发和长远发展。

二 北京地区医院的中药知识产权保护现状和分析

（一）北京地区医院的中药专利申请总量及趋势

根据 Incopat 数据库收录的专利，截至 2016 年 11 月，北京地区医院的中药发明专利申请量和授权量分别共计为 306 件和 161 件，实用新型授权 2 件。从图 1 可以看出，相对于北京地区丰富的医院资源，在 2010 年之前北京地区医院中药的年申请量低于 20 件，表明北京地区医院的中医药创新仍不够活跃，而在 2010 年后，年申请量有大幅度增长，考虑到 2015～2016 年的部分申请仍未公开，其申请量将继续保持增长的趋势。从图 2 的发明专利年度分布图可以看出，发明专利申请量和授权量均呈上升趋势，其中 2000 年以前增长速度较为缓慢，年申请量处于较低的水平，2000 年以后，专利申请总量和授权总量均开始快速增长。即便在 2015 年的部分专利申请尚未予以公布的情况下，"十二五"期间的申请总量仍达到"十一五"期间申请总量的 2 倍以上，为 180 件左右，占全部申请量 306 件的近 60%，可见"十二五"期间申请总量增长较快。相比于申请量，近些年的授权量增长较为平稳。

北京地区的医院有许多临床经验丰富的医生群体，是有价值中药的

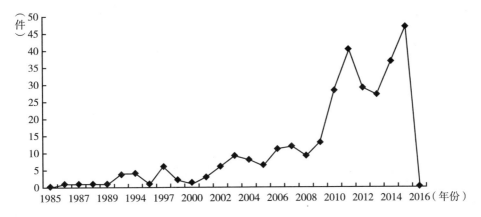

图1　1985～2016年北京地区医院的中药发明专利申请量趋势

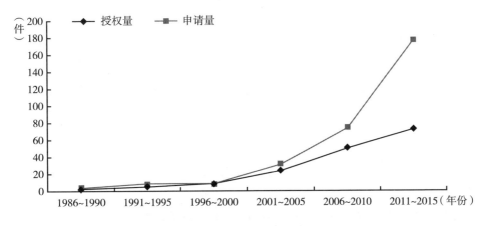

图2　北京地区医院的中药发明专利申请量和授权量的趋势

主要创新群体之一，但是其专利申请量仅占北京中药申请总量的2.3%左右，授权量占北京地区授权总量的3.8%左右，而专利作为创新成果保护的有力工具，北京地区医院所具有的优势创新资源和知识产权成果不足存在较大的反差。导致这种情况可能主要是职务发明人在专利申请和转化方面激励与法律保障不足，同时中药专利的成果转化通常是院内制剂和药品，但院内制剂、药品的研发上市过程比较漫长且投入较大，因而面对转化过程中的不确定性，激励与法律保障不足影响了创新的积极性。

（二）北京地区医院中药专利授权维持总量及趋势

截至 2016 年 11 月，161 件授权案件中仍处于有效状态的专利为 116 件，占 72.05%，处于无效状态的案件为 45 件，占 27.95%。从表 1 可以看出，北京地区医院中药发明申请的授权案件的专利寿命较长，平均维持年限大于 4 年，大于 3 年的比例明显高于 1~2 年的比例（1991~1995 年授权 5 件，1 件处于无效状态，由于基数少导致比例较高；2011~2015 年专利申请大多处于有效状态，但授权较晚，导致专利寿命均值较小）。

表 1 中药专利授权维持量趋势

单位：月

年度（五年）	专利寿命均值（授权日计算）	专利寿命均值（申请日计算）	1 年比例	2 年比例	3 + 年比例
1986~1990	107	158	0.0	0.0	100.0
1991~1995	71	141	0.0	20.0	80.0
1996~2000	117	167	0.0	0.0	100.0
2001~2005	84	117	0.0	4.2	95.8
2006~2010	53.8	85	2.0	2.0	96.0
2011~2015	23.9	48	16.7	41.7	41.7

尽管北京地区医院的中药专利申请量小，但是授权后的专利维持年限和维持率很高，尤其是近些年，三年以上的维持率一直保持在 90% 以上，从侧面反映了北京的医院对可能成果转化的、有价值的专利较为重视，也反映了北京地区医院的中医药专利价值较高。

（三）北京地区医院中药专利疾病谱

表 2 显示了北京地区医院中药专利申请的用途分类号、具体用途、申请量和授权量，可以看出，北京地区医院中医药专利所涉及的疾病范围十分广泛，涉及多种疾病的治疗，然而相比于其他疾病，北京地区医院申请量排名前 5 位的疾病依次为消化系统疾病、感染类疾病、心脑血管系统疾

病、神经系统疾病和皮肤疾病，显示出慢性病、皮肤病是北京市医院的研究重点，同时防治感染等重症、急症也是重点方向。与整个北京地区中药申请相比，北京地区医院中药申请量排名前5位的疾病依次为代谢疾病、消化系统疾病、神经系统疾病、心脑血管系统疾病和生殖或性疾病。可见，北京地区医院与北京地区整体中药申请所涉及的疾病虽有相同之处，但是北京地区医院立足独特的中医创新主体，在感染等重症急症方面具有独特的创新优势。

表2 北京地区医院中药专利申请用途及数量

单位：件

用途分类号	具体用途	申请量	授权量
A61P1	治疗消化道或消化系统疾病的药物	67	40
A61P3	治疗代谢病的药物	27	17
A61P5	治疗内分泌系统疾病的药物	2	2
A61P7	治疗血液或细胞外液疾病的药物	16	7
A61P9	治疗心血管系统疾病的药物	37	21
A61P11	治疗呼吸系统疾病的药物	29	11
A61P13	治疗泌尿系统的药物	17	5
A61P15	治疗生殖或性疾病的药物	13	7
A61P17	治疗皮肤病的药物	31	21
A61P19	治疗骨骼疾病的药物	21	11
A61P21	治疗肌肉或神经肌肉系统疾病的药物	1	0
A61P23	麻醉剂	0	0
A61P25	治疗神经系统疾病的药物	35	17
A61P27	治疗感觉疾病的药物	4	3
A61P29	非中枢性止痛剂,退热药或抗炎剂,例如抗风湿药;非甾体抗炎药	25	11
A61P31	抗感染药,即抗生素、抗菌剂、化疗剂	40	18
A61P33	抗寄生虫药	0	0
A61P35	抗肿瘤药	24	8
A61P37	治疗免疫或过敏性疾病的药物	14	6
A61P39	全身保护或抗毒剂	9	3
A61P41	用于外科手术方法中的药物,例如用于预防粘连或用于玻璃体替代物的外科手术辅药	1	1
A61P43	不包含的,用于特殊目的的药物	11	7

通常认为中医在治疗慢性病方面更有优势，但是从北京地区医院的申请来看，从侧面反映了中医在感染方面的急症同样具有特色，比如由细菌、病毒感染所致的急性发热，即中医称为"外感高热"，脓毒症以及肠道传染疾病等中医急症。但是与消化道、心血管疾病的专利授权率相比，抗感染方向的专利授权率明显偏低（不足50%），其中主要原因在于，面对西药在抗感染方面的优势，中药在抗感染方面对技术改进和创新的投入不足。因而，在抗感染方面还应进一步突出其自身特色和创新才能适应新时代下中医临床急症的需求，并开发出更多具有知识产权的新药。

（四）北京地区医院中药专利排名

图3、图4显示了北京地区医院中药专利申请量和授权量分别不少于3件的排名情况和数量状况。从图3、图4可见，专利申请量和授权量排名前三的医院均依次为中国人民解放军第三〇二医院、中国人民解放军总医院、中国中医科学院广安门医院。从目前的排名来看，北京医院的中药专利申请主要集中在具有中医临床优势的医院，但整体的申请量和授权量均偏低。

（五）北京地区医院中药专利许可、转让、质押情况

表3和表4分别显示了截至2016年11月北京地区医院的中药专利转让和许可的具体情况，其中，北京地区医院的中药专利转让、许可、质押的数量分别为18件、2件和0件。经计算，北京地区医院中药专利转让数量占授权数量的11.2%，低于北京中药专利转让数量占授权数量的21.7%，显示出北京地区医院中药专利的转让较低。从转让、许可的地域来看，在这20件转让和许可专利中，有9件（将近50%）是转让或许可给其他省市企业，只有5件是转让或许可给北京企业，反映了本市制药企业获取本地区高质量的中药知识产权并实现科技转化仍存在较大的局限性，这可能与北京的中药制药企业在国内市场地位不占优势有关。从转让、许可执行时间来看，绝大部分发生在2010年以后，说明随着知识产权在市场竞争中的作用被大家所重视，医院逐渐掌握了利用知识产权进行交易来促进科技成果转化的方

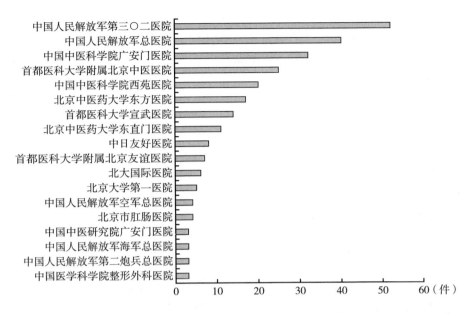

图3 北京地区医院中药专利申请量排名

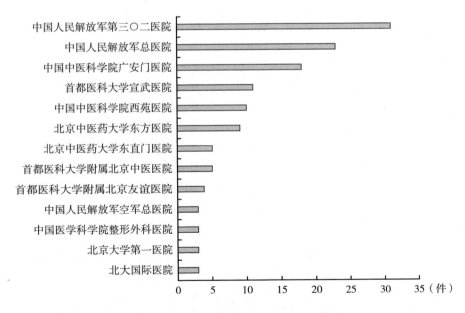

图4 北京地区医院中药专利授权量排名

法，也凸显了在产业转型升级过程中，企业通过科技创新提早布局、储备知识产权来获得领先优势。进一步分析这些转让、许可的专利中，中药主要是7味药以下的小复方或者单方的有效部位，而10味药以上的大复方则很少，反映了市场上对精简有效的小复方或者单方的有效部位相关知识产权和产品的追捧。

表3　北京地区医院的中药专利转让情况

序号	标题	当前状态	转让人	受让人	转让执行日期
1	治疗急性白血病的浙贝药物组合物及其新用途	授权	北京中医药大学东直门医院	北京康仁堂药业有限公司	2010-9-29
2	治疗骨质疏松的骨碎补提取物及其提取方法	授权	岐黄药业科技投资有限责任公司;中国中医科学院西苑医院	北京岐黄制药有限公司;中国中医科学院西苑医院	2007-12-21
3	一种润肠通便的中药组合物、制剂及其制备方法	授权	中国人民解放军总医院	扬子江药业集团有限公司	2012-4-16
4	一种治疗强直性脊柱炎的药物及其制备方法	授权	中国人民解放军总医院	天津天士力制药股份有限公司	2011-3-22
5	一种治疗脑损伤和脑水肿的中药组合物及其应用	授权	中国中医科学院西苑医院	河北神威药业有限公司	2013-11-20
6	一种治疗银屑病的药物	授权	北大方正集团有限公司;方正医药研究院有限公司	北大方正集团有限公司;北大国际医院集团有限公司;方正医药研究院有限公司	2011-8-17
7	一种防治急性心肌梗死及心力衰竭并保护心功能的药物及制备方法	授权	中国中医科学院西苑医院	吉林康乃尔药业有限公司	2014-6-9
8	一种治疗带状疱疹或细菌感染所致皮肤病的外用中药组合物	授权	中国人民解放军总医院	扬子江药业集团有限公司;中国人民解放军总医院	2013-3-8
9	苦参绿茶组合物及制备方法和在治疗湿疣中的应用	授权	中国医学科学院肿瘤研究所;中国医学科学院肿瘤医院、肿瘤研究所	中国医学科学院肿瘤研究所;中国医学科学院肿瘤医院	2011-4-13 2015-8-21

续表

序号	标题	当前状态	转让人	受让人	转让执行日期
10	治疗脾虚气滞证功能性消化不良的药物组合物及制法	授权	首都医科大学附属北京中医医院	南京海思创新生物科技有限公司	2013-11-11
11	逆转肝纤维化、肝硬化的中药复方及其制备方法	授权	首都医科大学附属北京友谊医院	上海和博医药科技有限公司	2012-4-9
12	一种治疗便秘的药物组合物及其制剂	授权	中国人民解放军总医院	北京健都药业有限公司	2010-11-10
13	一种治疗冠心病介入后再狭窄的中药组合物及其制备方法	授权	北京中医药大学东方医院	崔晓云、郭维琴等	2011-8-23
14	甘石青黛膏及其制备方法	授权	李元文	北京中医药大学东方医院	2013-3-6
15	一种新型抗疲劳组方	终止	宋淑珍、田亚平	中国人民解放军总医院	2003-7-8
16	一种治疗糖尿病的药物	授权	中国中医科学院广安门医院	广州中一药业有限公司	2009-8-21
17	一种治疗女性外阴白色病变配方及产品生产方法	撤回	田亚平、汪德清	中国人民解放军总医院	2003-7-8
18	一种中药组合物	授权	支楠	首都医科大学附属北京同仁医院	2007-12-28

表4 北京地区医院的中药专利许可情况

序号	标题	当前状态	许可人	被许可人	许可年份
1	苦参绿茶组合物及制备方法和在治疗湿疣中的应用	授权	中国医学科学院肿瘤研究所	武汉华大药业有限公司	2011
2	穿山龙及其活性成分新用途	终止	北京中医药大学东直门医院	北京康仁堂药业有限公司	2010

三 北京地区院内中药制剂的知识产权保护现状和分析

（一）院内中药制剂总体概况

截至 2016 年 11 月，北京市药监局共批准 3450 个院内制剂品种，其中化学制剂、生物制剂、中药制剂的数量分别为 1930 个、7 个和 1513 个。在批准的院内中药制剂中，涉及医院数量为 152 家，图 5 显示了院内中药制剂注册数量排名前 20 名的医院情况。从图 5 可以看出，首都医科大学附属北京中医医院、北京中医药大学东直门医院、中国中医科学院广安门医院和中国中医科学院西苑医院分列前 4 名，这 4 家医院的院内中药制剂数量远高于其他医院。另外还可以看出，前 20 名医院中大多数为传统的中医医院，西医院或综合医院较少，这与传统的中医医院中药重视程度较高、中药研发水平较高等密切相关。

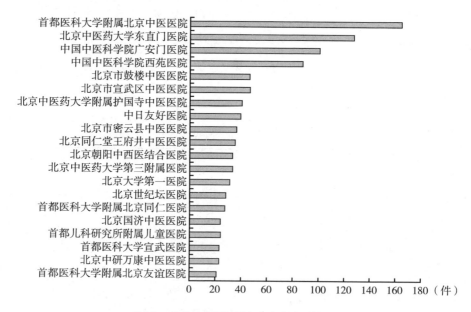

图 5 北京市医院的院内中药制剂数量

（二）院内中药制剂及专利保护情况

图6是中药院内制剂数量排名前20名医院的院内制剂、中药专利对比情况，可以看出，北京地区医院的院内制剂和专利申请授权存在一定正相关，即院内制剂品种多的医院，其专利申请也较多，比如首都医科大学附属北京中医医院、北京中医药大学东直门医院、中国中医科学院广安门医院、中国中医科学院西苑医院的院内制剂数量和专利申请授权量均排名前列。但是从图5也能发现，各医院的专利数量和院内中药制剂品种数量形成鲜明的反差，专利数量明显少于院内中药制剂品种数量，有的甚至没有专利申请，即使有专利申请也不是与院内中药制剂相链接的，这说明目前大部分的院内中药制剂都没有相关专利保护，而且上述20个相关转让、许可的专利也基本不涉及院内中药制剂品种。可见，目前院内中药制剂的知识产权保护及转化相当薄弱。其主要原因可能是：部分院内制剂是20世纪便已经在临床中应用，已被纳入已有知识的范畴；对院内制剂的二次开发的创新不足；院内制剂使用范围受限，更多地依赖行政保护；受制于各种因素，院内制剂转化路径通常是开发成新药上市，但实际被开发成新药上市的品种少之又少，因而，对院内制剂采取知识产权保护的积极性和需求不足。

（三）院内中药制剂的知识产权保护困境

院内中药制剂大多来源于名老中医的经验方，而很多中医专家或医疗机构不了解、不注重院内制剂处方知识产权的保护，将制剂处方在公开的杂志、书刊上刊登发表，此类院内制剂再进行专利申请时，由于该制剂处方已属于现有技术范畴，导致其无法获得专利权的保护。泻肝安神丸是北京中医医院曾用了四五十年的院内制剂，在那个历史时期还没有专利保护制度。在建立现代知识产权制度后，由于该处方在20世纪70年代刊印在北京地区的一本中医治疗手册上，其核心的中药复方无法获得专利保护，后续也未进一步创新开发来获得知识产权保护。后来该制剂被药企开发成新药上市，然而

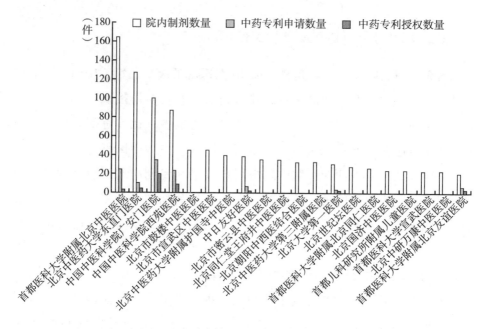

图6　中药院内制剂数量排名前20名医院的院内制剂、中药专利对比情况

按照"医院制剂应当是本单位需要而市场上没有供应的品种"的规定，首先研发泻肝安神丸的北京中医医院被迫停用该院内制剂，直到2006年停产时，该院内制剂仅售7.9元，而由它开发的成药市场售价却有四十多元。该院院内制剂化瘀丸也是相同的情况。由于上述历史问题，导致原创的院内制剂因市场存在相同的仿制药品而反被停产，极大地挫伤了中医医疗机构对中医药创新开发的积极性。

　　泻肝安神丸的教训仅是院内中药制剂缺少知识产权保护的一个缩影，目前北京市的院内中药制剂大多是临床使用多年、疗效确切的中药方剂，来源于名老中医的临床经验总结，同样属于中医药原创的成果。受制于历史原因和现代知识产权保护体系的不足，这些被公开的、具有实际临床价值的且临床应用三十年以上的院内中药制剂很难在现代知识产权体系下获得保护，对这类院制剂如何给予合理的知识产权保护是业内所关注的问题。在《关于加强中医药知识产权工作的指导意见》（国中医药科技发〔2011〕2号）中指出中医药知识产权既包括现行知识产权制度可获得的权利，也包括无法直接利用现行知识产权制度实现保护的中医药传统知识相关权益，并部署逐步建立符合中医药自身特色的中医药传统知识和中药资源等专门保护制度。因而，对于这类院内中药制剂同样可以考虑将其纳入中医药传统知识保护的范畴，给予专利之外的传统知识保护，在确保其他人进一步开发或创新这些院内中药制剂时遵守事先知情同意和利益公平分享原则上，既能够促使其他有能力的医疗机构或者新药研发机构合理积极地开发出更好的产品，又能使原创获得合理的补偿，从而拓宽这些制剂的市场范围，使这些效果好的院内中药制剂造福更多的患者，推动院内制剂的良性发展。

由于大部分院内中药制剂知识产权保护不足，导致院内中药制剂在发展中面临诸多风险隐患。目前《医疗机构制剂注册管理办法（试行）》（局令第20号）规定"省、自治区、直辖市（食品）药品监督管理部门负责本辖区医疗机构制剂的审批工作"，"申请人应当对其注册的制剂或者使用的处方、工艺、用途等，提供申请人或者他人在中国的专利以及权属状态说明；他人在中国存在专利的，申请人应提交对他人的专利权利不构成侵权的声明"，同时《北京市医疗机构制剂注册管理办法实施细则（试行）》进一步规定"医疗机构制剂批准后发生专利权纠纷的，专利权人可以依据管理专利工作部门的最终裁决或者人民法院认定构成侵权的生效判决，向市药品监督管理局申请注销侵权人的医疗机构制剂批准文号"。由于医疗机构制剂在全国并非是统一的注册审批机构，各省负责自己地区的审批，而且大部分院内制剂没有专利保护，在这种情况下，一旦其他地区的医疗机构在本地区申请相同的院内制剂，原院内制剂的医疗机构很难利用专利权来主张自己的合法权利。

在现有的知识产权制度下，应当注意和医疗机构制剂的注册监管制度相结合，积极规划布局，警惕自身合法权利受损。目前院内制剂的说明书要求和上市药品说明书相同，随着社会对药品包括院内制剂的知情权，以及各药品监督管理机构对质量要求的提升，院内制剂说明书也需要公开中药组成的具体组分以满足公众的知情权，相应的标准也在提高，标准也需要进一步公开具体的组分，甚至公开配比和工艺。在现有的知识产权制度下，这些改变对院内中药制剂形成了严峻的挑战，这些说明书和标准的公开，意味着中药配方被公开，整个社会都可能无偿加以利用。而当这些院内制剂进一步开发成新药时，如果未及时提出知识产权保护，可能由于自身经济科研实力不足，又无知识产权保护，最终导致多家同时竞争申报新药的局面，甚至失去开发新药权利的尴尬局面。在这种情况下，要对本机构的院内制剂进行分类整理、区别对待管理，对于处方完全公开的院内中药制剂可提高相应的制剂技术水平和标准，通过二次开发获取新的专利等知识产权保护；对于未完全公开处方的，应当积极研判分析，尽快申请专利保护，提前布局防范，筑牢知识产权和行政的双保护。在现实中，院内中药制剂在开发研究过程中，一些未完全公开的信息难免会扩散，如果医疗机构自身未注意保密或者未重视知识产权保护，将给后续的新药开发带来隐患。当前"十三五"重大新药创制专项在中药领域重点开展基于经典名方以及疗效特色明显的中药复方、院内制剂，因而临床效果好的院内中药制剂是中药新药开发的热点，但由于院内中药制剂缺少专利保护，可能会影响新药的研发上市进程或者不必要的知识产权纠纷和损失。比如目前某些医疗机构对临床效果好的院内中药制剂做新药开发，未申请专利保护，却被他人提出专利申请保护，在这种情况下容易在新药审批中或上市后被动陷入知识产权纠纷中，即使不开发成新药，按照现有规定的医疗机构制剂批准后发生专利权纠纷的仍会面临侵犯知识产权而被撤销批准文号的风险。

当前经济全球化仍在不断推进，信息传播的速度和广度还在快速发展，临床效果好的院内中药制剂在其他国家和地区被进一步开发成新药或者药妆、保健品的可能性也不能排除。比如院内中药制剂在防治皮肤疾病也具有优势，如果国外企业完全有可能将其进一步开发成药妆，但这些制剂仅靠国内的行政保护无法约束国外无偿、错误使用的行为，在缺少知识产权保护下，国外的维权成本又很高，这样将很难制止侵权并追究赔偿责任。因而，院内制剂不能仅依赖行政保护，需要加强知识产权保护来防患未然。

四 新时代下院内制剂的知识产权转化

目前市场上销售的中药大品种证明了院内中药制剂能为中药新药开发和筛选提供雄厚的基础,而且可以为药品市场销售奠定成功的基础,因而,挖掘、开发院内中药制剂对促进中医药科技创新具有现实的意义。

北京市为充分发挥中医药的作用,研究开发有效、安全、价廉、具有自主知识产权的中药产品,更好地服务首都经济社会建设,制订了《首都十大危险疾病科技攻关与管理实施方案(2010~2012年)》,并从2011年开始实施"十病十药"专项,重点支持名老中医临床经验方、院内制剂开展新药研究,研发出具有自主产权的中药品种。通过"十病十药"的专项工作,北京市为中医药科技创新不仅搭建了中药产研平台,还探索了中药筛选、研发、评估、交易和转化的中医药科技创新的新模式。"十病十药"研发专项的申报方向包括:"中药新药研发"方向,支持名老中医临床经验方、医疗机构中药制剂、中药有效成分或有效部位等按照《药品注册管理办法》要求开展新药临床前或临床研究;"医疗机构中药制剂成药性研究"方向,支持名老中医临床经验方、医疗机构中药制剂开展面向新药开发的成药性研究;"医疗机构中药制剂开发"方向,支持名老中医临床经验方按照《医疗机构制剂注册管理办法》开展医疗机构中药制剂的开发。专项初期没有硬性要求要有相应处方专利申请或保护,但是近几年,在"医疗机构中药制剂成药性研究"方向要求申请的临床经验方必须有已授权或申请处方专利,这凸显了当今市场经济下对知识产权保护的重视,并为新的医疗机构中药制剂利用现代知识产权制度进行保护提供了范例和导向。

从2011年专项实施以来,也涌现一批临床应用多年且效果好的院内中药制剂向新药开发方向以及名老中医临床经验方开发成院内中药制剂的成果,如治疗地中海贫血的益髓生血颗粒、治疗慢性肾脏病的益气滋肾颗粒、治疗儿童流行性感冒的清热散瘟口服液、改善抗精神病药物副作用的石黄清热口服液等一系列知名的中药医疗机构制剂开发成新药。其中有一批对相关院内制剂采取了专利等知识产权保护，这里既有主动积极布局，也有在"十病十药"专项的带动下采取的专利保护措施，这都代表了北京医疗机构对院内中药制剂的知识产权保护意识和能力的提高。

"十病十药"专项中的益髓生血颗粒是中国中医科学院广安门医院自"七五"攻关起深入广西β–地中海贫血高发区，应用"肾生髓"的中医理论进行补肾生血药物的研究成果，开发而成的中药医疗机构制剂，在高发区应用25年。益髓生血颗粒治疗的β–地中海贫血属于中医治疗疑难病的优势领域，该院内制剂是具有传统中医药特色的原始创新成果。在申请专利前，益髓生血颗粒的科研和管理者对其采取技术秘密和行政保护来防止核心处方公开，同时在申请专利前与益髓生血颗粒相关的期刊、报纸等文献一直采用"益髓生血颗粒由山茱萸、制何首乌、熟地黄、补骨脂、黄芪、鳖甲等11味中药组成"的半公开方式。在多年的科研合作中，得益于对创新成果的保护意识和管理，申请专利前益髓生血颗粒处方核心内容一直未公开。在2006年提出相应中药复方专利申请时，并未出现其他院内中药制剂因管理不善和成果保护意识不足而被公开失去权利的情形，因此，益髓生血颗粒中药复方专利最终被授权并获得知识产权保护。由于药品的研发、审批通常是漫长的过程，缺少知识产权保护对药品的成长和市场也是致命的。在开发院内制剂以及院内制剂向新药转化过程中，益髓生血颗粒的知识产权保护为医疗机构如何强化知识产权保护意识并建立相应知识产权保护制度和策略提供了范例。同时我们要注意仅对核心处方专利保护的误区，在技术发展、政策变化时，忽视更全面的知识产权保护和相应的交易、转化，比如益髓生血颗粒处方专利是2006年申请的，其发明专利有效保护期限是20年，截至2016年药品还未上市，其专利保护期已过一半，等到药品上市后实际获得专利保护的时间则变得很有限，因而，在这过程中应建立知识产权的管理制度，积极维护专利保护体系，使新的适应证用途等有价值的科研成果能在合适的时机进一步提出专利保护，使产品获得合理的保护。由于新药研发需要投入大量的人力、物力，医疗机构在新药研发中处于弱势，如前所述，目前医疗机构的中药专利转让、许可给企业的数量少且很少涉及院内制剂，大部分院内中药制剂向新药转化的积极性不高且困难重重，如何使科研人员共享成果利益、破除技术成果转化中的法律障碍是解决院内中药制剂困境关键所在。

五　小结

为鼓励创新药物研制，以优化医药产业资源配置为基础，以公众用药需求为导向，以提高药品质量为核心，国家对医药产业制定了一系列的改革措施，基于疗效特色明显的院内中药制剂也是当前中药领域十三五重大新药创制专项的重点方向。在当前的社会主义市场经济下，中药院内制剂的知识产权保护，首先，需要减少对行政保护的依赖，提高知识产权保护意识。其次，由于目前大部分的院内制剂已在临床中应用，处于公开、半公开或者保密的状态，在制定具体的知识产权保护策略时，需及时对自身院内中药制剂进行分类，并分析新药开发可能的路径，据此制定不同的知识产权保护策略，比如对于处方完全公开的院内中药制剂可提高相应的制剂技术水平和标准，通过二次开发获取新的专利保护；对于未完全公开处方的，应当结合当前药监改革政策和临床需求，有步骤地申请专利保护，提前布局防范，筑牢知识产权和行政的双保护。最后，医疗机构应当建立院内制剂的知识产权保护、管理、运用制度，以及对发明人鼓励的科技转化制度，从而为院内制剂的发展提供法律保障，提高院内制剂转化成新药的价值和未来市场竞争力。

参考文献

申琳等：《北京市医疗机构制剂现存问题分析及对策研究》，《中国医院》2015年第4期。

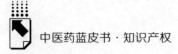

朱文涛等：《浅谈中药院内制剂存在价值》，《中医药管理杂志》2009 年第 4 期。

王赛男：《基于实证分析的江苏省医疗机构制剂现状研究》，南京中医药大学硕士学位论文，2014。

厉秀昀：《中综合医院中药院内制剂现状令人心忧国》，《中医药报》2007 年 6 月 6 日。

《王阶委员：成本比售价高的中药院内制剂如何生存》，《人民政协报》2015 年 3 月 12 日。

案 例 篇

Report of Case Studies

B.6

从"黑骨藤"*案、"乳腺增生"**
案看中医药知识产权保护

白雪 赵菁 李友 陈云华***

摘　要：　本文先对北京中医药领域专利侵权以及国内专利无效情况进
行了统计分析，从宏观角度展现我国中医药司法保护的现状，
然后以"黑骨藤"专利侵权案和"乳腺增生"专利无效案为
切入点，探讨了侵权、无效在中医药知识产权保护中的重要
性，为中医药企业的知识产权保护提出建议。

＊　专利申请号为02127953.5,发明名称为"一种治疗麻痹的药物"的发明专利。
＊＊　专利申请号为200510000429.1,发明名称为"治疗乳腺增生性疾病的药物组合物及其制备方
法"的发明专利。
＊＊＊　国家知识产权局专利局专利审查协作北京中心，白雪，助理研究员；赵菁，副研究员；李友，
助理研究员；陈云华，研究实习员。

关键词： 中医药 知识产权 专利无效 专利侵权

一 中医药知识产权的司法保护现状

知识产权的司法保护，是指由知识产权的享有人或国家公诉人对侵权人提起的民事、刑事诉讼，追究侵权人的民事、刑事责任，以及对不服知识产权行政机关处理的当事人提起的行政诉讼，进行行政执法的司法审查，使各方当事人的合法权益均得到切实有效的保护[①]。本文首先从北京中医药领域知识产权侵权纠纷的情况分析和探讨该领域司法保护的现状。

1. 北京中医药领域知识产权侵权案件统计分析

本次统计分析基于 OpenLaw（裁判文书网）网站收集的 2002～2015 年北京法院审理的中医药领域知识产权侵权案件的一审和二审民事判决书（共计 59 份，其中一审判决书 36 份、二审判决书 23 份）进行。

（1）中医药领域知识产权侵权案件数量统计

2002～2015 年，北京中医药领域知识产权的侵权纠纷案件数量如图 1 所示。其中 2007 年、2010 年的案件数量较多，分别为 11 件、9 件。其他年份的案件数量保持在 1～7 件的范围内波动。由此可见，中医药领域知识产权侵权案件的数量整体较少，除个别年份外，该领域的侵权案件数量在较稳定的范围内波动。

（2）中医药领域知识产权侵权案件类型统计

在 59 份案件中，从知识产权所涉及的种类对其案由类型进行分类，可分为发明专利权侵权纠纷（占比 20%）、实用新型侵权纠纷（占比 5%）、侵害商标权纠纷（占比 34%）、著作权侵权纠纷（占比 18%）、不正当竞争纠纷（占比 23%）（如图 2 所示）。由此可见，中医药领域知识产权的各种

---

① 张楚：《知识产权行政保护与司法保护绩效研究》，中国政法大学出版社，2013，第 24～26 页。

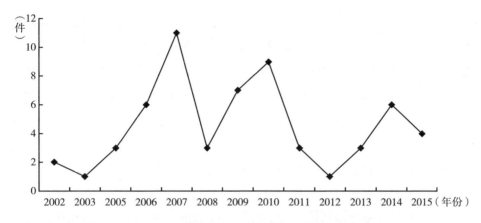

图1 北京中医药领域知识产权侵权案件数量年度变化趋势

侵权类型分布较为均衡，特别是商标权、不正当竞争纠纷的占比较大，例如在上述59份案件中的"加多宝"与"王老吉"的虚假宣传纠纷案、浙江康恩贝的前列康与多个公司的商标纠纷案等。

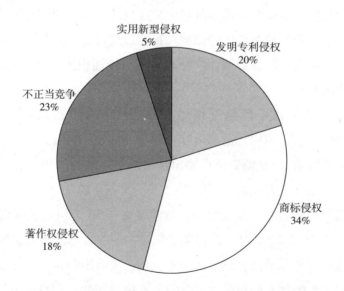

图2 北京中医药领域知识产权侵权案件类型统计

（3）中医药领域侵权结果判定状况分析

在59份案件中，中医药领域判决结果判定侵权的比例为81%、判定不侵权的比例为19%。但是具体到发明专利侵权的案件中，判定侵权的案件数量为25%、判定案件不侵权的案件数量为75%，即发明专利中被判定不侵权的比例远远大于被判定为侵权的比例。而商标案件中判定侵权的比例为95%、不侵权的比例为5%；著作权的案件中被判侵权的比例为91%、不侵权的比例为9%；实用新型以及不正当竞争中被判侵权的比例为100%。由于该指标从一定程度上可以反映侵权的判定难度，从上述判定结果可以看出，发明专利侵权的判定难度要远远大于商标权、著作权、不正当竞争的侵权判定。

（4）中医药领域侵权赔偿额分布状况分析

据《中国专利侵权诉讼状况研究报告（1985～2013）》披露的数据，截至2014年2月，中国专利民事诉讼中专利侵权案件接近2万件，涉案金额从1元到上亿元不等。与早期相比，近年来专利侵权诉讼中赔偿金额有明显提高。而专利诉讼则是体现专利价值的重要手段，专利的价值在很大程度上取决于企业专利管理部门和法庭如何处理潜在或事实上的专利侵权行为。因此，专利诉讼的胜诉率和赔偿金额很大程度反映了专利的商业价值与专利保护的力度。而知识产权案件的赔偿数额目前普遍偏低，究其原因可能与知识产权侵权的复杂性、涉及领域的广泛性有关，因而很难有统一的赔偿标准，需要法官自由裁量。

本次统计将侵权赔偿额度按如下标准分为五个区段：1万元以下、1万～5万元、5万～10万元、10万～50万元、50万元以上（均包括上限值，不包括下限值）。从图3可以看出：中医药领域的知识产权侵权案件的赔偿额主要分布在1万元以下、1万～5万、5万～10万、10万～50万元的范围，且四个区段的分布比较均匀，该领域高于50万以上的赔偿额相对比例较低（占比为11%）。其中，赔偿金额最高的侵权诉讼为加多宝公司与广药集团的虚假宣传纠纷案，以及济南东风制药厂有限公司、江苏肤美灵化妆品总厂诉虹雨集团和泰州市肤美灵化妆品有限公司的不正当竞争纠纷案，赔偿金额均为300万元。

（5）专利侵权诉讼中无效宣告请求的提起及无效宣告的成功率

进一步分析中医药领域发明专利侵权诉讼中提起无效宣告请求的情况，

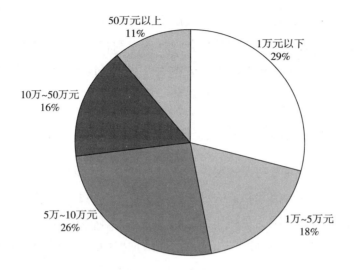

图 3 北京中医药领域知识产权侵权案件判定侵权赔偿额分布

其中提出无效宣告请求的案件数量（占比为 67%）高于未提出无效宣告请求案件的数量（占比为 33%）。在该领域中因无效宣告请求成功而获得不侵权判决的比例为 67%。由此可见，宣告专利无效是专利侵权诉讼中被控侵权人对抗侵权指控的重要手段，也是较为有效的手段。

2. 小结

从上述近十年北京中医药领域的知识产权侵权诉讼统计分析中可以看出，该领域知识产权特别是专利权的侵权纠纷案件整体数量较少，分析其原因可能在于：企业或个人对知识产权的保护意识，以及通过司法途径解决纠纷的能力也有待提高。

如前述分析可知，发明专利侵权的判定难度最大，因此下文继续对专利侵权进行介绍，并以具体案例说明。

二 国内中医药领域专利无效的现状分析

（一）专利无效概述

根据我国《专利法》第四十五条的规定，自国务院专利行政部门公告

223

授予专利权之日起，任何单位或个人认为该专利权的授予不符合《专利法》有关规定的，可以向专利复审委员会宣告该专利权无效①。专利无效宣告程序是由专利复审委员会在考虑无效请求人以及专利权人提交的意见陈述和证据的基础上进行的专利权有效性判断的一种程序。

（二）国内中医药领域专利无效的统计分析

近年来医药领域专利无效案件的数量不断上升，反映了专利申请人以及利害关系人对专利价值和利益的重视程度，也反映出我国医药行业知识产权的概况。而中医药领域的专利作为医药领域的重要组成部分，具有多成分、多功能、多用途的复杂特性。为了更全面地把握中医药专利无效的情况，本文对专利复审委员会近二十年涉及中医药领域的无效审查决定进行了统计分析，资料来源于 Patentics 网站。

1.无效请求数量

自 1996 年开始，出现了中医药领域的无效请求，直至 2004 年该领域每年的无效请求数量不超过 5 个。2005 年无效请求数量首次突破 10 个，2009 年激增至 35 个，2010 年又降至 16 个，此后四年的年无效请求数量均维持在 10 个左右，总体上呈起伏中上升的趋势（见图 4），这一定程度反映了中医药领域知识产权意识的提高。2009 年无效案件数量较多的主要原因是有多件专利被多次提出无效，例如申请号为 200410050135.5 的发明专利，在2009 年被先后提出 11 次无效。

按每件专利对应的请求数量统计，在全部被提出无效的 103 件专利中，存在 1 个无效请求的专利数量为 74 件，占 71%；存在两个无效请求的专利数量为 22 件，约占 21%；存在 3 个及以上无效请求的专利数量为 8 件，约占 8%。

《专利法》对于每个单位和个人对同一专利权提起的无效请求次数并无限制，因此，许多涉及重大利益的专利往往都存在多个无效宣告请求。在本次统计分析中被提起无效请求次数最多的为 11 次（见表 1）。

---

① 《中华人民共和国专利法》第四十五条。

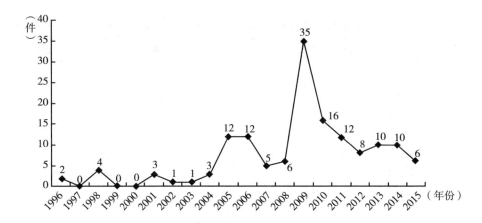

图4 无效请求数量年度变化趋势

表1 被提起无效请求次数最多的专利

序号	申请号	发明名称	专利权人	无效请求数量(件)	所涉无效请求人数量(人)
1	200410050135.5	一种治疗皮肤瘙痒的中药组合物及其制备方法	广西玉林制药有限责任公司	11	2
2	200910215815.0	一种复方血栓通中药制剂及其制备方法	广东众生药业股份有限公司	5	1
3	200410031071.4	藏药独一味软胶囊制剂及其制备方法	成都优他制药有限责任公司	4	2

2. 当事人类型

在103件中医药无效案件中，专利权人和无效请求人全部来自国内，说明该领域专利权所带来的垄断并没有对国外当事人产生影响。无效请求人中企业占比为77%、个人占比为22%，高校占比仅有1%，这表明越来越多的企业和个人开始运用无效的策略来打击竞争对手、应对侵权纠纷，例如江西普正制药有限公司、辽源誉隆亚东药业有限（责任）公司就各自针对4件不同的专利提出过无效宣告请求，个人韩荣针对5件不同的专利提出过无效宣告请求（见表2），而高校则是科技创新的主体，通常不直接参与市场竞争。

表2　针对不同专利提出无效请求次数最多的无效请求单位和个人

无效请求单位和个人	针对不同专利提出的无效请求次数（次）
江西普正制药有限公司	4
辽源誉隆亚东药业有限（责任）公司	4
贵州信邦制药股份有限公司	2
江西赣药全新制药有限公司	2
北京亚东生物制药有限公司	2
秦皇岛皇威制药有限公司	2
扬州中惠制药有限公司	2
韩荣	5
潘华平	3
段泽贤	2
高国齐	2

3. 技术主题类型

对103件涉案专利的技术主题进行统计分析（见图5）发现，中药复方占47%，制备方法占32%，药物制剂占18%，其他占3%（包括制药用途、提取物、鉴别方法）。中药复方几乎占据了半壁江山，在一定程度上反映了该技术主题是中医药领域的市场价值所在。此外，制备方法占比也较高，主要原因可能在于，大多数中药产品是经典方或是已知方，用中药组方难以进行专利保护，制备方法的改进是现有中药品种加强专利保护的有效途径之一。

4. 无效理由和结论

在被统计的103份无效请求审查决定书中，结论全部有效的占45%，全部无效的占39%，部分无效的占16%，其中全部无效和部分无效的总量超过50%。

在中医药领域，无效请求人用来宣告专利权无效的法律条款共10个（见图6），其中《专利法》第22条第3款（A22.3，创造性）、《专利法》第22条第2款（A22.2，新颖性）、《专利法》第26条第4款（A26.4，不支持、不清楚）、《专利法》第26条第3款（A26.3，公开不充分）的使用次数较多，A26.4中涉及不支持的比例略高于不清楚。虽然上述条款并未被

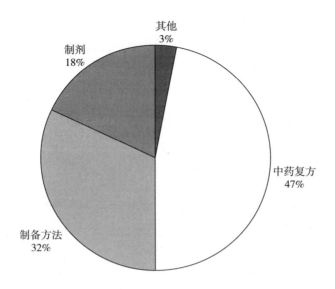

图5　中医药领域无效案件技术主题分布

合议组 100% 纳入审理范围，但仍然是导致专利权无效或部分无效的主要条款，特别是 A22.3，占总数的 50%，说明创新高度是决定专利权是否稳定的关键因素。《专利法》第 5 条（A5，违反国家法律、社会公德或者妨害公共利益）、《专利法》第 25 条（A25，不授予专利权的主题）、《专利法》第 9 条（A9，重复授权）被无效请求人提出的次数较少，最终也都没能成为导致专利权无效或部分无效的理由。

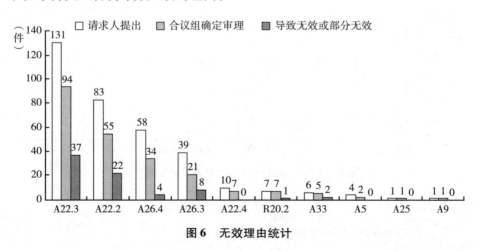

图6　无效理由统计

5. 证据

《专利法实施细则》第 65 条规定：依照《专利法》第 45 条的规定，请求宣告专利权无效或者部分无效的，应当向专利复审委员会提交专利权无效宣告请求书和必要的证据一式两份①。《专利审查指南》第四部分第三章 4.3.2 规定：专利权人应当在专利复审委员会指定的答复期限内提交证据。在中医药领域，无效请求人和专利权人提交的证据类型主要包括期刊、专利、书籍、药典、药品标准、药监局批件、实验数据等。在无效请求人提交的证据中，药品标准数量最多，接近 70 件，主要用于证明专利保护的产品或方法已经属于现有技术，不具备新颖性，之后按照数量递减依次为专利、期刊、书籍、药典、药监局批件、实验数据（见图 7）。相比之下，专利权人提交的证据虽然在总量上不及无效请求人，但类型更为多样化，被归入"其他"类的证据占比最高，包括民事判决书、相关法律法规、审查过程文件、药品使用说明书、技术/股权转让证明等，其次才是书籍、期刊、药品标准、实验数据等证据。值得注意的是，在所有类型的证据中，唯有提交的实验数据的数量是专利权人超过了无效请求人，其原因可能在于通过实验数据佐证专利性是较为有效的反驳无效请求人的方式之一。

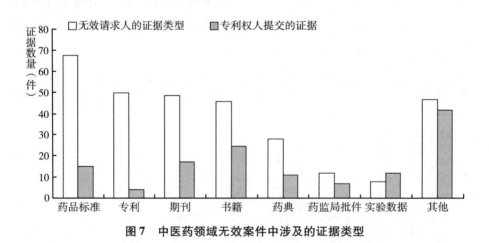

图 7　中医药领域无效案件中涉及的证据类型

---

① 《中华人民共和国专利法实施细则》第 65 条。

在专利无效请求的审查程序中，当事人提供的证据对专利权能否维持有效起关键作用。在103件中医药无效案件统计分析中，复审委对无效请求人提交的证据不予接受的理由主要为证据的真实性、合法性和关联性不予认可（占比为54%），以及证据的公开时间晚于本申请的申请日（占比为24%）。

而在此次统计分析中，对证据的真实性不予认可的主要原因是未提供证据的原件或加盖的公章存在问题。对于网络证据的真实性问题集中在未通过公证或其他方式证明其真实性。此外，无效请求人提交的关于药品标准以光盘形式提交的，有部分光盘证据的真实性不予认可的原因是光盘无法当庭打开。由于法律规定，书证应当提交原件、物证应当提交原物，一切证据材料必须经过查证属实，才能作为定案的依据。因此，不论是无效请求人还是专利权人在证据提交时要注意其是否为原物、原件，以及复制品、复印件与原物、原件是否相符①。

同时，案件当事人在提交证据时还应当注意证据的关联性与合法性。证据的关联性是指证据与案件事实之间的联系，即证据能否证明和反映案件的真实情况，且这种关联性应当是客观存在的。

对于证据的合法性，应当注意证据是否符合相关法律法规的规定，是否有影响证据效力的其他违法情形。

值得注意的是，药品标准类文件作为证据材料，部分案件涉及药品标准证据不予接受的原因之一为不属于专利法意义上的"公开"。专利法意义上的"公开"是指公众想要得知该技术就能够得知。由于我国药品标准的形成过程包括了从申报、审批到颁布及汇编发行，在上述过程中形成的行政文件、技术资料或汇编书籍属于药品标准的不同形式。同时，相应法律法规以及药品监督管理等相关机构的历史变迁也导致药品标准的类型多种多样。这些复杂的情况导致了此类证据公开性的认定存在争议。在上述中医药无效案件中，证据涉及药品标准的公开性问题的关键要看其是否针对的是非特定的

———————
① 中华人民共和国国家知识产权局：《专利审查指南2010》，北京，知识产权出版社，2010，第419页。

社会公众公开的。例如第 19837 号决定中的药品标准证据只是国家药品监督管理局的一份批件，其抄送单位仅是向极少数特定人公开，因而该证据不属于公开出版物。

另外，证据超出举证期限而不予接受的案例有 13%（见表 3），提示无效请求人或专利权人在提交补充证据或反证时应当注意时限要求避免超过举证期限。

表 3　证据不予采纳的理由

证据不予采纳的理由	数量（件）	百分比（%）
证据的真实性/合法性/关联性	32	54
公开时间	15	24
超过举证期限	7	13
请求人未陈述证据事实和理由	2	9

6. 无效程序中专利文件的修改

根据《专利法实施细则》第 69 条的规定，在无效宣告请求的审查中，专利权人对专利文件的修改仅限于权利要求书，并且不得扩大原专利的保护范围[①]。在所统计的 103 个以无效请求审查决定方式结案的无效请求中，有 13% 存在权利要求的修改，其中有 46% 通过修改，避免了被全部无效。无效程序中对修改的限制较多，以及专利文件撰写质量不高、缺少专利保护层次可能是导致实际做出修改比例不高的主要原因，但是专利权人仍可把握时机、权衡利弊，通过合理的修改达到维持专利权有效的目的。

7. 上诉情况

在以无效请求审查决定方式结案的 103 个无效请求中，有 15 个被上诉，占 14.6%，其中有 10 件经历了中院、高院两级审理，1 件经历了中院、高院、最高院三级审理，在上诉案件中有 94% 的无效请求审查决定得以维持（见表 4）。

[①] 《中华人民共和国专利法实施细则》第 69 条。

表4　上诉情况统计

编号	申请号	无效结论	上诉情况
1	200910215815.0	全部有效	一审维持
2	200710151989.6	全部无效	一审撤销；二审维持
3	200610138563.2	全部无效	一审维持；二审维持
4	200510080293.X	全部有效	一审维持；二审维持
5	200510000429.1	全部无效	一审撤销；二审维持；再审请求被驳回
6	200510096361.1	全部无效	一审维持；二审维持；再审请求被驳回
7	200510087283.9	全部有效	一审撤销
8	200410050135.5	全部无效	一审维持；二审维持；最高院撤销
9	200410031071.4	全部有效	一审维持；二审维持
10	03146190.5	全部有效	一审维持
11	03118126.0	全部无效	一审维持；二审撤销
12	01114136.0	部分无效	一审撤销无效决定中维持有效的部分；二审维持原判
13	02127953.5	全部有效	一审维持
14	02134148.6	全部有效	一审撤销
15	93104701.3	全部无效	一审撤销；二审撤销

　　综上所述，通过对近二十年我国中医药领域专利无效案件的统计分析，系统而全面地了解中医药领域专利无效阶段中存在的问题，特别是在无效理由、证据的提交以及是否上诉等方面给出了需要注意的方向。从上述数据可知，专利无效已经成为企业间竞争的重要手段。

三　"黑骨藤追风活络胶囊"的侵权之争

　　现有技术抗辩和无效抗辩是专利侵权诉讼中常用的抗辩方式。在中医药领域中，以药品标准作为证据的情形屡见不鲜，而药品标准的公开性常常成为争议的焦点，从而对案件的最终走向产生重要影响；此外，无效过程中如何利用证据佐证预料不到的技术效果也是本领域值得关注的问题。"黑骨藤追风活络胶囊"案是典型的使用药品标准作为证据进行现有技术抗辩和无效抗辩，并且在无效过程中通过多个证据佐证预料不到的技术效果的侵权纠纷案例。通过梳理其侵权抗辩过程，分析了药品注册与专利保护之间的关系、药品标准的公开性、无效宣告中证据的运用，对于专利权人和企业有重要的借鉴意义。

（一）背景介绍

1. "黑骨藤追风活络胶囊"产品相关信息概述

涉案专利请求保护的"治疗麻痹的药物"商品名为"黑骨藤追风活络胶囊"，是专利权人——贵州老来福药业有限公司的代表性产品之一。其中药有效成分为黑骨藤、青风藤、追风伞，辅料为淀粉。具有通络止痛、祛风除湿的功效，用于治疗风寒湿痹、肩臂腰腿疼痛。药品批准文号为：国药准字 Z20025279，贵州老来福药业有限公司是唯一的生产厂家，属国药准字号纯中药制剂，国家 OTC 药物，2009 版《国家医保目录》品种。

在药品注册审批方面，国家食品药品监督管理总局批准生产的有效成分与"黑骨藤追风活络胶囊"相同的制剂仅有两类，除了老来福公司的胶囊剂外，还包括北京汉典制药有限公司生产的黑骨藤追风活络颗粒。

截至目前，黑骨藤追风活络胶囊类药物的中国专利申请仅为 3 件。除老来福公司外，申请人还包括赵新环、姜红成个人。其中赵新环提出了关于一种追风活络中药制剂的专利申请（CN1156037A），其申请日在老来福公司所提出的黑骨藤追风活络胶囊之前，公开日为 1997 年 8 月 6 日，但是该申请被视为撤回。姜红成提出了关于一种用于祛风除湿、通络止痛中药的专利申请（CN102058671A），于 2012 年 7 月 4 日被授予专利权，并于 2014 年 9 月 10 日转让给北京汉典制药有限公司，即黑骨藤追风活络颗粒的生产者。

2. 涉案两方公司的情况介绍

专利权人贵州老来福药业有限公司是贵州省的民族医药工业重点企业，主要产品有：黑骨藤追风活络胶囊、黑骨藤伸筋透骨液、黑骨藤伤湿贴、金刺参九正合剂、得尔（布洛伪麻胶囊）、泻停胶囊、老来福口服液等。其中，黑骨藤追风活络胶囊是世界中医骨伤科联合会重点推荐的产品。

对中国专利文摘数据库（CNABS）进行检索，发现贵州老来福药业公司/

贵州老来福药业有限公司，自 1999 年 12 月 17 日至 2008 年 4 月 1 日（2008 年以后未再提交专利申请）共提交专利申请 19 件，其中发明专利申请 8 件，实用新型专利申请 2 件，外观设计专利申请 9 件。在获得一种治疗痹症的药物（商品名为黑骨藤追风活络胶囊）的专利权后，老来福还于 2003 年 7 月 3 日、2008 年 4 月 1 日先后两次针对黑骨藤专利产品的包装盒申请了外观设计（CN3339496、CN300938449），提高了产品的辨识度。与黑骨藤追风活络胶囊同日申请的其他发明专利申请，如一种治疗肠道疾病的药物（CN1429600A）、一种用于癌症放化疗后辅助治疗的药物（CN1429598A）均被授予了专利权，后期老来福也针对上述药物的包装分别申请了外观设计，如泻停胶囊（CN3346573、CN300942069）、金刺参九正合剂（CN3341430、CN300938448），这些药物均发展成为老来福的明星产品，畅销于全国各地。可见老来福公司具有一定的知识产权保护意识，并得益于此。

涉嫌侵权人北京京铁华龙药业有限责任公司，是中国铁道部北京京铁实业开发总公司下属企业，是由国家卫生部批准的以生产中西成药为主的现代化制药企业，具有达到国家 GMP 要求的 GMP 新厂房、胶囊车间、颗粒车间，与原北京医科大学（现为北京大学医学部）合作，研制出纯中药制剂的国家级新药——根痛平颗粒，并获得国家中药保护品种（〔99〕国药中保证字第 010 号）。

经过在 CNABS 中检索发现，北京京铁华龙药业有限责任公司仅在 1997 年 9 月 9 日针对益肾灵（CN3085820）的包装盒申请了外观设计，除此之外，再无其他专利产品。相比贵州老来福药业有限公司，北京京铁华龙药业有限责任公司的专利保护策略显得薄弱，由此也可以看出，两家制药企业在专利保护意识上的差异。

（二）案情简介

1. 涉案专利和药品标准简介

本案涉及专利号为 ZL02127953.5、发明名称为"一种治疗麻痹的药物"的发明专利，专利权人为贵州老来福药业有限公司（简称老来福公司）。涉嫌侵权人为北京京铁华龙药业有限责任公司（简称京铁华龙公司），本案申请日为 2002 年 12 月 2 日，并于 2004 年 11 月 24 日获得授权。

本案授权公告的权利要求书如下：一种治疗麻痹的药物，其特征在于，它是由青风藤 60 份、黑骨藤 40 份、追风伞 34 份按照常规制剂工艺制备成的中成药。

涉案药品标准是国家药品监督管理局颁布的国家药品试行标准的颁布件，是由老来福公司提交的，公开了一种黑骨藤追风活络胶囊，其处方组成为：青风藤 600g，黑骨藤 400g，追风伞 340g，淀粉 85g，并给出该胶囊的常规制法。上述试行标准颁布件试行期为两年，自 2002 年 12 月 1 日起实施，至 2004 年 12 月 1 日止。2002 年国家药品监督管理局汇编《国家中成药标准汇编》中包括了上述标准，并载有"本标准自 2002 年 12 月 1 日起试行，试行期两年"等内容，该汇编封面标注有"二○○二年"，前言部分落款时间为 2002 年 11 月 20 日。

2. 抗辩过程

2004 年 11 月 24 日老来福公司获得授权公告的权利要求书如下：一种治疗麻痹的药物，其特征在于，它是由下述重量配比的原料，青风藤 60 份，黑骨藤 40 份，追风伞 34 份，按照常规制剂工艺制备成的中成药。

2009 年 7 月 22 日，京铁华龙公司取得"黑骨藤追风活络颗粒"的药品注册批件。该批件载明：主要成分为青风藤、黑骨藤、追风伞；剂型为颗粒剂；申请事项为改剂型；注册分类为中药 8 类；药品标准编号为 YBZ13592009；药品批准文号为国药准字 Z20090819；主送京铁华龙公司，抄送北京药品监督管理局、北京药品检验所等。编号为 YBZ13592009 的"黑骨藤追风活络颗粒"标准载明：处方为青风藤 1800g，黑骨藤 1200g，追风伞 1020g，可制成 1000 袋。

2009 年 8 月 27 日，老来福公司向京铁华龙公司发出律师函。该律师函载明：老来福公司的产品"黑骨藤追风活络胶囊"于 2004 年 11 月 24 日获得发明专利权，京铁华龙公司在该胶囊的基础上改剂型为"黑骨藤追风活络颗粒"，申请并获准了国药准字（批准号为 Z20090819），上述行为侵犯了老来福公司的专利权。现要求京铁华龙公司申请注销该标准，否则将追究其法律责任。

京铁华龙公司对于上述侵权指控，进行了两项侵权抗辩操作。

（1）现有技术抗辩

2010 年 5 月 14 日，京铁华龙公司向老来福公司发出律师函及附件，其中的律师函件表明，京铁华龙公司使用的系涉案专利申请日之前的现有技术，未侵犯老来福公司的专利权，故提出：如果老来福公司认为京铁华龙公司构成侵权，于收到该函之日起一个月内提起侵犯专利权诉讼；如果老来福公司认为京铁华龙公司未侵犯专利权，于收到该函之日起一个月内致函京铁华龙公司予以确认；如果收到该函后一个月内不采取任何行动，京铁华龙公司保留进一步维权的权利。该律师函附件包括老来福公司的律师函及"黑骨藤追风活络胶囊"国家药品标准（试行）颁布件。

老来福公司未在相应期限内撤回警告也不提起诉讼，因此，京铁华龙公司向法院提起确认不侵犯专利权诉讼，认为其使用现有技术生产销售"黑骨藤追风活络颗粒"药品的行为不构成对老来福公司涉案发明专利权的侵权，其中现有技术是指"黑骨藤追风活络胶囊"国家药品标准（试行）颁布件。

北京第二中级人民法院认为，虽然"黑骨藤追风活络胶囊"国家药品标准（试行）颁布件的颁布时间和试行时间在本专利的申请日之前，但其公开是在特定范围内的，并非公众所知的技术；收录"黑骨藤追风活络胶囊"国家药品标准（试行）的《国家中成药标准汇编》属于公开出版物，但根据该汇编封面"二○○二"的标注，应推定其公开日为 2002 年 12 月 31 日，在涉案专利的申请日之后，因此该汇编中收录的"黑骨藤追风活络胶囊"国家药品标准（试行）不属于现有技术。综上所述，北京二中院驳回了京铁华龙公司的诉讼请求。

京铁华龙公司不服原审判决，向北京高级人民法院提起上诉，请求法院撤销原审判决，并确认对老来福发明专利权的侵权不成立。

北京高级人民法院认为，双方当事人的焦点问题是有关"黑骨藤追风活络胶囊"的国家药品标准（试行）是否属于现有技术，京铁华龙公司关于其使用现有技术生产销售"黑骨藤追风活络颗粒"药品的行为不侵犯老来福公司涉案发明专利权的主张是否成立。本案中已经确认的事实是：京铁华龙公司并没有得到"黑骨藤追风活络胶囊"国家药品标准（试行）的颁布件，其仅向法院提交了收录有该标准的《国家中成药标准汇编》。

本案中，药品标准颁布件载明的主送和抄送的单位各省、自治区和直辖市的药品监督管理局和药品检验所以及国家药典委员会、中国药品生物制品检定所、国家中药品种保护审评委员会等相关生产单位均是特定主体，并非公众想获得即可得到的状态，且京铁华龙公司并未得到该药品标准颁布件。因此，在京铁华龙公司未提交证据证明上述颁布件已被公开的情况下，无法认定该标准为现有技术。收录有"黑骨藤追风活络胶囊"国家药品标准（试行）的《国家中成药标准汇编》是由负责国家药品监督管理的行政部门于2002年汇编发行的，应认定其处于为公众所知的状态，属于公开出版物。根据该汇编封面"二〇〇二年"的标注，应推定该汇编的公开时间为2002年度的最后一日即2002年12月31日，该日在涉案专利的申请日2002年12月2日之后，京铁华龙公司并未提出相反证据证明该汇编的实际发行时间。综上所述，原审法院相关认定正确，《国家中成药标准汇编》中收录的"黑骨藤追风活络胶囊"国家药品标准（试行）不属于我国专利法所规定的现有技术，京铁华龙公司关于其"黑骨藤追风活络颗粒"药品所使用的技术来源于涉案"黑骨藤追风活络胶囊"药品标准，药物的成分和用量完全相同，属于对现有技术的使用，未侵犯老来福公司的涉案专利权的主张，依据不足，不予支持。最终判决驳回上诉，维持原判。

（2）无效抗辩

2010年5月6日，京铁华龙公司向专利复审委员会提出了上述专利的无效宣告请求，其理由是：本专利权利要求1、相对于证据1不具备《专利法》第22条第2、3款规定的新颖性和创造性，相对于证据2不具备《专利法》第22条第3款规定的创造性，说明书不符合《专利法》第26条第3款的规定。

证据1："黑骨藤追风活络胶囊"的国家药品标准（试行）颁布件及其

标准。

证据2：公开号为 CN1156037A 的中国发明专利申请公开文本。

在无效程序中，专利权人老来福公司提交了反证1～4。

反证1：王和鸣等：《黑骨藤追风活络胶囊治疗痹痛的临床研究》，《世界中医骨伤科杂志》，创刊号，1999年3月，封面页、目录页、第20～24页。

反证2：贵州老来福药业公司1998年1月10～17日的批生产记录。

反证3：编号为 WS-10232（ZD–0232）2002 的国家药品监督管理局标准（试行），药品名称为黑骨藤追风活络胶囊。

反证4：盖有贵州同济堂制药有限公司技术中心章的"抗炎镇痛作用的中药处方对比实验研究"。

针对该请求，专利复审委员会经口头审理做出第16239号决定，宣告维持专利权有效，理由如下。

A. 尽管本专利未记载所述组合物治疗疾病效果的实验数据，但是本领域技术人员根据三味原料药的已知功效可以预测本专利权利要求1保护的药物具有治疗痹症的效果，本专利说明书符合《专利法》第26条第3款的规定。

B. 证据1的公开日推定为2002年12月31日，晚于本专利申请的申请日，其不能作为评价本专利申请新颖性、创造性的现有技术。至于请求人根据证据1的颁布日期和标准试行日期早于本专利的申请日主张证据1构成本专利现有技术的意见，合议组认为该药品试行标准的颁布日期和试行日期虽然早于本专利的申请日，但该药品试行标准是向其中载明的生产单位和抄送单位发送的，这些单位属于特定单位，没有证据证明该药品试行标准在未汇编成册之前向公众公开，因此对请求人的上述主张不予支持。

C. 本专利权利要求1保护的药物与证据2中公开的药物相比，区别仅在于原料药的配比发生了改变。在这种情况下，判断本专利是否具备创造性的关键在于这种组成含量的选择是否使得药物取得了预料不到的技术效果。专利权人提交的反证1中公开的"黑骨藤追风活络胶囊"治疗痹症的总有效率为 91.5%，这明显高于证据 2 中公开的药物的总有效率 80%，而"黑骨藤追风活络胶囊"的组分配比与本专利权利要求 1 一致，因此权利要求 1 的中药组合物与证据 2 的药物组合物虽然原料药的种类相同，但经过对药物组分配比的改变，相对于证据 2 取得了预料不到的技术效果。因此权利要求 1 相对于证据 2 具备《专利法》第 22 条第 3 款所规定的创造性。

京铁华龙公司不服原审判决，随后向北京第一中级人民法院提起了行政诉讼。

北京第一中级人民法院认为，首先，该专利所述的 3 种原料药均有祛风湿（即治疗痹症）的功效，因而本领域技术人员完全可以预测所述原料药制成的组合物也具有治疗痹症的效果。因此，该专利的说明书符合《专利法》第 26 条第 3 款的规定。其次，针对权利要求 1 是否具备创造性的焦点在于对上述三味原料药配比的改变是否使药物取得了预料不到的技术效果。反证 1 中显示有"该胶囊临床治疗痹症有效率为 91.5%"，该效果即可作为本专利权利要求 1 的技术效果。证据 2 中记载有"治疗组观察 30 例总有效率达 80% 以上"。本专利权利要求 1 的总有效率 91.5% 明显高于证据 2 中的总有效率 80%，因此本专利权利要求 1 相对于证据 2 取得了预料不到的技术效果，具备创造性。因此，北京第一中级人民法院维持专利复审委做出的决定。

京铁华龙公司不服原审判决，向北京高级人民法院提起上诉，请求撤销原审判决及其决定。理由为：①反证 1 中的药品只能适用 1996 年执行的药品标准，不可能适用 2002 年才颁布的药品标准（反证 3）；②根据现有证据，老来福公司完全有可能使用其他配方生产反证 1 中记载的药品；③不能简单地依据"同名同方"认定反证 1 中的药品使用了反证 3 的配方；④本案涉及国家有严格管理规定的人用药品，老来福公司有责任提供直接的证据证明相关事实，不应当适用任何的反向推理。

北京高级人民法院认为，本案的核心问题在于权利要求 1 是否具备创造性。反证 1 与证据 2 的上述有效率均是通过临床试验所得出的数据，由于本专利权利要求 1 与证据 2 的原料药相同，但是在配比不同的情况下，本专利权利要求 1 的总有效率 91.5% 明显高于证据 2 中的总有效率 80%，因此本专利权利要求 1 相对于证据 2 取得了预料不到的技术效果，具备创造性。因此，高院驳回上诉，维持原判。

（三）本案启示

1. 药品注册与专利保护

药品注册申请包括新药、仿制药、进口药品的申请及其补充申请和再注册申请[①]。本案中京铁华龙公司对于"黑骨藤追风活络颗粒"的注册申请就属于已上市药品改变剂型的申请。京铁华龙公司获得的药品注册批件中的药品标准属于药品注册标准。

在药品注册审批过程中，如果药品存在相关专利申请或者已授权专利，就可能涉及专利侵权纠纷。在本案中，根据京铁华龙公司药品注册批件中载明的"黑骨藤追风活络颗粒"药品标准可以看出，京铁华龙公司拟生产的产品中三种中药原料药的配比与老来福公司的专利完全一致，该产品属于专利保护的范围，老来福公司据此认为京铁华龙公司侵犯了其专利权。可见，药品注册标准可以作为推定侵权的证据。众所周知，药品的生产过程极其复杂，加之企业通常有严格的技术保密措施，因此很难通过对药品的生产过程直接取证来发现侵权行为，而利用药品注册标准来发现侵权行为无疑是专利权人维护其自身权益的有力武器。在侵权诉讼中如果能通过合法程序到上述相关机构采集到药品注册标准的文字资料，就可以作为专利侵权诉讼的书面证据。

本案中，涉嫌侵权人京铁华龙公司获得"黑骨藤追风活络颗粒"的注册批件时，距老来福公司相关产品的专利申请授权已有将近五年之久，很可能在京铁华龙公司提出药品注册申请时，相关专利申请已经授权，在这种情况下，按照《药品注册管理办法》的上述规定，京铁华龙公司应当提交老来福公司的相关专利以及不构成侵权的声明。然而，专利及其权属状态说

---

① 《药品注册管理办法》，2007，第 3 条、第 12 条。

明、不构成侵权的声明都是由药品注册申请人单方做出的，药品监督管理部门不具有判断专利存在与否、权属状态、侵权与否的职责和能力，上述说明和声明的真实可信性取决于药品注册申请人对于现有技术的检索能力以及自我道德约束。因此通常情况下，"不侵权声明"仅仅是注册申请人为满足药品监督管理部门行政审批的需要而做出的，可以从一定程度上降低侵权他人专利权的可能性，但并不能从根本上避免侵权纠纷。此外，"专利期满前两年内可以提出注册申请"的规定虽然能够在维持专利权人垄断权的同时平衡仿制药生产企业的利益，但是在实际操作中仍然存在诸多问题，主要原因在于专利期满日期的不确定性，例如专利权人书面声明放弃其专利权、专利权人没有按照规定缴纳年费、专利权被宣告无效都会导致专利期满的日期提前，使得制药企业难以准确地把握提出药品注册申请的时机以规避侵权风险，同时使自身利益最大化。

为了更好地解决药品注册审批过程中可能涉及的专利侵权问题，美国最早引入了"Bolar 例外"制度，即"在药品专利保护期内，为收集行政审批所需要的信息，利用相关药品专利进行实验的行为不属于专利侵权"。2008 年，我国进行《专利法》第三次修改时，也对于药品注册审批过程中涉及的侵权问题给出了明确规定，即在新《专利法》第六十五条第（五）项中增加了不视为侵犯专利权的"Bolar 例外"：为提供行政审批所需要的信息，制造、使用、进口专利药品或者专利医疗器械的，以及专门为其制造、进口专利药品或者专利医疗器械的。这与《专利法》第 11 条规定的构成专利侵权的要件"以生产经营为目的"是一致的，"以生产经营为目的"要求专利权人有损害结果的发生，而为提供行政审批——如药品注册而生产药物，药品还未经上市销售，不可能对专利权人的市场垄断造成损害，并不构成侵权。2008 年修订的《专利法》自 2009 年 10 月 1 日正式施行，在此之后，"Bolar 例外"原则成为药品注册审批过程中涉及侵权纠纷的重要控辩事由。

总之，协调好药品注册和专利保护之间的关系，有利于维护专利权人的合法利益及促进制药企业的研发、生产积极性。

2. 药品标准的公开性

除了作为证明专利侵权的有效证据，药品标准还可以作为侵权纠纷中涉嫌侵权人的抗辩证据。本案中，药品标准的公开性是争议焦点所在，体现在两个方面：一是药品标准是否处于公众想要了解就能够获知的状态；二是其公开日期是否早于专利的申请日。

我国在不同的历史时期内出现了不同的药品标准，可以分为以下五类：国家标准——《中国药典》、国务院卫生行政部门颁布的药品标准——部颁标准、地方药品标准、企业药品标准和进口药品标准，而不同类型的药品标准公开性也有所差异。《中国药典》是由卫生部批准颁布的成册印刷发行的正规出版物，载有明确的出版印刷时间，属于可以作为现有技术证据的公开出版物。部颁标准包括部颁标准汇编本、未成册的正式标准颁布件、试行标准颁布件三种形式，其中部颁标准汇编本虽然并非正规出版物，但是公开发行，属于公开的文件，可根据封面或者扉页上记载的年份推定其公开日期。未成册的正式标准颁布件和试行标准颁布件公开的范围可能是特定的，公开的内容需视具体情况而定，可能仅公开其中的一部分，因此通常不视为公开文件，除非有其他证据证明该标准被公开。同样，地方药品标准中，汇编成册的属于公开文件，未汇编成册的通常不认为处于公开状态，除非有证据表明其已经被公开。企业药品标准按照有关规定必须备案，但是备案不等同于公开，即在没有证据表明企业标准已经公开的情况下，仍应该认定其属于不公开的文件。药品进口标准无论是否汇编成册，都属于保密文件，仅在特定范围内公开，因此不能视为公开文件。可见，能够直接认定为专利法意义上公开的药品标准仅限于《中国药典》、汇编成册的部颁标准和地方标准，而对于其他类型的药品标准而言，在没有证据证明其处于公开状态的情况下，不能直接认为其处于公开状态。

在本案中，二审判决特别指出：京铁华龙公司并没有得到国家药品监督管理局颁布的有关"黑骨藤追风活络胶囊"国家药品标准（试行）的颁布件，其仅向法院提交了收录有该标准的《国家中成药标准汇编》。实际上，"京铁华龙公司未能提供未汇编成册的药品标准（试行）颁布件"这一事实也从一个侧面佐证了未汇编成册的药品标准（试行）颁布件仅在特定范围内公开，并没有处于公众想要了解就能够获知的状态。可见，能否证明未汇编成册的部颁/地方药品标准的公开性是决定此类药品标准能否作为现有技术的决定性因素。

3. 药品标准与中药专利保护之间的平衡

药品的国家标准是强制性的，任何企业和生产单位都必须严格执行。因此很多专利权人为了达到垄断市场的目的，都希望将享有的专利权中相关的技术与强制性标准相结合。本案中的专利权人老来福公司就同时是相关药品标准的制定者。当药品标准属于专利技术时，如果未经专利权人同意，他人执行药品标准时就属于侵权行为。制药企业推出新的产品通常需要投入大量的时间和金钱，如果在药品上市前遭遇药品标准专利的阻击，将会面临巨大的损失。为避免这种情况的发生，制药企业可以向专利权人支付使用费，获得实施专利技术的许可。也可以尝试寻找证据对专利提出无效宣告请求，以化解侵权风险。对于作为专利权人的制药企业而言，如果同时参与了药品标准的制定，应主动披露涉及专利的相关信息，与药品标准制定机构或实施者就专利许可条件进行协商，避免因隐瞒专利信息造成在专利侵权诉讼中被视为免费许可。

4. 从专利权人的角度看如何有效降低被侵权风险、维护自身合法权益

（1）积极有效的应对侵权行为

一旦企业经市场调查取证或其他方式发现他人存在侵权行为时，应结合自身的实际情况积极采取不同应对方式。

在本案中，专利权人发现侵权行为后通过发律师函的形式向涉嫌侵权人提出了警告，要求其申请注销"黑骨藤追风活络颗粒"的药品注册标准，以期达到制止其生产该药品的侵权行为的目的。但是专利权人发出律师函后在相应期限内并未及时提起侵权诉讼，虽然在由涉嫌侵权人提出的确认不侵权诉讼中胜诉，但仍然失去了主动诉讼中要求侵权赔偿的机会。因此，如果企业有能力实施或已实施相关专利，并想继续独占市场，应坚决采取制止该侵权行为的措施。如根据《专利法》的相关规定，双方当事人可以首先尝试自行协商解决，不愿协商或者协商不成的，可以向人民法院起诉，也可以请求专利行政管理部门。专利行政管理如认为侵权行为成立的，可以责令侵权人立即停止侵权行为。

（2）在应对无效诉讼时合理有效地利用证据

对于药品这一特殊的技术领域，实验数据在侵权应对中有着重要作用，合理利用实验数据作为证据会对侵权判定结果产生实质性的影响。在本案中，涉嫌侵权人先后提起了无效宣告请求以及上诉，专利权人通过提交药效学实验数据作为反证证明了专利保护的药物相对于证据2取得了预料不到的技术效果，具备创造性，使涉嫌侵权人的无效抗辩失败，最终在侵权纠纷中胜出。实际上专利权人提交了两组反证，一组为第三人发表在期刊上的学术论文（即反证1）以及证明实验药物与专利药物相同的药品生产记录、药品标准（即反证2、反证3）。可见上述反证1~3实质上构成了证据链，而针对上述反证1~3，专利复审委以及北京第一中级人民法院、北京高级人民法院的观点一致，均认为，在反证1与反证3的药品名称相同且生产单位均为老来福公司的情况下，可以认定反证1中采用的"黑骨藤追风活络胶囊"与反证3中的药品标准相对应，反证2也可以进一步佐证"黑骨藤追风活络胶囊"的组分配比与反证3以及该专利权利要求1的产品相对应。因此，该组反证的真实性、合法性、关联性得到认可。另一组为专利权人自行委托有关单位进行的对比实验，无效请求人认为该单位与专利权人存在利害关系，且专利权人予以承认，因此在没有其他证据证明该组证据真实性的情况下，合议组对该反证不予采信。

由此可见，由于本申请缺乏实验数据，专利权人在应对涉嫌侵权人提起的无效请求和诉讼时，为了证明药物取得了预料不到的技术效果，提交了构成证据链的反证1~3。而分析反证1~3的公开内容不难发现，如果专利权人在提交反证时仅单独提供反证1，那么其证明效力则大大降低，并且对复审决定、后续无效上诉的结果都可能产生影响。因此，在提交实验数据时，专利权人应提供证明效力强的证据，当一份证据不足以证明时，可以提交一个完整的证据链。而在证据链的认定过程中，应充分考虑证据本身的合法性、真实性和关联性，以及各个证据与案件事实之间的关联程度和各证据之间的联系。

（3）提高申请文件的撰写质量

对于中医药企业而言，在开发新产品、新工艺并欲给予知识产权保护时，首要的任务是做好充分的检索，尤其应重点关注中医药古籍、药品标准等非专利文献，全面了解相关产品/工艺在现有技术中的记载情况，在此基础上确定研发思路和专利申请策略，可减少研发和专利申请的盲目性，有助于提高授权可能性和专利权稳定性，同时也可以避免他人未经许可实施却能轻易通过现有技术抗辩或者无效抗辩来免除侵权责任。

5. 从企业的角度看如何避免侵犯他人专利权、应对侵权纠纷

（1）采取合法合理的措施规避或降低侵权风险

企业在进行研究、生产立项之前，应充分检索现有技术，明确相关药品的专利保护情况，如地域和时效等法律状态，确定专利保护的范围，进行侵权风险评估。如果存在专利障碍，企业可以在掌握充分证据的情况下，提出无效宣告请求，使专利权人失去起诉自身侵权的权利基础，也可以为与专利权人达成和解提供筹码和基础。在没有充分证据的情况下，企业可以通过签订实施许可合同、转让合同的方式合法利用专利技术，提前规避侵权纠纷。如果相关专利申请尚未获得专利权，可以适时采用公众意见制度阻止其授权或缩小其授权范围。对于有创新能力的制药企业而言，还应积极对专利技术进行调整、优化，力争突破专利壁垒，变被动为主动。

（2）积极应对侵权诉讼，变被动为主动

被诉侵权时，企业可以视实际情况采用不同的应对方式。

①不侵权抗辩

侵权判定的基本原则是全面覆盖原则。在分析原告专利权的保护范围之前，应充分了解专利权人在专利审查、无效程序中对专利做过哪些解释、陈述或修改。然后将涉及侵权专利权的保护范围与被诉侵权产品进行比较，判断被诉侵权的产品是否落入原告相关的保护范围。

②无效抗辩

企业可以寻找专利无效的证据，向专利复审委员会提出无效请求，并注意无效理由的挖掘。即使无效宣告请求不成立，也可以在侵权诉讼中利用禁止反悔原则缩小专利权的保护范围。

③现有技术抗辩

由此可见，在现有技术抗辩中，比较的对象是涉诉侵权技术与现有技术，而非专利技术与现有技术；比较的方法是对技术特征进行比较，而不是技术方案的比较，并且是与一项现有技术比较，而不是与几项现有技术的结合进行比较；比较的标准是两者相同或者实质上相同。

④提起确认不侵权诉讼

专利侵权纠纷中，涉嫌侵权人可以变被动为主动，提起确认不侵权诉讼，从而在起诉时机上获得主动权，同时在法院管辖等方面争取有利的结果。本案中的涉嫌侵权人京铁华龙公司就把握时机提出了确认不侵权诉讼，从而变被动为主动。

综上所述，通过本案阐述了专利侵权诉讼中常见的抗辩方式、药品标准与中药专利保护之间的平衡，以及从专利权人、企业的角度看如何有效应对侵权诉讼，为中医药企业如何运用司法保护提供了一定的建议。

四 "乳腺增生"发明专利权无效行政纠纷案

最高人民法院（2013）知行字第 77 号行政裁定书所涉及的"治疗乳腺增生性疾病的药物组合物及其制备方法"发明专利权无效行政纠纷案为2014 年度中国法院十大知识产权典型案件之一。最高人民法院在本案中明确了未记载在说明书中的技术贡献不得作为获得专利权保护的基础。而在判断发明是否取得预料不到的技术效果时，应当综合考虑其技术领域的特点，特别是技术效果的可预见性、现有技术是否存在技术启示等。该案件从提出无效请求到最高人民法院做出行政判决，前后共历时四年，对于该案件的无效审理走向以及审判结论均引起社会的高度关注。该案件的裁判结果对于药物专利授权确权的行政纠纷审理具有重要指导意义。而对于中医药企业，无论是无效请求人还是专利权人，如何运用和应对专利无效这一手段则是本案中应当重点反思的。

（一）背景介绍

1. "乳块消颗粒"产品相关信息概述

本案涉及专利号为 ZL200510000429.1、名称为"治疗乳腺增生性疾病的药物组合物及其制备方法"的发明专利，该案专利所要求保护的药物组合物的商品名为"乳块消颗粒"。该药品是原专利权人北京亚东生物制药有限公司（以下简称为亚东制药）的代表性产品之一，中药有效成分为：橘叶、丹参、皂角刺、王不留行、川楝子、地龙。辅料为：蔗糖、淀粉、糊精。能够疏肝理气、活血化瘀、消散乳块。用于肝气郁结、气滞血瘀、乳腺增生、乳房胀痛。批准文号为国药准字 Z10970113，唯一的生产单位为亚东制药。"乳块消颗粒"属于国内独家品种，曾获国家科技成果奖，为国家中药保护品种、国家发展和改革委员会优质优价目录产品、国家医保目录产品、国家基本药物目录产品。

在药品注册审批方面，国家食品药品监督管理总局批准生产的有效成分与"乳块消颗粒"相同的制剂共有 9 类，除了亚东制药的颗粒剂外，还包括片剂、丸剂、口服液、浓缩丸、糖浆、胶囊、贴膏以及软胶囊。其中，本案的无效申请人——山东华洋制药有限公司（以下简称为华洋制药）是"乳块消浓缩丸"的注册生产单位。其他剂型分别被安康正大制药有限公司等 9 家药品企业注册生产。其中，安康正大制药有限公司分别是乳块消片和乳块消胶囊两类剂型的注册生产单位。

由于"乳块消"类药物属于一类经典的中成药，其治疗乳腺增生、乳房胀痛等方面的疗效确切，起效迅速，因此受到中医药学术界以及中医药企业的广泛关注。在知识产权保护方面，截至目前，乳块消类药物的中国专利申请为 25 件。申请人包括个人、中医药企业以及高校等学术性机构。其中，拥有专利数量最多的即为涉案专利原专利权人——亚东制药，共拥有包括涉案专利在内的 8 项相关专利，其中 5 项获得授权。上述专利的技术主题主要涉及乳块消类药物的新剂型和相应的质量控制方法等内容，另外，亚东制药还开发出乳块消药物在治疗子宫肌瘤方面的新用途，目前该专利还处于实质审查阶段。由此可见，亚东制药已经针对乳块消类药物构建了初步的知识产权保护体系。相关专利的第二大申请人为碑林药业，该公司作为乳块消片的注册生产单位，共拥有两项乳块消药物的专利权，内容均涉及乳块消片制备工艺的改进。另外，本案无效申请人——华洋制药并未针对乳块消类药物申请相关专利。

2. 涉案两方公司的情况简介

涉案专利的原专利权人——亚东制药创建于 1991 年，主要以生产生物制品、中成药为主。公司代表性产品包括乳块消颗粒、感冒灵颗粒、小儿清热止咳口服液等。在国家食品药品监督管理局登记注册药品达 91 种，申请中药领域专利申请 225 件。

该专利的无效申请人——华洋制药位于山东淄博。2003 年通过了 GMP 的现场认证，可生产中药片剂、冲剂、胶囊、水丸、蜜丸等剂型共四十余个品种，品种结构既有六味地黄丸、黄连上清丸、益母草颗粒等为患者所熟悉的普药品种，又有首明山胶囊、气血双补丸、镇银膏等独家生产的新药品种。重点产品包括六味地黄丸、降血脂药首明山胶囊等。华洋制药具有较强的中药生产加工能力，每年可提取中药材 3000 吨，片剂生产 5 亿片，胶囊剂生产 5 亿粒，颗粒剂生产 1000 吨，丸剂生产 1500 吨，中药饮片加工 3000 吨。在国家食品药品监督管理局登记注册药品达 55 种，申请中药领域专利申请仅 1 件。

（二）案情简介

1. 涉案专利简介

本案涉及专利号为 200510000429.1、发明名称为"治疗乳腺增生性疾病的药物组合物及其制备方法"的发明专利，专利权人为北京亚东生物制药有限公司（下称亚东制药公司）。

本案授权文本的独立权利要求如下。

（1）一种治疗乳腺增生性疾病的药物组合物，由以下重量份的原料药制成：橘叶 412.5g、丹参 412.5g、皂角刺 275g、王不留行 275g、川楝子 275g、地龙 275g，其制备方法如下。

①将橘叶、丹参、皂角刺、川楝子加水煎煮两次，每次煎煮 1 小时，合并煎液、滤过，滤液浓缩至相对密度为 1.28，温度为 85℃，放冷，将所得浓缩液备用。

②地龙和王不留行用 70% 乙醇回流提取两次，第一次提取 2 小时，第二次提取 1 小时，滤过，合并滤液，将所得滤液备用。

③将步骤（1）所得的浓缩液和步骤（2）所得的滤液合并，调整乙醇量达 70%，搅拌均匀，静置，回收乙醇并浓缩成稠膏，加入蔗糖 500g 与淀粉、糊精适量，混匀，制成颗粒，干燥即得。

（2）如权利要求 1 所述的药物组合物在制备具有抗炎作用药物中的应用。

2. 无效宣告及行政诉讼简介

针对涉案专利权，华洋制药以权利要求 1～3 不具备创造性为由向专利复审委员会提出无效宣告请求，并提交了证据 1～3。亚东制药公司在无效行政程序中提交了反证 1～7。经口头审理，专利复审委员会做出第 15409 号决定，宣告本专利权全部无效，主要理由为：本专利权利要求 1 保护的药物组合物与证据 1 的区别在于剂型不同且由此导致制剂制备步骤（3）有所不同、对滤液浓缩的相对密度做了具体限定。然而将已知处方的药物改变剂型是本领域的常规做法，涉案专利所采用的颗粒剂的制法也是常规方法（见证据 3），辅料及其用量也是常规的（见证据 2）；从证据 1 记载的相对密度范围内选择出具体值也是常规的；权利要求 1 所获得的技术效果也是可以预料的，反证 3、4、7 不能证明本专利获得了预料不到的技术效果。权利要求 2 保护的用途已经被证据 1 公开；乳腺炎属于炎症的一种，其治疗手段与证据 1 公开的乳腺增生的治疗手段相同，因此权利要求 3 保护的用途对本领域技术人员而言是显而易见的。综上所述，权利要求 1～3 不具备创造性。

　　亚东制药公司不服，向一审法院（北京第一中级人民法院）提起诉讼，请求撤销第 15409 号无效决定。一审法院认为，反证 7 相对于反证 3、4 而言属于公知常识性证据，应予以采纳。证据 1 和证据 3 并没有提供省略"减压干燥成干浸膏，粉碎"的教导或启示，本专利权利要求 1 具有突出的实质性特点。专利复审委员会第 15409 号决定在认定本专利技术效果的可预期性时，脱离或夸大了本领域技术人员的预期能力。本专利颗粒剂以及证据 1 中片剂的总有效率分别为 95.70%、89.32%，本专利权利要求 1 具有"显著进步"。本专利的权利要求 1 具备创造性，在此前提下，权利要求 2、3 也具备创造性。第 15409 号决定依据的主要证据不足，应当依法予以判决撤销，专利复审委员会应重新做出无效宣告请求审查决定①。

　　专利复审委员会不服一审法院的判决，向二审法院（北京高级人民法院）提起上诉，请求撤销一审判决，维持第 15409 号决定。二审法院认为，反证 7 属于公知常识性证据，应当予以采信。本专利的颗粒剂制法是证据 3 药典记载的常规颗粒剂制法中的一种，而且药典中的常规颗粒剂制法之一本身就不含减压干燥步骤，省略减压干燥步骤所导致的效果改变是本领域技术人员可以预期的。因此判决撤销一审法院判决，维持第 15409 号决定②。

　　亚东制药公司由于不服二审法院判决，向最高人民法院提出再审申请。最高人民法院做出行政裁定，驳回了北京亚东生物制药有限公司的再审申请。最高人民法院在裁定中认为，本案的焦点在于：（1）能否将专利权人提供的反证 4、7 认定为本专利说明书中记载的阳性对照药物，从而证明本专利技术方案的效果优于证据 1。（2）本专利省去了"减压干燥成干浸膏，粉碎"这一区别技术特征是否带来了预料不到的技术效果。（3）根据证据 1 公开的治疗乳腺增生的作用，能否容易想到治疗乳腺炎的作用。

　　就本专利说明书实验例 3 而言，不论是否应当采纳反证 7，在反证 4 没有公开包括患者病情程度、每日服用剂量、疗效评定标准等总有效率的具体

---

① （2011）一中知行初字第 675 号。
② （2011）高行终字第 1704 号。

测定方法的情况下，无法认定反证4所记载的总有效率与本专利的总有效率是在等效等量情况下，以同一种测定方法做出的。因此，所得出的对比实验结果数据不能证明是否具有临床疗效上的显著进步。

本案中，片剂和颗粒剂均为中药领域常见剂型，该领域对两种制备方法以及所带来的技术效果的可预见性方面的研究较为充分。在对技术效果存在合理预期的情况下，面对本专利实际要解决的剂型改变的技术问题时，本领域技术人员容易想到结合证据3药典公开的将中药提取物制成颗粒剂的常规制法。活性成分与制备方法有关，在提取条件相同的情况下，一般不会导致提取物存在根本性的区别。由于常规颗粒剂制法的两种具体方法均不含减压干燥步骤，本领域技术人员对本专利所采用的颗粒剂的常规制法有利于保持药物活性、产品易于崩解、药物溶出度和生物利用度具有普遍的预期，由此提高药物有效率也是在合理预期之内的。因此，对该技术效果的预期是基于证据1的处方与常规颗粒剂制法结合后获得的技术方案所带来的。在现有技术整体上存在明确技术启示的情况下，由制备方法所必然产生的技术效果并未超出本领域技术人员的合理预期。

尽管从西医角度而言，乳痈即乳腺炎与证据1公开的乳腺增生、乳房胀痛的发病机理和治疗方法存在差别，但从中医学的角度而言，两者的病因及治疗方法均存在一定的联系。鉴于公知常识性证据对于乳腺炎病因病机以及中医治疗方法的记载，其与肝气郁结、气滞血瘀引起的乳腺增生和乳房胀痛发病原因基本相同。在证据1公开了该已知中药配方可以治疗乳腺增生、乳房胀痛的情况下，基于乳痈与乳腺增生、乳房胀痛在病因和治疗方法上的相关性，对于本领域技术人员而言，将权利要求1所述的药物组合物用于制备治疗乳腺炎等具有抗炎作用的药物是显而易见的。

（三）本案启示

1. 专利权人如何提高专利权的稳固性

（1）构建多层次的专利保护防御体系

构建有层次、多角度的权利要求保护范围，意味着申请人在撰写权利要求书的时候，应设置数量适当的从属权利要求，或设置不同类型的多个并列独立权利要求，从产品、工艺、用途等不同角度对专利技术方案进行全面保护。这样能够最大限度地维护申请人的权益，同时也为无效宣告程序留下各种退路。

在本案中，专利权人在无效和行政诉讼程序中的主要论点之一为：本专利提取的丹酚酸b的含量不同，故药物活性成分与无效请求人提供的证据存在本质区别。然而本专利的权利要求书中并未限定最终制备形成的药物组合物的活性成分及含量，导致该技术特征无法构成本发明技术方案与现有技术之间的区别，在说明书中也未记载丹酚酸b的功能、效果等内容。对权利要求与最接近现有技术之间的区别技术特征进行认定时，应当将权利要求中记载的技术特征与最接近的现有技术所公开的技术特征进行逐一比对，权利要求中未记载的技术特征不能作为比对基础，因而也不可能构成区别。此外，对于无效宣告请求审查中专利文件的修改，我国《专利法》规做出了非常严格的限制，发明专利的修改仅限于权利要求书，且修改方式一般限于权利要求的删除、合并，一般不得增加未包含在授权的权利要求书中的技术特征。可见，即使本案的说明书中记载了有关丹酚酸b含量的技术特征，专利权人也无法通过在无效程序中将该技术特征引入权利要求书来达到克服创造性缺陷的目的。

因此，撰写专利申请文件时，在利用独立权利要求概括出一个较大保护范围的基础上，也要注意将关键的发明贡献点、重要的工艺参数等涵盖在从属权利要求中，这种权利要求的构建方式有利于获得相对较大的专利保护范围，也能为后续无效程序留出足够的修改余地，有利于提高专利权的稳定性。专利权人对于权利要求书的修改方式会具有更多的选择及更大的主动性，相当于在应对无效挑战时修筑了多重防御战线，从而避免了因为某一项权利要求不具有新颖性、创造性或得不到说明书的支持等而导致全部专利权被一击即溃，丧失全部专利权的保护。在这个问题上，日本和韩国的有关中药和食品专利申请的保护值得我国申请人借鉴，不论是产品组成限定的权利要求还是制备方法限定的权利要求，通常都通过使用某种工艺控制参数对其进行限定，上述参数可能是产品配伍或制备方法带来的某种主要成分的含量、某种杂质的含量、某种主要成分稳定性、溶出效果、有关物质的相关参数以及颗粒的粒径分、直径大小等，而不是简单地通过温度、时间、转速、药物配比等参数来限定。这体现了发明贡献点、重要工艺的参数都是其发明中体现发明构思或是用于区别现有技术的关键控制点。因此，撰写专利时应将说明书中记载的上述代表了发明点的关键参数通过权利要求的方式进行保护；同时为了提高专利的稳定性，在说明书和权利要求书中应当加入能够体现发明贡献点、重要工艺的参数。这样不仅能够提升发明专利的整体水平，使其发明专利具备区别于其他现有技术的明显特质，提高其被授予专利权的概率，也能够使其专利具备更强的稳定性，在面对复审和无效的挑战时立于不败之地。

（2）如何平衡"技术秘密""保护范围"以及"专利权稳定性"间的关系

在专利申请文件的撰写中，申请人需要平衡核心内容的保密与专利权稳定的维持之间的关系。如果公开内容过多，导致企业技术核心秘密的公开，无疑会对企业今后发展造成不利影响。但是，如果为了核心技术的保密造成技术方案和技术效果等公开不充分、不全面，同样会产生影响专利权稳固性的严重后果：由于专利权人在说明书中公开的内容较少，产品的技术效果没有足够的实验数据来证明，导致其在后续的无效和行政诉讼程序中陷入不利地位，导致很大一部分专利权被无效。从本案中也可看出，本专利属于对药典记载经典方法的剂型和工艺改进。申请人结合组合物中部分中药对热敏感的特点，通过改进部分步骤的工艺、参数等特征，提高了组合物有效成分的含量，从而提高了组合物的治疗有效率。但是，申请人却由于技术保密或对现有技术状况了解不全面等原因没有在专利申请文件中很好地体现出本专利的技术贡献点，最终导致在后续的无效、诉讼过程中缺乏有力的防御，陷入被动。

因此，为了更好地把握技术保密和专利保护二者之间的平衡，申请人在撰写申请文件时应尽可能全面地对现有技术进行检索，通过与相关技术进行比较，明确改进点，通过实验数据等突出本申请改进点给本申请技术效果带来的改善，确保拟申请专利技术具有"突出的实质性特点"和"显著的进步"，满足专利法上关于创造性的要求，并将上述材料在保密核心内容的基础上尽可能多地在专利申请文件中充分体现出来，从而为后续创造性争辩提供尽可能多的余地，使申请人在保留技术角度核心竞争力的情况下获得稳定的专利权。

另外，如何平衡"专利保护范围"与"专利权稳定性"两者间的关系也是常常困扰专利申请人以及专利权人的问题。通过上述中药领域专利无效技术主题的类型分析可知，中药领域的专利申请主要集中在处方和制备方法上，对于处方大多通过药物组成＋用量进行限定，对于制备方法多是采用工艺步骤＋具体工艺参数（时间、温度等）。上述两种限定方式都采用比较具体的方式限定权利要求，导致其保护范围过于狭小，但是部分申请人却存在误解，认为缩小技术方案的保护范围就能够有助于获得专利权，并且在发明专利审查过程中为了体现与对比文件的差异，还会进一步将保护范围限定得更小，而盲目地缩小保护范围实际上是对专利权人利益的一种无谓破坏。从本案中可以看出，本案授权的权利要求中药物组成采用了"橘叶412.5g、丹参412.5g……"限定了最具体的用量，权利要求的制备方法中"滤液浓缩至相对密度为1.28，温度为85℃……"对于参数也使用了最具体的参数进行限定，其授权的保护范围已经非常小，然而仍然面临被无效的风险。由此可见，不恰当地缩小专利权保护范围并不能增加专利权的稳定性。提高保护力度最根本有效的方法还是在于充分了解现有技术，抓住本专利发明贡献点，并将其写入申请文件、特别是权利要求书中，使得权利要求所保护的技术方案能够体现出相对于现有技术的实质性特点和显著的进步。基于这个思路，申请人在撰写时并不需要使用非常具体的限定方式对药物组成以及制备方法中相关参数进行限定，反而可以使用相对宽泛的范围，从而获得更大的保护范围。

（3）进行针对性强、说服力高的答辩

除了技术方案本身的因素外，专利权人在无效过程中的答辩水平，也是影响专利权是否会被无效的重要因素。在实践中，很多专利权人由于对专利法规定理解不到位，造成答复内容欠缺针对性或证明力，从而浪费了宝贵的答辩机会。例如，申请人在答辩中强调某项技术特征的选择产生了预料不到的技术效果，然而所要求保护的权利要求中并不含有该特征，或是该特征已被对比文件公开，或者答辩中的主张没有事实依据，如本案中，专利权人主张证据1的组合物就是本专利说明书中的对照组药物，因此本专利的药物取得了更好的技术效果。但是，由于本专利说明书中没有明确记载其使用的对照组药物的制备方法、测定方式等相关信息，导致其主张缺乏事实依据，无法得到专利复审委员会或者法院的支持。

因此，在无效审理时应注意答辩意见的针对性，有的放矢地发表观点，紧扣《专利法》的相关规定，结合自身技术方案及无效请求人提出证据的具体记载情况，做到有理有据。

（4）提交证明力强的证据

面对请求人提出的无效请求，专利权人在针对其无效理由进行答辩的同时，可以提出反证以支持自己的观点。但实践中，专利权人提出的反证往往存在各方面缺陷，导致其证明力被大大削弱。比较常见的情况有以下两种。

①证据的公开时间晚于申请日

专利权人在无效阶段所提交的反证首先应满足时间方面的要求，即公开日早于本专利的申请日，属于"公开出版物"。申请日提交的专利申请文件是确定专利申请能否得到授权的基础。专利权人在申请日之后提交的技术文献资料，用于证明专利说明书中未记载的技术内容，如该技术内容不属于专利申请日之前的公知常识，或不是用于证明本领域技术人员的知识水平与认知能力的，一般不应作为判断能否获得专利权的依据。如提交发表于本专利申请日之后的论文以证明专利的技术效果，一般无法被认可。具体到本案，专利权人提出的反证3是一篇发表于本专利申请日之后的论文，其以丹酚酸b为指标，比较了减压和喷雾干燥制备的乳块消片提取物的含量差异，结论为——喷雾干燥制备的乳块消片中提取物丹酚酸b的含量比较高。反证3系本专利申请日之后公开的技术文献，所述技术内容并非本领域技术人员在本专利申请日前所具有的知识水平与认知能力，故不能作为判断本专利技术效果的基础。在本专利说明书没有记载提高丹酚酸 b 含量及其技术效果的情况下，也不应当将反证 3 作为对比实验数据使用。由此可见，反证 3 既不满足时间性方面的要求，也不属于对比试验性质的证据，因此其无法证明本专利的创造性。

②证据和技术方案之间的关联性过低

证据的证明力还与其待证技术方案的联系程度有关。例如提交的证据所证明的技术效果没有在原申请文件中记载，就导致证据关联度过低，无法证明本专利的技术效果优于现有技术。或者如本案专利权人提交的反证用于证明无效请求人提交证据中的组合物是本专利对照组药物，但由于本专利中没有记载其对照组药物的相关信息，专利权人无法证明其提交的证据与本专利对照组药物的关联性，导致证据无法被采信。又或者提交证据强调某个技术特征能够给专利带来预料不到的技术效果，但该特征实际没有包含在本专利的权利要求中，或不构成本专利与现有技术之间的区别，如本案中专利权人强调丹酚酸 b 含量上的区别，但该成分含量并未包含在权利要求中。这都严重影响了证据的关联性，导致了举证的浪费。

因此，专利权人为了维护专利权的稳定性，应当在充分了解专利法规定的基础上积极举证，尽可能增加证据可信度和证明力。

2. 从无效请求人的角度看专利无效制度的意义

从无效请求人的角度来看，专利无效可谓企业间知识产权保护战争的主要武器之一。在实践中，提出专利无效的请求人比较常见的有以下几种类型：第一种是同专利权人签订了专利实施许可合同，被许可有偿使用专利的一方。如果专利能够被成功无效，那么这类当事人今后就可以免费使用被无效的专利，从而大大降低企业成本。第二种是比较常见的无效请求人就是专利侵权诉讼中的被告。在实践中，被告方常用宣告对方专利无效作为专利侵权纠纷中的抗辩策略。首先，如果有充分的证据能够证明专利无效，侵权指控不攻自破，"釜底抽薪"地避免了侵权责任的承担。其次，即使证明对方专利无效的证据并不十分充分，也能在一定程度上起到作用。因为一旦专利被提起无效宣告，由于起诉方担心专利无效宣告带来的客户信心动摇、商誉受损等因素，从而可能会主动提出和解或撤诉。因而，请求人可以通过灵活运用专利无效制度，将其作为专利侵权诉讼中的重要砝码。

实际上，无效宣告制度也是专利权人提高其专利稳定性的重要工具，这一点常常为人所忽视。根据《专利法》第 45 条的规定，在我国任何单位或个人均可作为提起无效宣告请求的主体，这其中也包括专利权人本人。专利权人通过启动无效程序，可以获得对权利要求范围进行修改的机会，使权利要求保护范围更加适当，增加专利权的稳定性。专利权能够经受无效宣告的挑战，无疑是其质量高、稳定性强的有力证明。因此，无效宣告制度可以成为保证专利效力足够稳定、能够全面商业化和有效运用的防御手段。

综上所述，针对不同类型、不同目的的无效请求人来说，专利无效制度的意义是多方面的：对于专利被许可人、同领域竞争者等利害关系人来说，专利无效是其获取更大利益的攻击武器；对于被控侵权人，专利无效是常用的抗辩手段；对于请求无效自身专利的专利权人，无效制度又是有效的防御手段。由此可见，无效宣告制度已经成为知识产权保卫战中运用最多的专利制度之一，企业应深入了解其制度设计，有的放矢，结合自身需求灵活运用。

五 结语

随着专利技术的不断发展，知识产权的运用也需要跟上时代的脚步。虽然目前中医药领域的知识产权保护意识较以前有了很大的改善，但是在如何运用专利无效以及专利侵权方面仍然存在一些问题。而中医药领域的个人或企业在加强自主创新的基础上，应充分重视知识产权工作，采取符合自身情况的战略，走出一条平稳的、可持续发展的知识产权保护之路。

参考文献

北京高级人民法院：《专利侵权判定指南》，《电子知识产权》2013 年第 10 期。

李向军：《注册中药专利药品构成侵权?》，《法律与生活》2007 年第 10 期。

李瑛琦、彭茂祥、冀小强：《从专利无效决定试析药品标准类证据的公开性》，《中国医药生物技术》2011 年第 2 期。

李越、李人久、周英姿：《药品标准类证据公开性在专利诉讼和复审无效阶段中的影响》，《知识产权》2006 年第 2 期。

尹志锋：《我国专利侵权诉讼赔偿额的影响因素分析》，《中国新药杂志》2013 年第 19 期。

成思源：《技术创新方法——TRIZ 理论及应用》，北京，清华大学出版社，2014，第 265～266 页。

李爱君：《审查起诉重点与方法》，北京，中国检察出版社，2014，第 109 页。

李建伟：《民法》，北京，中国政法大学出版社，2014，第 495～496 页。

朱楠：《商事调解原理与实务》，上海，上海交通大学出版社，2014，第 182～183 页。

酒向飞、李慧：《机、电、化领域发明专利侵权诉讼案件分析报告》，2016，http：//www. aiweibang. com/yuedu/99281258. html。

刘阳：《专利无效诉讼研究—以与专利侵权纠纷协调为视角》，中国政法大学硕士学位论文，2015，第 20 页，中国硕士学位论文全文数据库，http：//www. cnki. net/KCMS/detail/detail. aspx? dbcode ＝ CMFD&QueryID ＝ 0&Cur Rec ＝ 1&dbname ＝ CMFD201502&filename ＝ 1015336964. nh&urlid ＝ &yx ＝ &uid ＝ WEEv REcw SlJHSldSdnQ1YWlBWWJ2QmxHb0orOTJFb3AwT0ZPcG0vR3dObz0 ＝ $9A4hF_ YAuvQ5obgVAq NKPCYcEjKensW4ggI8Fm4gTkoUKaID8j8gFw！！ &v ＝ MzEyNDBGckNVUkx5ZmIrWm5Ga URuVWIvS1ZGMjZHN0M3R05qS3E1RWJJQSVI4ZVgxTHV4WVM3RGgxVDNxVHJXHJXTTE ＝ 。

游云：《中药复方专利保护及其侵权分析》，中国中医科学院博士学位论文，2006，第 28 页，中国博士学文论文全文数据库，http：//www. cnki. net/kcms/detail/detail. aspx? dbname ＝ CDFD2006&filename ＝ 2006086127. nh。

B.7
以血脂康看中药二次创新的知识产权保护

刘瑞华　吴立坤　张丽芳*

摘　要：　红曲是我国的传统中药，历史悠久。20世纪90年代诞生的血脂康是对红曲的二次创新。本文介绍了红曲文化和应用、血脂康的研发过程、产业成就和专利保护情况，分析了血脂康在创新与保护过程中的策略，并以此为例给出了中药二次创新的定义和方向。希望血脂康知识产权保护的经验能给其他中医药企业的知识产权发展和保护提供启示和借鉴。

关键词：　红曲　血脂康　中药　知识产权保护　二次创新

一　红曲的前世与今生

（一）传统的红曲文化

1. 红曲的发现

红曲又称为赤曲、丹曲、红米、福曲、红大米、红糟，历史悠久，五代陶谷的《清异录》记载："有赐绯羊，其法以红曲煮肉，紧卷，石镇，深入酒骨腌透，切如纸薄，乃进（注：酒骨，糟也）。"据唐代《初学记》引汉

---

* 国家知识产权局专利局专利审查协作北京中心，刘瑞华，副研究员；吴立坤，助理研究员；张丽芳，助理研究员。

末王粲《七释》，有"西梁旅游，御宿素粲，瓜州红曲，参糅相伴，软滑膏润，入口疏散"的记载。在宋朝的书籍中也有提到红曲，至元朝及以后使用红曲已较普遍。

红曲的制法最早可见于元代佚名著的《居家必用事类全集》（元·无名氏著），其记载了制造红曲的具体步骤："白粳米一石五斗，水淘洗，浸一宿，次日蒸作八分熟饭，分作十五处。每一处入上项曲二斤，用手如法搓操，要十分匀，停了，共并作一堆。冬天以布帛物盖之，上用厚荐压定，下用草铺作底，全在此时看冷热……次日日中时，分作三堆，过一时分作五堆，又过一两时辰，却作一堆又过一两时辰，分作十五堆……第三日用大桶盛新汲井水，以竹箩盛曲，分作五六份，浑蘸湿便提起来，蘸尽，又总作一堆……第四日，将曲分作五七处，装入箩，依上用井花水中蘸，其曲自浮不沉。如半沉斗浮，再依前法堆起，摊开一日，次日再入新汲水内蘸，自然尽浮。日中晒干，造酒。"

而在明代宋应星的《天工开物》和李时珍的《本草纲目》都详细记载了红曲的制作方法，《天工开物》中曰："凡造法用籼稻米，不拘早、晚。春杵极其精，水浸七日，其气臭恶不可闻，则取入长流河水漂净，漂后恶臭犹不可解，入甑蒸饭则转成香气，其香芬甚……凡曲饭入盘，每盘约载五升。其屋室宜高大，防瓦上暑气侵迫。室面宜向南，防西晒。一小时中翻拌约三次……其初时雪白色，经一二日成至黑色，黑转褐，褐转赭，赭转红，红极复转微黄。目击风中变幻，名曰生黄曲，则其价与入物之力皆倍于凡曲也。凡黑色黑褐，褐红，皆过水一度，红则不复入水。"

《本草纲目》记载："白粳米一石五斗，水淘浸一宿，作饭。分作十五处，入曲母三斤，搓揉令匀，并作一处，以帛密覆。热即去帛摊开，觉温急堆起，又密覆。次日日中又作三堆，如此数次。第三日用大桶盛新汲水，以竹箩盛曲作五六分，蘸湿完又作一堆，如前法作一次。第四日，如前又蘸。若曲半沉半浮，再依前法作一次，又蘸。若尽浮则成矣，取出，日干收之。其米过心者谓之生黄，入酒及酢醢中，鲜红可爱。未过心者不甚佳。入药以陈久者良。"

这表明红曲的发明不晚于 10 世纪，且历代流传下来的制曲方法非常相似。

2. 红曲的应用

古代红曲的应用主要体现在：（1）药效：《本草纲目》曰："红曲主治消食活血、健脾燥胃、治赤白痢下水谷、酿酒破血行药势及产后恶血不尽"等，《本草约编》记载："气味甘温曲是红，亦能消食与调中，健脾燥胃和营血，产后伤科并建功"，而且还涉及红曲"作酒则带热辛，能动痰疾、脚气之疴并发痔瘘肠风之患"；（2）防腐：《天工开物》曰："……世间鱼肉最腐物，而此物薄涂抹，能固其质于尖署之中，经历旬日，蛆蝇不敢近、色味不离初，盖奇药也……"（3）食品：①酿酒：宋代的诗中多次提到红曲酒，以及古籍记载或民间流传的多种用红曲酿制药酒的造酒方，例如《清太医院丸散膏丹配制法》记载使用红曲来酿制的"百益长春酒"可以使气血充足，百体受益等；②酿醋：元代鲁明善的《农桑衣食撮要》有关于红曲酿醋的记载；③烹调：五代《清异录》中的"以红曲煮肉"，唐代诗人李贺诗中有"小槽酒滴真珠红"，元代《居家必用事类全集》收录了大量以红曲作调味料肉制品，例如鱼酱、鹅鲊、红蛤蜊酱、红鱼、红腐乳等。

可见，我国应用红曲的历史久远，传统制备红曲的方法主要体现在将大米作为培养基，在浸米、蒸饭过程后接种红曲霉种子，再使用自然气温培养发酵，为了满足红曲霉固体培养所需水分的要求创造出分段发酵，最后制取红曲。红曲的应用主要体现在：医疗上发挥健脾消食、活血化瘀等功效，肉类的防腐作用，还可用于酿制酒醋、烹调肉类以及制作红腐乳等。

（二）红曲的现代新篇章

1. 制曲工艺的现代化

尽管传统红曲已经建立一套完善的制备方法，但也存在一些问题，例如操作工序较多、烦琐，人力劳动强度大，占地面积较大，产量不高，而且通风、湿度、温度等发酵条件不易被有效地控制，造成红曲的色价、活性成分较低，质量也不稳定，同时出现橘霉素污染严重的情况。近些年在继承、发扬传统工艺基础上，通过不断探索和改革，使我国生产红曲水平有了新的提高，出现了固体发酵、液体发酵等更加现代化的工艺。

（1）固态发酵

20世纪80年代，随着厚层通风法生产红曲技术的研究成功，使得原有生产红曲的固体发酵法初步实现了机械化、连续化以及自动化，红曲的生产因此而进入大批量工业化生产阶段。厚层通风法是使用大罐浸米，用蒸发机蒸饭，再采用厚层通风机制曲、微机控制温度等，具体工艺流程见图1。

保藏种→斜面活化→一级曲种→
浸泡→磨浆→二级曲种浆
↓
大米→浸泡→沥干→蒸熟→凉饭→接种→
发酵→烘干→检验→分级→包装→成品

图1　厚层通风固态发酵工艺流程

由于采用了厚层通风技术，产品在质量稳定性、色价和产量等方面均有所提高，出曲率从52%提高至60%以上，而且投料量也增加了1倍，生产周期随之缩短了30%，因而大大降低了劳动强度。此外，圆盘制曲机也应用于红曲的工艺中，具有自动定量喷水、自动控温、机械翻拌、出料以及减少杂菌污染等特点，和种子罐、蒸发机、干燥机一起配套使用，促进了制曲过程的机械化和自动化水平，从而实现了红曲生产的固体机械化，成为我国红曲生产历史的重大创新。固体发酵法具有投资少、产量大、生产经验丰富的优点。

（2）液态发酵

液态发酵属于深层发酵，故也称为液态深层发酵，其主要用于生产红曲色素，20世纪90年代以来在红曲色素的生成上取得了很大进展。液态深层发酵工艺主要采用淀粉、葡萄糖、黄豆粉等作为培养基，使用常规标准深层发酵设备进行操作，具体的工艺步骤见图2。

采用液态发酵可以让基质均匀地混合和扩散，同时可通过添加某些特定

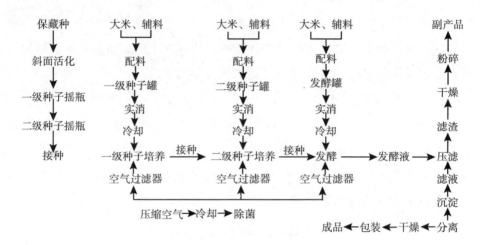

图2 液态发酵工艺流程

成分，抑制橘霉素的生成。该方法为我国使用红曲酿造黄酒提供了可借鉴的宝贵经验。

（3）液态－固态二步法

由于液体发酵多数集中在实验室或三角瓶生产、场地较为局限，故很多生产厂家使用液态－固态二步法生产制曲，具体流程见图3。

固态发酵培养基→灭菌→冷却→接种→培养→出曲

斜面菌种→深层培养→液体种子　灭菌（100℃ 30 min）

成品红曲←干燥（50℃）

图3 液态－固态二步法工艺流程

可见，液态－固态二步法是在传统制曲工艺的基础上，增加了液体种子培养设施。相比较而言，传统工艺接种的是红曲菌孢子，而液态－固态二步法接种的是红曲菌菌丝，这种接种菌丝的方法可降低菌体增殖对固体基质的消耗，且缩短了生产周期，扩大了生产量。

2. 功能应用的扩大化

随着红曲制备工艺的不断创新，红曲的功能和应用也随之得到更为广泛的发展，主要体现在食品保健和药理活性方面。

（1）食品保健

由于发现化学合成色素对人类可能具有致畸、致癌、致突变的潜在危险，在质疑人工色素安全性的情况下，人们开始关注天然色素。然而，大多数天然色素存在稳定性较差、由动植物中提取成本高等问题，但微生物发酵得到的色素成本较低且可以大规模生产，故红曲色素备受关注，极具市场竞争力。例如上海市工微所、福建粮油科研所、宁夏轻工设计研究所、四川省食品工业研究所、苏州食品厂等研制出大罐液体发酵及液体和固体结合的生产红曲色素新工艺，并确定了红曲色素的分子结构、理化性质和安全性。红曲色素的结构如下。

红曲色素是一种安全食品添加剂，在软硬糖果、红肠衣、罐头、肉类熟食、蜜饯等染色中使用该色素均取得了很好的效果，德国在20世纪90年代初已经开始在西式香肠中加入了红曲色素，香肠的呈色效果以及色素稳定性得到很大改善。

另有研究发现，红曲霉存在的很多菌种均可产生麦角固醇，紫外线照射麦角固醇后即转化为维生素 D_2，针对佝偻病、促进老年人和孕妇钙磷的吸收，维生素 D_2 有明显的生理作用，但维生素 D_2 在普通食品中含量有限，故在食品中添加红曲，对防治维生素 D 缺乏症会有重要意义。

由于红曲很早就得到广泛的传用，因此，中国大陆、香港地区、台湾地区乃至日本、东南亚等地在使用红曲发挥防腐、酿酒、酿醋、制作红腐乳等方面的应用也得到很好的延续，例如制成了保健功能醋、保健酒等，并且对红曲产生防腐等作用的机理也进行了更加深入的研究。

（2）药理活性

日本学者远藤章（Akira Endo）教授于 1976 年首次从红曲霉 *M. rubber van Tieghem* 的培养液中分离出一种活性物质，命名为 Monacolin K（莫纳克林 K），其可特异性地抑制胆固醇的限速酶 3 - 羟基 - 3 - 甲基戊二酰辅酶（HMG-CoA）还原酶，继而阻止 HMG-CoA 向甲羟戊酸转化，从而减少内源性胆固醇合成，耗竭了内源性胆固醇，使得血清胆固醇下降。1980 年，美国人 Alberts 等从土霉素 *Aspergillus terreus* Thom. 中分离出相似的物质 Mevinolin，现称作洛伐他汀（Lovastatin）。Mevinolin 和 Lovastatin 为同一物质的酸型（Monacolin K）和内酯型（Lovastatin）的两种不同的分子形态，具体结构如下。

酸式   内酯式

内酯型是一种前体药物，它本身无活性，需要经人体产生羧基酯酶水解开环形成开环酸型才能具有药理活性。1985 年，远藤章教授又相继从红曲中分离出 Monaclin L，X，J，M、Dihydromonacolin L 等类似物，发现它们都具有相同的基本结构，即 L 是 J 的前驱物，J 是 K 的前驱物，并均通过 HMG-CoA 作用机制来发挥降脂作用。这一连串的发现使红曲更加引人注目，掀起了利用红曲霉开发降脂类产品的热潮。此外，远藤章进一步又对 Monaclin K 进行了研究，通过酯构型弱碱化形成了碱金属盐、土族金属盐等，发现分别有预防和治疗胆结石、前列腺肥大、肿瘤等药理活性；还有日本其他学者通过研究发现红曲霉具有很强的降血压作用。

我国也对红曲的药理活性进行了广泛的研究，例如 20 世纪 70 年代，采用淀粉渣代替大米为原料，采用纯种红曲霉来制备红曲，将其应用到酿酒中，并由酒醅内提取的醋制红曲霉素，在治疗慢性肠炎、痢疾等方面有特效。经测定红曲霉素主要是乳酸、琥珀酸及少量的草酸等发挥抗菌作用，且红曲液中还有丰富的氨基酸等。有研究发现，红曲霉菌丝体及发酵滤液能明显促进小鼠运动耐力，提高其血糖调节能力，从而提高小鼠的耐氧能力，增强体质，延缓疲劳。

总之，无论制曲工艺还是红曲应用都取得了飞跃的发展，包括制备红曲过程突破了传统工艺，研发出固体发酵和液体发酵等多种现代化制曲方法；同时，红曲也得到更为广泛的应用，最为突出的是 Monacolin K 的发现，其有效地抑制胆固醇合成的活性，促进了大量红曲降脂品种的研发，出现了各种功能性红曲产品（是指产品中洛伐他汀中超过 0.4% 的红曲）。

随着人们生活水平的提高，高脂血症的发病率呈逐年递增的趋势，故降脂产品的需求量也日益增大。由于红曲的降脂效果显著，不良反应发生率低，因此功能性降脂红曲产品越来越受到人们的广泛关注，世界很多国家和地区都开展了红曲霉的研究工作。近年来，我国很多企业从红曲色素转向了功能性红曲的研究，但真正拥有技术能生产功能性红曲的却只有寥寥数家，较为突出的有北京的血脂康和成都的脂必妥，二者均是以红曲为主要成分，在国内降脂市场占有率很高。

二 血脂康的产业践行之路

（一）血脂康的诞生

20 世纪 90 年代初，北京大学张茂良教授从红曲中培养并分离出洛伐他汀，研制出含有洛伐他汀的红曲培养物。

洛伐他汀的疗效得到世界的公认：1994 年，在全球范围内第一个"他汀类"药物冠心病的干预大型试验"北欧辛伐他汀生存研究（4s）"结果得到公布，研究表明"他汀"药物可降低胆固醇，并可显著降低冠心病的死亡率，而且不会造成非心血管病死亡率的增加，证明了"他汀"类药物拥

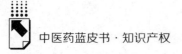

有确切的疗效和良好的安全性。

同年，本着对北京大学品牌的认可，又鉴于降脂产品具有巨大潜在市场，新加坡维信公司与北京大学签署合作，同意北京大学以技术入股，注册成立了北京北大维信生物科技有限公司（以下简称"北大维信"）。

至此，血脂康诞生了。

（二）血脂康的成就

1. 国内的蓬勃发展

1995年血脂康研发上市，同年10月，作为第一个北京市国家中药保密品种，血脂康获得了卫生部颁布的国家新药证书，并开展了"血脂康调整血脂对冠心病二级预防"研究（CCSPS）。1996年，该计划被卫生部列为国家"九五"重点攻关课题，CCSPS经历了8年之久，由全国19个省市、共计66家大中型医疗机构一起共同承担，选择4870例高脂血症合并冠心病的患者进行了相关研究。结果表明：通过长期服用血脂康，可以显著减少多种心血管事件，尤其是明显减少总死亡率，评审组一致通过将血脂康作为国产优秀降脂药，将其列入中华医学会的"重点推广工程"；而且，CCSPS的研究还提示了东方人群降脂特点，在选择调脂合适的治疗药物、剂量、疗效以及安全性等方面，为我国冠心病二级预防提供了循证医学的证据，同时也表明血脂康可作为替换他汀类药物的一线调脂用药。此外，通过CCSPS的研究结果，血脂康得到越来越多中西医专家的认可，血脂康获得的荣誉具体如下。

1996年10月，全市推广了北京市重大科技成果——血脂康。1997年，血脂康夺得"北京优秀科技产品"奖、"北京市高新科技试验区百强拳头产品"称号。

1999年和2006年，血脂康胶囊被列入国家中药保护品种。

2001年，血脂康胶囊获教育部科学技术进步二等奖，列入年度国家重点新产品计划。

2002年，血脂康再次入选国家"十五"医学科技攻关课题——Ⅱ期糖尿病及其并发症预警、干预研究的临床用药，并被国家计委列入国家高技术产业发展项目计划。

2004 年，湖南湘雅二院赵水平教授作为全国知名血脂专家，在国际心血管领域最权威的杂志——《循环》（美国）上发表有关血脂康的研究论文，成为该杂志发表的屈指可数来自中国的研究成果。

2005 年 6 月 17 日，血脂康获得台湾卫生署中医药委员会许可通过，获台湾首例符合国际 GCP 标准的中药新药证书，以"寿美降脂一号"命名获准进入台湾市场的处方。

2006 年，"北大维信"荣获"2005 年度北京市著名商标"。

2007 年，中国成人血脂异常防治指南制订联合委员会推荐血脂康载入《中国成人血脂异常防治指南》。

2008 年 8 月，受邀于中国医师协会心血管内科医师分会，全国心血管专家共同起草了《血脂康临床应用中国专家共识》，是当时唯一的中药制定专家共识。

2009 年和 2012 年，作为唯一调脂中药，血脂康入选《国家基本药物目录》，血脂康胶囊和片剂也分别入选 2009 年版医保目录，并入选北京市自主创新产品。

由此可以看出，血脂康通过了严格的临床医学评价，证明了其在降脂方面的确切疗效；这种利用循证医学的评判方法，不仅使血脂康得到国家卫生部门、专家学者等认可，获得了诸多奖励，而且也为其走向世界医药市场奠定了基础。

2. 国际破冰之旅

由于香港中文大学的 Hinchuang Wang 等于 1981 年从红曲中分离出橘霉素，其是一种真菌毒素，具有肾毒等危害，因此，导致我国的红曲不能以食品添加剂的方式出口到美国和欧洲。但是，1994 年美国通过了《膳食补充剂健康与教育法案》（DSHEA），该法案规定中成药可以以饮食补充剂的名义进入美国市场，为中成药进入美国创造了良好的条件。利用这个机会，1996 年北大维信与美国世代健康公司签署了为期 20 年、总额达 20 亿美元的代理销售合同，提供给世代健康公司的是血脂康胶囊的初级原料——特制红曲，在美国加州大学洛杉矶分校获得了很好的临床实验效果，并冠以"Cholestin"保健品名在美国超市等销售。由于威胁到美国一家制药公司的利益，其向 FDA告发 Cholestin 不是保健品，是药品，虽然一审和二审胜诉，但 2001 年美国最高法院判决停止在美国销售 Cholestin。2004 年美国颁布了《植物药产业指南》，调整了一些政策，规定在获得新药临床研究申请后，多数植物药产品可以直接进行II期临床，不需要像西药那样完全提纯有效成分。北大维信于 2006年 6 月向 FDA 启动了注册申报程序，重新开发设计了一系列科学严格的试验方法，完成了相关试验，在此基础上，FDA 于 2008 年 9 月批准了血脂康进行II期临床，2012 年成功完成国际多中心II期临床研究。

2000 年 10 月，血脂康获得了由新加坡卫生部颁发的 CPM 证书，其是北大维信通过新加坡维信生物医药股份有限公司作为代理公司来销售以特制红曲为原料生产的"Hypocol"，2004 年获得印尼 OTC 中药证书，且从 2002 年开始，Hypocol 陆续销往泰国、马来西亚等东南亚国家。而且，血脂康还以食品补充剂的形式相继出口了中东、中国香港、韩国、日本等十多个国家和地区。

伴随着北大维信血脂康的发展，其销售额也是迅速攀升，上市当年已经盈利，1996 年 10 月起出口美国，到 1997 年 3 月北大维信就赚了 200 万美元；2000 年以来，销售收入平均增长率为 28%，2002 年销售收入为 1.3 亿元，同期增长 30%，完成利润 1800 万元，同比增长 22%。2008 年，血脂康年销售额已达 3 亿元，之后一直保持 3 亿左右。

综上所述，血脂康走向世界之路虽然崎岖，但是由于其可靠的实验基础以及确切的降脂效果，获得了世界很多国家和地区的认可。血脂康的出口不仅扩大了世界降脂产品的范围，且为我国中药出口树立了良好的楷模。

三 血脂康的研发创新之路

（一）研发基础

1. 红曲治疗高脂血症的中医理论基础

根据高脂血症的临床表现，属于中医的"痰浊""湿阻""血瘀"范畴。外因多是由于过食膏粱厚味，酿生痰湿；内因多由于脾虚运化功能失调，水谷肥甘之物无以化生气血精微而生成痰湿，痰湿浸淫脉管，血行受阻而致血瘀。《本草纲目》记载红曲有"消食活血，健脾燥胃"的功效。高脂血症多数患者可出现气短、肢体困倦、胸闷或胸痛，饮食减少，脘腹胀满，舌质紫暗或有瘀斑，舌苔白厚或厚腻等脾虚失运，水谷之精变为痰浊，则变生上述诸症。因此，用红曲治疗高脂血症属于脾虚痰瘀阻滞型是切中病因病机的。

2. 红曲对血脂的调节作用

日本远藤章教授从红曲中分离出 Monacolin K、L、J、M、X、Dihydromonacolin L、K 等，还发现了它们的降脂活性；通过对 Monacolin K 内酯形式弱碱化得到碱金属盐、土金属盐等，发现其在预防和治疗胆结石、前列腺肥大和肿瘤等方面有药理活性。此外，二次发酵培养 Monacolin K 物质得到诸如 Monacolin K 磷酸酯等产物，尽管其在体外实验中表现出比其母体的活性略弱的限制 HMG-CoA 还原酶的生物活性，但在体内研究表明，其比母体具有更强的降低血液胆固醇的生物活性，这一研究成果开辟了开发其他 HMG-CoA 还原酶抑制剂新的研究方向。

上述实验结果虽然采用液体发酵，而不是采用传统红曲的固体发酵，且部分实验还采用了红曲霉以外的其他菌种，但均可作为研究传统红曲的间接参考。

3. 红曲对血压的调节作用

日本学者迁启介研究发现红曲能显著降压，且红曲在停止供给后仍能保持血压在一定时间内的较低水平。红曲发挥降压的剂量很小，且有效成分为水溶性，并未分离出确切的降压成分。而且降胆固醇实验证明：红曲经过121℃热处理呈现降低胆固醇的活性，与 Monacolin K 具有相似结构的 compactin 却对大鼠的胆固醇没有降低作用。Konama 等虽然从红曲分离到降压物质 γ-氨基丁酸、乙酰胆碱，但含量很少且乙酰胆碱不稳定，故不能确定其为红曲主要的降压成分，可能还存在其他降血压成分。

通过上述实验，γ-氨基丁酸、乙酰胆碱、红曲色素、多糖、血管紧张肽 I 变换酶抑制物等被排除了是降压成分的可能性，得出如下重要结论：

（1）红曲降压活性与其菌体量成正比例，表明有效成分是在初生代谢过程中产生的，而不是次生代谢产物；（2）降压成分热稳定性较好，在90℃基本不被破坏，但在121℃时稳定性会降低；（3）有效成分不溶于正丁醇及乙酸乙酯，而溶于水及乙醇；（4）有效成分并非存在于菌体内，而是存在于菌体外。

4. 红曲的抗菌活性物质

早在《天工开物》中就记载了红曲防腐作用，可见其抗菌特性的应用已有很长的历史。实验表明：红曲可较强抑制金黄色葡萄球菌、枯草杆菌、蜡状芽孢杆菌、荧光假单孢杆菌等，也可抑制绿脓杆菌、大肠杆菌、鸡白痢杆菌、变形杆菌，还可以强烈地抑制黑曲霉分生孢子形成。紫色红曲霉分离出了抗菌活性物质，发现一部分活性成分为色素类结构物质。另外，红曲中的乳酸等酸性代谢产物也有一定的防腐作用。

有研究发现，红曲霉中还存在一些降糖的生理活性物质，可以较好地预防和治疗糖尿病。某些红曲霉珠还可以产生麦角固醇，是重要的维生素 D 的来源，在预防佝偻病方面具有积极意义。

通过以上对红曲中所含的有效成分以及具有的降脂、降压、降糖作用的介绍，结合中医认识，表明红曲对循环系统疾病具有充分的中医理论基础和综合预防效果。充分吸收了红曲最新的现代化研究成果，北大维信对传统红曲进行了多年研究，在发酵工艺改造、菌株筛选、产品精制等多方面取得了突破，生产出中药"血脂康"。

（二）研发过程

1. 20世纪90年代

北京大学张茂良教授在上述研发基础上开发出血脂康，其使用了具有特定高产 Monacolins 物质性能的红曲菌株，以粳米作为原料，通过特定的工艺条件发酵而成。

（1）有效成分

血脂康与普通红曲的主要区别在于含有大量的 Monacolins （Monacolins

L、J、K 的混合物）物质，采用高效液相色谱法测定血脂康中含有的洛伐他汀达 0.2% 以上。血脂康还含有约 8% 的脂肪酸，其中棕榈酸占 18.61%，亚油酸占 48.13%，油酸占 28.78%，硬脂酸占 4.49%，说明不饱和脂肪酸油酸、亚油酸在其中占多数，针对高脂血症患者，尤其是高甘油三酯血症患者，有很好的血脂澄清作用；麦角甾醇的含量约 0.3%，与胆固醇竞争吸收部位，并干扰了胆固醇吸收竞争性，使得外源性胆固醇吸收变少；生物碱类中水溶性成分占 0.3%，脂溶性成分约 0.05%，其中以小檗碱居多；皂苷为 0.06%；黄酮和黄酮醇含量约 0.045%。血脂康中有 18 种氨基酸，较有意义的是 γ－氨基丁酸，含量约 2.55%。由于使用了特殊的工艺和菌种，使得血脂康中的色素含量很少，其黄色色素 Monascin（$C_{21}H_{26}O_5$，$M = 358$）含量较高。

（2）临床应用

由于在 20 世纪 90 年代 CCSPS 未完成所有的研究，故统计已完成部分的结果表明，血脂康可以降低高脂血症患者的血清总胆固醇（TC）、低密度脂蛋白胆固醇（LDL-c）、甘油三酯（TG）、动脉粥样硬化指数〔（TC-HDL-c）/HDL-c〕，以及升高高密度脂蛋白胆固醇（HDL-c）含量；血脂康有抑制家兔主动脉硬化斑块形成和脂质在肝脏沉积的作用；降低总胆固醇的效果与西药普伐他汀（亲水性 HMG-CoA）相近，且用药两个月后红细胞变形能力改善，有助于改善血液微循环，且未见不良反应。此外，血脂康针对原发性高血压、非胰岛素依赖型糖尿病等伴有高脂血症均有良好的疗效，见效快、无副作用。

此外，血脂康其他相关研究，进一步验证了血脂康在治疗高脂血症中的确切疗效，且还发现血脂康含有的多种必需氨基酸和不饱和脂肪酸，起到营养肝细胞、提供磷脂作用，增强肝细胞对于脂质的清除能力等，可用于治疗脂肪肝；并且，有研究表明血脂康除了有调节血脂的作用，还具有抑制 LDL 氧化的作用、抑制家兔血管成形术后内膜增殖及 C-myc 基因的表达、抑制血小板聚集、降低体重指数、升高血浆肥胖蛋白含量；此外，对于脑梗死、冠心病等伴有高脂血症、老年性高脂血症等均显示出确切的效果。

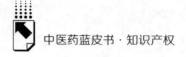

2. 21世纪前10年

通过前期的充分研究，20 世纪前 10 年有关血脂康的制备方法、主要成分、临床应用方面有了更加深入的探索，并获得了更多地有益成果。

（1）制备方法

菌种的选育：采用快中子源辐照诱变的 Monascus purpureusWent 菌种，选育出生产特制调脂红曲的 A 501、A 506 等菌株。

培养基的选取：采用常规的固体培养法生产红曲，采用液体培养法接入固体菌种。经过大量研究确定了固体培养基组分和比例。在工业大生产中，需要严格控制主要成分——粳米、碳源、氮源、磷源和其他组分的比例，原料产地和来源是固定的。

固体培养方法：在培养基灭菌以后，接入液体菌种，搅拌均匀，在 30℃～40℃条件下培养 3d～4d。继续进入 20℃～28℃条件下培养 9d 以上。为了避免杂菌污染，需控制一定的酸度。

制剂的过程：经过灭菌、烘干、粉碎、质量检验等工艺后，发酵好培养物备用。可以用于制备胶囊剂、颗粒剂、片剂或液体等剂型。

（2）主要成分

他汀类：Monacolin K、Monacolin J、Monacolin L 等，均具有酸式和内酯式两种构型。脂肪酸：主要含有油酸、亚油酸和亚麻酸等。甾醇：以麦角甾醇为主。生物碱：含量较少，水溶性成分约占 0.3%，脂溶性成分约占 0.05%。黄酮类：约占 0.05%。

（3）临床应用

始自 1996 年、历时 8 载的 CCSPS，站在国际循证医学高度对血脂康进行系统、全面的研究，结果表明：服用血脂康后，TC、LDL-c、TG 下降，HDL-c 升高，冠心病事件包括非致死性急性心肌梗死、致死性急性心肌梗死、冠心病猝死、其他冠心病死亡率均有大幅度的减少，表明血脂康调脂作用对于冠心病的二级预防具有显著的临床意义。针对老年冠心病患者，服用血脂康后，死亡率降低及经皮冠脉介入治疗或冠脉搭桥术需求减少方面均较非老年组患者受益更大。血脂康中洛伐他汀服用量为 10mg，虽然降低胆固醇较普伐他汀 40mg 弱，但是在减少不良事件方面效果好于普伐他汀，患者受益更多，10mg 洛伐他汀无法达到如此好的治疗效果，故推测血脂康中其他成分也发挥了重要作用。血脂康通过调整一氧化氮／内皮素－1 比例、抗炎、抗血栓、抗脂质过氧化及调节血管张力等多个环节来改善内皮功能不全或保护血管内皮细胞，从而发挥其抑制或预防急性冠脉综合征的作用。血脂康还可有效降低糖尿病患者冠心病复发和死亡危险，提示积极服用血脂康将有助于糖尿病患者有效防治心血管并发症。

此外，有关血脂康的临床研究中还发现，在糖代谢方面，血脂康可以改善 II 型糖尿病患者的糖代谢，使空腹血糖下降，24 小时尿蛋白排泄量降低，减少蛋白等漏出；不仅可以改善单纯性脂肪肝患者的血脂和血糖，同时能够改善患者的胰岛素抵抗，降低空腹血清胰岛素 C 肽水平，提高胰岛素敏感指数等。在联合用药方面，血脂康与卡维地洛联合治疗扩张型心肌病、与当飞利肝宁胶囊联合治疗合并高脂血症的非酒精性脂肪性肝病、与苯那普利联合用药治疗高血压伴高三酰甘油血症、与阿托伐他汀联合治疗对急性冠脉综合征、与甘利欣联合治疗高脂血症合并脂肪肝等，均发现血脂康与其联合的药物存在着很好的协同作用。

（4）其他研究

针对以单一成分洛伐他汀作为专属性不够强，且样品前处理时需要过中性氧化铝预柱、操作烦琐的问题，采用反相高效液相色谱法，检测出血脂康胶囊中大豆苷元、黄豆黄素、染料木素和洛伐他汀的含量，该操作简单、准确、重复性好，可以为较全面地分析和控制血脂康的质量提供简便的方法。

研究结果表明，血脂康粉中大豆苷元的含量高于红曲，而大豆苷元具有增强机体免疫功能、提高冠脉血流量的药理活性，推测这些可能会对血脂康的降脂作用起辅助作用。其他研究发现，血脂康中除了含有大豆苷元，还含有磷脂酰胆碱，简称卵磷脂，其可以降低血液中胆固醇含量以及减轻动脉硬化程度。

3. 21世纪10年代

随着现代科技的飞速发展，北大维信借助现代科技手段对于血脂康中的

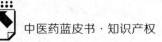

化学成分进一步分离，并为了保证产品的稳定性，制订出更加可靠的质量控制方法，并扩大血脂康的临床应用。

（1）化学成分

尽管血脂康中的有效成分已经得到研究，但北大维信通过成分分析，又从血脂康中分离纯化出一个新的莫纳克林类化合物，命名为 α，β-dehydromonacolin L（1）及两个已知的莫纳克类化合物 monacolin L（2）和3 -（2，6 - dimethyl - 1，2，4a，5，6，7，8，8a - octahydronaphthalen - 1 - yl）propanoic acid（3），并结合核磁共振和质谱分析确定了化合物的化学结构，具体的结构如下。

（2）质量控制

由于血脂康对 HMG-CoA 还原酶的抑制活性高于同样剂量的洛伐他汀，说明血脂康中其他成分也发挥了作用，但所含活性成分较为复杂多变，如果质量是通过理化分析来测定个别化学成分的含量进行控制，其并没有建立成分与药效的内在联系，存在片面性，故为了便于更为全面、客观地质量控制血脂康，建立了3 - 羟基 - 3 - 甲基戊二酸单酰辅酶 A 还原酶（HMG-CoA 还原酶）酶促反应，该方法精密度好、准确度高，可用于血脂康胶囊的生物活性测定，对其质量控制具有指导意义。

红曲由于其中含有毒性物质橘霉素，导致其出口被严重控制，也对红曲的安全性提出了挑战，受到国内外高度重视。北大维信建立血脂康胶囊中橘霉素的 HPLC 检测方法，该方法准确、灵敏度高，可以有效地控制血脂康胶囊及其他红曲产品质量。

此外，血脂康除了有降脂及治疗冠心病、糖尿病、脂肪肝等作用，还能明显降低患癌症风险，与六味地黄丸等联合可用于早期糖尿病、肾病，低分子肝素钙联合血脂康治疗慢性肺源性心脏病，中药联合血脂康胶囊治疗周围血管动脉硬化闭塞症，氯沙坦联合血脂康治疗高血压、肾病等。

（三）研发成果

血脂康自研发之初至今已有三十余年，其采用特殊方法制曲，不对发酵产物进行提纯、不添加任何化学药品，有效成分富含洛伐他汀类活性物质、多种不饱和脂肪酸和人体必需氨基酸等，并将红曲的传统功效扩展到治疗高血脂、高血压、高血糖、冠心病等诸多方面。

血脂康源于传统红曲，但又不同于传统红曲。其使用了现代科技手段，从而有效提高、控制有效成分，并由发酵后的提取物制成。由此，血脂康是多种成分协同发挥作用，疗效好，保留了传统中药疗效全面以及毒副作用小等优点。而且，通过精确的质量控制，保证了疗效的稳定性；其基础研究遵循 GLP 标准、临床试验按照 GCP 标准，质控生产严格按照 GMP 要求，研发出一种符合现代标准、具有独特科技含量的现代化中药。

四　血脂康的专利保护之途

血脂康的问世以及发展不仅体现在科学研究和市场销售方面，还通过申请专利的形式对其科研成果加以保护。

（一）专利申请总体情况分析

血脂康在研发之初，就果断地申请专利保护，这在我国专利制度起步较晚的环境下，能有此见地实属不易。

通过选取中国专利文摘数据库（CNABS）、德温特文摘数据库

（DWPI），以申请人为"张茂良""北京大学"和"北京北大维信生物科技有限公司"、结合关键词"血脂康""红曲""降脂"等为检索入口，截至2016年11月，由北京大学张茂良教授为个人申请及其后以北京大学、北京北大维信生物科技有限公司作为高校和公司申请人，共申请了且处于公开状态有关红曲、血脂康的相关专利共计100件（同族申请算作一项）发明，具体按时间顺序如图4所示。

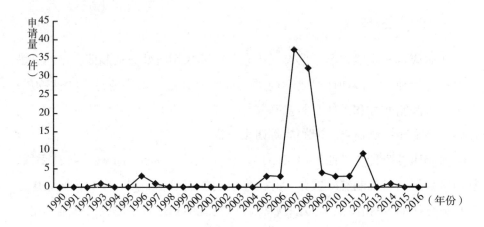

图4　血脂康相关专利总体情况

1993年，北京大学张茂良教授研发的降脂红曲是有关血脂康的第一件专利申请，随后相关申请量有增加的趋势，2007年和2008年专利申请的数量出现激增，2009～2013年经历了平缓增长（由于2014年以后的申请可能存在尚未公开的情况，因此只能分析出截至2013年的趋势）。

（二）专利申请技术发展脉络

血脂康的专利申请与其研发成果紧步相随，将主题和年份结合进行统计，具体见图5。

通过列举具体的年份申请，对其专利保护的技术脉络作进一步分析。

1. 20世纪90年代（1990～1999年）

20世纪90年代，血脂康早期申请的专利主要体现在红曲的发酵产物、

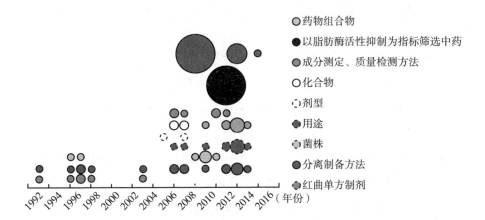

图5　专利申请技术发展脉络

制备方法等方面。

（1）1993年1月1日北京大学张茂良教授作为申请人向中国知识产权局（以下除特殊标明以外，均指向中国知识产权局申请的专利）申请了血脂康相关的专利，要求保护的具体内容包括：一是降脂红曲产品，在中药红曲的制备中培养出具有降脂功能的有效成分 Mevinolin（即洛伐他汀），并以单方形式用作降低高血脂药物；二是制备方法，是采用固体培养红曲的工艺步骤。该发明记载的有益效果是首次提出了用红曲以单方形式作为防治高脂血症、克服了西药提纯降脂药 Mevinolin 的成本高和副作用大等缺点，所制备的红曲制剂能治疗高脂血症，防治动脉粥样硬化，对治疗冠心病和心脑血管疾病有良好的效果，并对白血病有一定的缓解作用。

（2）1996年9月26日和1997年4月9日张茂良教授继续以相似的提取方法申请了相同主题专利，其中在后申请以在先申请作为优先权，该方法与首次申请仅为个别步骤的不同，更为重要的发明点在于选取的红曲霉素菌种。通过筛选特定的红曲霉素菌种，提高了药物洛伐他汀及其相关物质的含量，制得的红曲既能降低胆固醇又能降低甘油三酯，以及升高高密度脂蛋白和降低动脉粥样硬化指数，其用于治疗高脂血症与其相关的其他心脑血管疾病，如动脉粥样硬化、心肌梗死、冠心病、高血压、糖尿病、血栓病、脑梗死等。

（3）1997年8月13日，北京大学作为申请人、张茂良教授作为发明人之一申请保护有关降脂红曲的制备方法，该专利的制备方法还是延续前述的基本工艺，最大不同在于红曲菌种的选择，其红曲药物的效果与前面申请专利大致相同，并还具体明确了红曲菌种培养的液体培养基和固体培养基。

（4）1996年9月30日，北大维信作为申请人向美国知识产权局递交了专利申请，以此为优先权，1997年11月6日，北大维信向世界知识产权局提交了PCT申请，要求保护以特殊红曲菌种发酵的产物，以及在高脂血症、心脑血管、脂肪肝等方面的应用。值得注意的是，这是北大维信首次提交的PCT申请，进入了欧洲、美国、韩国、日本等不同的国家。

可见，早期专利申请保护了利用红曲菌株，尤其是利用特殊菌株发酵的降脂产品和相应的制备方法，通过增加红曲制剂中洛伐他汀及其他相关物质的含量，提高和扩大了红曲制剂的疗效和疾病谱，保证了产品和制备方法的法律稳定性。

2. 21世纪前10年（2000～2010年）

21世纪前10年，血脂康开始涉及红曲制剂、新用途、有效成分分离、新提取方法以及含有红曲的组合物等相关专利的申请。

（1）2003年1月28日，北大维信向美国知识产权局申请了红曲相关的专利，其发明点是将特殊菌株发酵红曲的产物来治疗骨质疏松、恢复正常骨量。

（2）2005年11月21日，北大维信申请了红曲提取物与聚乙二醇制备的滴丸制剂，该发明记载制得的红曲滴丸具有生物利用度高、快速释放、快速显效、药物含量高等效果。2007年5月30日，北大维信申请了主题为"一种治疗心血管疾病的药物组合物滴丸及其制备方法"的专利，其中所用的辅料和活性成分与前述申请均相似。

（3）2006年7月11日，北大维信又对血脂康抗癌的新用途申请了保护，其说明书中还记载了从血脂康中分离出的10个化合物，部分化合物具有抗癌活性、抗炎、抗补体、免疫抑制和促进血小板凝聚、降脂、降糖、舒张血管、抗氧化、抑制平滑肌增殖等活性。说明书中记载血脂康所含的上述化合物大部分具有抗癌活性，故血脂康可以用于抗癌的治疗。同时，北大维信还于 2006 年 7 月 27 日对血脂康活性成分的分离方法、新化合物及其制备方法申请了保护。2007 年 12 月 27 日，有关血脂康中新分离出的具有 HMG-CoA 还原酶抑制的化合物及其制备方法申请了专利；2009 年 7 月 9 日，以相同的化合物、用途和相似的制备方法提交了两件申请。

（4）2006 年 11 月 17 日，提交了红曲药材和血脂康的质量检测方法两件发明申请，均使用了相同的指纹图谱质量检测，为了保证原料药红曲和所制得产品血脂康胶囊的质量，避免了血脂康胶囊以洛伐他汀单一成分作为检测指标而无法区别真伪、不能全面反映并控制制剂质量的问题。本申请的方法可以达到的有益效果是：在控制红曲药材和血脂康胶囊的质量后，进一步对红曲药材中有效成分含量控制，从而提高血脂康胶囊的质量控制标准，保证药物有效成分的含量和功效，且该方法操作简便、重现性好。

（5）2007 年 5 月 31 日，北大维信申请了既保证洛伐他汀含量在 3.3%以上，又不同于以往传统发酵的红曲提取物，以及它的质量检测方法。该提取物是经过有机溶剂提取、水沉、沉淀等而得。本发明的制备方法可以去除水溶性色素、小分子的糖类物质、氨基酸、蛋白质等无效成分，制得的红曲提取物中洛伐他汀及其有效成分的含量大大提高，可以减少服用量，增加患者的依从性，同时还提供了对该提取物进行成分鉴别、含量测定的质量控制方法。

（6）2007 年 8 月 7 日，针对传统检测脂肪酶方法不稳定、操作烦琐、易出现误差等缺点，北大维信提交了一种检测脂肪酶活力抑制率的方法，此测定方法简便、灵敏、可靠、靶点明确、机理清楚，可以用于大量筛选各种具有脂肪酶抑制作用的物质，更进一步地用于筛选和开发减肥降脂药物。作为同日申请，以前述检测脂肪酶活力抑制率的方法，北大维信筛选出了大量降脂中药，包括中药的水提取物或醇提取物，其副作用小、有效率高，为临床降脂减肥药物提供了更多地选择，使得北大维信在 2007 年的专利申请量突飞猛进。

（7）2008 年 5 月 15 日，以红曲与其他中药配伍成组合物治疗不同的疾病，以及相同组合物的特殊制剂提交了大量申请，组合物多为涉及 3～5 味中药的小复方，特殊制剂以滴丸为主，疾病包括糖尿病、高脂血症、神经性厌食、高血压、老年痴呆症、骨质疏松症、肥胖症、前列腺肥大、胆结石、佝偻病、慢性膀胱炎等，这也是 2008 年北大维信专利申请得到大幅扩增的原因。

（8）2008 年 8 月 26 日，北大维信提交了 "一种制备开环洛伐他汀的方法" 专利申请。由于洛伐他汀闭环型结构本身无生物活性，在体内水解成开环型结构才具有 HMG-CoA 还原酶抑制，从而发挥降脂的作用。本发明利用特殊的红曲霉产酶水解闭环洛伐他汀为开环洛伐他汀，从而使药物不依赖身体环境的影响、直接发挥药理活性。针对其他的他汀类降脂药和降压药盐酸贝纳普利，基于相似的微生物转化技术，2009 年 5 月 31 日，同时提交了三件申请，分别利用特殊的曲霉产酶水解普伐他汀钠、辛伐他汀、盐酸贝那普利，原药物在酶的作用下形成了含有原药物和其结构类似物的组合物，该组合物的生物活性忧于同浓度的原药物。上述发明的关键在于利用微生物转换技术，筛选出提高药物疗效的菌种，该方法普遍具有环境友好、作用条件温和、生物催化剂具有高度的选择性等优点。

3. 21 世纪 10 年代（2010～2016 年）

21 世纪 10 年代，以目前统计的数据来看，虽然专利申请的数量有所下降，但是北大维信从血浆中洛伐他汀、羟基洛伐他汀酸等 HMG-CoA 抑制剂含量检测方法、分离出新的化合物及其新用途、继续利用微生物技术提高化学药物的疗效、将红曲与其他中药组成降脂组合物等更深层面申请了相关专利。

（1）2010 年 9 月 1 日，北大维信同时申请了两件涉及检测血浆中洛伐他汀、洛伐他汀酸等 HMG-CoA 还原酶抑制剂含量的相似主题专利。针对血脂康中含有的具有 HMG-CoA 还原酶抑制活性的其他未知成分，2011 年 2 月 1 日，北大维信又申请了一种测定 HMG-CoA 还原酶抑制剂浓度的方法，通过 HMG-CoA 还原酶酶促反应结合高效液相法等步骤测定 HMG-CoA 还原酶抑制率，能够有效并准确测定出未知具体成分的样品（例如血脂康胶囊）中 HMG-CoA 还原酶抑制剂浓度或者含量。

（2）2010 年 10 月 25 日，继续利用微生物转化技术，北大维信采用 PCT 申请保护曲霉 CICC2435 及其产生的发酵物或发酵物提取物，该发酵物或发酵物提取物能够部分水解阿卡波糖以生产比阿卡波糖降血糖效果更好的组合物。

（3）2011 年 2 月 1 日，北大维信提交了从红曲或其醇提物（血脂康胶囊内容物干粉）中分离出的新化合物、药学上可接受的盐，以及制备方法、用途的发明专利。该化合物为 HMG-CoA 还原酶抑制剂，具有治疗或预防血脂异常、高脂血症、高胆固醇血症、动脉粥样硬化，或者辅助治疗高脂血症及动脉粥样硬化引起的心脑血管疾病的作用。以此案件为优先权，2012 年 1 月 10 日申请了相关 PCT 专利。2011 年 12 月 26 日、2012 年 1 月 18 日、2012 年 2 月 2 日、2012 年 12 月 25 日、2013 年 2 月 4 日分别针对从红曲中提取的不同甾醇类衍生物及其抑制脂肪酶、抗癌等用途提出了申请（其中部分为 PCT 申请）。

（4）2012 年 4 月 20 日、2012 年 5 月 18 日、2012 年 5 月 23 日、2014 年 4 月 25 日，北大维信又以红曲与其他中药配伍用于降脂和冠心病等为主题提交了一批申请，该系列占有截至目前统计 21 世纪 10 年代申请的绝大多数。

将血脂康的专利申请按照时间顺序归纳总结见图 6。

可见，血脂康在专利申请技术发展中，植根于传统医学，借助于现代科技手段，既保证了药物质量，又拓宽了产品、方法和用途。

（三）专利申请技术主题分布与布局

自 1993 年首次申请专利以后，血脂康相关的专利所涉及的主题方方面面，其中包括红曲单方制剂、制备方法、用途、剂型、分离方法、新化合物、与其他药物配伍的组合物、成分测定、质量检测、筛选菌株等，其中药物组合物、制剂占 38%（其中红曲单方制剂为 5%），用途占 26%，分离、制备

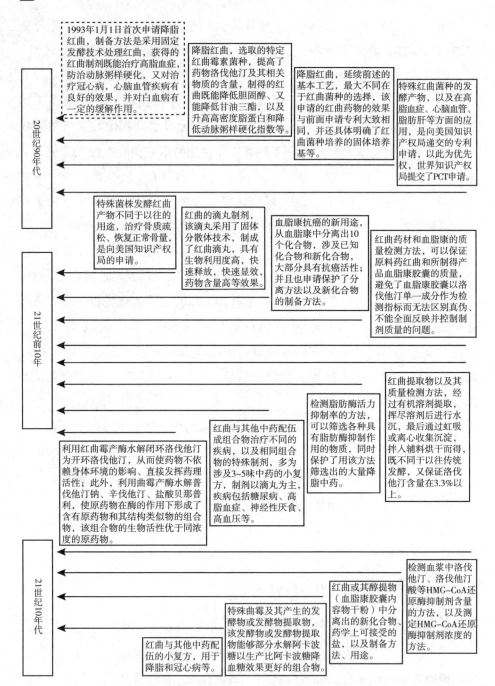

图6 血脂康相关专利申请的时间技术脉络分布

方法占 14%，化合物占 10%，菌株占 6%，成分测定、质量检测方法占 5%，具体见图 7。

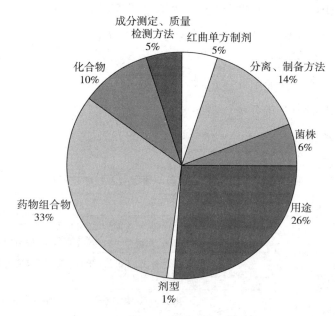

图7　血脂康相关专利申请技术主题分布

　　虽然红曲的单方制剂、制备方法在整个申请中占有较少比例，但以发酵红曲的特殊方法和获得的降脂产品是血脂康的核心专利，也是各个专利申请的基石。以此为基础，北大维信用新剂型、新的提取方法、新用途、成分测定、质量控制方法等铺设外围专利将核心技术加以保护；同时，通过申请含有红曲的组合物、提取红曲和血脂康中新的化合物、筛选降脂中药、筛选菌株等专利，尽可能将红曲、血脂康、降脂中药、微生物技术等全面占尽先机。这也为血脂康稳固原有市场、拓宽新领域打下了良好的基础。

（四）国外以及港台地区专利申请数量及技术主题分布分析

　　血脂康于 1995 年上市，1996 年北大维信就向美国申请了专利。在国内市场起步的同时，就开始了国外知识产权保护的布局，采用"专利先行"

的策略，在进入市场之前，先申请了相关专利。

在 DWPI 文摘数据库中以申请人（UYPK）UNIV BEIJING PEKING WBL BIOTECH CO LTD（北京北大维信生物科技有限公司）进行检索，分析了北大维信在国外以及港台地区的专利申请量和技术主题分布（见表1）。其中，申请量前三位的为中国香港、美国、中国台湾，也针对欧盟、东南亚等国家进行了专利申请，其他国家还包括巴西、澳大利亚等。技术主题主要涉及从红曲中分离得到的新化合物、制备方法、红曲发酵产品、制剂、用途、质量检测方法以及测定 HMG-CoA 还原酶抑制率的方法。

表1　国外及港台地区专利申请数量及技术主题分布

国家/地区代码	申请量（件）	技术主题
HK（中国香港）	9	新化合物、制备方法、红曲发酵产品、制剂、用途、质量检测方法、测定 HMG-CoA 还原酶抑制率的方法
US（美国）	8	新化合物、制备方法、红曲发酵产品、测定 HMG-CoA 还原酶抑制率的方法
TW（中国台湾）	4	新化合物、制备方法、测定 HMG-CoA 还原酶抑制率的方法
SG（新加坡）	3	新化合物、制备方法、红曲发酵产品
MY（马来西亚）	2	新化合物、制备方法
EP（欧盟）	2	新化合物、制备方法、红曲发酵产品
JP（日本）	2	新化合物、制备方法、红曲发酵产品
CA（加拿大）	2	红曲发酵产品
AU（澳大利亚）	1	红曲发酵产品
BR（巴西）	1	红曲发酵产品
KR（韩国）	1	红曲发酵产品

专利申请地域的广泛性和技术主题的丰富性为血脂康开拓国外市场奠定了基础，也更加有利于后续市场的稳定。

（五）中国专利申请法律状态分析

血脂康相关的专利申请，经统计其有效率、在审率和失效率分别为52%、4%、44%，其中44%的失效专利包括视撤5%、驳回12%、权利终

止27%，具体情况见图8。通过将有效专利和权利终止专利比率加在一起计
算得到授权率为79%，可见其专利申请的授权率较高，表明其要求保护的
技术方案创新水平突出。

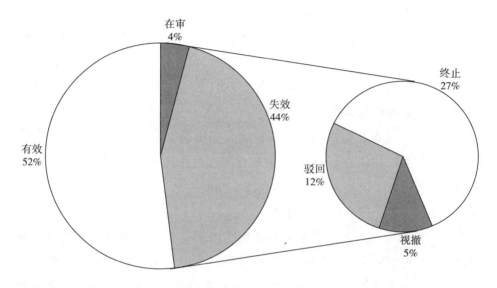

图8　专利整体法律状态分布

此外，针对专利的保护期限，除早期的有效专利 CN97103970 和
CN97116744 还剩余一年保护期外，其余授权专利的保护期都在九年以上，
表明北大维信仍在较长时间内拥有较多血脂康相关的专利权。

五　血脂康的创新与保护

（一）研发阶段与专利申请时机分析

1. 较强的知识产权意识，及早地申请占据先机

专利保护意识、国内外专利布局为产品的国际市场做法律保障，同时尽
可能使用专利制度赋予申请人的权利。

（1）专利保护的远见：1993 年，北大张茂良教授研究发现特殊工艺的

发酵红曲在治疗高脂血症的确切疗效，作为血脂康的原创者，该团队没有按照常规先以论文的形式公布自己的科研成果，而是于1993年1月1日就对降脂红曲及其制备方法申请了专利保护，这种思维方式、保护意识的崛起，对后续血脂康采用专利的方式进行保护铺垫了道路。

在中国的知识产权意识普遍比较淡薄之际，张茂良教授及早地提交了专利申请加以保护。虽然该专利因涉及技术秘密没有完全公开所用的菌株导致未能获得专利权，但却激发了国内研究红曲、申请红曲专利的热潮，在其之后，逐渐不断有红曲降脂产品申请专利保护。

1996年，张茂良教授再次以具有降脂作用的红曲制剂及其制备方法申请了专利，并以其作为1997年专利的优先权。在这次申请中，技术方案的发明点涉及选取了7类菌种，将核心技术掩盖其中，既避免了他人的仿制侵权，又全面占尽了研究菌株的所有权。

（2）国际市场的提早专利布局：血脂康不但利用专利申请及早独占国内市场，针对国际市场，1996年北大维信与美国公司签署合同，销售红曲的同时，也在美国申请了专利，并以此为优先权申请了PCT，进入了很多国家。血脂康不但在销售上抢占了国外市场，而且还通过知识产权保护巩固了自己的市场地位。

（3）优先权制度的利用：血脂康在申请之初，国内和国外都使用了优先权；在享有优先权期间，不仅完善了技术内容，而且为占有国内国际市场尽早争取了时间。

自1979年日本远藤章教授发现了红曲发酵物的降脂作用以来，张茂良教授属于中国申请红曲降脂相关专利的先行者，体现出较强的知识产权意识；北大维信作为后来的传承者，及时、准确地继续铺设血脂康的知识产权之路。

2. 利用科研成果专利化，及时占尽专利权限

（1）"血脂康调整血脂对冠心病二级预防"研究（CCSPS）是研发企业为了填补我国降血脂领域的空白，投资3000万元开展的一次历时8年的循证医学，是首次在中国人群中开展的调整血脂防治冠心病的大型临床研究，最终确定了长期服用血脂康能显著降低多种心血管、特别是死亡率事件；8年间，通过 CCSPS 研究的影响，血脂康的销售业绩也是节节攀升，进入了北京、上海、天津、广东、重庆等全国二十多个省、直辖市和自治区的公费药物或医疗保险用药。

企业对该研究的成果进行了全面布局：具有降脂作用的红曲产品、制备方法、制剂等均申请了相关专利保护，最为突出的是早期研究中发现的血脂康对于心脑血管疾病的干预作用，在 1996 年的专利申请中已有所体现，说明书中记载了服用红曲制剂不但可以降低胆固醇，还可以缓解或消除胸闷、胸痛、气短、头晕、肢体麻木等症状，该用途使产品具有不仅限于降脂的效果。

（2）寻找血脂康中活性化合物，分析其药理作用是企业一贯的研发重点，其密切决定着市场的变化，尤其是国外市场的准入。有关血脂康中活性成分及其分离方法的专利申请不仅包括已知化合物，还不断分离出新的化合物。既给已知化合物赋予了新用途，又通过分离出新化合物，进一步明确了血脂康的药效成分，同时拓宽了产品的应用范围。

（3）血脂康既有明确的活性成分，又属于提取物，针对这一特殊品种，为了对其产品进行全方位保护，企业对血脂康的质量标准进行了多方位的布局。北大维信通过研究确立了红曲和血脂康的质量检测方法，并及时地递交了专利申请。指纹图谱质量检测可用于红曲及血脂康的质量控制，并为血脂康进入 2015 年《中国药典》打下了良好的基础。

（二）研发成果与专利保护的合理布局

血脂康的研发成果主要集中在具有降脂作用的红曲和血脂康及其二者的制备方法、质量控制方法、分离出的新化合物等方面，为了从不同角度、不同层面、不同主题对研发成果进行全方位的保护，企业采用了产品包括红曲、血脂康、从血脂康中分离的新化合物、红曲与其他中药的小复方等，方法包括提取物的制备方法、质量控制方法、特殊物质的检测方法、筛选菌株的方法、新用途等的布局方式，具体保护主题分析如下。

1. 制剂、制备方法

血脂康的相关专利，是以红曲采用特定菌株、特殊发酵方法获得的降脂产品为起点。针对中药治疗心脑血管疾病常见的滴丸剂型，北大维信申请了红曲发酵物的滴丸制剂的专利申请。基于红曲的降脂功效，为避免仅采用发酵制备方法的单一，北大维信借助中药传统的有机溶剂提取、水沉等工艺，发明了一种新的红曲提取物。

2. 质量控制

为了控制红曲和血脂康的质量，北大维信提交了红曲和血脂康的指纹图谱质量检测方法的专利申请，使得红曲产品的标准化得到提升。该方法一直沿用至今，被收录到药典中，并为血脂康的国际化减轻了阻力。

3. 检测 HMG-CoA 还原酶抑制剂含量的方法

北大维信发明了检测 HMG-CoA 还原酶抑制剂含量的方法，可以针对中药有效成分不明确的常见问题，为阐明血脂康以及其他降脂中药的药效成分提供一种可靠的方法，并为了解红曲和血脂康在体内药代动力学提供很好的帮助。

4. 检测脂肪酶活力方法、筛选降脂药物

北大维信发明了脂肪酶活力抑制率的检测方法，利用该方法筛选出大量的降脂中药，并申请了专利保护，使得北大维信除了红曲，还拥有其他诸多降脂中药的专利权。

5. 包含红曲的组合物

针对中药配伍的灵活性和多样性，北大维信将红曲与其他中药配伍组成多种小复方，并且所治疗的疾病也不仅限于降脂，还包括神经性厌食、老年性痴呆、前列腺肥大等，进一步拓宽了红曲的临床应用。

6. 筛选菌株

北大维信发挥菌株筛选的优势，利用特定菌株酶解西药中部分降脂药、降压药、降糖药获得的产物产生了比原药物更好的生物活性，使中药原研企业的研发水平达到其他国内外化学药品研发企业的科研水平。

7. 分离化合物

从血脂康中分离出的化合物多种多样，不仅包括降脂的药效成分，还涉

及新化合物，具有新的用途例如抗癌，有效成分的明确也是中药走向国际化的重要需求。

综上可知，北大维信通过诸多主题的专利，使血脂康的相关申请在广度和深度上均有很大的延伸。围绕血脂康的核心技术，北大维信将专利和标准化有机结合，既巩固了国内市场，也为全球的专利许可实施、保持国际竞争的优势创造了良好的条件。面对中药所含的成分较多、找出有效部位较难的问题，北大维信不断从血脂康中分离出药效成分的化合物，代表了中药研发的较高水平，同时也符合中药亟待国际认可的需求。此外，利用红曲的组合物、筛选降脂中药和菌株等主题，将红曲的传统功效、现代研究、其他降脂中药等专利权全面占尽。

可见，血脂康的专利申请植根于降脂红曲，但又不仅限于此，通过制备方法、检测方法、组合物、化合物等方面层层铺设，根据市场需求，不断变化核心保护，设置多项壁垒，杜绝仿制侵权的威胁，促进了国际化进程。

（三）专利保护的国际化

血脂康的产品已进入美国、中国香港、中国台湾、新加坡、日本、马来西亚、韩国、中东等国家和地区，其专利布局已延伸至美国、中国香港、中国台湾、新加坡、欧盟、加拿大、韩国等（见表2）。血脂康在很多国家是采用"专利先行"的策略，为后面的市场准入做铺垫，例如：在美国，1996年血脂康申请了专利保护，同年以"Cholestin"命名作为保健品销售。

从表2可见，授权率较高的国家和地区为韩国、新加坡、美国、中国台湾、欧盟、加拿大、中国香港等。由于美国、欧盟等发达国家和地区专利制度建立较早、专利制度较为完善，对于中药制品的要求较高；韩国、中国台湾等使用中药的历史较早，应用较为成熟，在这些国家和地区能够获得专利权，说明血脂康的技术含量较高，产品药效稳定，并且有毒物质符合规定，安全性高。血脂康获得专利权，为其后续进入相应的市场铺设了道路，同时也获得了相应的保护来稳固市场；此外，通过向全世界提供一种安全有效、副作用小的药物，丰富了国际上的降脂产品，为治疗高脂血症相关疾病贡献了更多的医疗手段。

表2　各国或地区专利申请法律状态

法律状态	国家/地区	申请号	技术主题
授权	美国	US 08/965202	红曲发酵产品
		US 10/354537	红曲发酵产品
		US 09/542438	红曲发酵产品
		US 13/983048	新化合物、制备方法、用途
	中国香港	HK 99102820.4	红曲发酵产品
		HK 08102860.5	新化合物、制备方法
		HK 09104783.4	红曲提取物、制备方法、质量检测方法
	中国台湾	TW 101103082	新化合物、制备方法、用途
		TW 101149915	
	新加坡	SG 200002246 - 7	红曲发酵产品
		SG 11201403618	新化合物、制备方法、用途
	欧盟	EP 98954688.2	红曲发酵产品
	加拿大	CA 2309100	
	韩国	KR2000 - 7004921	
视撤	美国	US 08720548	红曲发酵产品
	中国香港	HK 09104784.3	红曲制剂
驳回	中国香港	HK 08102854.3	血脂康抗癌用途
	中国台湾	TW 101103091	测定 HMG-CoA 还原酶抑制率的方法
	日本	JP 2000 - 520093	红曲发酵产品
	巴西	BRPI9815272 - 6	红曲发酵产品
新申请进实审	中国香港	HK 131140585	新化合物、制备方法、用途
		HK 141007247	
		HK 141130746	
		HK 141120463	
	美国	US 13/983044	测定 HMG-CoA 还原酶抑制剂浓度的方法
		US 14/368494	新化合物、制备方法、用途
		US 14/376481	新化合物、制备方法、用途
	马来西亚	PI 2013002752	新化合物、制备方法、用途
		PI 2014001905	新化合物、制备方法、用途
	欧盟	EP 128625407	新化合物、制备方法、用途
	日本	JP 2013 - 552089	
	加拿大	CA 2826178	
	新加坡	SG 201305830 - 0	

（四）专利权池的构建

专利对技术的保护与围绕技术进行专利布局的数量和质量都密不可分。为了便于完善专利布局，北大维信将涉及血脂康的专利都集中在"北京北大维信生物科技有限公司"名下，这有利于掌控潜在的经济价值，打造、提升"北大维信"品牌。

表3显示了北京北大维信生物科技有限公司作为受让人获得的专利权。其中，张茂良以及北京大学的两项专利权 ZL971039704、ZL971167443 是最早转让给北大维信的。北京维信学知科技发展有限公司的两项专利 ZL2006101458370、ZL2006101458385 在2006年进行了专利实施许可合同备案，将2008~2015年的使用权以独占许可的方式许可给北京北大维信生物科技有限公司。2009年，将两项专利权转让给北京北大维信生物科技有限公司。

表3　北大维信转让专利申请

申请号	申请日	发明名称	转让时间	原专利权人	现专利权人	状态
CN97103970	1997/04/09	一种治疗高脂血症及相关心脑血管疾病的红曲制剂	2004/11/12	张茂良	北京北大维信生物科技有限公司	有效
CN97116744	1997/08/13	降脂红曲及其制备方法	2003/10/10	北京大学	北京北大维信生物科技有限公司	有效
CN200610145837	2006/11/17	一种红曲药材的质量检测方法	2009/04/03	北京维信学知科技发展有限公司	北京北大维信生物科技有限公司	有效
CN200610145838	2006/11/17	一种血脂康胶囊的质量检测方法	2009/04/03	北京维信学知科技发展有限公司	北京北大维信生物科技有限公司	有效

（五）创新与保护的和谐统一

血脂康研发初期主要体现在菌株的筛选和特殊的制备方法，因此早期专利申请也集中在采用特殊菌株制备得到的降脂红曲，并且，不仅限于核心技术，所有研究的菌株均申请了专利，将科研成果全面加以保护。

药物的质量研究与质量标准的制定是研发药物的主要内容之一，北大维信凭借科研实力，较早地开发出血脂康和红曲的指纹图谱，完善了红曲及其药物制剂的标准化，该有意义的创新突破也申请了专利保护。

为了符合国际标准，得到世界的认可，分析中药有效成分是大势所趋。利用中药现代化研究手段例如检测有效成分、体内发挥作用活力等方法，使血脂康中有效成分不断地被发掘，尤其分离出一些新的化合物、发现新用途，并且检测体内的化学物质还可以了解血脂康在体内代谢情况，其为安全性、有效性提供了依据，并扩宽了血脂康相关的产品和用途。

同时，为了扩大在降脂中药和筛选菌株方面的优势，北大维信又研发出检测脂肪酶活力方法，利用该方法筛选出大量降脂药物，并利用筛选出的特定菌株提高西药降脂药的疗效，申请了相关专利，使得中药研发企业在专利申请方面体现了较高的创新水平。

此外，为了不失传统医学的优势，北大维信又将红曲与其他中药组成小复方并用于多种疾病。如此，不仅扩大了红曲的应用范围，而且，也表明了北大维信本身隶属中药研发单位，彰显科研方向不偏离中医药的特色。

可见，血脂康的专利申请始终围绕着研发创新过程，及时将科研成果用专利加以保护，加固了市场的稳定性。

（六）创新与保护失之交臂

出于保护与发展等目的，血脂康的相关专利申请时机准确、内容全面，使得产品占有很大的市场优势，但分析其专利内容，也不免留有一些遗憾，主要体现在如下方面。

1. 丧失部分新的活性位点的保护

早期申请可能是由于知识产权意识还不强，有些技术方案仅体现在说明书中，但并未在权利要求中申请保护，例如1993年最早申请的说明书中提及发明的降脂红曲除了降脂，还对白血病有一定的缓解作用。当时治疗白血病的药物尤其中药是比较匮乏的，该发明认识到特制红曲缓解白血病作用，遗憾的是没有申请保护，由于影响在后申请的创新性，故涉及该主题的技术方案在后申请很难有授权前景，因此，北大维信丧失了治疗疑难杂症药物的所有权，同时也使得白血病的治疗手段有所缺失。

2. 涉及药物用途的布局有遗漏

血脂康的科研成果并未全部体现在专利申请中，例在 CCSPS 期间，大量专家、学者对血脂康的研究成果不仅限于降血脂，还包括急性心肌梗死、冠心病猝死、抗炎等治疗，但新用途并未申请保护，使得血脂康丧失部分临床应用的所有权。

3. 排他性专利布局不够，使竞争对手获得市场

与北大维信血脂康一样，成都地奥制药集团有限公司（下称"成都地奥"）也采用特定的红曲霉，利用微生物次生代谢的固体发酵技术获得了含高产量的 Monacolin K 化合物的红曲，制成了降脂、调脂药物脂必妥。1994 年脂必妥在国内上市，随后 1995 年血脂康上市，二者几乎同期进行市场竞争。

继脂必妥片之后，成都地奥推出另一个含红曲的药物组合物制剂——脂必泰胶囊。从高脂血症的病机入手，以古方"泽泻汤"（泽泻、白术）为依据，配伍红曲、山楂制得，用于高脂血症、脂肪肝等。并于 2003 年申请相关专利。

同时，成都地奥对红曲制剂进行了研究，丰富了制剂种类，如红曲微丸制剂，可根据需要制成速释或缓释微丸，也可将不同释药速度的微丸制成胶囊剂或者片剂，微丸与单剂量剂型（片剂）相比，辅料用量少，且在胃肠道的表面分布大，生物利用度高、局部刺激小。而且，还制备了红曲软胶囊制剂，与普通剂型相比，生物利用度高、密封好、含量准确、外形美观、提高生物利用度。成都地奥还以红曲原粉或提取物为活性成分，加入包衣剂制备成包衣红曲后再加入其他辅料制备分散片等制剂，掩蔽红曲的不良味道，提高患者的顺应性，且包衣后的红曲粉末流动性更好，适合干粉直接压片或填充胶囊。

此外，由于红曲中很多有效成分都是疏水性的，因而影响其在胃肠的溶出。成都地奥通过将红曲微粉化，控制粒径在 $1 \sim 200\mu m$，提高了原料利用率、溶出度以及生物利用度。

总之，成都地奥除脂必妥外，还有含红曲的复方制剂脂必泰上市，丰富了调脂药市场，增加了患者的选择性以及市场占有率。且其为适应临床使用、扩展红曲复方及用途、提高红曲有效成分的生物利用度，针对患者顺应性、红曲对化学性肝损伤的作用、多样化的剂型等作了进一步研究，并进行了相关专利保护。

与成都地奥相比，北大维信红曲制剂相关的专利较为单一，除了胶囊、滴丸、片剂等普通剂型外，并无特殊的研究，这可能会在多样化的制剂保护等方面失去部分占有权，进而面对临床对于剂型多元化的需求失去一定的竞争力。

六　中药领域的未来——二次创新

（一）经济学领域的二次创新

技术创新有其自身的特点和规律，其与创新主体所处的经济、技术、社会环境有着极其密切的关系。

通过技术范式、技术轨迹的概念可以理解经济学领域的技术创新。一次创新是指主导了技术范式和技术轨迹的形成、发展和变革的技术创新；二次创新是指在技术引进基础上进行的，受囿于已有技术范式，并沿既定技术轨迹而发展的技术创新。

美国学者指出，二次创新是在经济全球化背景下，中国企业对国外先进技术进行的改进及应用。

由此可见，在经济学领域，对二次创新的含义是指对引进的先进技术的改进及应用。但在中药领域，中医药是我国的国粹，不必引进，只需要对其发扬光大。

（二）中药领域的二次创新含义

中医药是我国医学科学的特色，历经数千年，发挥着医疗保健中不可替代的作用，且同时处于世界传统医药领域的领先地位，中医药现存古典医籍八千余种，记载着几千年来中医药的理论和实践经验。这是我国医药界瑰宝。

在现代化、产业化、国际化的今天，我国中药产品面临着巨大的挑战：我国中药产品在全球的医药市场中占有的销售份额微不足道，日韩的植物药蓬勃发展，市场占有份额不断提升；传统的经方挖掘日渐停滞，现代验方开发乏力。

如何让这块瑰宝发出更加璀璨的光芒已是迫在眉睫的任务。

按照经济学领域对二次创新的定义，中药领域的二次创新不需要舶来品，而应是基于传统中医药典籍保留的技术（一次创新）进行的改进、开发和应用。

（三）中药领域二次创新的方向

20世纪70年代，日本学者远藤章从红曲霉中分离出具有抑制HMG-CoA活性的物质——Monacolin K，最终制成了他汀类单体化合物降脂药物。20世纪90年代，中国学者利用特殊菌株发酵红曲，获得了红曲发酵物——血脂康，既包含多种天然复合他汀，也含有不饱和脂肪酸、麦角甾醇、黄酮、多种氨基酸和微量元素等物质，除了降脂还具有治疗冠心病、骨质疏松等其他药理活性。

上述两种研究模式代表了中药现代化的两种典型的研发方向：一种是远藤章模式，以中药材作为原料，通过分离提纯得到单体化合物，即化学药品（西药），其成分单一、作用明确、靶位专属性强，被世界各国所认可，但有一定的毒副作用；另一种是血脂康模式，提取中药材得到混合物——提取物，其成分繁杂，但又有明确的活性成分，多种起效途径，治疗疾病谱广，副作用相对较小，国际认可度低。

我们把血脂康模式称为中药的二次创新模式，其多靶点、多机制地发挥作用是传统中药治病的特色之一，与西药有本质区别。同时它又极大地利用现代生物医药技术手段加工中药，这种植根于传统中医药学，又不完全脱离传统医学的模式，是继承并发扬中药、进行二次创新的有效方向。此外，充分利用传统功效、结合中药品种众多的特点，将一种研究较为成熟的中药（例如红曲）与其他药材配伍成小复方，既扩大了药物的应用范围，又利于现代制剂的需要，这也是中药二次创新的另一方向。

　　中药二次创新呈现一定的技术特点和法律特点，以血脂康为例，技术特点体现为，传统中药学特点——多靶点、多角度发挥疗效；现代医药学特点——有效成分和含量较为明确，在红曲的传统功效基础上，利用微生物手段获得优势菌株、结合中药提取分离、质控检测、作用机制研究等手段不断开发出新的提取物、检测方法、新化合物、新用途、筛选降脂中药等，并将红曲与其他药物组成小复方用于多种疾病（见图9）。

　　针对法律特点，血脂康的专利保护囊括了中、西药两种模式，既发扬了

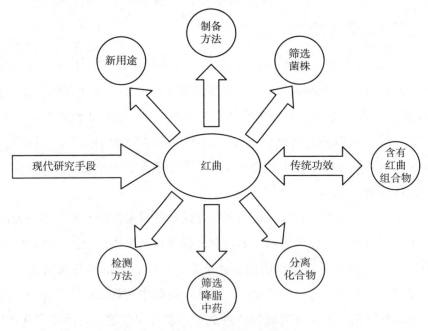

图9　血脂康二次创新的技术特点

中药在提取物、有效成分的检测方法、指纹图谱的质控方法等特色优势，又体现了西药在剂型、用途、活性成分等方面的保护模式，是中药、西药两种模式有机结合的典范。

（四）中药领域二次创新的保护

中药二次创新的成果除了转化为生产力以外，还需要以多种方式施加保护才免予被竞争对手窃取、仿制，影响市场的占有率。如何有效地对中药领域的二次创新成果进行有效保护，血脂康的保护方式不失为可借鉴的案例。血脂康技术的知识产权保护主要体现在三个方面：商标，技术秘密，国家标准（见图10）。

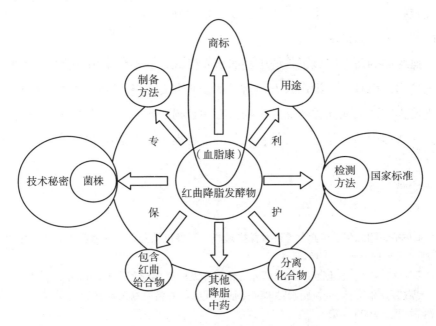

图10　血脂康二次创新的保护

在血脂康这一品种中，企业针对降脂作用的红曲菌株申请了中药保密品种，获得了国家对中药特殊品种给予的技术保护；针对红曲的特殊发酵物、制备方法、用途、检测方法、菌株、分离的化合物等以专利的方式进行保护，针对血脂康、北大维信的影响力以商标的形式加以保护，使得企业在产品、制备方法、用途等方面获得了市场的独占权；除此之外，企业对自身产品的质量控制深入研究，建立了红曲的指纹图谱和血脂康的工艺标准，并成功地使血脂康被《中国药典》收录。

由此可见，针对血脂康这一品种，企业全方位立体的知识产权保护，构筑了该产品坚实的法律保护网络，为其市场行为铺设了有利的环境。

七 结语

血脂康的研发成功对中药领域的二次创新方向不啻为一盏启明灯。它在中医药传统古方的基础上，利用了现代的发酵技术、菌种筛选技术、活性物质鉴定技术等开发出了既有化学药物疗效明确的特点，又具有中药毒副作用低的特点的全新产品。

血脂康的研发突破了传统中药的研发模式，其不仅采用现代先进的制药工艺技术，而且从知识产权方面对其研发成果进行多层次、多角度的保护，最终使得其产品在同类药品的市场占有中独树一帜，并开始进军国外药品市场，为我国中药产品进入国外主流药品市场提供了有益参考。

参考文献

邓和平、缪志华、谭燕：《致力科技兴药　发展民族药业——血脂康的成长之路》，《首都医药》1998 年第 5 期。

邓新波：《"二次创新"与中国外贸转型升级》，《国际贸易》2014 年第 1 期。

窦敬芳、张艾青：《血脂康对单纯性脂肪肝患者血脂血糖及胰岛素的影响》，《新乡医学院学报》2006 年第 4 期。

傅金泉：《从丹曲看我国红曲生产技术的发展》，《酿酒科技》1986 年第 3 期。

傅金泉：《古代红曲及红曲酒史料》，《酿酒科技》2008 年第 3 期。

傅金泉：《谈红曲生产与应用的几个问题》，《酿酒科技》2002 年第 1 期。

高红：《试论红曲在我国传统食品和食疗保健中的作用》，《四川食品与发酵》1997 年第 3 期。

黄斌：《血脂康对不同血脂水平急性冠脉综合征患者抗心肌缺血作用的临床研究》，《医疗保健器具》2007 年第 6 期。

黄绍烈、左汉恒、黄剑锋、刘诗英、任冬梅、魏云峰、赵宇、章扬龙、王云开、郑振中、邱宇安、聂志华、胡永辉:《血脂康对大鼠在体心脏急性缺血——再灌注心肌 Fas/FasL 表达的影响》,《第一届全国中西医结合心血管病中青年医师论坛论文汇编》,2008。

马学敏、郭树仁、段震文、王祥云、李霄:《HPLC 法同时测定血脂康胶囊中 3 种异黄酮和洛伐他汀的含量》,《药物分析杂志》2007 年第 8 期。

莫颖敏、韩敏、谢胜芳、韦春英:《血脂康对短暂性脑缺血发作患者颈动脉粥样硬化斑块和血脂的影响》,《临床神经病学杂志》2006 年第 2 期。

迁启介、周恒刚译:《红曲对血压的调节作用》,《酿酒科技》1997 年第 3 期。

谢中猛:《现代科技对传统中药红曲的再研究》,《中华医学信息导报》1996 年第 22 期。

徐艳春、魏璐雪、何大林、王明亚:《薄层扫描法测定红曲及其制剂血脂康中大豆苷元的含量》,《中国中药杂志》2000 年第 1 期。

徐艳春、魏璐雪、何大林、王明亚:《红曲及其制剂血脂康中磷脂酰胆碱的含量测定》,《中国中药杂志》2000 年第 12 期。

王慧颖、王淑华:《降脂红曲的研究与应用》,《生物技术》1992 年第 2 期。

王俊显、苏梅者、陆宗良、寇文、迟家敏、于普林、王文华:《血脂康胶囊治疗高脂血症临床观察》,《中国实验方剂学杂志》1995 年第 1 期。

王礼文、梁社生、冯学山:《血脂康对 II 型糖尿病伴高脂血症患者血脂、血糖代谢的影响》,《实用心脑血管病杂志》2006 年第 7 期。

王露、史亮、韩玲玲:《血脂康对 II 型糖尿病肾病合并高脂血症患者血脂及尿蛋白的影响》,《实用糖尿病杂志》2006 年第 1 期。

王万粮、李春华、徐萍、薛红:《血脂康对不稳定性心绞痛患者基质金属蛋白酶 - 9 及肿瘤坏死因子水平的影响》,《辽宁中医药大学学报》2006 年第 2 期。

吴晓波:《二次创新的进化过程》,《科研管理》1995 年第 2 期。

周玉芳、张茂良:《特制医用调脂红曲的制备和药用价值》,《中国中医基础医学杂志》2000 年第 3 期。

LI Xue-mei, SHEN Xing-hai, DUAN Zhen-wen, GUO Shu-ren, "A new monacolin analogue from Xuezhikang capsule," *Acta Pharmaceutica Sinica* 46 (2011): pp. 564 – 567.

Endo A, Hasumi K, Nakamura T, Kunishima M, Masuda M, "Dihydromonacolin L and Monacolin X, new metabolites which Cholesterol Biosyuthesis," *Journal of Antibiotics* 38 (1985): pp. 321 – 327.

国家中医药管理局《中华本草》编委会:《中华本草·第 1 册》,上海,上海科学技术出版社,1999,第 488～489 页。

(明)李时珍:《本草纲目》,中国国际广播出版社,1994,第 1696 页。

(明)宋应星:《天工开物》,商务印书馆,1933,第 286～291 页。

(元)无名氏:《居家必用事类全集》,中国商业出版社,1986,第 38～39 页。

B.8
知母皂苷BⅡ创造中医药知识产权保护和价值的新高度

王 菲*

摘　要：　本文研究了知母皂苷BⅡ的专利状态与专利布局，展示了知母皂苷BⅡ的技术原研国、专利申请人、权利人等信息，分析了技术主题的布局，并对该技术的主要专利权人所拥有的专利技术进行创新性评估，得出了知母皂苷BⅡ专利价值实现路径，并阐述了获得中医药专利商业价值的方式。

关键词：　知母皂苷BⅡ　创新价值评估　中医药专利商业价值

专利权的主要运营方式包括专利许可、专利转让和专利质押等。2008～2016年，北京中医药领域实现专利许可总量142件，专利转让1111件，专利质押30件。在这些专利运营案件中，也不乏较为成功的案例。2015年9月，军事医学科学院放射与辐射医学研究所（简称军科院二所）将拥有的有关知母皂苷BⅡ的五项中国专利及其海外同族打包，以独占许可的方式全部许可给了北京四环医药开发有限责任公司的控股子公司北京华素制药股份有限公司，获得了6000万元人民币的许可费①，实现了拥有自主知识产权的研发项目的价值。

---

* 王菲，国家知识产权局专利局专利审查协作北京中心副研究员。
① 凤凰网：《中关村：关于华素制药与军科院二所就知母皂苷BⅡ相关产品专利的独占许可适用权转让及合作研发的公告》，http://app.finance.ifeng.com/data/stock/ggzw/000931/15250007。

一 知母皂苷 BⅡ 技术简介

知母（*Rhizoma Anemarrhenae*），百合科植物知母（*Anemarrhena asphodeloides Bunge*）的干燥根茎，性味苦、甘、寒；归肺、胃，肾经。是我国传统中药中的常用中药之一，具有清热祛火，滋阴润燥之功能[①]。

知母中包含甾体皂苷、双苯吡酮类（芒果苷、异芒果苷）、木质素类等多种具有药理活性的成分，其中皂苷类为主要成分。据文献报道，知母根茎中含约6%的皂苷，其中已经鉴定的甾体皂苷化合物有二十多种，包括知母皂苷 AⅢ、知母皂苷 BⅠ、知母皂苷 BⅡ、知母皂苷 BⅢ 等。这些皂苷成分具有抗癌、抗痴呆、抗抑郁、抗病原微生物、降血糖、治疗心脑血管疾病等多种药理作用。

其中，知母皂苷 BⅡ［（25S）－26－O－β－D－葡萄吡喃糖基－22－羟基－5β－呋甾－3β、26－二醇－3－O－β－D－葡萄吡喃糖基（1→2）－β－D－半乳吡喃糖苷］是知母中的主要活性成分和指标性成分，约占知母总皂苷的74%（见图1）。现代药理学研究表明，知母皂苷 BⅡ 对老年痴呆症、脑缺血、抗血小板聚集等均具有一定的药理作用。

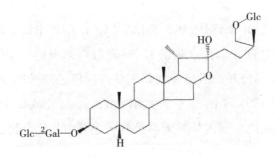

图1 知母皂苷 BⅡ 的结构

---

① 《中华人民共和国药典（2015 年版）》。

1963 年，日本学者川崎敏男等首次分离出知母皂苷 BⅡ，但并未阐明其结构。知母皂苷 BⅡ 最早记载见于日本学者南云清二于 1991 年公开的文章〔Yakugaku Zasshi 1991，111（6），306－310 页〕中，该文章公开了多种提取自知母的皂苷化合物。1996 年，国内学者，来自军科院二所的马百平等人报道了从知母中分离并提取得到知母皂苷 BⅡ，之后军科院二所研究了该化合物清除自由基、抗痴呆[1]、防治脑卒中[2]、抗血栓[3]、神经细胞损伤的保护、抗电离辐射[4]等活性，除此之外还研发了知母皂苷 BⅡ 的知母提取工艺[5]和化学合成工艺[6]，为知母皂苷 BⅡ 成药以及大批量的工业化生产奠定了基础。为了实现研发成果的价值，军科院二所围绕知母皂苷 BⅡ 适时把握时机，在中国、中国香港、日本、欧洲、美国、韩国、加拿大、新加坡、俄罗斯、澳大利亚、波兰、印度等国家和地区申请了多项发明专利，并充分利用专利制度中的条款，合理地推迟专利权到期时间，从技术广度和技术深度两个方向构建专利布局。

二　知母皂苷 BⅡ 的专利分布与布局

（一）知母皂苷 BⅡ 专利技术概况

1990 年日本公司 WAKUNAGA PHARMA CO LTD 申请了涉及知母皂苷的化合物专利，其中有一个化合物的 C^{13} 核磁谱与知母皂苷 BⅡ 基本吻合，该专利申请于 1992 年公开，但该专利并未获得授权。知母皂苷 BⅡ 的准确化学结构最先公开于 1991 年的非专利文献〔Yakugaku Zasshi 1991，111（6），306－310〕中，因此，国内外并无涉及知母皂苷 BⅡ 化合物的相关核心化合

---

[1]　CN131237C。
[2]　CN1692914B。
[3]　CN101658525B。
[4]　CN102764365A。
[5]　CN100427500C。
[6]　CN102076704B。

物专利。截至 2016 年 11 月，全球共有知母皂苷 BⅡ 相关专利（申请）32 项（所述"项"是指每一个专利的同族，所述同族包括具有同一优先权的全球的专利申请、分案申请，以及虽然不具有同一优先权，但专利申请内容完全一致的申请）。其中，具有中国同族的专利（申请）共计 28 项；无中国同族的专利（申请）4 项，具体为 2 项日本申请、1 项美国申请、1 项 PCT 国际申请（未进入或尚未进入中国）。在 28 项有中国同族的专利（申请）中，26 项为中国境内申请人提出的申请，其余 2 项为英国申请人提出的。

若无特别说明，以下数据为对截至 2016 年 11 月公开的专利情况分析的结果。知母皂苷 HI 全球专利的技术原研国分布如图 2 所示，其中，中国大陆是知母皂苷 HI 的主要的研发地，专利占比 79%，英国以 9% 的比例居于第二，研发国为日本的专利申请占比 6%，美国与中国香港分别占比 3%。由此可见，知母皂苷 HI 药物的研发技术主要集中于我国研究机构和医药企业。

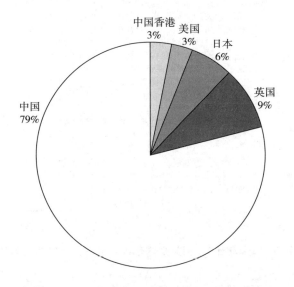

图 2　知母皂苷 BⅡ 专利技术原研国/地区分布

图 3 为知母皂苷 BⅡ 相关的全球专利申请的申请人排名，浅色为中国大陆申请人的申请量，深色表示非中国大陆申请人的申请量。由图 3 的数据可知，中国人民解放军军事医学科学院放射与辐射医学研究所（包括

申请人或权利人为中国人民解放军军事医学科学院放射医学研究所的申请，即军科院二所）和中国人民解放军第二军医大学分别以 6 项和 5 项专利（申请）位居专利申请人排行榜的第一位和第二位，是知母皂苷 BⅡ 专利技术的主要申请人，南京中医药大学和英国的 Phytopharm PLC 公司分别以 3 件申请并列申请人排名的第 3 位，其中 Phytopharm PLC 存在一件与军科院二所为共同申请人的申请。其余申请人的申请量只有 1~2 件。在这些申请中，除一件为个人申请外，其余均为国内外的医药公司和研发机构的申请。

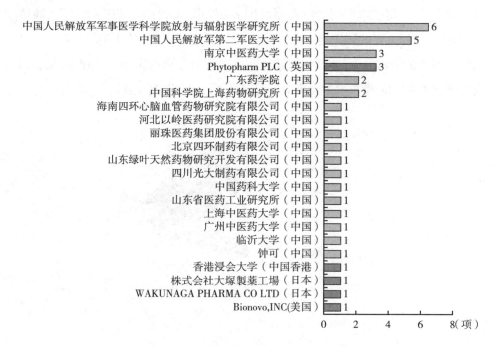

图 3　知母皂苷 BⅡ 相关全球专利（申请）的申请人排名

图 4 和图 5 分别涉及知母皂苷 BⅡ 相关的全球专利权拥有量（项）排名和知母皂苷 BⅡ 相关的全球在审专利申请拥有量（项）排名。

截至 2016 年 11 月，全球共有 10 项（每个同族中只要有 1 件专利被授予了专利权，则被记为 1 项）发明专利权存在。其中，军科院二所以 5 项专利权居专利权拥有量（项）排名的第一位。专利权排名第二的为中国科学院上海药物研究所。中国人民解放军第二军医大学、海南四环心脑血管药物研究院有限公司、贵州中医学院、广州中医药大学以及北京四环制药有限公司各有一项专利权。其中，海南四环心脑血管药物研究院有限公司、北京四环制药有限公司所拥有的专利权为与军科院二所共同拥有的一项专利权。

截至 2016 年 11 月，全球共计有 14 项专利申请处于在审状态，其中，南京中医药大学所拥有的在审专利申请数量最多，共计 3 项申请，广东药学院以 2 项申请列居第二。军科院二所也拥有 1 项专利申请在审。

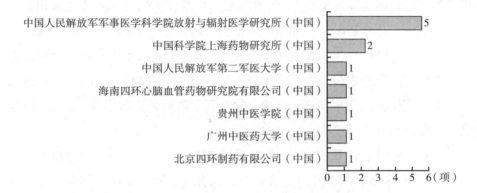

图 4　知母皂苷 BⅡ 相关全球专利权拥有量（项）排名

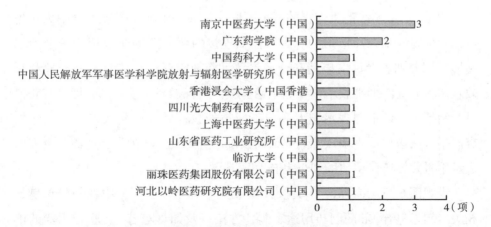

图 5　知母皂苷 BⅡ 相关全球在审专利申请拥有量（项）排名

（二）知母皂苷 BⅡ 专利技术布局

知母皂苷 BⅡ 专利申请的技术主题包括知母总皂苷相关主题（包括知母总皂苷的活性成分、制备、用途等）、知母皂苷 BⅡ 化合物（简称化合物）、制药用途、知母皂苷 BⅡ 的制备方法（简称制备方法）、联合用药、质量控制方法（简称质控方法）、知母皂苷 BⅡ 类似物（简称类似物）以及其他方面。其中化合物、制药用途、制备方法以及质量控制是与知母皂苷 BⅡ 单体化合物成药密切相关的。而知母总皂苷相关、联合用药以及类似物和其他方面的专利申请则是知母皂苷 BⅡ 技术的相关技术或拓展技术。在密切相关的技术主题中，化合物以及与药物成药相关的制药用途专利（申请），特别是与临床报批适应证对应的医药用途，为知母皂苷 BⅡ 的核心专利，而制备方法以及质量控制等主题的专利（申请）则为支撑性专利。知母皂苷 BⅡ 的联合用药、类似物以及知母总皂苷相关的专利申请则是知母皂苷 BⅡ 的外围专利，这些专利通常对应的是技术的扩展以及技术的升级等内容。

图 6 为知母皂苷 BⅡ 专利技术主题分布图，涉及知母皂苷 BⅡ 相关的全球 32 项专利申请。共涉及总皂苷相关、化合物、制药用途、制备方法、联合用药、质控方法、类似物以及其他方面共计 8 个主题。按照申请年份依次排列。每个独立的图形（用连接线连接的记为一个独立图形）代表 1 项专利（申请）。由实线箭头连接的两个图形（记为一个独立图形）分别为在先申请的优先权和在后申请的。虚线箭头连接的两个图形（也记为一个独立图形）则分别表示母案申请和分案申请。椭圆图形表示该专利处于权利有效状态，方框图形则表示该专利申请被驳回或视撤或主动撤回，即没有获得过专利授权。菱形则表示该专利申请曾被授权，后因权利人未缴年费而放弃。平行四边形则表示该专利申请尚处于审查阶段。各种类型的深灰色方框表示军科院二所所申请的知母皂苷 BⅡ 相关专利的情况。

纵观图 6 所示内容，知母皂苷 BⅡ 相关专利布局主要集中在知母总皂苷相关、知母皂苷 BⅡ 的制药用途、制备方法以及知母皂苷 BⅡ 联合用药的申请。少部分专利申请涉及知母皂苷 BⅡ 的质控方法（包括检测方法）。

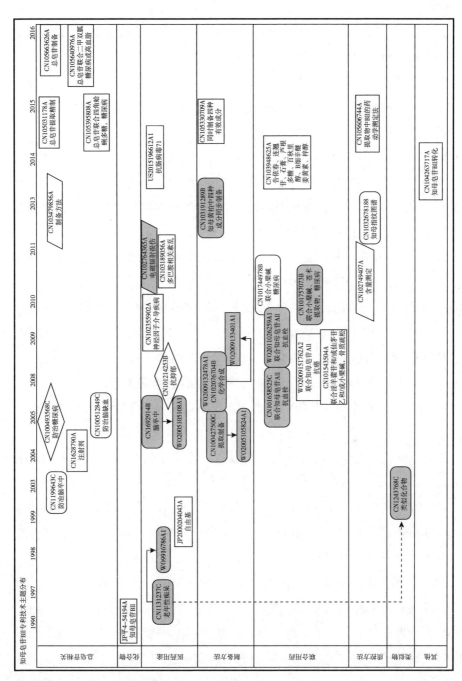

图 6　知母皂苷 B Ⅱ 专利技术主题分布

1997 年，知母皂苷 BⅡ 防治老年痴呆的制药用途被军科院二所首次提出，后于 2003 年获得专利权；2000 年，日本公司"株式会社大塚製薬工場"提出知母皂苷 BⅡ 抗自由基的医药用途；2004 年，军科院二所又提出了知母皂苷 BⅡ 防治脑卒中的制药用途。此后，2008 ~ 2014 年，知母皂苷 BⅡ 抗抑郁、治疗神经因子介导的疾病、抗电磁辐射所造成的损伤、治疗多巴胺相关紊乱以及抗肠病毒 71 的制药用途相继被提出。

2004 年，军科院二所提出"提取制备知母皂苷 BⅡ 的方法"专利申请，2008 年提出"化学合成知母皂苷 BⅡ 的方法"的申请，为药物的产业化生产奠定了基础。而其他申请人也围绕着如何从知母或含有知母的药对儿中提取包括知母皂苷 BⅡ 在内的四种化合物的方法进行了申请。

知母皂苷 BⅡ 布局较广泛的另一个技术主题为联合用药，主要包括知母皂苷 BⅡ 与知母皂苷 AⅢ 联合抗血栓、抗肿瘤的应用。此外还包括知母皂苷 BⅡ 联合小檗碱等药物防治，如骨质疏松、糖尿病以及流行性感冒等疾病。

知母总皂苷相关的专利布局包括知母总皂苷抗脑卒中、抗糖尿病、防治脑缺血等用途，同时涉及多种制备知母总皂苷方法的专利申请以及知母总皂苷联合其他药物治疗糖尿病和高血脂等方面的布局。这些专利从侧面说明了知母皂苷 BⅡ 药物价值之广泛，以及具有不断扩大适应证的潜力。

此外，知母皂苷 BⅡ 相关专利在类似物、质量控制方法和其他方面也有分布。

军科院二所创建于 1958 年，主要从事军事医学、基础医学、高新技术和新药创制研究。由图 6 的数据可知，不论是在授权数量上，还是在重要性上，军科院二所在知母皂苷 BⅡ 的专利布局上处于优势地位。

1997 年军科院二所提出了知母皂苷 BⅡ 抗老年痴呆的中国专利申请，开启了知母皂苷 BⅡ 的专利布局。第二年，又以该专利申请为优先权申请了 PCT 申请，将知母皂苷 BⅡ 抗老年痴呆的专利范围扩展到全球，形成了全球有力的同族保护。2002 年该第一项专利申请获得授权（CN1131237C），其美国、欧洲、日本、加拿大、韩国等同族也相继获得专利权。军科院二所继续挖掘 1997 年提出的原申请中的价值，于 2003 年提出了该申请的分案申请，请求保护知母皂苷 BⅡ 的类似物，分案申请于 2006 年获得专利权（CN1243768C）。

军科院二所继续拓展知母皂苷 BⅡ 化合物的医药用途，2005 年申请了知母皂苷 BⅡ 防治脑卒中的制药用途的中国专利申请，后又以该申请为优先权，申请了 PCT 申请（WO2005105824A1），并指定了世界主要市场国或地区，包括美国、日本、欧洲、韩国、加拿大、俄罗斯、新加坡、波兰、乌克兰、中国香港等。该中国专利申请于 2010 年获得专利权（CN1692914B）。

为了支持知母皂苷 BⅡ 成药，与此同时，军科院二所申请保护从知母中提取知母皂苷 BⅡ 的工艺，并于同年提出 PCT 申请。该制备工艺的中国发明专利申请于 2008 年获得专利权（CN100427500C）。2008 年，军科院二所与英国公司 Phytopharm PLC 合作，提出保护化学合成知母皂苷 BⅡ 的 PCT 专利申请，并指定了中国在内多个国家和地区。2009 年，又以该 PCT 申请为优先权，申请了 PCT 专利申请（WO2009133401A1）。涉及化学合成知母皂苷 BⅡ 的中国专利同族于 2014 年获得专利权（CN102076704B，权利人为军科院二所）。

2008 年军科院二所联合海南四环心脑血管药物研究院有限公司以及北京四环制药有限公司对知母皂苷 BⅡ 的应用方式进行扩展，申请了联合知母皂苷 AⅢ 的药物组合物，该药物组合具有抗血栓的作用，该中国发明专利于 2012 年获得专利权（CN101658525B）。2009 年军科院二所作为唯一的申请人申请了该主题的 PCT 申请（WO2011026259A1），该专利申请也要求保护知母皂苷 BⅡ 联合知母皂苷 AⅢ 的药物组合物，该药物组合物也具有抗血栓的作用。

此外，军科院二所还于 2011 年申请了知母总皂苷、知母皂苷 BⅡ 等成分抗电磁辐射损伤的制药用途，该申请再一次扩大了药物应用的领域范围。

军科院二所的 6 项专利申请有 5 项具有国际布局，这从地域上扩大了专利技术发挥价值的范围。自 1997 年的第 1 项申请至 2011 年的第 6 项申请，时间上跨越了 14 年之久。此外，在技术上，其专利申请主要集中于第二制

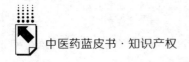

药用途的横向拓展，同时也存在纵向延伸的联合用药，并申请了多项涉及制备方法的支撑性专利，为实现药品的产业化提前布局。

三　知母皂苷BⅡ的专利创新性评估

（一）医药领域专利的创新高度评价

技术、法律、市场中多个因素的综合决定了专利技术的创新高度。对于尚未上市销售的知母皂苷ⅡI，专利的技术效果、技术影响力、技术适应范围、技术前沿性、技术成熟度、技术不可替代性等因素决定了创新高度中技术价值的高低，而权利稳定性、专利有效期、专利防御能力、专利组合情况、侵权可判定性以及专利权的地域范围则影响着专利技术创新高度的法律价值；市场发展趋势、潜在市场规模、市场供求关系、竞争情况、政策适应性以及专利运营情况等从市场层面反映了创新专利的商业价值。通过对上述三个维度的各因素量化，可直观地反映医药领域专利的创新高度。三个维度各因素的量化值具有0~10之间的分值，分值越高，各因素的情况越优；而专利的技术、法律、市场价值度和专利整体的创新高度的分值在0~100分之间，分值越高，则表示创新高度越高，专利整体的创新高度由三个维度的价值高度计算得出。

（二）军科院二所知母皂苷BⅡ专利创新高度评估

截至2016年11月，军科院二所共拥有5项授权发明专利，分别为CN1131237C（分案 CN1243768C）、 CN1692914B、 CN100427500C、CN102076704B 和 CN101658525C。其中分案 CN1243768C 涉及的是知母皂苷BⅡ的类似物，与知母皂苷BⅡ待开发的临床项目相关性较弱，因此不在此对其进行分析与评估。CN1131239C 和 CN1692914B 分别涉及知母皂苷BⅡ的两种制药用途；CN100427500C 与 CN102076704B 分别涉及知母皂苷BⅡ的提取方法和合成方法；CN101658525C 涉及知母皂苷BⅡ与知母皂苷AⅢ的药物组合物，该组合物用于抗血栓（见表1）。五件专利可被分为两个专利组合，分别涉及两个药物开发的方向。

"组合一"为知母皂苷 BⅡ 单活性成分药物的开发，其专利组合包括：CN1131239C、CN1692914B、CN100427500C 与 CN102076704B；其中CN1131239C 与 CN1692914B 为核心专利，CN100427500C 与 CN102076704B为支撑性专利。

"组合二"为知母皂苷 BⅡ 与知母皂苷 AⅢ 双活性成分的药物组合物的开发，其专利组合包括：CN101658525C、CN100427500C 与 CN102076704B。其中 CN101658525C 为核心专利，CN100427500C 与 CN102076704B 为支撑性专利。

由上述分组可知，支撑性专利 CN100427500C 与 CN102076704B 可服务于两个研发方向。

以下将以研发项目为单位，对核心专利 CN1131239C、CN1692914B、CN101658525C 以及专利组合一、专利组合二进行专利创新高度评估。

表1　军科院二所知母皂苷 BⅡ 相关专利基本情况

专利号	申请年份	类型及主题	授权同族	运营情况	专利组合
CN1131239C	1997	用途/痴呆	US、EP、CA、JP、KR	独占许可	CN1692914B CN100427500C CN102076704B
CN1692914B	2005	用途/脑卒中	US、EP、CA、JP、KR、RU、SG、HK 等	独占许可	CN1131239C CN100427500C CN102076704B
CN100427500C	2005	制备/提取	US、EP、CA、JP、RU、PL、SG、HK 等	独占许可	CN1692914B CN1131239C CN101658525C CN102076704B
CN102076704B	2008	制备/合成	无	独占许可	CN1692914B CN1131239C CN101658525C CN100427500C

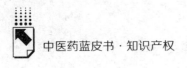

续表

专利号	申请年份	类型及主题	授权同族	运营情况	专利组合
CN101658525C	2008	联用组合物/抗血栓	EP、JP	有合作	CN1692914B CN1131239C CN102076704B CN100427500C

通过对军科院二所拥有的专利的各项指标进行评分，分析各项专利的优势劣势，在评分的基础上对其所拥有的专利以及专利组合进行专利技术价值度、法律价值度、市场价值度的评价，以及对根据三者计算出的专利创新高度进行比较。

1. CN1131237C 专利创新高度的评估

图 7~9 分别为 CN1131237C 专利的技术、法律以及市场因素量化结果。图 10 为该专利技术、法律、市场三个维度以及专利整体创新高度。

专利 CN1131237C 保护包括知母皂苷 BII 在内的马库什化合物在制备防治老年性痴呆的药物中的用途，并在从属权利要求中具体限定老年性痴呆包括阿尔茨海默氏病、血管性痴呆、混合型或其他型痴呆，技术适用范围适中（6分）。其药物研发所针对的靶点为 N 受体，该受体目前是研发抗痴呆药物的热门靶点，如 AstraZeneca 和 Targacept 联合开发的药物 AZD3480（TC-1734）目前处于 IIb 期临床，第一制药的 nefiracetam 目前处于（III 期）临床，而 SIBIA Neuro-Sciences 也有在研品种 SIB-1553A，因此，知母皂苷 B2 所针对的靶点的技术前沿性极高（10分）。目前该项目基本完成临床前实验，药物研发的技术成熟度适中（6分），随着全球化、老龄化进程的加速，老年痴呆的发病率不断攀升，患者群体巨大，此外，该药物为从传统中药知母中提取的活性物质，是中西医的大胆融合，具有一定的技术影响力（8分）。目前市场上存在的抗痴呆药物胆碱酯酶抑制剂和脑血液循环改善剂，如多奈哌齐、加兰他敏、石杉碱甲等，但这些药物存在临床治疗效果有限和毒副作用的问题，根据华素制药与军科院二所就知母皂苷 BII 相关产品专利的独占许可使用权转让及合作研发的公告中披露：知母皂苷 BII 的目前大鼠长毒、比格犬长毒、生殖毒性、致突变及一般药理学的研究均表明，知母皂苷BⅡ安全性良好；适于痴呆病人长期用药，因此，技术效果评分较好（8分）。除知母皂苷BⅡ外，知母总皂苷以及知母皂苷中其他皂苷类化合物的研究也在大范围地展开，因此技术不可替代性适中（6分）（参见图7）。

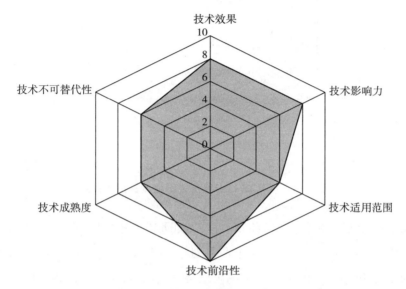

图7　CN1131237C专利技术价值度各指标量化

CN1131237C专利在多个国家获得授权，因此，权利的稳定性、专利地域范围评分均为极高（10分），该专利为重要适应证的制药用途专利，因此，专利的防御能力较强（8分），侵权可判定性较高（10分），此外，围绕该专利，军科院二所构建了多项专利组合，专利组合情况也较好（8分），唯一不足的是，该专利将于2017年到期，专利有效期评分较低（2分）（见图8）。

2015年，全球痴呆症患者总数约3560万人，并且每年有约770万名新增患者，65岁及以上的中国人痴呆患病率达到5.9%。预计到2025年，我国60岁以上老年人将达2.5亿人，将有1009万名老年痴呆患者。老年痴呆药物的市场前景广阔，市场发展趋势极好（10分）。近年来，国家大力鼓励中医药发展，该专利对应项目的政策适应性极好（10分），此外，该专利已经实现了6000万元的专利运营，该项评分极高（10分），虽然有竞争，但其潜在的市

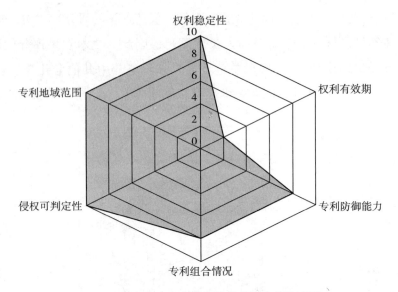

图8　CN1131237C专利法律价值度各指标量化

场规模是巨大的（8分）。目前军科院二所遇到了知母皂苷类品种和其他品种的竞争（6分），并且已有上市产品对市场供求平衡起到一定作用，并未出现明显的供小于求的情形，市场供求关系适中（6分）（见图9）。

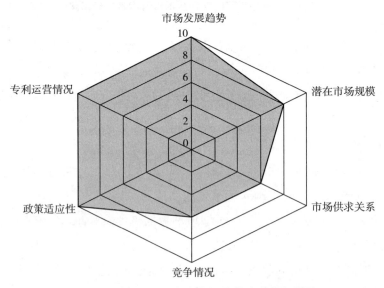

图9　CN1131237C专利市场价值度各指标量化

经分析，CN1131237C 的技术价值度、法律价值度和市场价值度的分值分别为 70、79 和 83，整体而言，专利创新高度高达 77.4，属于专利价值较高的专利。其中市场价值度极好（81～100 分），法律价值度和技术价值度均较好（61～80 分）。整个专利的价值度也较好（61～80 分）（见图 10）。

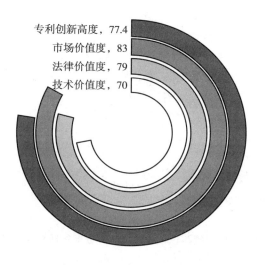

专利创新高度，77.4
市场价值度，83
法律价值度，79
技术价值度，70

**图 10　CN1131237C 技术价值度、法律价值度、
市场价值度、专利创新高度**

2. CN1692914B 专利价值度评估

图 11～13 分别为 CN1692914B 专利的技术价值度、法律价值度以及市场价值度的指标量化结果。图 14 显示该专利技术价值度、法律价值度、市场价值度以及专利创新高度的分值。

CN1692914B 保护知母皂苷 BⅡ在制备用于预防或治疗脑卒中的药物或产品中的用途，其技术适应范围较窄（4 分）。根据说明书的记载，其动物模型效果接近尼莫地平。此外，该药物的毒性较低，因此技术效果评分较好（8 分）。目前治疗脑卒中的药物种类繁多，其中中药治疗脑卒中的产品，如丹红注射液、银杏叶注射液、三七总皂苷注射液等临床上均显示了对脑卒中、卒中后遗症等的良好疗效具有多种剂型，该药物的不可替代性指标得分为 4 分，影响力和前沿性得分 6 分。该药物正处于临床前实验阶段，因此，其技术成熟度适中（6 分）（见图 11）。

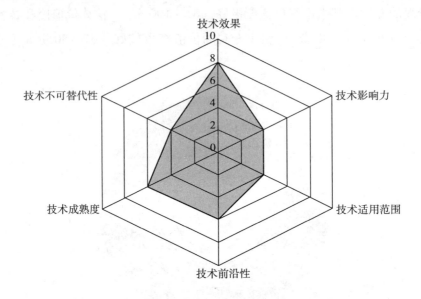

图 11　CN1692914B 专利技术价值度各指标量化图

CN1692914B 专利在多个国家获得授权，因此，权利的稳定性、专利地域范围评分均为 10 分，该专利为重要适应证的制药用途专利，因此，专利的防御能力较强（8 分），侵权可判定性较高（10 分），此外，围绕该专利军科院二所构建了多项专利组合，专利组合情况也较好（8 分），该专利将于 2025 年到期，专利有效期评分适中（6 分）（见图 12）。

近日，中国卒中学会发布了《2015 年中国卒中流行报告》，数据显示，脑卒中每年新发病例 270 万人，并持续以 8.7% 的速度增长。该药物的市场发展前景较好（8 分），近年来，国家大力鼓励中医药发展，该专利对应项目的政策适应性极好（8 分），此外，该专利已经实现了 6000 万元的专利运营（10 分），虽然治疗脑卒中的药物种类繁多，竞争激烈，但潜在的市场规模是巨大的（8 分）。因此，该专利的潜在市场规模为 8 分，市场供求关系为 4 分，竞争情况为 4 分（见图 13）。

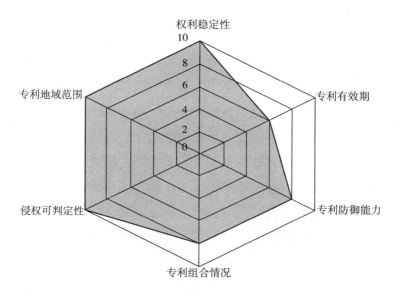

图 12　CN1692914B 专利法律价值度各指标量化

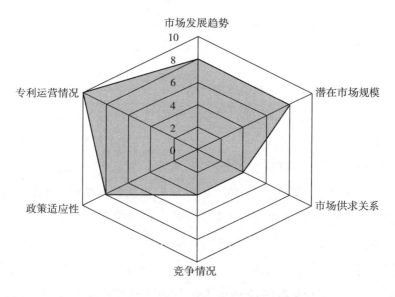

图 13　CN1692914B 专利市场价值度各指标量化

　　经分析，CN1692914B 的技术价值度、法律价值度和市场价值度的分值分别为 58、87 和 70，整体而言，专利创新高度为 70.3，属于专利价值较高的专利。法律价值度极好，市场价值较好，技术价值适中。整个专利的价值度也较好（见图14）。

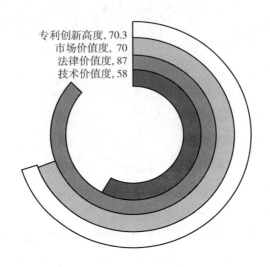

专利创新高度, 70.3
市场价值度, 70
法律价值度, 87
技术价值度, 58

图14　CN1692914B 技术价值度、法律价值度、市场价值度、专利创新高度

3. CN101658525C 专利价值度评估

图15～17 分别为 CN101658525C 专利的技术价值度、法律价值度以及市场价值度的指标量化结果。图18 显示该专利技术价值度、法律价值度、市场价值度以及专利创新高度的分值。

CN101658525C 保护用于预防或治疗血栓疾病的药物组合物，其包含有效量的知母皂苷 AⅢ 和知母皂苷 BⅡ，以及一种或多种药用辅料，其特征在于其中知母皂苷 AⅢ 与知母皂苷 BⅡ 的重量比为 1∶1 至 10∶1。其中血栓性疾病选自冠心病、心绞痛、心肌梗死、脑卒中、脑血栓、脑梗死、肺栓塞、糖尿病和脉管炎。该专利的适应证范围包括血栓性疾病中的多种，范围较宽（技术适用范围 8 分）。根据说明书的记载，其药物效果好于阿司匹林，且在抗血栓的同时，出血时间及总的出血量明显减少（技术效果 10 分）。目前防治血栓性疾病的药物种类较多，该药物的不可替代性指标得分为 4 分。

该技术的影响力（6分）和前沿性得分适中（6分）。此外，该药物处于临床前实验阶段，因此，其成熟度适中（6分）（见图15）。

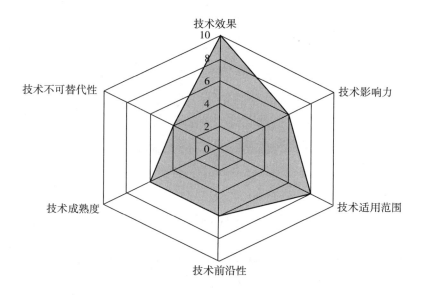

图15 CN101658525C专利技术价值度各指标量化

CN101658525C专利在欧洲和日本获得授权，授权的权利要求为药物组合物，且范围较大，因此，权利的稳定性（8分），专利地域范围适用（8分），专利的防御能力极强（10分），侵权可判定性较高（8分），此外，围绕该专利，军科院二所构建了多项专利组合，专利组合情况也较好（8分），该专利将于2028年到期，专利有效期评分较好（8分）（见图16）。

随着我国步入老龄化进程，血栓性疾病药物开发的发展趋势适中（6分），近年来，国家大力鼓励中医药发展，该专利对应项目的政策适应性极好（10分），此外，该专利在中国为合作项目，因此专利运营情况为6分，血栓性疾病的防治药物供应较多，供应充分（供求关系为4分），竞争较为激烈（竞争情况为4分），但潜在的市场规模仍适中（6分）（见图17）。

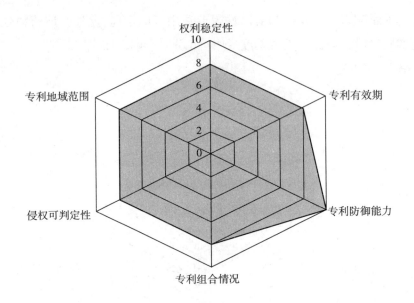

图 16 CN101658525C 专利法律价值度各指标量化

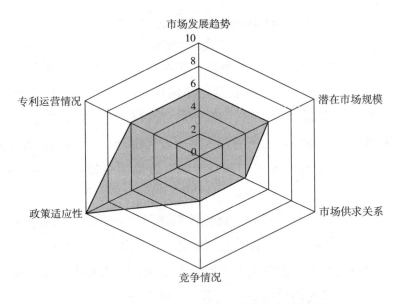

图 17 CN101658525C 专利市场价值度各指标量化

经分析，CN101658525C 的技术价值度、法律价值度和市场价值度的分值分别为 74、82 和 57，整体而言，专利创新为 71.3，属于专利价值较好的专利。其中法律价值度极好，技术价值度较好，市场价值度适中。整个专利创新高度也较好（见图 18）。

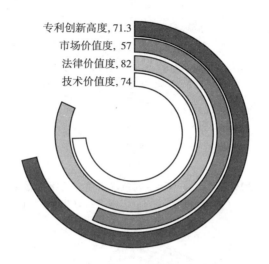

专利创新高度，71.3
市场价值度，57
法律价值度，82
技术价值度，74

图 18　CN101658525C 技术价值度、法律价值度、市场价值度、专利创新高度

4. "组合一"专利价值度评估

"组合一"为知母皂苷 BⅡ 单活性成分药物的开发，其专利组合包括：CN1131237C、CN1692914B、CN100427500C 与 CN102076704B。经专利组合后，其药物技术前沿性为 10 分，技术效果为 8 分，技术影响力为 8 分，技术适用范围为 8 分，技术的不可替代性为 6 分，技术成熟度为 6.7 分（见图 19）。

经专利组合后，"组合一"的权利稳定性为 10 分，专利地域范围为 10 分，侵权可判定性为 10 分，专利组合情况为 8 分，专利防御能力为 8 分，专利有效期为 6 分（见图 20）。

经专利组合后，"组合一"的市场发展趋势为 10 分，专利运营情况为 10 分，政策适应性为 10 分，潜在市场规模为 8 分，竞争情况为 6 分，市场供求关系为 6 分（见图 21）。

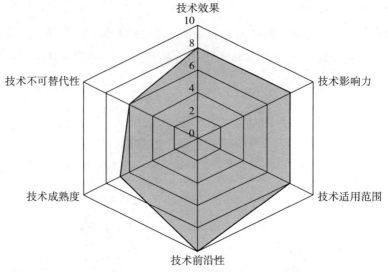

图19　"组合一"专利技术价值度各指标量化

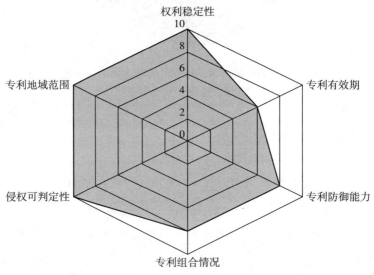

图20　"组合一"专利法律价值度各指标量化

经分析，"组合一"的技术价值度、法律价值度和市场价值度的分值分别为77.5、87.0和83.0，整体而言，专利创新高度为82.0，属于专利价值极高的专利组合。专利组合后提高了专利的整体价值（见图22）。

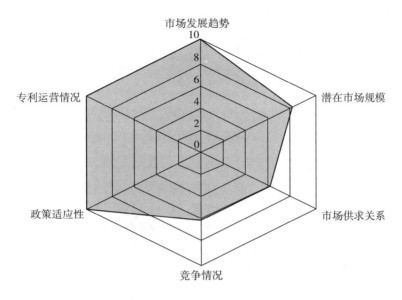

图 21　"组合一"专利市场价值度各指标量化

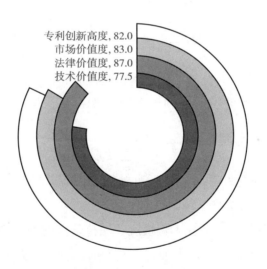

专利创新高度，82.0
市场价值度，83.0
法律价值度，87.0
技术价值度，77.5

图 22　"组合一"技术价值度、法律价值度、
市场价值度、专利创新高度

5. "组合二"专利价值度评估

"组合二"为知母皂苷 BⅡ与知母皂苷 AⅢ双活性成分的药物组合物的开发，其专利组合包括：CN101658525C、CN100427500C 与 CN102076704B。经专利组合

后，其技术前沿性为 6 分，技术效果为 10 分，技术影响力为 8 分，技术适应范围为 8 分，技术不可替代性为 4 分，药物开发成熟度为 6.8 分（见图 23）。

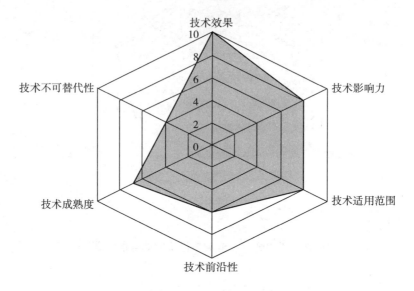

图 23　"组合二"专利技术价值度各指标量化

经专利组合后，"组合二"的权利稳定性为 8.3 分，专利地域范围为 10 分，侵权可判定性为 8 分，专利组合情况为 8 分，专利防御能力为 10 分，专利有效期为 8 分（见图 24）。

经专利组合后，"组合二"的市场发展趋势为 6 分，专利运营情况为 6.4 分，政策适应性为 10 分，潜在市场规模为 6 分，竞争情况为 4 分，市场供求关系为 4 分（见图 25）。

经分析，"组合二"的技术价值度、法律价值度和市场价值度的分值分别为 77.6、87.4 和 59.0，整体而言，专利的创新高度为 75.0，属于专利价值较好的专利。专利组合后提高了专利的整体价值（见图 26）。

经过专利价值度评估，军科院二所拥有的专利，在组合以后均拥有较高的专利价值，其中"组合一"的技术价值、法律价值和市场价值均较高。其中法律价值和市场价值均在 80 分以上，属于极好价值范围，专利创新高度达到 82 分。良好的技术基础，优质的专利布局以及广阔的市场前景，让

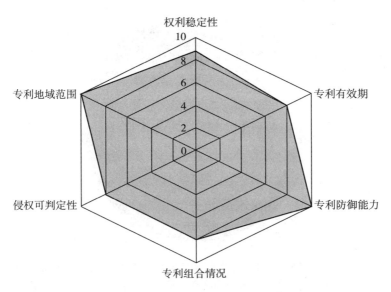

图 24 "组合二"专利法律价值度各指标量化

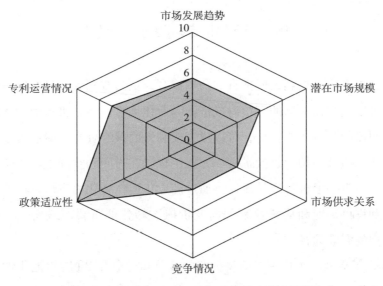

图 25 "组合二"专利市场价值度各指标量化

"组合一"的专利许可费用达到 6000 万元。而"组合二"也具有较好的专利技术开发价值。

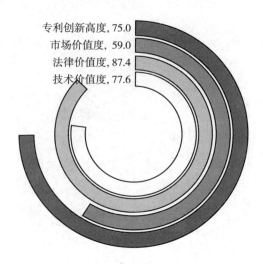

专利创新高度, 75.0
市场价值度, 59.0
法律价值度, 87.4
技术价值度, 77.6

图26 "组合二"技术价值度、法律价值度、
市场价值度、专利价值度

四 知母皂苷BⅡ专利商业价值的实现

专利权不但是权利人所拥有的一项权利，更是权利人所具有的一种无形资产，可以被当作交易的直接对象进行商业化运作。专利进行商业化运作可以产生明显的收益递增特征，可以成为权利人的核心资本；专利可以通过许可、转让、质押、拍卖、投融资等方式使权利在时间和空间上发生全部或部分转移，在市场上进行交易流通，通过商业化运作转化为有形资产或金融资产。专利许可是专利从"权利"向"价值"转化的重要形式之一，是专利价值实现的有效途径。

2015年9月，军科院二所将拥有的涉及知母皂苷BⅡ防治老年性痴呆的用途及新的甾体皂甙、分离制备方法、防治脑卒中的新用途、合成方法4项中国专利及其海外授权同族共计28件专利（见图27）以独占许可的方式许可给北京四环医药开发有限责任公司的控股子公司——北京华素制药股份有限公司（以下简称华素制药）。双方就抗老年痴呆的知母皂苷BⅡ原料药、胶囊、治疗缺血性脑卒中的知母皂苷 BⅡ 注射剂、以知母为主的小复方保健品智参胶囊等产品达成专利独占许可合作协议。此外，双方还约定联合申报各品种的临床研究批件、新药证书和保健食品证书①。在参考评估公司给出的评估价格的基础上，协商确定该合同的交易价格为 6000 万元人民币。专利作为研发机构与医药企业技术交易的媒介，推动了其研发与生产的链接，实现了专利的运营价值。

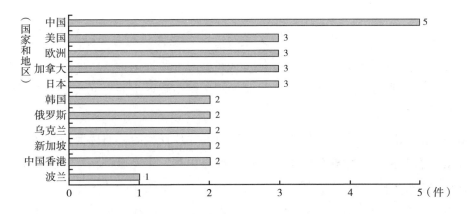

图 27　军科院二所专利独占许可所涉专利的国家/地区分布

（一）知母皂苷 BⅡ 的商业价值开发与知识产权保护并重

专利技术价值在专利技术商业化开发中体现。1997 年起，军科院二所即瞄准了未来市场巨大的老年痴呆药物进行开发，从中药知母中提取知母皂苷 BⅡ，针对技术前沿的 N 受体靶点进行深入的研究，对热门疾病的药物的开发奠定了专利运营的基础。1997～2011 年，军科院二所不断地构建多地域、多角度的专利组合，通过横向技术布局和纵向的技术挖掘，使得专利技术在地域、技术上得到全面的保护，为潜在的市场独占提供了有力保障。此外，从其专利申请情况可以看出，在技术开发上，军科院二所与医药公司合

---

①　北京中关村科技发展（控股）股份有限公司关于华素制药与军科院二所就知母皂苷 BⅡ 相
　　关产品专利的独占许可适用权转让及合作研发的公告。

作，一方面是技术上的合作的需求，另一方面也是对商业市场的主动触探，为专利价值实现创造机会。2015年，军科院二所通过将涉及老年痴呆和脑卒中的药物已有专利以打包的方式，许可给受让方华素制药，同时还在不断地对该技术进行深入研究，不断地寻找新的价值，如2011年申请了抗电离辐射的申请。

（二）用知识产权创造中医药的未来价值

中药是我国悠久的传统医学文化的传承，是无数前人经验智慧的结晶，一直以来，国家为了保护中药行业的发展，为中药提供了多层面多角度的保护。当前，我国涉及中药知识产权保护的法律与政策主要有《专利法》《反不正当竞争法》《商标法》《中药品种保护条例》等，保护的形式主要有专利保护；国家级保密处方保护，如云南白药、片仔癀等；商标保护，如同仁堂等；行政保护，如新药保护、中药品种保护等。多种保护相互补充，为我国医药产业的健康发展保驾护航。随着中医药国际化和现代化需求的高涨，专利在药物研发、临床、上市、市场推广各个阶段的作用越发突显，我们可喜地看到，2000~2015年，中医药相关的专利申请数量迅速增长，专利申请量翻了8倍。中药行业的专利意识也在不断地提高。在国内，中药现代化与技术升级的方方面面均可能涉及专利制度与信息的利用；在国外，中药这艘大船出海更急需知识产权的保驾护航。近年来，国外企业到我国注册中药专利的情况逐渐增多，如美国申请了"人参蜂王浆"相关专利，韩国申请了"牛黄清心丸"相关专利；2006年德国拜耳以10.72亿元人民币收购了盖天力制药；拜耳公司2014年又以36亿元人民币收购了中药企业四川滇虹，该次收购很大一部分原因是滇虹制药拥有的高价值中药专利。为了将中药的市场优势保持下去，中药企业不得不重视自身知识产权能力的提升，只有切实提高中药行业中药知识产权的保护意识并利用知识产权保护自身技术，才能将中医药的主动权牢牢把握在中国手中，用知识产权创造中医药的未来。

参考文献

马百平、董俊兴、王秉、颜贤忠:《知母中呋甾皂甙的研究》,《药学学报》1996 年第 4 期。

涂端玉、周可:《德国拜耳整体收购滇虹药业进军中草药市场》,《广州日报》2014。

魏文挺、吴雨祺、胡福良:《2013 年国内外蜂王浆研究概况(续)》,《中国蜂业》2014 年 5 月,第 65 卷。

杨丽蓉:《知母的化学成分及药理作用研究进展》,《国外医学中医中药分册》2002 年第 2 期。

张颖、陈朝、陈宇霞、黄世敬:《知母及含知母复方的抗抑郁研究现状》,《环球中医药》2016 年第 3 期。

Potter AS, Dunbar G, Mazzulla E, Hosford D, Newhouse PA: AZD3480, a novel nicotinic receptor agonist, for the treatment of attention-deficit/hyperactivity disorder in adults, *Biol Psychiatry*, 2014, 第 75 卷 3 期。

许重远:《知母皂苷 B – II 药代动力学及代谢机制研究》,第二军医大学博士学位论文,2013。

王家乐:《中国脑卒中防治报告(2015)》,央广网,2015,http://china.cnr.cn/gdgg/20150510/t20150510_ 518513697. shtml。

ClinicalTrials. gov, Nefiracetam in the Treatment of Alzheimer's Disease, 2016, https://clinicaltrials. gov/ct2/show/NCT00001933。

凤凰网:《中关村:关于华素制药与军科院二所就知母皂苷 BII 相关产品专利的独占许可适用权转让及合作研发的公告》,http://app. finance. ifeng. com/data/stock/ggzw/000931/15250007,2016。

信息与人才篇

Report of Information and Talent

B.9
信息革命时代下的中医药大数据

张 溪　杨琳琳　田小藕　高 超　段 洁*

摘　要： 本文介绍了在信息时代背景下，中医药大数据的应用进展及
其在政府决策、药品营销、中医药研发和诊疗方面的作用。
大数据可以促进中医药知识产权的保护，包括保护商标版权、
推动创新研发、提供分析预警功能以及促进知识产权的价值
转化。本文描述了大数据时代下知识产权保护面临的挑战，
并给出了相应的应对策略。

关键词： 大数据　中医药　研发　诊疗　知识产权保护

---

　　* 国家知识产权局专利局专利审查协作北京中心，张溪，助理研究员；杨琳琳，助理研究员；
田小藕，助理研究员；高超，助理研究员；段洁，助理研究员。

一　中医药的信息化

"信息化"（informatization）概念由日本社会学家梅倬忠夫于 20 世纪 60 年代首次提出，他指出，信息化是通信现代化、计算机化及行为合理化的总称。70 年代后期，信息化概念在西方得到普遍使用。20 世纪 80 年代中期，我国学术界才首次提出信息化的问题。1997 年召开的首届全国信息化工作会议中将信息化定义为：信息化是培育、发展以智能化工具为代表的新生产力，并使之造福于社会的历史过程。随着中国科技进步与国家对信息化的日益重视，我国信息化研究和建设逐渐完善，2006 年，中共中央办公厅、国务院办公厅印发了《2006～2020 国家信息化发展战略》，其中指出，信息化是充分利用信息技术，开发利用信息资源，促进信息交流和知识共享，提高经济增长质量，推动经济社会发展转型的历史进程。

改革开放以来，随着计算机在中医药行业应用范围的不断扩大，国家对信息化的重视以及国家医药卫生体制改革的要求，中医药信息化建设得到长足发展。结合不同时期计算机硬件和软件技术的发展，中医药工作者在信息化建设方面做了大量基础性、尝试性和开拓性的工作。现代信息化技术在中医药行业的广泛应用加快了中医药现代化的进程，并推动了中医药的继承和发展，已成为我国中医药创新发展的新的切入点和增长点。

（一）中医药信息化发展历程

1. 中医药信息资源的建设、开发与利用取得一定进展

早在 20 世纪 70 年代末，国家就开展了中医专家系统及中医药文献检索系统的研制与开发工作。从 20 世纪 80 年代起，以中医药科学数据库建设为核心的中医药信息化工作逐渐启动。1995 年，国家中医药管理局中国中医药文献检索中心成立，并建成"中医药文献检索系统"，为我国中医药信息工作填补了空白。经过多年的建设，至"十五"期末，我国在中医药古籍资源建设、现代书刊文献资源建设、医疗统计资源建设、网络教育资源建设

等信息资源建设方面均取得了一定成绩，多所中医药院校、研究所建设了各种不同规模类型的中医药科学数据库，如中国中药数据库（中英文版）、中医药期刊文献数据库（中英文版）、中国中药化学成分数据库、中国中药药对数据库、中国方剂数据库、中国中成药商品数据库、电脑检索全国中草药名鉴数据库、中国药物专利数据库等中医药数据库，这些中医药信息资源平台在医疗、教学、科研、管理等各个领域发挥了积极作用。

在"十一五"期间，我国中医药的信息技术应用及信息化基础建设得到显著改善和加强。其中，以临床医疗服务和医院管理为重点的中医医院信息化建设取得了重要进展，建立了中医电子病历系统和基于电子病历的医院电子信息平台；中医药科技和教育的信息化程度也不断增强，逐步建成了世界传统药物专利数据库、中医药科技基础信息数据库、中医药术语标准数据库检索平台等一大批新的数据库和平台，其中中医临床科研信息共享系统得到广泛推广，并获得2009年国家科技进步二等奖；一部分中医药院校建立了中医药数字图书馆，初步形成了院校教育和继续教育相结合的中医药信息化人才培养体系。

在"十二五"期间，我国中医药信息化迎来前所未有的发展机遇。为了促进中医药事业的发展，国务院于2009年5月7日颁发了《国务院关于扶持和促进中医药事业发展的若干意见》，明确提出，加强中医药信息网络建设，推进中医药信息化建设，建立健全综合统计制度。国务院在关于落实《中华人民共和国国民经济和社会发展第十二个五年规划纲要》的主要目标和任务工作分工的通知中，明确地将实施医药卫生信息化建设工程作为中医药的主要目标和任务。据统计，至2014年末，全国已有82%以上的中医医院建立了医院信息系统；53%以上的中医医院建立了电子病历；近95%的中医医院建立了药品管理信息系统，已经建成了近百个中医药信息数据库。在2014年"智慧北京"的重点任务中明确指出，全面支持北京市属医院以电子病历为核心的院级集成共享平台建设，建立医疗信息共享体系，完善医疗资料服务能力，探索建设面向区域医联体的信息共享平台，为社区首诊、分级就诊、双向转诊提供技术支持。

2015 年，《中医药信息化建设"十三五"规划》的制定工作启动，确定了"十三五"的总体目标是建立国家中医药智慧云服务平台，积极参与全民健康保障信息化工程，推动中医药政务协同系统、中医药服务项目监管系统实施；实现省、市（地）级中医药主管部门、公立中医医疗机构中 20% 的三级中医院、30% 的基层中医医疗机构和 50% 的中医药科研机构和中医药高等院校接入云平台，实现重要的各门类的中医药业务数据共享、互联互通以及国家中医药数据中心的基本建设。

2. 标准化研究为中医药信息化建设奠定了良好基础

信息化的建设离不开标准化，信息处理的标准化是信息化建设的前提和基础。80 年代初，我国中医药信息工作者就开始了中医药信息的标准化研究，至 90 年代，国家中医药管理局与国家技术质量监督管理局相继制定和颁布了一系列国家标准和行业标准及规范，如《中医病症分类与代码》《全国主要产品（中药部分）分类与代码》《中医临床诊疗术语》《中医病证诊断疗效标准》《中医病案规范》《中国中医药学主题词表》等，为中医药信息化建设奠定了良好的基础。"十五"至"十一五"期间，中医药信息的标准体系和数据库建设取得一定成效，修订《中医医院信息系统基本功能规范》《中医医院信息化建设基本规范》《中医结构化电子病历功能技术规范》，制订和公布多项国家标准、中医病症诊断疗效标准等行业标准，参与世界卫生组织有关《经穴部位》国际标准的制定工作，建设了《中医药元数据标准》《中医药学数据资源手册》和多个数据加工标准表，并建设了多个国家标准数据库，如《中国中药成方制剂标准数据库》《中国藏药药品标准数据库》《中医临床诊疗术语国家标准数据库》等。"十二五"期间，我国发布和颁发了《中医药信息标准体系框架与分类》《中医药信息标准体系表（试行）》，旨在贯彻落实《中医药标准化中长期发展规划纲要（2001～2020 年）》和《中医药信息化建设"十二五"规划》，从而做好对中医药信息标准制修订工作的统筹协调和技术指导。

在电子病历方面，卫生部、国家中医药管理局等部门出台了《电子病历基本规范（试行）》《电子病历基本架构与数据标准（试行）》《基于电子病历的医院信息平台建设技术解决方案》《电子病历系统功能规范（试行）》等，大力开展电子病历试点工作，并建立了基于电子病历的医院信息系统，推动医院信息化建设的变革。

3. 中医药电子政务系统建设初具规模

随着计算机应用普及率及办公自动化程度的不断提高，中医药医疗、教学、科研和管理等各个机构开展了网络应用平台、中医药电子政务信息交互平台等系统的建设。随着1996年中医药信息网的建立，诞生了我国第一家中医药行业的站点。目前，全国各省市的中医药管理部门已基本建立各自的网站，设立中医药专栏，开设中医药信息查询和办事专题专栏等，为公众查询和网上办理中医药相关业务提供统一平台。截至2015年，大部分高等中医药院校建立了校园网络，近百所中医医院建立了较为完善的医院信息系统。

4. 中医药信息产业初见雏形

中医药行业适应信息产业化的发展趋势，积极加强与信息技术企业之间各种形式的合作，按照社会主义市场经济规律的要求，结合中医药行业的特点，研制、开发、生产了多种形式的中医药信息产品，并积极促进其在中医药行业中的推广应用，使中医药行业的信息管理和信息技术应用水平不断提高。中医药文献检索系统、中医医院信息系统、中医病案统计信息系统、中医辅助诊疗系统、中药信息咨询系统、中医辅助教学系统等软件的市场开发取得了良好的社会效益和经济效益。

中医药信息咨询服务业和网络服务业已进入中医药事业发展的各个环节。信息咨询服务为中医药行业的重大战略决策、科技创新、新技术推广应用及对外交流与合作提供了良好的专业支持。中医药国际互联网、中医药网络学校对中医药远程医疗和远程学术交流及电子商务进行了积极有益的探索。

5. 中医药信息化建设的组织管理工作进一步加强

近年来，国家及社会各界对中医药信息化建设的资金投入力度逐步加大，引进和培养了一批中医药信息专业人才，并不断加强对中医药人员的信息技术培训，成立了相关的组织管理机构，为中医药信息化建设提供了有力保障。为了促进中医药信息化建设，确立了医院信息化建设是"一把手"工程。北京各大中医院校也已相继开设了中医药信息学相关专业，加大人才培养力度，不断巩固和扩大中医药信息化高素质专业队伍。

（二）中医药信息化的展望

国务院于 2016 年 2 月 22 日印发了《中医药发展战略规划纲要（2016 ~ 2030 年）》（以下简称《纲要》），其中明确了未来 15 年我国中医药的发展方向和工作重点。《纲要》提出促进中西医结合和民族医药发展，将"互联网＋"中医医疗作为重点任务之一，大力发展中医远程医疗、移动医疗等新型医疗服务模式。探索互联网延伸医嘱、电子处方等中医医疗网络服务应用。利用移动互联网等信息化技术提供在线预约诊疗、候诊提醒等便捷服务。《纲要》进一步提出推进中医药信息化建设，在健康中国云服务计划中加强中医药大数据的应用，并加强中医医院信息基础设施建设，建立对患者处方真实性、有效性的网络核查机制，进一步实现与人口健康信息纵向贯通和横向互通。

此外，随着行业应用系统的发展，各种信息系统应用数据快速增长，作为新一代信息革命最热门的技术，大数据掀起了新一波信息化建设的浪潮。越来越多的企业开始思考、探索和尝试用大数据的技术和手段，来提升营销、运营和生产的效率及效能，可以说，中国的信息化建设已逐步进入了大数据时代。

二 中医药大数据的蓬勃发展

大数据是高科技时代的产物，近年来，随着互联网和信息行业的发展，"大数据"引起人们的关注。最早提出"大数据时代"的是知名咨询公司麦肯锡，麦肯锡在《大数据：下一个创新、竞争和生产力的前沿》研究报告中指出，数据已渗透到各行各业，逐渐成为一种非常关键的生产因素。维基百科给出的大数据的定义是：大数据（英语：Big data 或 Megadata），或称巨量或海量数据、大资料，指的是数据量规模巨大，已经无法在合理的时间内通过人工或者计算机，实现数据的截取、管理、处理，并整理为人类能够解读的信息形式。

"大数据"是非常大的数据集，超出了常规软件的分析和管理能力。业界认为大数据具有四个基本特征：数据体量巨大；价值密度低；来源广泛，特征多样；增长速度快，即"4V"特征，取自 Volume, Value, Variety 和 Velocity四个英文单词的首字母。随着信息化产业的飞速发展，数据的增长从未停歇。在以云计算为代表的技术创新背景下，那些原本很难收集和使用的海量数据开始容易被利用起来，通过不断创新，大数据逐步为人类创造更多的价值。

大数据的理念和技术也与中医药的发展紧密相关。中医药领域的信息量也非常巨大，中药研究机构的实验数据、中医医院的门诊数据、临床数据等，数据规模巨大。中医药领域的数据类型也很复杂，中药的体内外实验、临床上的个体化诊疗、多种生化检查、影像检查等信息，收集并分析这些多类别的大数据信息，可以产生意想不到的价值。

（一）得数据者得天下

联合国秘书长执行办公室于 2009 年正式启动了"全球脉动"（Global Pulse）倡议项目，旨在推动数字数据和快速数据收集和分析方式的创新，作为该项目的研究成果的《大数据促发展：挑战与机遇》报告于 2012 年 5月发布，该报告指出大数据对于各国是机遇和挑战，并给出了如何运用大数据的建议，英国、德国、法国等发达国家积极响应。

2012 年 1 月，在达沃斯世界经济论坛上，大数据为该论坛的一项主题，在此次会议上，如何利用大数据产生更好的社会效益被广泛讨论。同年 3月，美国奥巴马政府投资 2 亿美元启动"大数据研究和发展计划"，该计划致力于提高从大型复杂数据中提取信息的能力，并服务于能源、健康、金融和信息技术等领域的企业。4 月，英国、美国、德国、芬兰和澳大利亚的研究者联合推出旨在促使政府制定战略性的大数据措施的"世界大数据周"活动。7 月，日本提出以电子政府、电子医疗、防灾等为中心制定新信息通信技术战略。2013 年 1 月，英国政府宣布在医疗卫生等大数据和节能计算技术方面将投资 1.89 亿英镑。

毋庸置疑，大数据的浪潮汹涌而来，正在成为世界新的战略资源争夺的一个新焦点。

我国政府和科研机构也在开始重视大数据资源的利用。2012 年以来，中国计算机学会等组织先后成立大数据委员会，研究大数据中的科学技术问题。2012 年底，北京地区宽带资本、百度在线、北京大学等企业和高校共同发起成立中关村大数据产业与创新联盟。2013 年，科技部将大数据列入 973 基础研究计划。2013 年 7 月，北京市政府数据资源网开通，为政府信息资源的社会化开发利用提供数据支撑。大学等科研院所，如北京航空航天大学，相继成立了从事数据分析研究的机构。2015 年 8 月，国务院印发了《促进大数据发展行动纲要》，详细部署了大数据发展工作。

各个行业的高手们也都在挖掘"数据财富"，先人一步用其预判市场走向，实力雄厚的互联网企业、电信运营商等已经开始启动产业布局。百度公司开发的百度天算等大数据平台，提供计算、存储、管理和分析等数据服务。华为公司也推出了大数据分析和大数据存储产品。淘宝基于淘宝网交易数据的分析和挖掘，推出了"数据魔方"应用。

在中医药领域，我们能够通过分析大数据揭示的规律而在研发新药、制定医药决策等方面获得指导依据。基于医院药品采购信息的统计分析，能够反映地区性治疗领域特点、药企市场占有率的高低。基于大样本的卫生经济学和疗效的药物信息统计，揭示了药品价格与经济学、疗效、应用等方面的相关性，这些大数据分析结果也成为触动药品定价的重要因素。网络、手机、传感器等技术的应用也捕获了大量的信息，这些信息涵盖商家信息、行业资讯、产品使用体验、商品浏览和成交记录、产品价格等海量数据，将这些数据聚类、分析形成大数据，所隐藏的是医药行业的市场情报。据麦肯锡顾问公司推测，隐藏在这些医疗信息中的商机可能高达每年 3000 亿 ~ 4500 亿美元。能够有效地利用大数据分析有利于政府、企业和个人制定更及时有效的相关卫生决策。

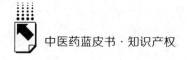

（二）大数据成为中医药市场营销的利器

医药行业的客户群体数量大、类型复杂，医药的营销模式也多样复杂，针对不同的客户又有着多样的医药产品与服务。在医药市场营销中，无论是推广、价格还是顾客，都与大数据的采集和分析息息相关。例如，某公司生产出一种治疗鼻炎的复方中药产品，在准备上市之前，要收集多类型的数据，比如销售数据、地区发病率的数据，由地区发病率的数据可以预期该地区对这类药物的购买潜力，由销售数据的高低，尤其是各个医院的销售数据，可以判断该地区对这类药物的认知程度。那么将这类药物的新产品在发病率高或销售较好的区域推广会获得较高的关注度，因而可以选择这些地区作为中药新品最先上市的区域。此外，还要关注竞争对手的市场占有情况。针对竞争对手和公司自身的情况，采取不同的销售策略。营销策略的实施效果如何，可以根据销售数据来证明。根据数据反映出来的问题，及时调整营销策略，从而获得最佳的结果。

越来越多的药企开始依赖医药大数据寻求营销模式的创新。北京同仁堂、北京百姓阳光大药房、金象大药房等医药销售企业均开设了互联网网络销售终端。客户关系管理系统（简称 CRM）越来越多地被医药企业应用，实现以"客户关系一对一理论"为基础，利用信息技术与客户在营销、服务等活动上自动化交互，使企业能更高效地为客户服务，提高客户满意度，增强市场竞争力。

大数据时代下，中医药企业应注重运用信息化手段，重视大数据分析技术，注重搜集消费市场的数据，把握消费者的个性需求，与消费者建立有效互动，整合传统媒体与新媒体宣传资源，选择适合企业发展的营销战略。

（三）大数据推动中医药数据的利用

我国中医药资源丰富，历史悠久，是中华民族在长期与疾病斗争的过程中，通过摸索、实践，进一步完善形成的理论体系，但由于其主要的传承方式是通过个人经验和实践，以及师徒关系，因此制约了中医药的发展。古代的信息传播不像现在这么发达，除了师徒相传，就是靠书籍了，如我国医学宝库中现存成书最早的医学典籍《黄帝内经》、现存最早的药物学专著《神农本草经》、确立六经辨证体系的《伤寒论》、具有世界性影响的博物学著作《本草纲目》等。

信息化技术应用于中医药学领域，为其发展提供了很好的思路和手段。从20世纪80年代开始，我国逐渐开展中医药信息化工作，其中的核心就是中医药科学数据库建设。数据库（Database）是按照数据结构进行数据的组织、存储和管理等处理的仓库，数据库的发展始于六十多年前，随着信息技术的发展，数据管理由单纯的存储和管理转变成有针对性地提供用户所需要的数据管理方式。

截至目前，我国已经建设了各种规模的近百个中医药信息数据库，主要分为文献型及事实型数据库。文献型数据库主要有中国中医药文献检索中心研制的中国中医药期刊文献数据库、中国中医药新闻数据库，北京中医药大学参与建立的小儿咳喘病症古代中医文献数据库等。事实性数据库主要有中国中医药文献检索中心研制的疾病诊疗数据库、国家基本药物数据库、中国中药数据库、中国方剂数据库等。用户可以通过输入简单的关键词等检索条件获取需要的数据信息。

为了更快速获取多种不同数据库的信息，综合数据库、多库检索系统等数据库群应运而生，用户可以同时在多个数据库中检索，获得不同方面的多种相关信息。例如堪称中医药大数据"老大"的中国中医科学院中医药信息研究所开发了中国中医药数据库检索系统，其涵盖了中医药期刊文献数据库、民族医药数据库、药品企业数据库、各类国家标准数据库等相关数据库共49个，数据总量120余万条。2001年5月，北京中医药大学的"北京中大安信科技发展有限公司"和中国科学院科技政策与管理科学研究所的"北京盘拓咨询有限公司"联合开发了"中医药基础数据库系统"。综合性数据库，如中国知网（CNKI）、万方数据知识服务平台和维普网等也都包含了中医药的数据信息。

除此之外，中医药相关的专利技术数据信息也是中医药数据的重要组成部分。自专利制度建立以来，全球的专利文献经过数百年的积累已经浩如烟海，且近一百年人类科学技术突飞猛进，更使专利信息加速增长。随着经济全球化和以信息科技为主的各种高新技术日新月异，我国《专利法》自1985年4月1日实施以来，专利信息更呈现飞跃式的增长，专利申请总量用了近15年于2008年达到第一个100万件，第二个100万件仅历时4年2个月，而就在2015年，我国发明专利年度申请受理量首次超过100万件。为了更好地利用这些专利包含的技术信息，多种类型的专利数据库被开发出来。

专利数据库是大型的专利信息服务系统，通常以互联网或局域网为平台。通过专利数据库，可以不用像以前耗费大量的人力物力，通过翻阅纸质专利文件获得信息，仅通过简单明了的界面，简便的操作，即可了解技术的发展动向，及时发现核心技术和热点，预测行业发展趋势；减少研发的重复投入，确定研发方向；跟踪竞争对手的动向；消化吸收先进技术，找到新的产品应用领域；避免专利侵权行为，协助实行专利保护。目前，主要的专利数据库有北京合享新创信息科技有限公司自主研发的 incoPat 科技创新情报平台，北京绿色森林信息技术有限公司开发的无量专利网等。

我国在中医药的发明创造中具有得天独厚的优势，有关中医药的专利数据多样，数据庞大。专门针对中医药的专利数据库也被建立，主要有"中国中药专利数据库"（CTCMPD），由知识产权出版社开发建设，是国家知识产权局具有自主知识产权，并且经深度加工标引的数据库系统，其包含了自1985年4月1日以来公开的中国中药专利信息，该数据库中记载了专利的题录信息，并对文献篇名及文摘进行了改写，经深度加工标引，每条记录中增加了专业化浓缩信息，如主题词，药物的用途和疗效，国际专利分类以及中药方剂信息。

除国家政府部门建设的数据库之外，企业也投入研发专门针对中医药的专利数据库。例如北京东方灵盾科技有限公司在国家863计划和科技重大专项资金的支持下，历经八年艰苦奋斗完成了《世界传统药物专利数据库》（简称WTM）的建设。这是一套面向制药企业及科研机构的中英文双语种世界传统药物专利信息检索服务应用系统。涵盖了包含天然药物的联合用药、制剂方法、新治疗用途、制备方法、种植方法、分析方法的专利，以及兽药、有治疗作用的化妆品和洗涤剂等方面的专利。美籍华人科学家徐峻博士的研发团队利用世界传统药物专利数据库和大数据分析技术，从结构生物学导出药效团，进而从靶向药效团组导出中药材，利用数据库进行检索和统计分析，从中药材导出中药处方，这项研究从坐在实验室里的大胆假设到科学配置药方，仅用了 3 个半月的时间，且所得处方被证实有效。通过收集数据库中的大量信息并进行数据挖掘，无异于站在了巨人肩膀上，能够事半功倍地进行技术创新、降低研发的周期和成本。

大数据在中医药领域发展中的作用备受关注。方正集团也在探索研发"中医药大数据"平台，意图构建基于大数据的中医数据库，提供面向个人的中医预诊断服务。方正中医药大数据事业已经成为"两会"提案。可见，集合多种模式、多部门合作的新中医药大数据平台的发展更加令人期待。

（四）大数据助力中医药现代化

由于中药产品自身的复杂性以及技术发展的限制，中药质量控制领域的发展一直存在较大困难，中药产品的安全性、一致性也经常会受到质疑。大数据技术可以帮助破解中药复杂性的难题，将为中药质量控制技术创新发展开启智慧之门。

大数据监管，通过收集 GMP 企业的流程信息及药品市场信息，打通中药生产全过程的数据网路，将中药生产、质量控制、质量监管一体化融合，随时感知中成药制造过程状态，全面掌握药材质量和功效与生产和存储等过程之间的相关性，全面提升中药标准。国务院总理李克强在 2015 年 6 月召开的国务院常务会议上指出，在环保、食药安全等领域引入大数据监管。同年，北京市医药集中采购平台正式启动，统筹监管药品采购、供应等环节，通过对各级医疗卫生机构的药品供应数据进行收集分析，为相关政策法规制定提供决策支持，构建药品供应预测预警机制。2016 年 6 月，九次方大数据联手河北省科学院成立中国首个食药安全大数据研究中心，利用大数据分析更全面、及时准确地反映食药企业产品质量。

网络药理学是中医药研究的一种新途径。2007年英国邓迪大学的药理学家Hopkins首先提出并阐述了"网络药理学"的概念。其内容涵盖系统生物学、计算生物学和网络生物学分析等多个方面，它通过专业分析软件分析现有数据库的信息资料，系统地揭示疾病—靶点蛋白、靶点蛋白—药物等之间关联的奥秘，从而找出高效低毒的多靶点新药。网络药理学与中医理论一样重视整体观。我国科研机构和企业对于网络药理学在中医药领域的应用表现出了浓厚兴趣和研发热情。清华大学李梢教授课题组长期致力于网络药理学方法和中医药研究，建立了一套适用于中医药的具有自主知识产权的网络药理学方法。2015年中国中医科学院中医临床基础医学研究所开发了基于分子网络的药效评价方法及药效评价系统，该方法应用于合理用药、老药新用的筛选，并提交了发明专利申请，申请号CN201410142492.8。2014年底中国药理学会网络药理学专业委员会成立，2015年世界中医药学会网络药理学专业委员会在北京召开成立大会，致力于研究中医药的网络药理学。

基因芯片是用于核酸检测、研究基因的分子生物学技术，随着功能基因组学的研究进展，基因芯片技术正逐渐被应用到中药研究中。北京农学院的学者研究了用于评价暑热症及中药药效的基因芯片、检测小檗碱或黄芪甲苷诱导特定基因表达谱的基因芯片，并分别在2009年、2014年向国家知识产权局提交了申请号为CN200910140954.1、CN201410369360.9、CN201410369458.4的多篇发明专利申请。中国农业大学的学者也研究了用于评价脾虚症及中药药效的基因芯片，并于2010年提交了申请号为CN200910090825.6的发明专利申请。北京建生药业有限公司于2013年提交了涉及利用生物及基因工程手段构建金龙胶囊作用药理机制方法的发明专利申请，申请号为CN201310090639.9。基因芯片技术因其高通量、快速的特点使其成为中药研究中的一种强有力的工具。

（五）大数据让中医诊疗更智慧

传统中医学的核心思想就是辨证论治和整体观。中医的"整体观"体现在将自然环境的各种变化信息和人体生命活动的各种变化信息都以"数据"的形式记录下来，以整体变化的信息作为参照，再根据阴阳五行说、脉象说等理论进行辨证、诊断、预测疾病。《大数据时代》的作者维克托认为大数据的核心是预测，是运用数学算法分析已有数据，预测事情发生的可能性。利用大数据处理技术进行辨证论治，为中医建立大数据模型体系，能够使人们更有效地进行疾病的诊断、预测。

2011 年北京市启动电子病历工程，首先在同仁医院等 9 家医院启动了居民电子病历试点，如今北京市全部医院都已实行电子病历。随着电子病历的推广使用，由计算机网络系统存储、利用电子病历，生成了大量数字化诊疗信息，这为汇总、加工处理和开发利用病案信息提供了资源。在电子病历系统中利用大数据技术，例如云存储，能够使医生在诊断时便捷快速地调取大量的数据影像信息如 CT 谱图，再辅之以大数据分析技术，既能够使症状与病因之间的关联性更明了，也可以使临床诊断更加准确高效。医生或相关研究人员也可以选择有代表性的相关联电子病历数据进行分析挖掘，为寻求最佳临床治疗方案提供参考，或者从中挖掘出对流行病预防和控制的预警信息。不仅如此，随着北京市医院电子病历共享平台和区县级平台建设的进一步推进，电子病历系统可以使患者更便捷地寻找治疗途径，还能使各级别医院间的双向转诊和交流更加便捷，减少重复检查和过度治疗，实现小病在社区、大病进医院，后期再回社区的就近治疗途径，从而有效地缩短住院时间，降低就医成本，减轻综合医院负担，使医疗资源更加充分地被利用。

通过信息技术对名中医的诊疗数据进行采集、整理和分析，构建名中医专家系统，我国自 1979 年关幼波肝病诊疗程序的专家系统问世以来，随后相继出现了林如高骨伤电脑诊疗系统、邹良材肝病诊治和教学经验电子计算机软件系统、邹云翔中医肾系疾病诊疗系统等百余个名中医诊疗计算机系统，遍及中医的内、外、妇、儿、五官以及针灸等科。随着技术的进步，2012 年中国中医科学院中药研究所和中国科学院自动化所联合推出了辅助中医传承平台软件，实现了信息录入、查询、分析、可视化展示等多维度数据的关联与融合。这些中医诊疗平台系统得到北京、上海、贵州、天津等院士和国医大师的广泛应用，被认为是名老中医学术思想和临床经验传承的重要工具。

中医数字化诊断技术得到广泛的研究。该技术是将中医的"望闻问切"四诊运用现代科技手段加以延伸，客观给出对于人体健康状况和疾病的判断。中医四诊仪、望诊仪、手诊仪、舌诊仪、闻诊仪、问诊仪和切诊仪等是中医数字化诊断技术的应用实例。北京、上海等地的多家企业和科研机构开展了对中医四诊仪器的研究，并获得了多项具有自主知识产权的方法或产品。如中国医学科学院基础医学研究所开发的远程中医脉诊系统，上海道生医疗科技有限公司研发的中医舌象及面色一体诊断仪，浙江大学的学者研发的用于中医数字四诊的数据采集装置。2005年一种中医全自动脉象诊疗仪在北京军区总医院"上岗"，将带有传感器的脉象仪缠在患者手腕上，获取数据并进行分析，还能够根据数据库存储的验方开出中药，诊断开方全部自动化完成。中医四诊仪作为中医药创新成果在2010年的上海世博会上参展，还参与了艾滋病、糖尿病等多个国家重大临床课题研究。

随着中医现代化的深入，针灸领域的信息已逐步实现数字化。中国中医科学院中医药信息研究所构建了"针灸文献数据库"，收录了1949年以来涵盖了国内出版物的针灸、气功、按摩、保健等方面的文献。2004年11月北京中医药数字博物馆的"针灸馆"正式启动，在网上构筑集科普、教育、科研、临床为一体的针灸数字博物馆。在针灸信息数据化的基础上，我国学者研制出了具有自主知识产权的"针刺手法参数分析仪"，通过在人体上进行各种手法操作，同时记录"垂直"和"水平"两个方向上的"提插力"和"扭矩"的变化等数据，使手法数据和针刺效应进行相关，有利于建立一个统一的客观标准，为针刺手法的学习和施用提供了良好的参考依据。

在"互联网＋"大数据的时代背景下，一些小型、智能、便携的中医数据化产品被应用到人们的日常生活中，为医疗健康的个性化、移动化服务提供了技术支撑。例如可穿戴的移动科技产品，能测心率、血压的手表，能记录运动量的袜子等已经在大众消费群体中日渐火了起来。这些设备中也少不了中医理论的应用，比如，可穿戴美容眼罩，采用中医穴位按摩原理，通过多频微疏通激发真皮层细胞活性，可缓解眼部疲劳、消除黑眼圈等；智能按摩手套，通过按摩使用者的手部穴位，达到缓解不适；防晕车腕带，通过按揉内关穴达到缓解头晕、恶心呕吐等症状。这些产品利用传感器、全球定位系统等信息传感设备，实现人与人、人与物、物与物在任何时间和地点的连接，可对人体的精神、心理和身体变化等进行实时动态连续监测、安全传输和智能处理分析，让人们能够随时随地了解自身状况并进行预防保健。

中医诊疗相关的网络平台也是一种大数据平台，社交网络为人们提供了临床症状交流和诊治经验分享平台，这些平台产生了大量有价值的数据。比如 haodf. com 网站、北京政府就医指导服务平台——北京医生网站，医生可以在这些网站上分享自己的医疗见解，病人可以分享自己的治疗体验并进行咨询，这些记录可以成为宝贵的资料来源，若经合法合理的专业处理，能够获得有价值的诊疗数据。北京地区的中国中医药科技开发交流中心在 2014 年创建了"数字化中医健康管理"微服务平台，利用移动互联网络实时传送个人健康测量终端的生理指标至云端数据中心，构建中医健康管理平台的基础大数据并组成智能健康监控服务系统。

可以说，当代的信息化时代就是大数据时代，大数据技术已经在中医药领域的各个行业得到广泛应用，逐渐成为推进科学决策、制定营销策略、促进科技创新、建设智慧医疗、造福社会和民众的重要手段，相信随着信息化技术的不断进步，中医药大数据将更好地为中医药现代化建设发挥应有的作用，促进中医药产业的发展。

三　大数据与中医药的知识产权保护

医药文化从古至今，在每一个历史阶段，每一个国家，都会被不同的人群所重视，并采用各种方式加以保护，传统的医药知识很多都是人类祖先经过一代代的传承，经过大量实践经验的积累从而获得的极具价值的非物质文化遗产。随着人类社会的不断进步，信息发掘和共享技术水平不断提高，逐渐浮现出了由于法律制度以及知识产权保护制度不够完善导致的传统医药不能有效保护的诸多问题。例如：1999年发生在亚马孙河的死藤水案以及2000年印度的楝树案、印度姜黄案。这些案件都是涉及传统药物的知识和方法被西方国家窃取并作为私权申请了专利保护的情况，这些国际案例的出现，让人们愈加意识到传统医药资源的价值并开始思考应当采用何种手段才能有效地保护这些人类赖以生存的传统医药技术。

然而，在信息技术飞速发展的今天，大数据正在向各行业渗透辐射，颠覆着传统行业的管理和运营思维。面对以"海量""多样""高速"和"价值"为关键词的信息化大数据时代，对于传统意义上的"私权"的保护难度可想而知。正如中国社会科学院法学研究所研究员管育鹰所说，"中华民族在几千年的历史长河中，通过智慧和劳动创造及传承了优秀的传统文化，难以计数的中医药及民族医药相关的知识和技能、声名远扬的优质传统地域特色产品等，都是我们各族各地人民长期以来创造、经营和传承的智力成果。这些宝贵的传统资源，今天成为高新技术掌握者和挖掘利用者取之不尽的免费信息宝藏"。在这样的时代背景下，大数据给知识产权的保护带来了哪些机遇和挑战，如何充分利用机遇、有效应对挑战，如何更有效地保护知识产权，尤其是传统医药知识，是众多知识产权工作者和医药工作者都在关心和思考的问题。

（一）大数据为创造知识产权带来更多可能

通常将依靠人类智力劳动创造出的产品称之为智慧成果，而依据智慧成果获得的权利就是知识产权，包括著作权、商标权、专利权等。在信息化时代，任何行业都会产生数据，与知识产权相关的大数据也在逐渐形成。

1. 知识产权大数据的今天和未来

近年来，知识产权相关数据量的增长是非常惊人的。以专利为例，目前中国专利已经公开的数量超过1000万件，加上欧洲、美国、日本、韩国等国家和组织，专利信息数量总和已经上亿件。就数据所包含的内容，普通科技文献数据与专利数据相比，是层级的差别。专利数据是由全世界比较统一的标准化格式加工而成，能够较好地利用和阅读。比如专利数据有公开日、申请日等各种日期，公开号、申请号等各种号码，包含了申请人、发明人等基本信息，也包括名称、摘要、权利要求、说明书等基本要素，还包括法律状态，以及 IPC、CPC 和各国的分类体系，还可以包括引证信息、审查信息、同族信息等。专利文件的格式还分为图形、XML、PDF 等。这些数据标引构建成了大数据中各个信息单元。个人、企业或其他组织均能够利用已有的公共数据库或商业数据库，比较有效地进行专利检索和比对，从庞大的数据海洋中获取有效信息。

但是，仅仅是数据的检索还远远没有实现大数据的价值。先从百度搜索说起，每日使用百度检索平台的用户数以亿计，而且每个用户每日的检索次数也相当可观，这些不同用户的检索行为的记录和分析结果极有商业价值。购物网站亚马逊、淘宝等，数以亿计的用户每个周期的检索和购物行为，背后隐藏的是衡量市场的信息金矿。回到知识产权大数据，如果专利信息平台凭借其足够优秀的数据质量获得足够的市场垄断，每天同样能够获得大量用户的各种检索、分析行为。通过后台系统，记录每个用户每个周期的检索分析行为、所有用户的不同检索行为和分析的话，其深层次的市场价值、技术方向指导作用是不言而喻的。比如通过用户的检索行为的分析，可以了解技术创新者在一段时间内所关心的技术领域范围，从而可以判断该领域的研发重点和关注方向，判断哪些领域是最新的研究热点等。

当然，知识产权由于涉及科学技术，其整体的复杂性远远高于购物等民用检索，目前与知识产权相关的检索数据库的数量和种类很多，然而并没有如百度、谷歌这种完全垄断市场的权威检索库存在。百花齐放的局面正是知识产权大数据化的优势，不同国家对知识产权数据顺应本国国情进行加工，而各个国家的数据之间也在进行合作与整合，其构成的海量数据是经过各国政府专门标引机构进行加工处理的，除了申请人、发明人等最基本信息，还引入了分类体系，对关键词进行标引和必要的翻译。在数据加工方面，除政府部门，如国家知识产权局专利检索咨询中心之外，还有群雄逐鹿般的各大数据库公司。北京作为互联网企业众多的国际化都市，尤其是信息技术公司的聚集地，也在近些年出现了一批具有较强实力的专利信息处理他以加工为基础的信息科技公司，通过完善数据、重新撰写摘要、增加关键词标引、增加专利度等新的信息点使得数据的可挖掘性更是极大的提高，具有代表性的公司和系统平台包括：索意互动（北京）信息技术有限公司——Pantentics，北京合享新创——IncoPat，北京东方灵盾科技有限公司——世界传统药物专利数据库等。

专利情报服务通常是针对专利数据进行统计分析。专利数据与科技、经济、法律高度关联，分析需求的不断增长已经不能仅仅依赖专利数据来满足，有价值的数据更是要与工业、经济、贸易和科技相关联，综合分析。而大数据正是将专利信息与其他信息数据相联通，将彼此没有联系的数据关联成整体，可以获得的隐性信息更有价值。近年，美国专利商标局（USPTO）和欧洲专利局（EPO）也正在启用新的分类系统，即联合专利分类（CPC），也是基于类似的考虑。

在大数据的时代背景下，专利分析也从采集个样处理逐步向全样本、多维度、实时处理发展。专利分析不应仅针对申请日、申请人、发明人、分类号等常规信息，还应当深层次分析相关的法律信息、政策信息和相关的企业信息。借助多维度的信息参考，评估专利的商业价值将更加精准，其结论将更具有决策力和洞察力。通过分析专利的大数据，不仅可以协助企业实现技术搜索、风险预警，甚至能够评估行业的发展前景，指导技术和产业升级。专利分析还将实现精准分析产业预测，供产业决策使用。

随着大数据的兴起和深化发展，数据分析正逐渐智能化。Google 的 MapReduce 以并行和归约为主要思想实现大数据并行处理；Apache 的 Drill 则具有独一无二的构架，能实现记录断点，帮助 Hadoop 用户更快查询海量数据集；SPSS 的 Clementine 通过处理不同类型的数据，以不同的方式来解决问题；Pentaho 的 BI 提供了企业级的报表、多维分析、仪表盘、数据挖掘和帮助组织更加有效率的运营等。这些分析系统和工具如雨后春笋，利用这些方法和新工具，将对专利分析产生巨大影响，甚至能够实现专利分析的实时化和可视化，实现专利的分析统计同步进行，实现即想即得。能够大幅提升数据分析的效率，专利分析能够将更多的时间和精力用于分析数据的变化和差别。

2.大数据对知识产权的保护和驱动

（1）对著作权、商标的保护

移动互联网的出现以及大数据概念的产生改变了人与人之间的交流方式以及信息传播方式，使得信息传播方式、信息使用载体和信息使用形式的创新具备了技术条件，也为互联网企业打造新业态、完善产业链创造了更加广阔的空间。合一集团的优酷土豆发布了第一个文化娱乐的大数据系统，与阿里巴巴的购物及支付大数据系统对接，形成一个知识产权可以真正产生多元化收入的变现模式。

与此同时，大数据的应用对知识产权保护和运营提出了许多新的课题，尤其是在著作权、商标领域出现的侵权问题。在这方面，国家质检总局组建了"全国电子商务产品质量信息共享联盟"，阿里巴巴、京东、中国标准化协会、中检集团、清华大学等多家成员单位先后加入。通过"信息共享联盟"，质监部门能够持续向电商企业发送产品质量信息数据。利用大数据模型实现日常商品监控，建立假货黑名单，对监控对象实行文字、图像对比；运用信息数据库，精准定位监控对象的身份、位置；以大数据技术为基础，打造了线上维权和投诉平台。任何人都能够通过互联网登录系统平台，实现线上知识产权侵权投诉的提交和查看功能。

可见，大数据的合理运用，既能够为商标、著作权带来更大的价值，也能够支撑知识产权法律体系中最基础的需求，防止智力成果受到仿冒、抄袭等侵权行为的伤害，实现知识产权制度所应承担的激励创新、推动创新的使命。在技术创新、作品创作以及非物质文化遗产传承过程中，了解现有技术和市场的整体状况，尤其是知识产权的保护现状，躲避已有知识产权的保护范围是非常必要和必需的。而如何快速和准确地对数据信息进行抓取，目标数据的及时获得就成为重点，而在大数据的"4V"特点中，实时性（Velocity）正是其区别于其他信息资源的最显著特点。因此，若要利用大数据为知识产权保驾护航，就需要构建高效合理的数据库和数据加工。

（2）为中医药创新发展注入新活力

中医药产业是我国的传统产业，是几千年来人类智力劳动的成果，具有极大的商业价值，因而其自身也是一种传统意义上的知识产权，应当受到法律保护。新技术与传统产业的融合必然面临重重壁垒，而这些壁垒的克服还取决于政策的导向、民众的观念以及整个产业中参与各方利益主体的博弈。中医药知识产权保护的问题在历史的发展进程中一直遇到诸多问题，比如，作用机制不明确，药效物质不清晰，炮制方法不规范，现有研究多集中在有限的经典复方的研究，创新性研究跟不上西药的发展速度等，随着大数据时代的到来，大数据为技术进步和创新带来了前所未有的强大驱动力，加速数据信息的自由流动，促进各行业技术深度融合，从而不断碰撞出新的智慧火花，那么大数据是否会给沉睡已久的我国传统中医药产业注入新的活力，是每一位中医药工作者拭目以待的。

当然，答案是肯定的，大数据正在给人类各个领域带来新鲜的血液和活力，对古老的中医药领域也不例外。在中医药质量控制方面，国际上已经开始采用"质量源于设计"（quality by design，QbD）代替传统药品质量控制的思路"质量源于生产"（quality by production，QbP），在大量数据支持下改进中成药制药工艺和生产技术规程，这增强了工艺技术创新活力，有利于不断提高中药质量。基因表达谱联系图已成为常见的用于挖掘和指导药物重定位的医药大数据挖掘方法，通过对大数据信息的挖掘能够使复方有效成分重定位，有效地解释中药复方的药效机制和药理作用，通过系统性药物重定位和医药大数据的挖掘手段，可以对非专利或专利即将到期的药物进行深度挖掘。通过针对蛋白网络库、基因网络库、药物网络库、疾病网络库等现有的数据库信息资料进行分析，结合实验中获得的数据谱图，利用专业的网络分析软件及算法，通过大数据网络来观察药物对疾病的影响和干预，从而揭示药物协同作用的奥秘，筛选多靶点的新药等。以上这些基于大数据的统计、分析、深度挖掘获得的信息资源都成为中药创新研究的宝贵资源。基于大数据的中医药技术信息资源还包括经典复方的配伍规律、药效成分的筛选等基础性研究，这些数据的汇总计算、统计分析也是中医药创新发展的重要基石，中医药的创新发展必将推动中医药知识产权保护更加丰富和多样化。近年来随着网络药理学和基因芯片技术的不断成熟，这一研发领域在北京市范围内就申请了众多具有价值的中医药相关发明专利，如清华大学李梢教授课题组的基于生物网络的药物组合物协同作用确定方法（NIMS 方法）的中药组合物的发明专利申请，已经获得了多项中国发明专利和美国发明专利，同时还申请了 PCT 国际申请。由北京东方灵盾公司自主研发的世界传统药物专利数据库，充分发挥自身数据资源优势，并积极与药物领域的研发人员合作，通过研究传统药物专利信息检索方法、系统和装置，以及传统药物毒性评价方法及其系统等，申请了近二十件发明专利，目前已获得多项具有自主知识产权的产品。

专利是记载工业技术信息的有效载体，涵盖全世界 90% 以上的技术情报，这些专利信息资源如果能够有效利用，不仅能够大幅缩短技术研发周期，还可以节约大笔科研经费，可见大数据资源的收集、整理、利用会在未来技术竞争中起到至关重要的作用。

（3）强大的分析预警功能

大数据对于中医药知识产权保护的作用除推动创新之外，还在于核心专利的挖掘、竞争预警以及战略布局。随着大数据应用的成熟和深入，越来越多的专利分析平台为人们所熟知，这些专利分析平台以其海量的数据存储、精密的数据运算以及规范的数据分析加工实现了强大的统计分析功能。以 Innography 平台为例，通过该专利分析平台从专利的申请、布局、技术来源、IPC 分类、竞争态势等多角度对中国以及全球的青蒿素类药物的研究发展态势进行探讨，通过针对该领域的核心专利进行挖掘，逐步分析核心专利的权属人、来源国及发展状况。通过这样的大数据分析，能够全面了解青蒿素类药物研发的发展状况，从而为研究制定科学的产业发展政策提供重要参考。

此外，索意互动（北京）信息技术有限公司自主开发的智能化信息处理系统——Patentics，近期将其大数据形成的专利地图定义为新一代检索系统原型，并完成了专利地图从高维空间到二维空间的投影可视化软件的开发，通过简单的概念词检索即刻就能够获取中国科学院布局的 99 个关键技术点，还可以进一步将相似的技术概念进行聚合。通过其概念模型，能够使研发工作者准确计算关键技术点的新颖度，了解技术发展方向以及技术分布态势。

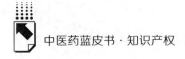

（4）推进技术的价值转化

知识产权价值评估对专利战略的制定及专利运营都具有重要的意义和价值，而且随着专利质押、专利信贷等中小企业赖以生存的融资手段的出现和发展，越来越多的企业开始注意到专利价值评估的重要性。而缺乏科学、有效、系统且具有可操作性的专利权评估方法已经成为制约专利转化的瓶颈。知识产权价值评估的现有研究多是静止的概念性研究，并未涉及动态指标和变量，这就导致知识产权的价值难以被准确评估。而大数据最大的价值即在于其庞大的数据基础和准确的实时更新，强大的数据整合、分析、运算、处理功能，通过对专利大数据分析，能够建立完备的行业技术脉络以及市场分布，将能够充分考虑法律、技术、经济等要素，而为建立评估算法提供可靠的依据，使知识产权价值评估做到精准、科学。

屠呦呦作为中国中医科学院研究员于 2015 年荣获诺贝尔奖，一方面，极大地振奋了中医药界的信心；另一方面，也给国人的知识产权意识敲响了警钟，让人们深刻地感受到知识产权技术转移和成果转化的重要意义。2016年 4 月国务院办公厅印发的《促进科技成果转移转化行动方案》中明确指出，"十三五"期间，推动一批短中期见效、有力带动产业结构优化升级的重大科技成果转化应用，企业、高校和科研院所科技成果转移转化能力显著提高，市场化的技术交易服务体系进一步健全，科技型创新创业蓬勃发展，专业化技术转移人才队伍发展壮大，多元化的科技成果转移转化投入渠道日益完善，科技成果转移转化的制度环境更加优化，功能完善、运行高效、市场化的科技成果转移转化体系全面建成。

可见，知识产权的最终价值在于其技术转移和成果转化，中医药领域知识产权更是如此。2015 年 12 月 27 日，中医药健康大数据产业技术创新战略联盟在北京成立，其目的在于能够形成技术标准服务平台的产业，并实现中药创新资源更加有效的分工与衔接，为技术转移的实施、科技成果运用的加速，中医药大数据产业的提升和中医药信息化整体竞争力的增强提供有力的支撑。

传统的技术转让的模式，仍停留在通过技术成果推介会、建立技术孵化项目、调研走访企业需求等方式为供需双方进行技术交流匹配，这种模式的局限性是十分明显的，技术转移服务严重缺乏深度，技术交易的信息严重不对称，不但费用高而且效率低等。而通过对大数据的采集、整理、分析、挖掘，收集新技术、新成果、新产品、供求信息等，并提供可视化的描述，能够有效帮助企业提升技术创新能力，提供技术与资本的高效对接平台。

（二）大数据时代下知识产权保护的挑战与应对策略

1. 大数据时代下知识产权保护的挑战

大数据时代的到来，改变了世界的方方面面，给知识产权带来无数机遇、推动社会创新发展的同时，也给我们带来了新的难题。

不同于传统的知识产权，大数据时代赋予了知识产权新的特性，海量的信息资源，高速的更新频率，获取信息的便利性导致数据共享这一公权与具有垄断性的知识产权之间出现了冲突。置身于知识产权和大数据融合发展的初期阶段，泄密的风险无处不在，谁掌控了数据，谁就抢占了制高点。

（1）新兴媒体，在劫难逃

"互联网 +"无疑是这场大数据革命中的"弄潮儿"。伴随着 QQ、MSN、微博、微信的兴起，应运而生的是一种新型的传播方式——微传播，其友好的界面、便捷的操作、低廉的资费，迅速占领了市场。然而，全民"织围脖"、朋友圈刷存在感的热潮，在改变沟通方式的同时也使知识产权保护陷入困境。据有关部门统计，2014 年 10 月至 2015 年 9 月，微信平台收到针对公众号的投诉中涉及知识产权的投诉就超过 1.3 万件，占比高达 60%。网络信息碎片化的传播方式、法不责众的侥幸心理等诸多因素使得涉及知识产权案件频发，而侵权行为的隐蔽性、举证难等因素也使著作权人的维权之路困难重重。2014 年 11 月 6 日北京知识产权法院成立，截至 12 月 5 日，建院一个月共受理案件即高达 221 件，其中不乏"微信"商标行政案件、"陌陌"商标侵权纠纷案等社会影响大和关注度高的案件。

医药行业与人民群众的日常生活息息相关，新媒体的出现大大推动了医药行业的发展，然而，要想在新媒体的浪潮中不侵权，并获得更多的自主知识产权，也绝非易事。中国医药集团总公司因为在自己的认证微博"中国医药微博"中转发的新闻链接，使用了华盖创意（北京）图像技术有限公司享有著作权的图片，而被华盖公司以侵犯著作权为由诉至法院。如何让数据资源和版权资源真正实现互利互促，已成为不容忽视的课题。

（2）医疗档案，不再平静

大数据成就了卫生信息化的高速发展，在医疗资源得以充分利用的同时，也使医疗档案信息共享成为必然，世界范围内数据开放已是大势所趋。这些来源于患者的真实信息，是临床宝贵经验的积累，通过由封闭走向共享开放，提升了医疗数据的再利用价值。然而，医疗档案同其他法律上的客体一样，也包括知识产权、物权、人身权等多种权利。其中，知识产权体现在医疗档案的著作权上，通常情况下，病历都是诊治过程中医生对患者病情分析、判断所做出的独创性表达，是医生依靠智力劳动创造出的产品，享有著作权的保护；物权，即医疗档案的所有权及其归属，属于医疗机构或者患者；人身权则反映为患者的隐私权，这些记载患者诊治信息的医疗档案，患者有权对它们享有隐私权。由于医疗档案的客观属性，在以倡导开放与共享的大数据时代下，数据共享这一公权与医疗档案的不同权利人在行使自身权利时难免会产生利益冲突，如何寻找二者之间的平衡点，是我们不得不面临的困惑。近年来，随着人们法制意识的日益增强，医疗纠纷层出不穷，全国各地法院受理因患者隐私权受侵害而引发赔偿的案件呈现逐年上升趋势，在医疗数据利用过程中涉及的法律问题不容忽视。

（3）药企生存，暗藏危机

科技的进步助长了侵权行为，网络安全存在的漏洞使得人们获取数据更加便利。医药卫生行业是知识密集型行业，大数据时代产生了海量的数据，也使得专利文献的公开不断弱化，企业在发展进程中的知识产权保护尤为重要。例如企业在专利管理方面，难免会有负责专利事务的相关人员利用职务之便，通过网络或其他传播途径，将企业内部的专利信息散布，所引起的"蝴蝶效应"可想而知，信息的无国界传播，使得世界每一个角落的人们都可能轻而易举的第一时间无偿占有你的财产。而医药企业在研发中产生的各种数据，是企业生死攸关的命脉，一旦信息泄露，轻则需要重新投入大量资金补救，重则企业将被置于死地。曾有家企业经过多年苦心钻研，在产品即将面市、前途一片大好之时，却意外地发现已被竞争对手捷足先登，不仅产品与自己的几乎完全相同，价格上也占上风。对于研发资料，公司有着严格的保密措施，是什么环节出了差错？原来竞争对手通过暗中监视，锁定了单位里负责数据资料保存的员工，又通过网络检索出个人的相关信息并获知其平日有网购的习惯。随后，当这名员工点开竞争对手假扮的网友发来的购物网站时，已为时晚矣，专门制作的网页木马悄悄植入了电脑中，所有的研发资料已发送到对方邮箱，掌握了核心技术的同行轻而易举就短时间、低成本地进行了盗版，这一切都是如此天衣无缝。最终企业将自己的成果拱手相让，损失惨重。

再如引起社会强烈反响的 2015 年度检察机关保护知识产权十大典型案例之一——宋斌侵犯商业秘密案，正是由于淡薄的法律意识，最终酿成悲剧，给世人敲响了警钟。被告人宋斌本是梅花生物科技集团股份有限公司的研发人员，在参与"色氨酸生产技术开发"的研发项目时，私自复制了一份"色氨酸提取工艺试生产总结"的电子版资料留存于笔记本电脑中。几个月后，宋斌辞职了，一切还是如此平静。然而，又过了两个月，互联网"发酵人论坛"上惊现了一篇网名为"梅花"发布的"色氨酸提取技术方案"的帖子，此"梅花"正是宋斌。这份"色氨酸提取技术方案"与梅花公司的"色氨酸提取工艺试生产总结"如出一辙，而后者作为梅花公司的商业秘密并不为公众所知悉。宋斌的罪行使得梅花公司投入 1600 多万元研发资金苦心研究的宝贵成果赤裸裸地展现在公众面前，完全丧失了商业价值，面临着无可挽回的损失。最终宋斌获刑 5 年，并处 50 万元罚金。尽管案件以宋斌的罪有应得落幕了，然而丧失了内在竞争优势的梅花集团，东山再起谈何容易。

（4）民族瑰宝，岂容觊觎

中医药是历史长河中宝贵的文化遗产，在开放的国际化环境下，这些本已属于我们的传家宝也随着数据共享处于"公知领域",越来越多地引起外国人的注意,很多珍贵的中药秘方"远嫁国外",面临失传的危险。中医药传统知识被发达国家当作"免费大餐"的事件屡见不鲜,他们凭借自身发达的科学技术这一优势,不遗余力地对中医药传统知识进行商业研发,传统知识产权受到侵害是我们心中永远的痛,"洋中药"比比皆是。如日本,对我国的《伤寒杂病论》《金匮要略方》中的210个古方无偿商业化开发,使其汉方药在国际市场上占有举足轻重的地位,是我国强劲的竞争对手。年销售额上亿美元的救心丸,竟是在我国古方六神丸的基础上,仿制而成,占据了国际市场的大量份额,无偿利用我国传统中药配方而攫取了巨额利润。日本的药王园更是把我国的中医药传统知识用到发展旅游事业上。除此之外,我国最早生产的"人参蜂王浆"在美国被抢先注册了专利;韩国将我国传统中药产品"牛黄清心丸"的剂型加以改进,先后向我国专利局提交了"牛黄清心液及其制作方法""牛黄清心微型胶囊及其制造方法"的专利申请,通过进行品种仿制也获得了巨大的商业利润;英国、法国和德国联合对我国的传统中药名方当归芦荟丸进行研究,并以其中一种具有抗血癌作用的有效成分申请了专利,使我国面临再生产该成分就必须经过专利权人许可的困境。目前,外国药企在我国中药领域专利的申请量远远大于我国在国外申请的中药专利数量,无时无刻不在打压着我国中医药民族产业的发展。

除了来自国外的压力,国内的企业之间也并非总是一家亲的局面。大数据给人们带来了新的认知,创造了新的价值,同时也更改变了市场。有这样一份数据显示令人吃惊,王老吉与加多宝的"中国第一罐"之争,百度在这场持久战中功不可没,可以说,在一定程度上为加多宝得以迅速抢占市场链而走险侵权王老吉牟取不正当利益起到推波助澜的作用。"怕上火,喝王老吉"这样一句深入人心的口头禅,体现了"怕上火"这三个字对"王老吉"品牌的重要性。百度搜索中通过分别输入"怕上火"+"王老吉"、"怕上火""王老吉",结果经相关性分析能够看出"怕上火"与"王老吉"已经进行了语义学上的绑定。然而,反过来,通过在百度中搜索"怕上火"+"加多宝"也得到可观的数据,这无形中就为加多宝争取到更高的关注度资源，已然侵蚀了王老吉的品牌资源。可见在王老吉与加多宝的搏杀中，大数据给中药品牌知识产权保护带来的影响之大。

面对上述大数据带给我们的种种挑战，如何更好地做到从容应对，化险为夷，引发了我们新的思考。

2. 大数据时代下知识产权保护的应对策略

针对大数据时代下知识产权存在的挑战，为了改善大数据时代下知识产权保护的现状，可以采取以下对策。

（1）加强法制建设，加快完善法律法规体系

由于法自诞生起就天然地具有滞后性这一属性，因此为了解决大数据时代下面临的侵权事件频繁发生，侵权人难以界定等诸多问题，立法部门应从法律制度上进行详细规范，尽快出台相应的法律法规，以保证有法可依，从根本上铲除"法不责众"的保护伞，切实提高知识产权保护水平。

信息作为最重要的社会资源，推动了社会发展，带来了巨大利益。随着信息技术的高速发展，面对信息共享，须及时制定相关的法律法规，以保障权利人的合法权利。国务院发布的《国家知识产权战略纲要》，以知识产权的创造、运用、保护和管理为主要内容，其中保护是关键，管理是保障。同时，为了深入实施国家知识产权战略，国务院成立了部际联席会议，会议确定和公布了《深入实施国家知识产权战略行动计划（2014～2020年)》，其中就明确提出完善法律法规，包括：推动专利法、著作权法及配套法规的修订工作，建立健全知识产权保护长效机制；对遗传资源、传统知识、民间文艺等方面做好立法工作；对反不正当竞争法、知识产权海关保护条例、植物新品种保护条例等法律法规进行研究修订；研究制定防止知识产权滥用的规范性文件。符合时代特色的有效的法律法规或制度，必将使我国知识产权战略的实施进入一个新的阶段。

医药领域是对知识产权保护特别是专利保护依存度较高的领域，为此，我国已经陆续制定了《专利法》《商标法》《著作权法》《反不正当竞争法》《植物新品种保护条例》《药品行政保护条例》《中药品种保护条例》《新药审批办法》《药品注册管理办法》等众多与医药知识产权相关的法律法规以

有效保护医药知识产权并处理好其与公共健康的关系，并随着时代的发展对各种法律法规进行了及时的修订。但是，各种药品知识产权法规的职能不同，不可避免地存在一些不协调的冲突之处。鉴于中医药知识产权保护的特殊性，尤其体现在侵权判定的复杂性，健全法律法规是当务之急，如从国家层面制定中医药专利保护法、针对中医药文献等著作权制定规范化的法律法规，更好地研究运用著作权法多方位进行保护，才能切实加强中医药知识产权保护，有效抵御国外强盗的侵权，增强我国中医药产业在世界上的地位。

（2）完善数据库建设

中华文明源远流长，中华文化博大精深。传统文化这份古人馈赠给我们最大的礼物，在高科技的今天如何弘扬中华医药文明，避免流失以及被他人无偿利用，是我们责无旁贷的使命。加快知识产权强国建设，更应重视以传统文化为代表的传统知识的保护。中华老字号北京同仁堂自创建之初就非常注重传统文化的保护，为了使配方和制法不被外人盗用、掌握，编制了《同仁堂乐氏世代祖传丸散膏丹下料配方》，直到今日，同仁堂的传统配本仍是核心机密。然而，目前我国包括传统医药在内的传统文化的知识产权保护与国外相比还存在提升的空间。同样拥有古老文明和丰厚传统知识的印度，就有很多值得我们学习借鉴的经验。印度在经历了楝树案和姜黄案之后，开始高度重视传统医药等传统知识，通过建立传统知识数字图书馆以保护传统知识防止生物剽窃，是世界上唯一一个为保护传统知识、避免授予错误专利权而设立专门机构及相应权威数据库的国家。据统计，该数据库收录Slokas（Versus &. Prose）和配方约有 3.5 万种，以英语、德语、法语、日语、西班牙语等多国语言编译，印度传统草医学知识超过 14 万页，供各国专利局检索使用。印度通过与欧洲专利局、美国商标专利局、英国商标专利局等世界一流审查机构签署多份合作协议，有针对性地为其提供专利申请的检索服务和分析报告，从而有助于上述专利局的审查员驳回相关专利申请。传统知识数字图书馆的建立，有力地维护了印度的根本利益，提升了其在传统文化方面的国际竞争力。

我国作为最大的传统医药大国，目前已建立了数百个中医药数据库，北京市也相继涌现出了如世界传统药物专利数据库、中医药基础数据库系统等众多有影响力的数据库，成效显著，基本实现了中医药信息数字化。但是已有数据库在数据更新、标准统一、资源整合、共享利用等方面仍需加强完善，力求更好地与国际接轨。尤其对于传统知识这些具有重要价值的资源，尚有部分未实现数字化，难以完整地展现。因此首先应不遗余力地收集整理编排传统医药文献，使散落于民间的宝贵财富充分发掘，在此基础上，进一步深入数据库建设，并注意对软件著作权进行保护，可以学习印度的做法，在传统医药数据库方面，强化完善文献信息，以帮助审查员及时准确发现抢注传统技术的国外专利申请，有效防止生物盗版行为，维护国家民族利益。

（3）重视网络安全建设

网络信息高速发展的今天，知识产权侵权事件频发，网络安全难逃干系。因此，从源头控制加强网络安全管理、建立有效的信息安全体系迫在眉睫。一方面，已有的技术如加密、防火墙、反病毒、设置口令、控制复制、身份鉴别等保护措施要综合应用，充分发挥作用，做到全面防护。另一方面，更要不断创新，开展技术攻关，只有采取比不法分子更先进强大的技术手段，魔高一尺，道高一丈，以技术对抗技术，才能真正净化网络空间。2016年1月发布的《2015年微信知识产权保护白皮书》披露了微信采取主动保护和被动保护相结合，事先防范与事后救济并用的组合策略重拳打击侵权的详尽情况。

对于每时每刻无不产生海量数据信息的医药行业，更要采取严密的数据隐私保护措施。例如电子病例等各种医疗相关的重要信息，事关医院、患者、医生等多方利益，必须确保数据的安全。北京市卫生局有关负责人表示，在建设医院电子病历共享和通用的同时，要把信息与系统安全放在首位，通过完善相关标准规范，研究制定保护患者隐私和信息安全的政策法规，保证信息的安全和保密。卫生部已要求电子病历设置保密等级，通过分级管理操作人员的权限，自动记录、保存病历记录所有修改的痕迹，以做到有迹可查。

近期，在2016年中华医院信息网络大会中，阿里云发布的最新医疗安全解决方案与存储网关解决方案，再一次吸引了无数眼球，为医疗机构解决了"数据安全"与"海量数据长期存储"等难题。

阿里医疗云安全解决方案在多年安全技术研究成果的基础上，结合了云计算平台强大的数据分析能力以及大数据反欺诈风控能力，从网络安全、服务器安全、数据安全、业务安全四个维度，为医疗行业提供了一整套安全产品与定制化服务，同时具备防泄露、反黄牛与助合规的三大优势，从而保障医疗机构数据和系统的安全性。其首屈一指的反黄牛技术，安全能力已获上百家医疗机构认可。目前，包括北京协和医院在内的大型三甲医院以及院内医疗器械、医疗穿戴公司等千余家医疗机构已与阿里云成为合作伙伴。支付宝未来医院在反黄牛方面也已经开始落实和医院的合作，预计不久后就能上线。

互联网的浪潮为医疗机构带来了新的课题，信息安全已成为北京市内各大医院重点关注开展的工作。北京阜外医院在这方面就取得了骄人的成绩，早在三年前就率先顺利通过了国家信息安全等级保护第三级测评。具体项目建设主要包括通过对网络结构进行调整实现分区域保护、对重点区域的网络访问控制精细化、建设医院统一身份认证平台实现医师身份的安全验证、实时监测舆情、记录设备操作加强防护、建立完整的异地备份体系等。此外，在人员管理方面，重视相关人员的安全意识培训，树立安全理念。我们也期待，阜外医院的宝贵经验能够为北京市未来医院的信息化建设带来更多的正能量。

（4）提高道德素质，加强防范意识

人无德不立，国无德不兴。公民的思想道德素质决定了社会的文明进步，国家的长治久安。如何保护知识产权，法律和技术上的完备固然重要，但是更需要我们每一个人都能由"他律"走向"自律"，使自己的灵魂高贵起来。做到知法、懂法、守法、用法，面对唾手可得的知识产权或智力成果，应该尊重他人的劳动，杜绝肆无忌惮地盗取、利用，人人侵权即无人侵权不劳而获的侥幸心理，不能因为资源共享的便利，而忽视了对他人知识产权的尊重，对自己负责，对他人负责，对社会负责，人人争做正能量的传递者。同时，大、快、杂、疑的大数据时代，自身也要增强侵权防范意识，提高自我保护的预见性，如作为企业员工，接触陌生人要三思而后行，不随意点击未知链接下载未知程序，在权益遭受侵害时，应立即反映采取补救措施，勇于拿起法律的武器依法保护自己的合法权益。

面对当今医疗档案中引发的权利冲突，同样离不开国家政府、医疗机构、医生、患者多方的通力合作。国家层面，政府作为数据开放规则的制定者，在法律、法规、政策上给予支持，如目前有些法规效力较低，仅针对单一病种保护患者隐私，甚至有的规定仅为软约束，还仅是停留在道德范畴，缺乏明确的罚则规定。因此，加强相关立法，完善相应政策，是确保数据开放有效性的关键。可喜的是，2016 年 6 月 17 日，国家卫生计生委副主任金小桃在国务院政策例行吹风会上，对于健康医疗大数据所涉及的个人隐私和安全保护问题，表示将通过以下三个方面加强：一是要依法进行严格管控保护个人的健康医疗信息，加强应用安全风险评估和防范，通过对个人隐私产生影响的内容"脱敏""去标识化"后，才能针对疾病进行大数据的挖掘分析。二是建立数据安全管理制度，形成严格的法律法规。三是在未来的工作中，借鉴国际经验，不断探索。另外，医疗机构享有医疗档案的所有权，并与医生共同享有医疗档案的著作权，为保证医疗档案共享的安全、健康，医疗机构可通过加密技术、认证技术、匿名保护技术等多种安全机制建立有别于公共网络的高强度的专用网络平台，确保信息不被窃取。对于医疗档案中的个人利益与公共利益的权利冲突，首要之处是要建立权利之间的有序状态，使权利在有序的状态下得到平等的保护。当患者的隐私权因医疗档案等作品被著作权人公开或利用，隐私信息被泄露时，应当优先保护隐私权，即医疗机构与医生作为著作权人不得以著作权为由而泄露或利用患者的隐私信息。当然，也有学者提出了这样的观点，认为卫生事业是社会公益事业，公共利益是多数人的利益，有扩张的权利，就会有扩张的义务，隐私权并不是绝对排他的权利，在一定条件下，公民的隐私权必须对社会公共利益做出让步，避免因为患者认为"医疗档案是我的"而阻挠医疗档案发挥其应有作用，只有这样，才能最大限度地发挥医疗档案的价值，造福人类健康事业。

不管怎样，大数据这个强有力的武器影响着医药行业，未来必将掀起更大的革命，北京在这场大数据的战争中，还有很长的路要走，但天地广阔，相信在美好的明天，知识产权发展的"巨轮"在大数据的驱动下，势不可当，一路前行。

参考文献

黄杨、胡志希：《大数据时代中医专家个人临床经验数据共享机制的思考》，《2014世界中医药学会联合会中医诊断学专业委员会第一届学术年会论文汇编》。

李国赓、王亚红：《医疗档案中的个人利益与公共利益》，《中国中医药咨讯》2010年第 32 期。

李振皓、钱忠直、程翼宇：《基于大数据科技的中药质量控制技术创新战略》，《中国中药杂志》2015 年第 17 期。

刘小平、李向阳：《基于 Innography 平台的青蒿素类药物专利情报分析》，《现代情报》2016 年第 2 期。

刘志华、孙晓波：《网络药理学：中医药现代化的新机遇》，《药学学报》2012 年第6 期。

罗朝淑：《大数据：为中医药发展带来"大价值"》，《科技日报》2013 年 9 月 12日。

王可鉴、石乐明、贺林、张永祥、杨仑：《中国药物研发的新机遇：基于医药大数据的系统性药物重定位》，《科学通报》2014 年第 18 期。

张丹：《中医药信息化建设十二五规划》，《中国信息界（e 医疗）》2012 第 8 期。

张冬、刘敏：《全球化背景下传统文化知识产权数据库建设的模式分析》，《对外经贸》2012 年第 8 期。

连玉明、武建忠主编《中国国情报告 2013～2014》，北京，当代中国出版社，2014，第 234～237 页。

王星主编《大数据分析：方法与应用》，北京，清华大学出版社，2013，第 1 页。

〔英〕维克托·迈尔－舍恩伯格、肯尼思·库克耶主编：《大数据时代》，杭州，浙江人民出版社，2013。

严永和主编《论传统知识的知识产权保护》，法律出版社，2006，第 139 页。

肖勇：《中医药信息化建设"十二五"规划研究——我国中医药信息化发展战略与策略研究》，湖北中医药大学硕士学位论文，2012，第 10～41 页，中国优秀硕士学位论文全文数据库，http://www.cnki.net/kcms/detail/detail.aspx? dbname = CMFD2013&filename =

1012488325. nh。

睿商在线：《阿里云发布医疗安全与存储解决方案》，2016，http：//www. spn. com. cn/news/20160530/52664. html。

百度百科：《专利数据库》，http：//baike. baidu. com/view/3946979. htm。

中国政府网：《国务院关于印发中医药发展战略规划纲要（2016～2030 年）的通知》，2016，http：//www. gov. cn/zhengce/content/2016 - 02/26/content_ 5046678. htm? gs_ ws = weixin_ 635921039601250679&from = singlemessage&isappinstalled = 0。

中华人民共和国国务院新闻办公室：《健康医疗大数据应用要依法严格保护隐私》，2016，http：//www. scio. gov. cn/32344/32345/33969/34689/zy34693/Document/1480772/1480772. htm。

商业秘密网：《王老吉 PK 加多宝："19 连胜"背后的市场逻辑》，2016，http：//www. cnsymm. com/2016/0303/22223. html。

张樵苏：《我国 53% 以上的中医医院建立了电子病历》，2014，新华网，http：//news. xinhuanet. com/local/2014 - 11/29/c_ 1113457346. htm。

B.10
北京中医药知识产权人才现状及建议

吕茂平*

摘　要：　本文首先论述了国家创新发展战略中知识产权人才的意义以及中医药知识产权人才对于中医药事业发展的重要性。接着分析了全国特别是北京的中医药知识产权人才状况、主要问题，贯标对人才培养的作用。最后从建立知识产权普及教育体系、建立多渠道、多层次、分类的人才培养机制方面给出了建议。

关键词：　中医药　知识产权　人才

一　知识产权人才是实施国家创新发展战略的重要支撑

党的十八大报告在加快社会主义市场经济体制和加快转变经济发展方式的论述中明确提出：要实施创新发展战略。众所周知，创新发展离不开人才，人才战略是创新发展战略的基础。2015 年《中共中央国务院关于深化体制改革加快实施创新驱动发展战略的若干意见》中指出了要坚持人才为先，把人才作为创新的第一资源，要更加注重培养、用好、吸引各类人才以及促进人才合理流动、优化配置，要创新人才培养模式；同时还要更加注重强化激励机制，应给予科技人员更多的利益回报和精神鼓励。2016 年 3 月 21 日，中共中央印发《关于深化人才发展体制改革的意见》，其中指出：人

---

* 吕茂平，国家知识产权局专利局专利审查协作北京中心副研究员。

才是经济社会发展的第一资源。并提出要加强创新成果知识产权保护，加大对创新人才激励力度，鼓励和支持人才创新创业。创新依赖于人才，创新成果则需要知识产权制度的保护，知识产权制度是提高创新能力和国际竞争力的重要武器，要让知识产权制度在创新驱动发展中发挥更大作用，需要不断提高我国知识产权在保护、管理、服务方面的综合水平和运用知识产权的能力，这些都离不开熟练掌握知识产权的专业人才的推动。2015 年 12 月，国务院印发了《关于新形势下加快知识产权强局建设的若干意见》，在意见中明确指出要加强知识产权专业人才队伍建设，要加大对各类创新人才的知识产权培训力度，要完善知识产权职业水平评价制度以及稳定和壮大知识产权专业人才的队伍。而在此之前，2008 年颁布的《国家知识产权战略纲要》中也指出要加强知识产权人才队伍建设，其中提到要大规模培养各级各类知识产权的专业人才，重点培养企业急需的知识产权管理、中介服务人才等。国务院办公厅则于 2014 年转发了《深入实施国家知识产权战略行动计划（2014~2020 年）》，行动计划中对知识产权人才队伍建设的主要目标进行了明确，提出知识产权人才队伍要规模充足、结构优化、布局合理、素质优良。

可见，知识产权人才的培养已经引起了中央和国家层面的重视，并被提到前所未有的高度，那么什么样的人才属于知识产权人才呢？目前行业内对于知识产权人才虽然没有明确的定义，但其范围是基本清晰的。复旦大学知识产权研究中心的主任张乃根教授认为：知识产权专业人才是指具备知识产权的基本理论素养和一定实践技能的专门人才。北京大学知识产权学院的郑胜利教授则指出：知识产权人才主要指掌握至少一门理工农医类自然科学知识并系统的受过法学和知识产权教育的高层次、高素质人才[①]。知识产权人才可以从不同角度定义，但普遍的共识是：知识产权人才是指从事知识产权相关工作的专门性人才，其中主要是指既熟悉知识产权又具有特定专业技术背景的复合型人才。

---

① 赵颖：《中国知识产权专业人才的需求研究》，《科技信息》2012 年第 14 期。

知识产权战略是我国国家创新发展战略中的重要组成部分，而知识产权人才则是实施国家知识产权战略的重要支撑。目前，知识产权专业人才的缺乏已成为制约我国科技创新的障碍。服务创新驱动发展，服务知识产权强国，知识产权人才建设的重要性和必要性已经日益突显，只有从战略高度出发认真谋划好知识产权的人才基础，科学规划，科学发展，才能满足创新型国家建设的需要，我国正迎来"大众创业、万众创新"的新局面和新形势，知识产权人才也迎来了最好的发展机遇，牢牢抓住这个机遇，不断增加知识产权人才数量，切实提高知识产权人才质量，持续提升知识产权人才水平，知识产权事业的前景才能更美好，未来才能更辉煌，知识产权强国建设才能取得更大的成就。

二 中医药产业的发展需要中医药知识产权人才

（一）对中医药知识产权人才队伍建设不断加强的必要性

中医药行业作为我国的传统行业，在几千年的发展历程和临床实践中形成了独特的理论体系和丰富的实践经验，并在我国大众健康和疾病防治中发挥了重要作用。来源于西方的现代知识产权制度其设计之初就没有考虑中医药的特殊性，但是随着全球经济文化的交融，现代知识产权制度的引入又是社会发展的必然。现代知识产权制度的建立对于中医药行业的创新发展产生了积极的推动作用，同时也对中医药传统知识的保护提出了新的挑战。在这种新的形势下，如何更好地将传统中医药和现代知识产权制度融合，以使知识产权制度真正有利于我国中医药产业的发展，需要既掌握中医药理论又熟知现代知识产权法律体系并且能懂得将两者结合的复合型人才。而且，对于中医药知识产权来说其又是一个复杂的体系，除了专利之外，还包括商标、版权、技术秘密、传统知识、道地药材、植物新品种等各种保护途径，需要根据不同情况选择一种或多种保护方式，只有多种保护手段配合使用、相互补充，才能真正有效地保护好我们的中医药传统知识和创新成果。而我国中医药领域这种综合保护的运用能力还相对较弱，特别是对于一些传统中医药成果不断被国外机构无偿利用的情况也日益引起国内中医药界的关注。

我国中医药产业近年来取得了巨大的成就，创新成果不断涌现，但也出现了大量创新成果的价值没有得到充分挖掘，特别是由于没有较好的知识产权保护而使得创新成果价值无法最大化甚至被仿制或者被盗用等情况，同时由于不注重知识产权如不关注专利信息的分析和预警，也存在大量重复的中医药科研成果，造成了资源的不当浪费以及部分成果无法发挥作用的问题。总体来看，国内中医药企业或科研机构通过知识产权保护或运用将创新成果转化成经济效益的能力还普遍缺乏，知识产权对中医药产品市场价值的作用还没有引起足够的重视，实践中也没有得到充分体现。目前不管是国内的中医药科研机构、大学院校还是中医药相关企业，设立有专门负责知识产权工作部门的还很少，大多也没有专门从事中医药知识产权的人员，同样在知识产权服务中介领域有中医药专业背景的人员也十分缺少。随着我国知识产权战略的实施，知识产权保护不断加强，近年来中医药领域的知识产权诉讼案件和争端也不断增多，而随着中医药创新能力的提高，中医药专利申请量也一直处于快速增长阶段，其他方面如中药道地药材保护、传统知识保护等其他中医药知识保护的关注度也日益提高，不管是从行政管理角度还是从知识服务角度，中医药行业对知识产权人才的需求量都有明显的增长。2016 年公布的《中医药法（草案）》也专门提出了国家要保护中医药传统知识，而这种保护既涉及国内保护制度的建立问题，也需要熟练掌握相关国际规则，这也需要相应的中医药知识产权人才中的高层次或国际型人才积极参与其中并不断推动相关工作。因此，不断加强中医药的知识产权人才建设不论对于产业发展还是中医药的未来其意义都是不言而喻的。

《国家知识产权战略纲要》在其第十二专题部分的"中医药知识产权保护与利用"中认为我国当前在中医药知识产权方面的薄弱环节之一是知识产权保护意识和运用能力不足，其中企业缺少既懂技术又懂知识产权的人才是其重要表现。战略纲要不仅指出了制约中医药企业知识产权保护的关键问题，而且在战略纲要的战略对策中指出：在中医药院校建立相应的专业和课程，为创造、管理、保护、实施中医药知识产权服务。可以看出，我国知识产权战略中对于中医药知识产权人才的培养也进行了明确，国家以及政府管理层面对于中医药知识产权人才的现状和对加强中医药知识产权人才培养的重要性有着深刻认识，并明确了高等教育普及是中医药知识产权和培养知识产权人才的重要途径。

而国家中医药管理局和国家知识产权局也于2011年1月19日联合下发了《关于加强中医药知识产权工作的指导意见》，其中在第十三条培养中医药知识产权人才队伍部分指出要鼓励中医药院校开设知识产权类相关课程，并提到要支持有条件的院校逐步设立相应专业，要有计划、有步骤地开展中医药知识产权复合型、国际化人才培养。

在现代制药如化学药和生物药中，知识产权的价值提升作用十分明显，并且也得到国内外企业的重视，但我国中医药产业中知识产权发挥的作用还相对有限，这种作用要提升，需要将中医药特色和知识产权制度融会贯通，从保护方式、保护途径、战略布局等各个方面将中医药产品的知识产权和市场价值更紧密关联，目前中医药知识产权人才在数量、结构、素质和能力上都还不能满足这种以知识产权手段大力提升中医药价值的现实需要，而《中医药发展战略规划纲要（2016～2030）》为我国中医药的发展进一步明确了方向，中医药创新的地位将不断得到巩固和提高，不管是对于传统中医药知识的保护，还是对于中医药现代化、国际化，大量熟悉中医药知识产权的专业化人才才能保障其良好健康发展，中医药知识产权人才建设的不断加强正是产业发展的需要，并必将对中医药的创新产生重要影响。

（二）中医药知识产权人才的分类

一般来说，中医药知识产权人才从广义的角度看应该包括创造中医药知识产权的人才以及中医药知识产权的专业人才，创造知识产权的人才主要指的是中医药领域的科研工作者或中医临床工作者，他们以其科研能力或临床实践技能为基础创造研究成果，这些成果构成知识产权，依赖于创造知识产权的人才。我国目前中医药产业从业人员众多，这些人才构成了中医药知识产权成果的源头，并对中医药事业的发展起主要的推动作用，没有中医药成果的创造，中医药知识产权的保护就成为无源之水。而知识产权专业人才则是指将中医药成果通过知识产权形式进行保护并应用、管理所获得的知识产权等的人才，也是我们一般指的狭义的知识产权人才，其包括很多类型。国家教育部曾做过《我国知识产权人才吸引和使用现状及战略研究》课题研究①，其将知识产权专业人才分为六大类：（1）知识产权行政管理和执法人员；（2）知识产权审查人员；（3）知识产权立法和司法人员；（4）企事业单位知识产权管理和服务人员；（5）知识产权中介服务人员；（6）知识产权教学和研究人员。郑胜利教授则将知识产权专业人才分为研究型和实务型②，知识产权专业人才可以按照不同的角度进行分类，而随着知识产权体系逐步健全、知识产权制度进一步完善，对知识产权人才的技能要求也越来越多，这使得其人才种类变得越多，分工也正变得越来越细。

对于执法人员或者司法人员来说，由于其需要面对的案件领域广泛，一般情况下这类人员更看重的是法律背景和法律运用能力，因此这类人才一般不会再细分到中医药领域，而是知识产权的通用型人才。

而需要具有中医药专业知识作为支撑的中医药知识产权专业人才主要包括下面几类。

中医药知识产权管理人才。不管是中医药企业还是科研机构，随着知识产权尤其是专利的积累，如何使这些专利成为一个整体创造价值，需要运用知识产权法律知识来进行管理和运营，制定整体策略；对于某些核心产品，如何进行知识产权布局做好专利进攻或防御，防止创新成果被盗用，怎么选择合适的保护方式，例如哪些是可以作为技术秘密保留的，是否需要商标保护或其他保护方式等，需要从全局角度考虑；对于新的项目，需要考量其知识产权风险避免侵权或做别人已经做过的工作。因此中医药知识产权管理人员的能力要求是：首先应该具有扎实的知识产权知识以及全面的中医药基础

---

① 田军强：《实务型知识产权专业人才培养模式研究》，中国政法大学硕士学位论文，2011。
② 郑胜利：《论我国高等学校知识产权专业人才教育》，《中国发明与专利》2008年第8期。

知识，其次则需要有广阔的视野和敏锐的洞察力，了解国家和行业相关政策、制度以及市场，善于综合运用和把各种知识融合。

中医药知识产权实务人才。实务人才主要是指能熟练进行中医药知识产权信息相关检索、专利撰写、预警分析、法律诉讼等的人才，这些人才不单分布于知识产权代理机构，也分布于一些从事知识产权评价、分析、运营等的机构，此外企业除从事知识产权管理的人员以外，也需要一些与企业规模相适应的知识产权实务人员。这些人才一般要求掌握中医药理论、了解中医药科研和生产，也需要熟知知识产权法律制度，同时能够根据需求独立开展上述工作，但根据具体岗位的不同对于具体掌握的技能侧重点并不一样。如对于专利撰写者应该知道创新成果如何去保护，能够找到与现有技术相比的技术贡献，并具体体现在撰写的专利申请文件中；对于信息检索或分析者则能够以现有专利和技术为基础提供产品开发的技术信息，能发现竞争专利的不足或基于战略需要无效竞争对手专利等，能根据不同产品不同需要制定并执行具体的知识产权战略布局等。对于这些实务人才的能力一般要求是：掌握国家中医药领域重大产业规划和政策，掌握有关中医药知识产权分析评议、专利导航、专利信息检索与分析、专利侵权风险评估或专利侵权诉讼等方面的业务知识，能够根据不同类型的服务对象，开展相应的专利信息服务，能够制定专利战略、开展预警分析，同时还要善于与服务对象沟通交流，能挖掘专利背后的技术贡献等。

中医药知识产权国际化人才。近几年来，有多个中成药被批准进入美国进行临床试验，尽管这些中成药目前还未能以药品的身份进入西方主流市场，但随着全球化以及对天然药物的重视程度不断提高，现代科技手段对于中医药作用机理的阐释不断深入，中医药走向国际的可能性正越来越大。而国外企业对国内中医药企业的并购也日渐趋多，这些都涉及知识产权的谈判、评估等。此外，传统中医药被无偿使用也日益受到重视，如何制定新的规则和利用现有的国际规则和条约保护好中医药传统知识，也是中医药亟待解决的问题。总之，国际化的知识产权人才将对中医药的发展和未来具有举足轻重的作用。这些人才要了解国际贸易以及国际知识产权规则，了解不同国家或地区的知识产权制度及差异，也了解国内外知识产权差异，并且有适当的外交理论功底和娴熟的外语水平，不管是对于中医药企业"走出去"还是国外企业兼并国内中医药企业均能给出适当的建议并从知识产权方面给予有力保障。中医药知识产权国际化人才的能力一般要求是：熟悉中医药，熟悉国际医药市场和规律，熟悉国内外知识产权法规和知识产权国际规则，能独立处理涉外知识产权事务，具备中医药专利、商标、著作权、地理标志保护、传统知识保护等全方位业务知识，了解各种保护方式的利弊并能够综合运用。

中医药知识产权教研型人才。人才离不开教育和研究，中医药知识产权人才的培养首先要解决的问题是培养足够的能从事知识产权教学研究的人才，只有形成完善的中医药知识产权教学体系，人才教育才能顺利进行，只有通过研究不断丰富其理论体系，中医药知识产权才有发展，对于中医药知识产权教研型人才来说其要掌握中医药知识产权的系统知识，既熟悉知识产权的理论体系，又熟悉中医药知识产权的特点，能完整传递知识，并且有良好的表达能力和沟通能力，对于研究型人员来说，则还要对相关问题有自己的独到见解、能深入分析和系统总结，并对中医药知识产权政策和保护提供好的思路。教育研究型人才为实务型人才提供理论支持，并培养更多的实务人才满足中医药发展的需求。

三 北京中医药知识产权人才的现状和培养状况

（一）北京中医药知识产权人才现状

北京地区集中了中国中医科学院、北京中医药大学、首都医科大学、中国协和医科大学等全国中医药研究领域重要的机构，同时其他高校和科研机构从事中医药研究的单位也不少，这些大学院校、科研机构为我国的中医药研发发挥了重要作用，其研究和开发能力在全国是独一无二的。在这些机构中积累了规模巨大的人才基础和科研基础。中医药临床方面，北京市拥有140家中医专科医院，如北京中医医院、西苑医院、望京医院、东方医院、地坛医院、东直门医院、中医药大学附属第三医院等知名的三甲医院。这些中医药临床人员也是中医药创新的重要力量。此外，北京有大量从事中药新药研发的中小型企业，这些企业也聚集了大量中医药研发人才。根据《北京市中医药行业知识产权（专利）调研报告》① 统计，到 2012 年末，全国中医药科研机构有 87 个，其中北京市有 9 个，占 10%。而全国中医药科研机构从事科技活动的人员中，北京地区高级专业技术职称人员的占比超过了22%。因此北京中医药研究能力的科研人才在全国占有非常重要的位置，由于知识产权是保护创新的重要手段，北京相对强大的中医药创新力量的存在需要与之适应的知识产权保护，同样也需服务于这些科研创新的适应数量和素质的中医药知识产权人才。

目前北京中医药知识产权从业人员分布在专利代理机构，根据 2014 年底的统计数据，北京市专利代理机构共有 307 家之多，占专利代理机构全国总量的近 28%；北京执业专利代理人总数达到 4143 名，占执业专利代理人全国总量的 39%②。由此可见，不管是从代理所数量还是绝对专利服务人才数量上北京都占有绝对的优势地位。而根据《北京市中医药行业知识产权（专利）调研报告》的统计，2012 年北京有中医药专业背景的专利代理人员为 64 人，目前并未获得近年来的最新数据，但总体数量应该会比 2012 年略有增长。虽然从绝对数量上来看，有中医药背景的专利代理人员数量规模在全国也是比较多的，但这种数量还远不能满足中医药事业未来发展的需要。

另外，中医药企业、中医药高校、部分科研机构或政府管理部门也有一些中医药知识产权从业人员，但人员基本处于零散分布状态。根据调查，北京大部分中医药企业、科研机构、医院都没有专门的知识产权机构或人员，其知识产权保护如专利申请、答复主要依赖于专利代理服务机构，部分由研发人员、行政综合部门兼职处理知识产权事务或发明人自我处理，只有少数大中型中药企业具有专门的知识产权部门或知识产权专门负责人员，如北大

---

① 北京市知识产权局、北京市中医管理局：《北京市中医药行业知识产权（专利）调研报告》，2013 年 12 月。

② 童曙泉：《全国首家知识产权服务协会在京成立》，《北京日报》2015 年 4 月 12 日。

维信、北京以岭药业等。而北京中医药大学有少数几位从事中医药知识产权教学或研究的教师人才;此外,在相关医药管理部门或科技部门有少数几位从事中医药知识产权研究或有相关知识背景的人员。对于中医药企业或科研部门,理想的状态是至少拥有一名知识产权专门人才,但调查显示不管是对中医药企业来说还是对其他相关中医药单位来说实际中医药知识产权人才的数量离需求还有不少的差距。

尽管总体数量还难以满足中医药发展需要,但北京依然有着全国首屈一指的可利用的中医药知识产权人才优势。如北京是国家专利局所在地,目前专利局医药生物发明审查部和专利局专利审查协作北京中心具有中医药背景的专利审查员总共有大约一百多名,其中大部分都有着五年以上的审查工作经验,这些人员中大多具有中医药硕士研究生以上学历,部分还具有中医药研究、生产等工作经历。审查员一方面具有良好的中医药专业知识背景,另一方面通过多年专利审查或服务工作、课题研究等对中医药知识产权现状和问题都有着深刻的认识,同时也掌握了基本的中医药知识产权分析、战略布局等知识,利用和发挥好这些审查专业人才的作用可以更好地满足北京中医药对于知识产权的需要。

此外,国家知识产权局近年来不断推进人才建设,分别建立了专家人才、领军人才、高层次人才等全国知识产权高级人才库,根据数据库的信息,在医药类知识产权专家人才中有8位是北京地区的,包括国家知识产权局4人、代理机构4人,此外领军人才中也有3名医药专业人才来自北京,尽管没有单独分出中医药知识产权领域专家,但这些医药知识产权的高级人才对于整个医药现状有比较深刻的认识,也应该成为更好的服务北京中医药知识产权发展的重要专家队伍。

（二）我国及北京中医药知识产权人才的培养情况

从专业教育来看,目前国内很多有法学专业的高校都相继开设了知识产权课程或专业,但是中医药特色或专业院校开设知识产权课程的还相对较少,开设中医药知识产权专业的就更少。北京地区如北京中医药大学设立了医药卫生方向的法学本科专业和从事中医药知识产权方向研究的法学硕士，其他地区如江西中医药大学在中药学专业中设置了中医药知识产权方向，上海中医药大学则选择与法学院校华东政法大学合作开办专门的中医药知识产权研究生班，华东政法大学还在民商法硕士中设立了传统医学保护方向，而成都中医药大学中药学博士专业也有专门研究中药知识产权保护研究方向的。据统计，目前我国在中医药院校开设本科知识产权人才培养方向的仅有江西中医药大学，但总体来看，由于其区域辐射和培养数量总体较少，其培养现状还难以满足目前日益发展的中医药的需要，而研究生阶段研究中医药知识产权方向并培养的人才则更少。而北京中医药大学目前也仅是将知识产权作为本科学生的选修课程。

除了国家专利局从事专利审查的审查员接受了相对较系统的知识产权培训外，其他从事中医药知识产权的人员主要依靠岗位实践来获得知识产权知识，例如一些企业、科研单位和代理机构中从事中医药知识产权相关工作的人员，其主要通过经验积累和不系统的零散培训；而中医药院校也没有形成系统的知识产权教育培养体系，对于承担中医药知识产权人才培养发挥的作用还不够，当然这也与我国知识产权整体大环境有一定关系，由于企业对于这类人才的重要性认识还不足，也造成高校对该方面人才培养的力度和学科设置热情不高。

（三）北京推动中医药知识产权人才培养的措施

围绕知识产权人才建设，北京市知识产权局做了大量工作，2015 年 2 月 5日，北京市知识产权局与北京工业大学共同签署战略合作框架协议①，拟共建北京知识产权学院、北京知识产权研究院，并将其打造成知识产权专业人才的重要培养基地和政府决策辅助的新型智库，使之成为"政、产、学、研、用"相结合的高层次知识产权人才培养基地、知识产权教育培训基地及社会服务基地，同时兼具培养有知识产权国际视野和较强综合能力专门人才的作用。

---

① 《我局与北京工业大学签署战略合作框架协议共建北京知识产权学院、北京知识产权研究院》，2015 年 2 月 6 日，http：//www. bjipo. gov. cn/zwxw/zwxwgzdt/20150206_ 33942. html。

为加强中医药领域的知识产权人才培养，北京市知识产权局联合北京中医管理局制订了《加强北京中医药知识产权"健体"专项行动计划（2015～2017 年）》①并专门提出了中医药知识产权人才培养的具体措施。如北京市知识产权局积极与清华大学、北京大学等 6 所高校合作开展共同培养知识产权实务人才的工作，还与北京中医药大学合作在高校设立全国第一家的"中医药领域知识产权人才培养基地"。这些工作对于培养中医药知识产权复合型人才，更好地服务于北京中医药企业、医院和科研机构的创新和知识产权保护无疑具有重要作用。北京中医药大学已将知识产权法作为全校学生的选修课之一，开设了本科专业的法学医药卫生方向、硕士的中医药知识产权方向，从中医药知识产权人才培养的角度看这是北京的模式创新，也必将为中医药知识产权人才培养奠定良好的基础。

此外，北京还计划遴选一批中医药知识产权服务机构，建立"中医药知识产权人才专家库"，提出要帮助北京企业培养一批知识产权实务人才，组织针对中医药研发企业以及企业生产、质量部门负责人的中医药知识产权主题培训，并鼓励北京企业、医院和代理机构等配备一定数量并且精通中医药知识产权的复合型人才；提出要积极利用专利局相关部门的中医药领域专家和资源优势，服务于北京的中医药知识产权人才培养。

由上述规划可以看出，北京对于中医药知识产权人才的培养十分重视，也采取了一些有效的落实措施，这对于促进北京中医药知识产权人才的队伍建设和提高队伍水平都将发挥更有效的推动作用。

四 北京中医药知识产权人才目前存在的问题

（一）对知识产权类人才的重要性认识尚有不足

总体来看，近几年来国内中医药企业对于知识产权的保护意识在不断提

---

① 北京市知识产权局网站，2015 年 9 月 25 日，http：//www. bjipo. gov. cn/tpxw/20150925_34562. html。

高，部分大企业也逐步建立了专门的知识产权部门并配备了专职人员，但企业对于知识产权的运用能力还偏弱，特别是对于中小企业、科研机构来说，其主要还是依靠代理公司或者由研发人员自己撰写专利申请，企业本身缺乏熟练掌握和运用知识产权的专业人员，也缺乏系统性的知识产权知识的学习或培训。北京有众多研发型中医药企业，而从创新的角度来看，知识产权无疑是保护创新成果、实现创新价值最大化的重要途径之一，但目前知识产权保护和创新的关系还未得到大多数企业的重视，企业对中医药知识产权人才的特殊性存在错觉，而大学、科研机构是中医药重大科研的重要力量，有很多好的成果需要通过知识产权挖掘和保护、转化或运用提升其价值，目前这种对知识产权专业人才的重要性认识不足不符合国家创新发展战略的发展方向，同时缺乏良好的知识产权保护也可能给创新成果拥有者或企业带来不可估量的损失。

（二）中医药知识产权专业教育需要进一步加强

根据相关报道，目前我国大部分中医药院校都没有开展知识产权课程，不管是高等院校的教师还是学生都对知识产权的认识程度存在明显不足，大多数中医药院校和科研机构获取科研的途径还主要通过科技期刊、学位论文等信息，但对于中医药专利信息的利用能力严重缺乏，而实际上专利信息不管是对于中药基础研究还是中医药新药创造都具有重要参考价值和借鉴意义，而且有些专利文献的信息往往在其他文献中难以获得。由于高等院校知识产权基础教育的缺乏，科研或临床工作者在实际工作中往往将科研工作或相关成果与知识产权分离，由于缺乏以知识产权保护为目的的相关必要研究和实验，从而导致有一些好的成果无法得到应有的保护或者合适的保护范围；总之，中医药从业者对知识产权的整体认识不足势必阻碍整个行业的发展，这需要系统的知识产权教育去解决，也是需要解决的最基本问题。

（三）中医药知识产权专项培训需要加强

目前开展的医药知识产权培训项目主要偏向化学药或生物药，以中医药为主题的知识产权培训还相对较少，因此中医药知识产权从业人员接受的主要还是化学药或生物药的保护方面的知识，由于中医药理论本身的特殊性，因此不管是在专利申请文件的撰写、专利诉讼、保护策略、运营方法上都存在差异，政府相关部门或行业协会应当多组织以中医药为主题的知识产权知识培训和研讨，以专项培训和研讨促进专业人才的成长，以专项培训激发中医药知识产权从业人员的职业认同。此外，培训的多层次结合也有进一步改进的需求，目前的培训方式相对较单一，需要不断创新培训模式和培训手段，多管齐下，才能更有利于中医药知识产权人才的培养和提高。

五 知识产权贯标对知识产权管理及人才培养的作用

随着我国科技创新能力的提高，创新型企业不断涌现，对于这些企业来说，在市场竞争中知识产权往往成为企业发展壮大乃至影响生存的关键。在拥有一定知识产权后，如何管理和运用这些知识产权，又经常成为企业面临的挑战。而我国企业目前普遍存在知识产权管理制度不规范、管理人员不足、机构不完善等一系列问题。正是在这种背景下，国家知识产权局组织起草了《知识产权企业管理规范》，其目的是指导企业建立一套更科学、系统、规范、合理的知识产权管理体系，帮助企业进一步深入实施国家知识产权战略，并且能积极应对知识产权面临的竞争态势，提高企业的知识产权管理能力，进而有效提高知识产权对企业的贡献水平。2013 年 3 月 1 日，该规范由国家质量监督检验检疫总局和国家标准化管理委员会正式批准、颁布并实施。

贯标就是指贯彻《知识产权企业管理规范》国家标准，自 2013 年开始推行该工作以来，我国的知识产权贯标工作取得了明显的进展，仅 2014 年我国就有 29 个省份开展贯标工作，贯标企业 3200 家，对接企业服务的机构 370 多家，贯标培训人数 2 万人[①]，通过贯标工作，对于提升企业无形资产

---

① 山东泰山生产力促进中心：《企业知识产权贯标》，2015 年 7 月 22 日，http：// www. cppc. gov. cn/news_ play. asp? id = 1368。

价值、巩固企业市场竞争地位、避免企业产品的知识产权法律风险、提高企业开发的产品的知识产权保护力度都有很好的作用，同时也能显著提高企业管理人员和广大职工的知识产权意识，提高企业知识产权专业人员的素质和能力，而贯标过程中的材料完善、制度建立、人员培训实际上也是对我国知识产权战略工作的整体推进。

在推行贯标后，为更好促进相关工作，北京市知识产权局一方面联合北京市质量技术监督局、北京市经济和信息化委员会以及北京市人民政府国有资产监督管理委员会、中关村科技园区管委会组建了推行企业知识产权管理标准的工作组，制定了《北京市企业知识产权管理规范试点工作实施方案》，同时又在全国首创设立企业知识产权管理标准化的在线平台，该平台为企业搭建了一个起到经验交流、标准辅导、验收管理和信息交流作用的桥梁。此外，还组织编写了《北京企业知识产权管理规范工作指导手册》，对部分优选企业首先开展了培训。目前，申报参加北京企业知识产权管理标准化工作的单位已经超过百家。北京市知识产权局与各有关单位共同推进知识产权管理标准化，积极提升企业的知识产权管理水平，不断增强企业的知识产权竞争力，2016年包括生物医药等多个战略新兴产业的首批15家北京企业通过了《知识产权企业管理规范》认证。根据反馈，贯标工作在推动企业知识产权能力提升的同时，对提高认证企业相关知识产权人员的业务素质和能力发挥了重要作用。

六　对北京中医药知识产权人才培养的建议

（一）建立知识产权普及教育体系

建设创新型国家需要提高全体普通社会民众的知识产权意识。中国知识产权制度建立相对较晚，因此普通民众的知识产权意识普遍偏弱，普通社会民众的知识产权意识真正提高了，知识产权工作才能得到重视和普遍认可，知识产权的作用才能发挥到最大。一方面，应该在中小学教育中开设知识产权基础课程，让青少年了解知识产权制度，国家知识产权局近年来推出了中小学知识产权教育试点示范工作及试点学校创建活动，其目的是在青少年中普及知识产权知识，培养全体民众的知识产权意识，同时在中小学开展知识产权教育也有利于引导学生开展发明创造，激发创新热情，弘扬科学精神。北京有着各种开展知识产权教育先天的优势，如知识产权人才相对集中，中国人民大学附属中学、北京市昌平区南邵中学也被确定为首批 30 所全国中小学知识产权教育试点学校，教育部门、知识产权管理部门应积极合作推进知识产权进校园以及义务教育阶段的知识产权普及教育。

另一方面，在高等教育阶段，要进一步加强中医药院校在校学生的知识产权和法律教育。系统和正规的知识产权教育是知识产权人才培养的切入点。目前，北京中医药大学推出了知识产权选修课程，今后，各中医药院校或专业应该把知识产权相关课程作为中医药院校学生的必修课程，使中医药高等院校学生成为懂知识产权的临床和科研人才，并具备成长为深刻认识并熟练运用知识产权的专门人才的素质和能力。从现状来看，当前中医药知识产权人才一般是依靠中医药专业相关人员的自发学习或岗位锻炼，这样的缺点是法律和知识产权的理论基础和系统性不够。另外有些则是其他领域如化学、西药等其他专业领域的知识产权人才把它作为大医药和大化学的一部分来参与中医药知识产权，这类人才的缺陷是中医药专业知识不足。由于中医药本身理论体系多样且复杂，如果不了解中医药诸如性味归经、辨证论治、理法方药等各种相关理论，就很难结合中医药特色做出一个好的知识产权保护策略、诉讼策略或应用策略。

中医药知识产权人才要充分认识中医药的科学性并清晰其与化学药的差异，熟练掌握知识产权保护的法律基础和应用手段，才能真正把中医药与知识产权完美结合，而让有中医药背景的人接受系统的知识产权常规教育或培训显然是最有效的手段之一。国家和北京市相关部门或者中医药院校应当制订中医药知识产权人才的教育培养计划，一方面做好中医药院校学生的常规知识产权教育规划，另一方面也可以开展中医药专业知识产权方向的本科教育，为更专业的高级知识产权人才做好人才储备，同时进一步扩大中医药知识产权硕士、博士招生和研究工作，做好中医药未来发展所需要的教学科研人才储备。

（二）建立多渠道的人才培养机制

企业是知识产权创造和运用的主体，要通过对企业知识产权管理规范的贯彻和执行，积极推动企业设立知识产权管理部门或岗位，充分利用中医药知识产权培训基地、论坛、培训会、交流等多元培训方式，提高企业对知识产权的重视程度，通过企业知识产权岗位人员的系统培训，使其尽快成长为符合企业要求的复合型的中医药知识产权专门人才。北京地区的中医药知识产权创新离不开所有企业的努力，因此对于知识人才既要有重点培养，又要保证全面性。这就需要相关主管部门积极推动，一方面把中医药相关企业的知识产权人才统一纳入北京中医药知识产权人才整体管理体系中，分类培养，另一方面要加强对重点创新企业或对知识产权需求迫切的企业人才的重点培养，加强对一般中医药企业普及型知识产权人才培养，同时辅助以人才激励、人才评审等促进相关岗位人员的成长成才，进而为整个北京中医药企业的知识产权事业发挥更大地作用。例如可以通过以下多种渠道来加强中医药企业知识产权人才的培训。

组织重点知识产权人才到相关院校进行系统理论提升，如学习知识产权法律课程或委派人员到北京中医药知识产权人才培养基地进行培养，企业人员进培养基地学习的同时把企业专利课题或需要研究的专利问题带到培训基地的学习和实践活动中，把理论和实践结合，在职培训和脱产培训结合，多方面促进能力提升，同时成果能有效为企业所用。培养基地不仅可以提供针对企业领导干部和科技人员的中医药知识产权普及教育，也可以为知识产权管理人员提供高级培训，提高其对知识产权法律、管理、专利文献检索、诉讼等各方面的知识。对于已经有经验的知识产权管理人员来说，如果接受系统的知识产权培训，能更快成长为复合型的高层次知识产权专门人才。

专利局和下属的专利审查协作北京中心有大量中医药领域的专利审查员，部分审查员对于中医药知识产权具有较深的了解并有丰富的经验，通过加强与中医药领域专利审查员的交流，邀请审查员到科技园区、企业开展相应的知识产权培训，建立长期交流合作机制，有助于普及知识产权知识、促进企业中医药知识产权的人才的成长。

建立与知识产权法院、复审委的联系机制，复审委、知识产权法院每年都有不少中医药相关行政或司法诉讼案件，北京有地域优势，应该积极委派企业人员旁听中医药领域的知识产权行政或司法诉讼案件，从而加强相关岗位人员对相关法律知识的理解和运用，提高认识。

部分代理机构也有实战经验丰富的中医药知识产权从业人员，企业也可以通过与这些代理机构的合作，邀请从事中医药知识产权实务的律师定期开展培训讲座，增强知识产权运用能力。

可以组建中医药知识产权联盟，与专利局、政府主管部门、中医药院校、企业共建知识产权教学实习基地和就业基地，共同参与知识产权人才培养方案的制定、课堂教学等。积极组织中医药知识产权的主题研讨、论坛和集中专题培训等，促进中医药企业知识产权人员的知识更新。

（三）建立多层次的人才培养机制

人才培养是一项综合工程，对于中医药知识产权人才也是如此，为了更好地服务于中医药事业发展的需要，对于中医药人才的总体要求应该是建立一支数量足、素质高、结构优的知识产权人才队伍，从目前的整体情况来看，北京中医药知识产权人才的总体数量还需要增加，知识产权人才的综合素质还需要不断提高，中医药知识产权人才的结构还需要不断优化，笔者认为加强人才梯队建设是结构优化的重要举措，可以根据发挥作用的不同制定不同层次的中医药知识产权人才队伍。例如可以分为专家人才、高级人才、骨干人才等不同人才级别。专家人才是指中医药知识产权的带头人，这些人才要求能够为中医药知识产权事业例如政府决策、制度制定或重大课题的重要决策提供咨询和评估，能够承担中医药知识产权重大课题并在中医药知识产权事业中发挥引领作用。其遴选对象应该是对中医药知识产权有深入了解，既有中医药背景又对知识产权制度有深入见解，例如目前从事中医药科研工作或政策研究工作，同时对知识产权制度和法律体系熟悉的专家，从事知识产权工作又有扎实的中医药背景的专家，其中第一类可以从政府或行政管理部门、大学或高等研究机构中遴选，第二类则可以从知识产权管理部门、审查部门、代理机构或企业遴选。高级人才是在专家人才之外，在中医药知识事业中起中流砥柱作用的人才，这些人才能够为本单位或企业的知识产权的重要决策提供咨询，对具体问题能进行深入分析并给出解决方案，能在学术工作中起带头作用，表现优异的高级人才是未来专家人才的培养对象。骨干人才则是对中医药知识产权有一定工作经验，能基本独立地承担相关知识产权主要工作并在中医药知识产权中发挥骨干作用的人才，骨干人才通过长期岗位锻炼可以成为高级人才的培养对象。为全面了解北京中医药知识产权人才的信息，应该对北京地区的人才进行全面梳理，对政府、行政部门、大学院校、科研机构和中医药企业及代理公司的中医药人才全面摸底，了解人员的学术背景、工作年限等情况，从而构建其完善的中医药知识产权人才网络，并根据这些人才的基本信息开展相应的有针对性的培训、培养工作，不断促进人才的质量提升。

（四）建立分类的人才培养机制

中医药知识产权人才由于工作方向的差异以及需求的知识重点的不同分为不同的人才类别，其对于培养的机制和措施、需要掌握的技能也是有所不同的。针对不同的人才类别，有针对性采取不同的培养方法，可以更好地提高人才的专业化水平。例如可以按照知识产权信息人才、战略人才、管理人才、诉讼人才、国际化人才分类并进行不同内容的针对性培训，由于岗位的需要，有些知识产权岗位除常规的知识产权知识外还需要更专业化的能力，这也是中医药知识产权不断发展以及知识产权多面性的需要，因此有必要突出岗位特色，培养中医药知识产权专业化、精细化的人才，以更好的服务中医药知识产权事业。例如对于知识产权信息人才，应针对性开展专利和非专利信息检索技能培训，使这些人才充分了解各中医药数据库的功能，掌握专利信息分析事务能力，熟练掌握专利预警、专利分析方法，能够熟练获取中医药各种信息为科研、项目筛选或者专利申请和运用服务。对于知识产权管理人才，应着重开展宏观政策、经济形式、知识产权运营、综合管理能力培训，这类人才要求能够正确理解并深刻领会中央及各级政府、管理部门对于中医药的相关政策、法规、制度和规定，同时又深刻了解知识产权和中医药的关系，能把知识产权和中医药特点结合，提出适应性的知识产权管理或制度；对于国际化人才，开展外交政策、国际知识产权法律规则、各国知识产权制度和法律体系、PCT 条约、知识产权外语能力等的培训，使这类人才成为熟悉中医药、熟悉国际医药市场和规律、熟悉国内外知识产权法规和知识产权国际规则，能处理涉外知识产权事务并且具有独立活动和处理能力，具备专利、商标、版权、地理标志保护、传统知识保护等全方位业务知识，能够综合运用并且了解各种制度的利弊的专业人才。对于知识产权实务人才，则需要兼顾专业能力和服务水平的提高，既熟悉知识产权相关法律法规，又能站在专业角度为服务对象获得最大利益，给服务对象提供专业性的意见，这类人才目前主要分布在各专利代理机构，也有部分为专利信息分析机构。总之，中医药的识产权保护对人才有不同的需求，而通过人才的分类培养则可以使得中医药知识产权人才的专业化程度不断提高。因此建议对北京中医药知识产权相关人才进行分类信息统计，进行针对性的培养，这样才能建立一支更好的服务中医药创新发展并且满足各层次需求的知识产权人才队伍。

中医药知识产权人才的培养如果仅依靠社会自我调节，尚难以满足日益发展的中医药事业的需要，因此有必要建立全国以及地方的中医药知识产权人才体系，摸清人才现状，做好统筹规划，主动加强人才培养，推动人才成长。人才是事业的智力保障，随着《中医药发展战略规划纲要（2016~2030 年）》的推进，随着我国创新驱动发展战略的深入实施，对中医药知识产权专业人才的需求将越来越大，加强中医药知识产权的人才队伍建设，对于促进中医药创新、保护中医药创新成果将发挥更大的作用。

参考文献

戴斌、杨松涛：《当前我国中医药知识产权教育存在的问题及对策探析》，《安徽医药》2010 年第 5 期。

黄玉烨：《知识产权培训基地在人才培养中的任务探析》，《中国发明与专利》2013 年第 10 期。

刘欣、杨波：《加强高等中医药院校知识产教育的探讨》，《中医教育》2007 年第 6 期。

宋晓亭：《中医药知识产权人才队伍建设势在必行》，《中国医药技术经济与管理》2008 年第 11 期。

杨旭杰、肖诗鹰、刘铜华、付骞、张建武、郭德海：《中医药院校加强中药研究生专利教育相关问题研究》，《中国中医药信息杂志》2011 年第 11 期。

赵颖：《中国知识产权专业人才的需求研究》，《科技信息》2012 年第 14 期。

万仁莆、龚千锋、肖宏浩等：《中药知识产权专业人才就业前景分析及培养模式的探讨》，《江西中医学院学报》2004 年第 3 期。

王亚萍：《我国知识产权管理人才培养模式探析》，《法制与社会》2013 年第 9 期（上）。

国家知识产权战略纲要辅导读本编委会：《国家知识产权战略纲要辅导读本》，北京，知识产权出版社，2008，第 314 页。

田军强：《实务型知识产权专业人才培养模式研究》，中国政法大学硕士学位论文，2011。

王兵：《浅谈知识产权专业人才的培养——从人力资源管理的角度》，山东大学硕士学位论文，2012。

国家知识产权局人事教育部：《国家知识产权局"十三五"人才发展行动计划基础研究》，2015。

Abstract

The intellectual property (IP) system plays an important role in promoting technological innovation, cultural prosperity and economic progress, it is an important foundation for building a pro-innovation country. Beijing has a strong capability of Traditional Chinese Medicine (TCM) research and development, and Beijing TCM industry economy grows rapidly. Our report introduces the development plan and strategy of TCM, law, policy and administration policy environment of Beijing TCM IP, and shows the current development of Beijing TCM industry IP, the innovative status, protection and application.

Artemisinin drugs and internationalization of TCM are becoming research hotspots. This report compares four Artemisinin drugs from the history of science research and their industrialization roads, and shows IP status and characteristics of Artemisinin drugs. We explore the relationship between the internationalization of TCM and IP protection from perspectives of Chinese herbal medicine, Chinese patent medicine and acupuncture, discusse the international IP protection status and problems of TCM knowledge, analyse domestic and foreign successful strategies and IP protection systems, and put forward some suggestions on how to improve IP protection for TCM.

This report introducesbrand culture and IP protection strategy of the famous TCM enterprise Beijing Tongrentang. We analyse IP protection status and difficulties of hospital TCM preparation, and discuss IP protection strategy for sustainable development of hospital TCM preparation.

This reportshows the characteristics of judicial protection of TCM in China. Taking a patent infringement case- "Heiguteng" and a patent invalidation case- "disease of hyperplasia of mammary glands" as the starting point, the importance of patent infringement and invalidation in IP protection is studied. We explore IP protection strategy of the second innovation in TCM from perspectives of the

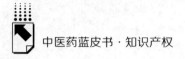

research and development, industrial achievements and patent protection of Xuezhikang. We assess innovation values of Timosaponin BII, and show the patent business value and the way to realize patent value of TCM.

This report analyses the protection and facilitation of big data for TCM on IP protection of TCM, introduces the challenges of IP protection under the era of big data and offers the corresponding coping strategies. We analyse the present situation and problem of IP talent about TCM in Beijing, and the role of implement IP administration standards for talent training, and give some suggestions on how to strengthen the construction for TCM IP talent team in Beijing.

Keywords: Beijing; Traditional Chinese Medicine; Intellectual Property; Patent

Contents

Ⅰ General Report

Abstract: This article introduces the current development of Beijing TCM industry intellectual property (IP), and further illustrates the development plan and strategy of TCM, law, policy and administration policy environment of Beijing TCM IP. Finally, the innovative status and protection, and application of Beijing TCM industry are discussed.

Keywords: Beijing; TCM; IP

Ⅱ Report on Hot Issues

Abstract: This report reviews the discovery process of the artemisinin, by comparing four Artemisinin Drugs-dihydroartemisinin, artemether, Arteether and artesunate-from the history of science research and their industrialization roads. Then, intellectual property status of artemisinin drugs is studied, showing different development routes from science researching to the market overseas. At last, some

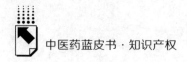

references and inspirations are provided for the Traditional Chinese Medicine about innovation, cooperation and market operation.

Keywords: Artemisinin; Qinghaosu; Dihydroartemisinin; Artemether; Arteether; Artesunate; Intellectual Property; Patent

Abstract: This report reviews the history and progress of the internationalization of Traditional Chinese Medicine. Then, this report explores the relationship between the internationalization of Traditional Chinese Medicine and intellectual property protection from perspectives of Chinese herbal medicine, Chinese patent medicine and acupuncture, discusses the international intellectual property protection status and problems of Traditional Chinese Medicine knowledge, analyses domestic and foreign successful strategies and intellectual property protection systems, and put forward some suggestions on how to improve intellectual property protection for Traditional Chinese Medicine.

Keywords: Traditional Chinese Medicine; Internationalization; Intellectual property; Traditional Knowledge

III　Special Report

Abstract: Beijing Tongrentang is a famous old Traditional Chinese Medicine enterprise with more than 300 years of history, it has developed into a modern large-scale Traditional Chinese Medicine group. Tongrentang after hundreds of years without failure, reputable both at home and abroad, this is owed to the protection of intellectual property of Tongrentang Traditional Chinese Medicine. This article describes the development of the Beijing Tongrentang, corporate culture, and analyzes the Tongrentang brand protection, trademark strategy, technological innovation and patent protection, TCM protection, the protection of intangible cultural heritage as well as overseas intellectual property protection, hope that the successful experience of intellectual property protection of Tongrentang can give other Traditional Chinese Medicine enterprises some references about development and protection of intellectual property rights.

Keywords: Tongrentang; Traditional Chinese Medicine; Intellectual Property; Protection

B. 5 Famous Hospital TCM Preparation in Beijing
—the Conflict and the Integration Between TCM and Intellectual Property System

Shen Xiaochun, Gao Chao and Tao Ye / 197

Abstract: Conclusion and arrangement the history, the market value and difficulties of hospital Traditional Chinese Medicine (TCM) preparation in Beijing. Analysis intellectual property protection status and difficulties. Most hospital TCM preparations in Beijing are not applied for patents, and hospital TCM preparation related patent rights are not allowanced, converted, pledged. Discussion intellectual property protection Strategy for sustainable development of hospital TCM preparation, in order to improve hospital Traditional Chinese Medicine preparation into new TCM drugs and promote the value of market competitiveness.

Keywords: Hospital Preparation; TCM Preparation; Intellectual Property; Difficulty

389

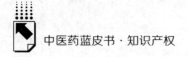

IV   Report of Case Studies

B. 6   Inspiration from the Cases of "Heiguteng" and "disease
of hyperplasia of mammary glands" on the Protection
of Intellectual Property Rights of Traditional
Chinese Medicine

Bai Xue , Zhao Jing , Li You and Chen Yunhua / 219

Abstract: In this report, infringement and invalidation cases in the field of Traditional Chinese Medicine were statistically analyzed, which showed the characteristics of judicial protection of Traditional Chinese Medicine in China. Then, taking a patent infringement case - "Heiguteng" and a patent invalidation case- "disease of hyperplasia of mammary glands" as the starting point, the importance of patent infringement and invalidation in the protection of intellectual property rights was studied, and it would put forward suggestions for the protection of intellectual property rights.

Keywords: Chinese Traditional Medicine; Intellectual Property; Patent Invalidation; Patent Infringement

B. 7   Influence on The Second Innovation of TCM by Intellectual
Property Rights Protection from Xuezhikang

Liu Ruihua , Wu Likun and Zhang Lifang / 258

Abstract: Red rice which has a long history is a Traditional Chinese Medicine (TCM). Xuezhikang born in the nineties of the last century is the second innovation to red rice. This article describes the Red rice culture and applications, the research and development, industrial achievements and patent protection of xuezhikang, and analyzes the policy between the process of innovation and the protection of xuezhikang, then define the second innovation in Traditional Chinese Medicine. The experience for Intellectual property rights protection of Xuezhikang should provide inspiration and reference to other TCM companies.

Keywords: Red Rice; Xuezhikang; Traditional Chinese Medcine; Intellectual Property Rights Protection; The Second Innovation

B. 8 Timosaponin B Ⅱ Created New Degree of IPR Protection and Realized High Patent Value of Traditional Chinese Medicine   *Wang Fei* / 300

Abstract: This paper studies the patent statues and technique distribution about Timosaponin B Ⅱ, it shows ranking information of, for example, countries or regions, applicants and patentees based on patent applications information about Timosaponin B Ⅱ. Patent technique topics are analyzed and innovation values of patents own by the main patentees are assessed, in order to get the path to patent value realization of Timosaponin B Ⅱ. The paper also describes the way to realize patent business value of Traditional Chinese Medicine.

Keywords: Timosaponin BⅡ; Innovation Value Evaluation; Patent Business Value of Traditional Chinese Medicine

V Report of Information and Talent

B. 9 Use of Big Data for Traditional Chinese Medicine in the Era of Information Revolution
Zhang Xi, Yang Linlin, Tian Xiaoou, Gao Chao and Duan Jie / 330

Abstract: This article focuses on the use and development of big data for

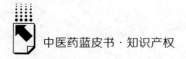

Traditional Chinese Medicine (TCM) in the context of information age, and its roles in government policymaking, pharmaceutical marketing, TCM research & development, as well as the diagnosis and treatment of using TCM. Big data promotes the intellectual property protection of TCM, protects trademark rights, facilitates innovative research, offers data analysis and early warning functions, and accelerates the transformation of the intellectual property into wealth. Finally, this paper introduces the challenges of intellectual property protection under the era of big data and offers the corresponding coping strategies.

Keywords: Big Data; Traditional Chinese Medicine; Research & Development; Diagnosis and Treatment; Protection of Intellectual Property

B. 10　Present Situation and Suggestion of Intellectual Property

Talent in Beijing　　　　　　　　　　　　　*Lü Maoping* / 364

Abstract: This paper discusses the significance of intellectual property talent for the national innovation and development strategy, and also for the demand of TCM development. The present situation and problem of intellectual property talent about TCM in China and Beijing, and the role of implement intellectual property administration standards for talent training are analyzed. Suggestionabout how to strengthen the construction of TCM intellectual property talent team in Beijing from aspects of universal education system, multi-channel, multi-level and classifaction talent mechanism is given.

Keywords: Traditional Chinese Medicine; Intellectual Property; Talent

✦ 皮书起源 ✦

"皮书"起源于十七、十八世纪的英国,主要指官方或社会组织正式发表的重要文件或报告,多以"白皮书"命名。在中国,"皮书"这一概念被社会广泛接受,并被成功运作、发展成为一种全新的出版形态,则源于中国社会科学院社会科学文献出版社。

✦ 皮书定义 ✦

皮书是对中国与世界发展状况和热点问题进行年度监测,以专业的角度、专家的视野和实证研究方法,针对某一领域或区域现状与发展态势展开分析和预测,具备原创性、实证性、专业性、连续性、前沿性、时效性等特点的公开出版物,由一系列权威研究报告组成。

✦ 皮书作者 ✦

皮书系列的作者以中国社会科学院、著名高校、地方社会科学院的研究人员为主,多为国内一流研究机构的权威专家学者,他们的看法和观点代表了学界对中国与世界的现实和未来最高水平的解读与分析。

✦ 皮书荣誉 ✦

皮书系列已成为社会科学文献出版社的著名图书品牌和中国社会科学院的知名学术品牌。2016年,皮书系列正式列入"十三五"国家重点出版规划项目;2012~2016年,重点皮书列入中国社会科学院承担的国家哲学社会科学创新工程项目;2017年,55种院外皮书使用"中国社会科学院创新工程学术出版项目"标识。

权威报告·热点资讯·特色资源

皮书数据库
ANNUAL REPORT(YEARBOOK)
DATABASE

当代中国与世界发展高端智库平台

所获荣誉

- 2016年，入选"国家'十三五'电子出版物出版规划骨干工程"
- 2015年，荣获"搜索中国正能量 点赞2015""创新中国科技创新奖"
- 2013年，荣获"中国出版政府奖·网络出版物奖"提名奖
- 连续多年荣获中国数字出版博览会"数字出版·优秀品牌"奖

成为会员

通过网址www.pishu.com.cn或使用手机扫描二维码进入皮书数据库网站，进行手机号码验证或邮箱验证即可成为皮书数据库会员（建议通过手机号码快速验证注册）。

会员福利

- 使用手机号码首次注册会员可直接获得100元体验金，不需充值即可购买和查看数据库内容（仅限使用手机号码快速注册）。
- 已注册用户购书后可免费获赠100元皮书数据库充值卡。刮开充值卡涂层获取充值密码，登录并进入"会员中心"—"在线充值"—"充值卡充值"，充值成功后即可购买和查看数据库内容。

社会科学文献出版社 皮书系列
SOCIAL SCIENCES ACADEMIC PRESS (CHINA)

卡号：992911338221
密码：

数据库服务热线：400-008-6695
数据库服务QQ：2475522410
数据库服务邮箱：database@ssap.cn
图书销售热线：010-59367070/7028
图书服务QQ：1265056568
图书服务邮箱：duzhe@ssap.cn

S 子库介绍
ub-Database Introduction

中国经济发展数据库

涵盖宏观经济、农业经济、工业经济、产业经济、财政金融、交通旅游、商业贸易、劳动经济、企业经济、房地产经济、城市经济、区域经济等领域，为用户实时了解经济运行态势、把握经济发展规律、洞察经济形势、做出经济决策提供参考和依据。

中国社会发展数据库

全面整合国内外有关中国社会发展的统计数据、深度分析报告、专家解读和热点资讯构建而成的专业学术数据库。涉及宗教、社会、人口、政治、外交、法律、文化、教育、体育、文学艺术、医药卫生、资源环境等多个领域。

中国行业发展数据库

以中国国民经济行业分类为依据，跟踪分析国民经济各行业市场运行状况和政策导向，提供行业发展最前沿的资讯，为用户投资、从业及各种经济决策提供理论基础和实践指导。内容涵盖农业，能源与矿产业，交通运输业，制造业，金融业，房地产业，租赁和商务服务业，科学研究，环境和公共设施管理，居民服务业，教育，卫生和社会保障，文化、体育和娱乐业等 100 余个行业。

中国区域发展数据库

对特定区域内的经济、社会、文化、法治、资源环境等领域的现状与发展情况进行分析和预测。涵盖中部、西部、东北、西北等地区，长三角、珠三角、黄三角、京津冀、环渤海、合肥经济圈、长株潭城市群、关中—天水经济区、海峡经济区等区域经济体和城市圈，北京、上海、浙江、河南、陕西等 34 个省份及中国台湾地区。

中国文化传媒数据库

包括文化事业、文化产业、宗教、群众文化、图书馆事业、博物馆事业、档案事业、语言文字、文学、历史地理、新闻传播、广播电视、出版事业、艺术、电影、娱乐等多个子库。

世界经济与国际关系数据库

以皮书系列中涉及世界经济与国际关系的研究成果为基础，全面整合国内外有关世界经济与国际关系的统计数据、深度分析报告、专家解读和热点资讯构建而成的专业学术数据库。包括世界经济、国际政治、世界文化与科技、全球性问题、国际组织与国际法、区域研究等多个子库。

法律声明

  "皮书系列"（含蓝皮书、绿皮书、黄皮书）之品牌由社会科学文献出版社最早使用并持续至今，现已被中国图书市场所熟知。"皮书系列"的LOGO（▣）与"经济蓝皮书""社会蓝皮书"均已在中华人民共和国国家工商行政管理总局商标局登记注册。"皮书系列"图书的注册商标专用权及封面设计、版式设计的著作权均为社会科学文献出版社所有。未经社会科学文献出版社书面授权许可，任何使用与"皮书系列"图书注册商标、封面设计、版式设计相同或者近似的文字、图形或其组合的行为均系侵权行为。

  经作者授权，本书的专有出版权及信息网络传播权为社会科学文献出版社享有。未经社会科学文献出版社书面授权许可，任何就本书内容的复制、发行或以数字形式进行网络传播的行为均系侵权行为。

  社会科学文献出版社将通过法律途径追究上述侵权行为的法律责任，维护自身合法权益。

  欢迎社会各界人士对侵犯社会科学文献出版社上述权利的侵权行为进行举报。电话：010-59367121，电子邮箱：fawubu@ssap.cn。

社会科学文献出版社